Routledge
Taylor & Francis Group

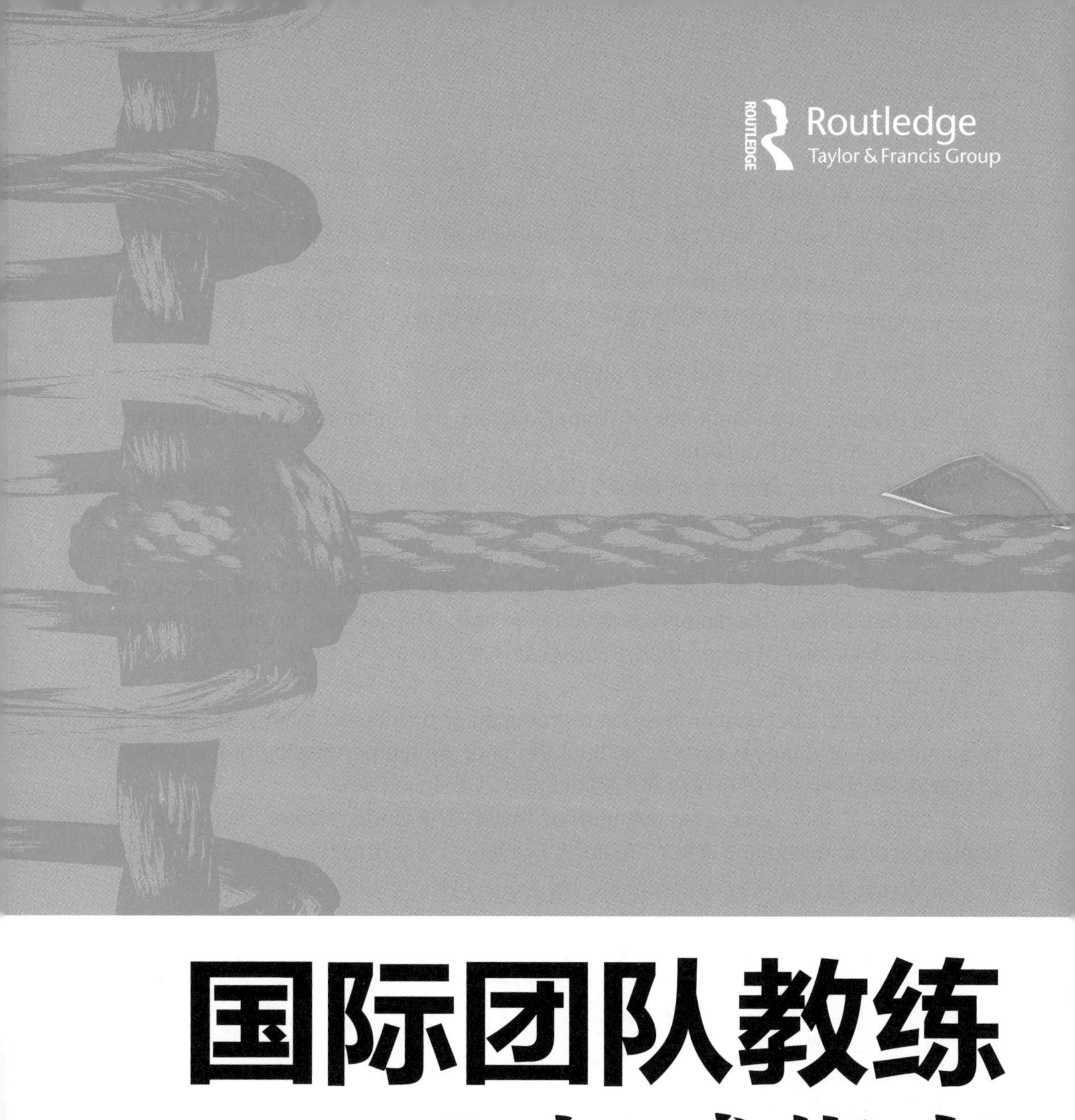

国际团队教练

上 权威指南

The Practitioner's Handbook of Team Coaching

華夏出版社
HUAXIA PUBLISHING HOUSE

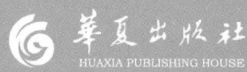

图书在版编目（CIP）数据

国际团队教练权威指南/（英）大卫·克拉特巴克(David Clutterbuck) 等编著；黄学焦等译. -- 北京：华夏出版社有限公司, 2023.9

书名原文：The Practitioner's Handbook of Team Coaching 1st Edition
ISBN 978-7-5080-7036-0

Ⅰ. ①国⋯ Ⅱ. ①大⋯ ②黄⋯ Ⅲ. ①企业管理—组织管理学 Ⅳ. ①F272.9

中国版本图书馆 CIP 数据核字(2022)第 073136 号

The Practitioner's Handbook of Team Coaching 1st Edition/by David Clutterbuck etc.
Copyright © 2004 by Routledge

Authorized translation from English language edition published by Routledge, part of Taylor & Francis Group LLC; All Rights Reserved.本书原版由 Taylor & Francis 出版集团旗下，Routledge 出版公司出版，并经其授权翻译出版。版权所有，侵权必究。

Huaxia Publishing House is authorized to publish and distribute exclusively the Chinese (Simplified Characters) language edition. This edition is authorized for sale throughout Mainland of China.本书中文简体翻译版授权由华夏出版社有限公司独家出版，限在中国大陆地区销售。

No part of the publication may be reproduced or distributed by any means, or stored in a database or retrieval system, without the prior written permission of the publisher.未经出版者书面许可，不得以任何方式复制或发行本书的任何部分。

Copies of this book sold without a Taylor & Francis sticker on the cover are unauthorized and illegal.本书贴有 Taylor & Francis 公司防伪标签，无标签者不得销售。

北京市版权局著作权合同登记号：图字 01-2021-6420 号

国际团队教练权威指南

作　　者	[英]大卫·克拉特巴克 等
译　　者	黄学焦 等
责任编辑	马　颖
责任印制	刘　洋
出版发行	华夏出版社有限公司
经　　销	新华书店
印　　刷	三河市万龙印装有限公司
装　　订	三河市万龙印装有限公司
版　　次	2023 年 9 月北京第 1 版　2023 年 9 月北京第 1 次印刷
开　　本	710×1000　1/16 开
印　　张	35.5
字　　数	486 千字
定　　价	148.00 元（全二册）

华夏出版社有限公司　地址：北京市东直门外香河园北里 4 号　邮编：100028
网址：www.hxph.com.cn　　　电话：（010）64663331（转）
若发现本版图书有印装质量问题，请与我社营销中心联系调换。

译者序一
译者序二
前言
这本指南的诞生
导言
定义和区别：团队教练与其他类型的团队干预

第一部分
理论、模型与研究 001

第5章 055
运用意向变革理论进行团队教练

第6章 068
以团队效能科学为基础
将严谨纳入团队教练设计

第7章 081
"好的"团队教练是什么样子的
团队教练有效性研究综述

第1章 002
建构——发展理论
团队教练的一个视角

第2章 014
多人教练
团队教练和团体教练

第8章 115
团队的设计、组建和教练
60-30-10法则及其对团队教练的影响

第3章 028
系统性团队教练

第9章 131
定义团队教练
实践者视角

第4章 046
共享领导力模式与团队教练

第10章 143
构建团队运转良好或失灵的实用模型

第二部分 实践 153

第11章 意识教练 154
运用团队教练提升系统、关系及内在觉察

第12章 高绩效团队教练 169
提升团队效能的循证系统

第13章 情绪与团队绩效 180
团队教练思维模式及团队干预实践

第14章 超越万有理论 198
团体分析、对话以及运用五个问题

第15章 打破团队模式 210
当解决方案成为问题

第16章 打造梦想团队 220
教练全球虚拟团队的五项最佳实践

第17章 转动系统之轮 232
将"系统思考"的魔力转化为团队教练实用工具

第18章 团队教练 244
优势导向方法

第19章 由外而内的视角 254
团队教练中应用情境驱动法的案例

第20章 对话式团队教练 269

上册

第三部分 培训和教育 ₂₈₁

第四部分 新兴视角 ₃₆₇

第21章 虚拟团队教练 ₂₈₂
从研究中学到的技能

第22章 造就团队教练 ₃₀₅

第23章 督导团队教练 ₃₁₆
保持距离地与复杂性共舞

第24章 团队教练中的行动、反思和学习 ₃₂₈

第25章 高效团队教练的核心素质和技能 ₃₃₇

第26章 成为团队教练 ₃₅₂

第27章 团队领导者如何支持团队教练和团队发展 ₃₆₈

第28章 教练虚拟和远程团队 ₃₈₀

第29章 大规模团队教练 ₃₉₅
为调适性领导文化的产生创造条件

第30章 用 CDAI 和 GLP 进行团队教练 ₄₀₉

第31章 运用戏剧疗法促进团队教练 ₄₂₂

第32章 团队教练 ₄₃₂
短暂潮流还是组织必需品

第33章 自治发展型组织中的团队 ₄₄₄
同侪教练的需求

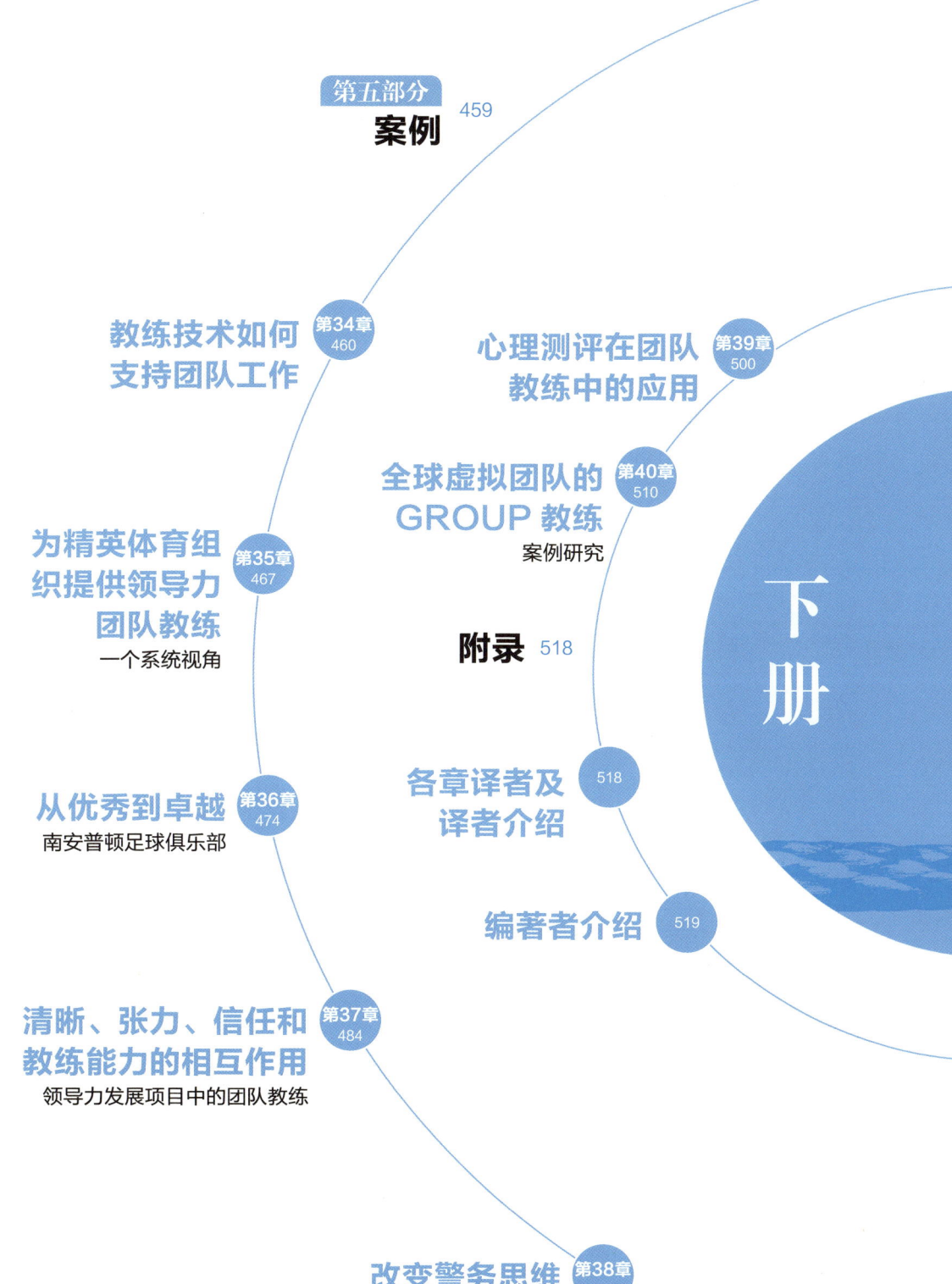

第五部分 案例 459

第34章 460
教练技术如何支持团队工作

第35章 467
为精英体育组织提供领导力团队教练
——一个系统视角

第36章 474
从优秀到卓越
南安普顿足球俱乐部

第37章 484
清晰、张力、信任和教练能力的相互作用
领导力发展项目中的团队教练

第38章 492
改变警务思维
协作与团队教练活动在循证警务实践中的作用

第39章 500
心理测评在团队教练中的应用

第40章 510
全球虚拟团队的GROUP教练
案例研究

附录 518

各章译者及译者介绍 518

编著者介绍 519

下册

译者序一

让团队教练激发系统协作潜能

很多企业教练问我：什么是教练进入企业的最佳切入点？什么教练方式能给企业带来更大的价值？我的答案肯定是团队教练，而这也是我和加瓦教练中心经过数年探索才得出的结论。

众所周知，教练就是一种双方建立深层信任的关系，通过对话、教练支持客户挖掘潜力、克服障碍、以实现客户的梦想和目标的学问。而教练形式可以是一对一的个人教练，如高管教练、管理教练等；一对多的团体教练，其目的是群体共同学习、分享和成长，类似各类的研讨会、读书会和私董会的教练；一对多的团队教练，其目的是一组人要实现一个共同目标，如教练进入企业的项目部、有考核目标的部门等。至今，各种形式的教练在国内的市场方兴未艾，需求大量增加，教练已经成为众多头部企业应对危机、完成转型、提升绩效的管理和领导手段之一。

我在2007年把国际教练联合会（ICF）的专业教练认证体系引进国内，短短几年就有数千名管理咨询师或培训师、企业管理者和各类追求卓越的人士完成了教练课程的学习，成为活跃在各行各业中的教练从业者和推广者。但在前期推广的过程中，教练们都习惯以介绍一对一的高管教练为主，于是经常会碰到企业方提出的一个让大家都有些尴尬的问题：你能保证这些企业花费巨资培养、身居要职的被教练者不跳槽吗？答案当然是否定的。这个尴尬情形的原因是很多企业原本希望花钱聘请教练来提升企业高管的能力，但结果却是相当比例的高管随后声称找到了真正自我发展的方向而离职了。虽然我们知道这些离职的高管原本就可能一直感觉怀才不遇，或者是早已碰到职场瓶颈而苦恼不堪，他们经过教练后理清了思路、才下定决心走自己真正想要的路；我们也知道这些高管找到自己理想的岗位以后，就会更加尽心和稳定地为企业服务，但要这些企业客户仅仅为高管的个人成长甚至是为其他企业的人才买单，确实也会让人心有不甘。

所以，带着篇头的问题，我们经过几年的实践、总结和探索，终于找出一条在企业中培育教练生态来应对危机，进行变革转型的有效路径：

首先，我们以团队教练为进入企业的切入点，因为团队就是实现企业功能的器官，其成立的目的就是完成某项企业目标、提升企业绩效或社会责任的。所以，让企业中有条件、有基础的团队率先引进或学习团队教练，花小钱赚大钱，让试点团队能够多快好省地实现企业目标，当然是企业乐此不疲的追求，同时也可以作为标杆起到模范带头作用。据国际教练联合会（ICF）的调查结果显示，企业应用团队教练的 ROI 平均值是 7，最高值能达到惊人的 50。所以我们说，以成果为导向的团队教练就是让企业接受教练文化的敲门砖。其次，在企业引进团队教练的基础上，我们建议对团队关键领导者或主要阻碍者进行高管教练，以突破他们的认知局限，排除各种负面情绪，真正能承担起团队创新、转型和成长的责任。第三，为了促进企业的整体平衡发展，在前面两项工作的基础上，我们建议把不同团队的领导者和骨干集合起来，用团体教练的方式定期组织活动，达到分享经验、相互学习、促进共识、共同成长的目的。当然我们也深刻认识到，在企业实际工作中并不存在所谓"纯"教练方式，而是要整合培训、咨询、行动学习、引导等各种有效手段，目的就是能灵活根据企业的现实情况，为企业提供实用、有效且落地的超值服务。

如果企业的教练氛围和基础比较好，变革的阻力比较小时，我们也可以跨过上面先建试点再推广的方式，直接启动团体教练，大范围地为转型进行前期思维、知识和技能的铺垫，同时在某些团队启动团队教练和高管教练来做样板。这样可以节省时间、提升效率，让企业尽早转危为安。

为了配合和支持上述工作，加瓦教练中心在过去引进和翻译十多本教练经典书的基础上，又精心选择数本国内外多位专家推荐的相关教练新著，并召集了几位英文基础较好的资深教练完成翻译工作。业已面世的有颇受市场好评的《高绩效团队教练》（理论篇和实战篇2本）、《高绩效团体教练》和《高管教练精进法》，手头的这本《国际团队教练权威指南》即将出版，另一本《助人改变—以同理心教练促进终身学习与成长》也已进入审稿阶段。

本书的编撰工作由著作等身的国际团队教练方面的领军人物，来自英国的克拉特巴克教授领衔，邀请了来自全球六十位团队教练领域内的知名学者和专家们参与编写。收集了四十篇高品质的论述文章，论题涉及团队教练的理论、实践、培训和教育、新兴视角和案例等五大方面。这本书高屋建瓴、内容详实、理论与实践紧密结合，涵盖了团队教练的多个领域，堪称国际团队教练方向的扛鼎之作和百科全书，同时也弥补了国内教练界产、学、研一直不能平衡发展的缺憾，为国内的从业者们提供了一顿饕餮盛宴。大家可以放之于桌上，带之于身旁，既可以按书中顺序阅读，对团队教练有一个360度的全面把握，也可以在团队教练遇到困难的时候，选出其中的相关文章详细阅读品味，以求解决问题之道。总之，一书在手，您就和60位全世界顶级的团队教练专家交上了朋友，可以时不时在他们深刻和多维的思想中采撷智慧的火花，开阔眼界，提升自己的综合教练水平和能力。

前段时间我观看了一部自然界中蚂蚁生存的纪录片。蚁群在受到火灾或水灾侵袭的时候，会紧紧地抱做一团冲出困境，从而有效地保护了蚁群的有生力量。当前，我们也处于百年未见之变局当中，国际政经形势风云变幻，疫情肆虐过后产生的各种不确定性，国内众多企业的生存和发展面临前所未有的巨大挑战。所以，真诚期待本书的面世，一方面给教练行业从业者介绍国际前沿理论和先进经验，树立标杆典范，让这些专业教练更好地支持企业团队健康发展；另一方面国内企业及团队也可以直接"拿来主义"，学习国外先进的团队管理经验，协作增效，在VUCA和疫情时代的惊涛骇浪中危机自救，变革创新，走上基业长青之路。我相信未来正如一首歌所唱：阳光总在风雨后……

在本书翻译出版的过程中，作者克拉特巴克教授、艾莉森博士，华夏出版社新生活编辑部朱悦主任、马颖老师，还有加瓦教练中心孙铭䜣、黄晗等都提供了巨大的支持，在此一并表示感谢。由于翻译小组成员来自全国各地，虽彼此精诚合作，但认识不一，水平有限，译文中难免存在不当之处，也诚恳希望读者批评指正。

黄学焦

加瓦教练中心创始人

20本经典教练译著的引进者、翻译者、审校者或主编

著有《卖故事》《唤醒：提升员工和团队动力与绩效的教练指南》

译者序二

很高兴《国际团队教练权威指南》即将出版,作为译者之一,与大家分享我的几点想法。

踏上团队教练学习的快车道

2009年,我初学团队教练。回想当时,有两个印象非常深刻:一个是体验到了团队教练的神奇力量;另一个是听到导师说的一句话,即便是在国外,团队教练也是非常之少。

因为体验到团队教练力量的神奇,也因为热爱,之后我便坚定地持续学习和实践团队教练。而当时学习团队教练的资源非常少,所以当2014年有机会参与翻译团队教练专著时,我便果断加入,将其作为团队教练学习的一个重要方式。

9年来,我陆续参与翻译了3本团队教练专著,过程中收获颇丰。翻译本书时,我深深感觉这就是一本团队教练大全,通过阅读此书,可以了解团队教练的方方面面,这真是团队教练学习者的福音。

我有幸担当本书翻译团队的小组长,并负责数章的翻译和校对。翻译的过程,犹如与国际团队教练大师、先行者们对话,聆听他们的宝贵见解。聆听过程当中,结合过往的实践经验,我内心里不断涌现出一些想法,产生一些新的整合和生发,这真是一个令人享受的过程。

我相信,本书对于各成长阶段的团队教练学习者和实践者都会大有助益。对于经验丰富的团队教练实践者来说,书中内容有助于加深及拓宽对团队教练的理解,进一步打磨自我、持续精进;而对于团队教练初学者来说,则有助于奠定系统全面的学习基础,同时也会助其清晰未来发展方向。我相信本书将帮助大家踏上团队教练学习的快车道。

团队教练学习的地图

我认为本书是继《高绩效团队教练》之后又一本中文版团队教练必读书。自 2018 年《高绩效团队教练》一书出版以来，联合其他教练一起，我一直致力于构建团队教练工具和方法的实践地图；而本书集各位团队教练大师如大卫·克拉特巴克、彼得·霍金斯以及其他团队教练先行者的宝贵经验于一体，从理论、模型到实践案例，再到教练的能力和成长，绘制了一幅团队教练学习的地图，可供大家尽情畅游。

关于本书的学习，我提议扩展开来去读。翻译过程中因遇到一些专业内容不甚理解，为保证译文尽量准确，我们做了一些搜索，过程中发现了一些非常值得阅读的书籍。这包括本书各位编著者的其他一些教练专著，也包括本书所引用文献的作者的一些书籍。我认为，要成为卓越的团队教练，这些基本上都是必读之作。

关于本书各位编著者的其他教练专著，在此推荐我读过的三本。这三本书的内容，分别与本书中的三章相对应，讲解得更为详尽全面，有助于大家深入学习。

- 《高绩效团队教练》(Leadership Team Coaching, 2nd edition)[①]，本书第 3 章作者、团队教练大师彼得·霍金斯的一部团队教练专著，其内容在本书各章中有多处引用。这本书是团队教练领域的权威之作，涉及团队教练的方方面面，包括团队教练的定义及类型、团队教练流程、系统性团队教练的工具和方法、团队教练督导、团队教练成长等。2018 年此书中文版出版以来，受到众多团队教练学习者的热烈欢迎，曾有多位伙伴对我表示如获至宝。

- 《高绩效团体教练》(Effective Group Coaching)[②]，是本书第 2 章作者詹妮

[①] 本书的中文简体版已由人大出版社出版。
[②] 本书的中文简体版已由华夏出版社出版。

弗·布里顿的一部教练专著。这本书内容全面且实操性很强，涉及团体教练的定义和形式、团体教练基础（成人学习要素）、团体教练核心技能和最佳实践、团体教练商业及学习案例、团体教练项目的设计及重要元素、项目营销及后勤安排、项目实施技巧、团体教练练习工具包等。这本书对于当下国内教练的学习和实践是一个强有力的补充，相信对很多教练实践者会大有助益。

- *Coaching the Team at Work* [①]（英文第2版。暂译名《教练工作团队》）是本书主要编者、第10章作者、团队教练大师大卫·克拉特巴克的一部团队教练专著。书中内容适合各个层级的团队领导者，也是涉及团队教练的各个方面，包括：团队教练与其他一些干预方式的区别、团队教练操作流程、团队运转良好或失灵的PERILL模型及调查问卷、高管团队和董事会教练、团队自我教练、团队教练的挑战、以及团队教练成长等。其中PERILL模型是本书第10章的主要内容，而在 *Coaching the Team at Work* 这本书中，作者对PERILL模型的六个关键领域分别用一章的篇幅进行了更为详细的介绍。此外，书中有很多简单实用的模型，可帮助团队快速获得新的洞察；同时内容也详细易懂，是非常难得的团队教练学习教材。

团队教练团队做

"团队教练团队做"，是过去几年来我大力倡导并践行的一个理念。团队教练所涉领域非常广泛，对于立志在此领域深耕的团队教练来说，这是一段有起点无终点、持续精进的旅程，同时个人孤军奋战也难以成就卓越成果，团队协作成为必然。而本书的写作和翻译过程，也体现了这种团队协作的精神。

本书英文版的出版，是60位国外团队教练同行共同的努力；同样，中文版的出版，也是团队共同协作的成果，这其中包括11位译者以及其他多位组织者、编辑团队的共同努力。

[①] 其中文版即将由华夏出版社出版。

翻译本书的过程并不容易，但想象到众多团队教练学习者捧读此书的画面，我内心里便充满喜悦。翻译和校对过程中，我和其他各位译者以重度读者的视角来审视译文，力求有利于读者快速准确地理解作者原意。翻译教练专著，我视之为为中国教练行业、为教练们共同服务的客户所做出的一种贡献。

特别感谢加瓦教练中心创始人黄学焦老师，2014年起我参与翻译的三本团队教练专著，均为黄老师发起、组织的项目。我对于黄老师的尊重和感谢，不仅因为我个人因此而受益，更因为他推动出版这些专著而给中国教练行业带来了卓著的贡献。

非常感谢徐颖丽女士，在本书翻译过程中，我们共同作为小组长带领翻译团队完成这份有意义的工作。非常感谢其他8位译者，他们分别是毕聪敏、陈萍、刘斯、隋宁、王宾、王利娟、徐伟华、于芳（按拼音顺序排列），我们一起通力合作，过程中留下很多美好的回忆。

同时也非常感谢华夏出版社编辑马颖老师及其团队的精心指导，本书的顺利翻译出版，和他们的辛勤付出分不开。也因为此次合作，我了解到华夏出版社近年出版了多本教练、引导方面的系列专著，我认为这对于这两个领域的发展影响深远。

同时也提前感谢各位读者朋友的包容。尽管我们翻译团队已尽最大努力，但因专业水平及时间精力所限，错漏之处在所难免，欢迎批评指正。

我想，世界上最值得发生的事情，可能就是帮助他人。相较一对一教练，团队教练是更具规模化地帮助人们成长、帮助团队及组织发展的一种强有力的方式。很高兴借此书与很多新朋旧友相遇相聚，期待未来共同创造更多美好的可能。

一起学习、实践并传播团队教练技术，赋能团队生命，助力组织健康发展，构建和谐美好社会，促进人类福祉提升，教练们，领导者们，我们一起加油！

陈绰

ICF PCC

联合教练创始人

《高绩效团队教练》等数部教练专著译者

前言 这本指南的诞生

在任何学科的发展史上，总会从某个节点开始，一些相关者想要夯实基础、归纳总结一番。当发生以下部分或全部情况时，该节点就会出现：

- 对这门学科的定义不清晰，包括它的目的、核心特征和界限，而这会成为实践的障碍。
- 学科受困于很难用另一种方式来证明其合理性，只能自证，因而造成了更多的困惑。
- 该学科吸引了很多的学者进行学术研究，并建立了一个以创造与分享研究结果为目标的社区。
- 依据其他学科的可靠文献得出的一些模型，为该学科及其内部的研究提供了架构。
- 关注于学科研究的期刊、网站和其他正规媒体，为该学科提供了吸引力和良好的声誉。
- 相关专业协会开始将该学科纳入自己的管辖范围。

团队教练领域什么时候开始出现以上情况是有争议的。但有意思的是，在几个甚至更多地方似乎同时出现了一种相同的想法。对于工作场景下的团队教练这一学科，我们所有编辑者在2015年年底得出的结论是：在此时把团队教练在国际上的知识、实践和研究汇集起来，并整合到一本指南中，恰逢其时。

该项目的发起源于两方面的努力——一方来自欧洲和澳大利亚，一方来自北美。而作为教练积极性特征的表现，双方团队的即时和后续的反应不是竞争（谁先发表？），而是合作（我们如何整合？）。

该项目面临着诸多挑战，首先要让审慎的出版界相信，出版这门新兴学科的权威指南的时机确实已经成熟。其次，同时与来自三大洲的大型编辑团队合作，造成了组织协调上的困难，尤其是需要在大家都方便的时间召开团队会议时。不过，能够在结构和内容方面提供更多视角的优点，让大家克服了这些困难。大家意识到我们就是一个团队，我们应该通过觉察自己的优劣势，来为团队教练树立良好的榜样。在这里，我们需要感谢彼得·霍金斯，在大家开始协调工作时，他自告奋勇地担任了这个松散团队的团队教练。

在本指南中，编辑团队整理、综合并汇总了组成和支持团队教练的相关理论、研究和实践。本指南的目的是对该领域进行一个全面概述，并加强对团队教练的理解和实践。本指南分为五大部分，简要说明如下：

第一部分"理论、模型与研究"，通过介绍相关的理论、实践模型和研究，圈定了团队教练的范畴。第一部分的章节描述了团队教练与其他学科的区别，同时将其确立为一种从经过充分调查和实践的理论和模型中产生并得到了验证的方法。第一部分还介绍了现有的关于团队教练的研究。

第二部分"实践"，概述了团队教练干预方法的多样性。该部分的目的之一是深入了解团队教练在实际操作中的呈现形式。虽然这些章节中的案例并未提供步步为营地实施团队教练的详细指导，但它们确实提供了关于技术和经验教训方面的洞见，无论新手还是经验丰富的团队教练，都会觉得它们颇有价值并可以加以应用。

第三部分"培训和教育"，致力探索团队教练的核心技能，并探讨团队教练的成长所需要或应该具备的能力。学习如何成为一名团队教练，以及了解为团队教练提供的持续专业的支持，是该部分的核心主题。

第四部分"新兴视角"，探讨了应用团队教练的新兴领域。该部分的各章节从不同的角度对团队教练进行了深入的探讨，包括虚拟团队教练、大规模团队教练和运用戏剧疗法提升团队教练的效果等主题。这些章节对未来的团队教练在不同背景下的作用进行了简单的探索，突出了其未来的潜力。

第五部分"案例"，旨在通过一系列背景介绍和方法论展示团队教练的实践。与其他章节为强调或支持某种观点而提供的简短案例相比,这些章节提供了更深入地探讨案例的机会。

世界上的挑战日趋复杂,能适应这种挑战的团队更多的将是那些所有团队成员能够共同创新的团队。我们希望读者能利用本指南所学,帮助团队更好地发挥潜力。我们还希望本指南能启发大家探索更多有效的概念框架,提出更多新的实践模式,进行深入的研究,让团队教练这一学科更加丰富。

编辑团队有幸吸引到该领域的一些著名学者和实践者,共同完成了迄今为止第一本关于团队教练的综合性书籍。我们非常感谢那些一起踏上这段旅程的人。我们也很高兴有机会为令人兴奋且仍在发展中的团队教练领域做出贡献。

导言　定义和区别：团队教练与其他类型的团队干预

大卫·克拉特巴克，朱迪·加农，桑德拉·海斯

约安娜·伊奥丹努，克里斯特尔·洛，道格·麦凯

针对团队及其发展的兴趣和关注正越来越多，随之而来的是对团队教练的定义和与其他团队成长方法做区分的需求。在此之前，我们有必要考虑一下：为什么组织对团队成长和如何快速追踪其成长这些话题的兴趣愈加浓厚。为此人们提出了几种论点来解释：首先是整体复杂性，特别是领导角色复杂性的不断提升，要求组织领导层具备更加广泛的领导力技能。虽然个人很难满足这些需求，但拥有技能多样性和差异化优势的团队却能更好地匹配这种需求。其次，作为复杂性增强的结果，我们目睹了英雄式首席执行官的衰落。在解决棘手的问题方面，越来越多的人意识到在 21 世纪，无论个人多么有才华，高绩效团队都更具优势。最后，关于共享式领导的研究表明，在团队中，分布式的领导模式比传统的层级制集中化的领导模式更有效。

当一门新的学科出现或得到认可时，它通常会在几个问题上引起争论（有时是带有敌意的，因为新的学科可能破坏了既有领域的边界）。特别是如下几种问题：

- 这门学科真的存在吗？就团队教练而言，仅仅在十年前，教练领域的许多著名思想家还认为：因为需要进行深度的人际交流，教练必须按照定义与客户建立一对一的关系。
- 这门学科是否只是加了点东西，换了个新名字？新的学科可能只是"旧瓶装新酒"，这种观点经常出现在讨论中。即使是现在，针对咨询专家的市场研究表明，从咨询建议到团队建设，团队教练能涵盖各种不同的

活动。

- 这一学科的边界和显著特点是什么？与前一个问题直接相关，人们需要确定新学科与老学科的区别和边界，划清新学科与其他学科现有领域的界限，并限制新、老学科的冲突。这一点已经在团队教练中有所体现，比如团队领导力教练、团体教练和团队引导之间特点的区分。
- 这门学科的理论基础是什么？新的学科往往在其学术和实践中所借鉴的理论基础方面遭受质疑。教练被认为是借鉴了心理学（通常是积极心理学）、成人学习、人类发展理论和心理咨询，而团队教练被认为借鉴了具有类似理论起源的领域，但更加关注于多样化的、互动的人际关系，如组织行为学、系统理论、团体和家庭治疗、心理咨询。

鉴于教练本身也处于职业化过程中，因此作为一门新兴的学科，团队教练处于早期研讨和定义阶段也就不足为奇了。但团队教练是否符合作为一种职业的标准呢？一些学者和从业人员会提出各种标准，来让某门学科成为一种职业。戴维·斯彭斯提出了若干关键标准，包括正式的学术资格、遵守可强制执行的职业道德规范、仅合格成员才能获得的执业资格、获国家批准的行业职责、共同的知识和技能体系等。与之相似，约翰·班尼特对教练背景下的相关文献进行了回顾，提出了以下专业化的教练标准：具有独特的知识体系和专业技能；能够帮助学员达到一定熟练度的教育和培训；在教练社区之外获得职业的认可；有职业道德规范；有正式的组织；有以利他主义，而非经济利益为动机的公共服务；有认证和自我监管；已建立从业人员社区和公众的认知。虽然我们正在经历所谓的后职业时代，团队教练仍逐渐显现出鲜明的职业特征，本书将讨论其中的一些特征。

依上所述，在职业定义的演变过程中，这种长时间的争论能够确立从业人员、学者和专业服务接受者共同的核心期望。在近一个半世纪前，医学成为一种职业，这让外科医生这样的细分职业与江湖郎中划清了界限。从此不像以前一样，病人是可以去同一个"专业"的江湖郎中那里理发、刮脸和截肢的。因此，提供一系列与团队相关的服务的人们都会使用"团队教练"一词来描述自己的工作并不奇怪。但关于团队教练与其他工作之间的界限，至少在学术界已经开始达成共识。

从实用主义出发，一门学科逐步形成需要从以下三个角度进行审查：

- 核心是什么——基本特征；
- 它不是什么——在哪些方面可以做出明确的区分；
- 它可能是什么——有助于方法、学科、哲学和实践多样化的中间领域。

在本章的后面，我们将从这三个角度列举并比较不同流派对团队教练的定义。

团队教练的核心是什么

就核心特征而言，越来越多的人（当然，本指南的编辑们也达成了共识）认为，要使一种干预方法有资格归属于团队教练领域，它必须做到以下几点：

- 有一个统一的流程，让整个工作团队合作。
- 采用一种非指导性、探索性、公认的教练定义的方法（教练领域的主要专业机构所规定的方法）。

于是立即出现了一个新问题，即团队教练是否可以应用于团体而不是团队。在一定程度上，答案取决于我们如何定义团队和团体。对于大多数学者和实践者来说，团体被定义为"两个或两个以上面对面互动的人，每个人都知道自己是团体的一员，并努力完成分配的（工作）任务"。桑顿指出："所有的团队都是团体，但不是所有的团体都是团队。"当一个团队被嘲笑为是一个团体而不是团队时，或某位成员被认定为"没有团队精神"时，这句话里所包含的精神就体现得淋漓尽致。卡岑巴赫和史密斯称团队是"一小群具有互补技能，为一个共同的目标、绩效和方式而努力行动并共同承担责任的人"。这句话综合了很多评论者的观点，从而进一步区分了团队和团体。团队具有以下特点：

- 团队规模相对较小（通常有2~10名成员）。
- 团队成员之间具有某种程度的相互依赖性。
- 团队成员之间有一定程度的技能互补性。
- 团队有共同的目的和明确的目标。
- 团队成员都为彼此的表现共同担责。
- 团队成员在一起工作时都有条理清晰的方法。
- 每个成员都被视为参与了一定的工作。
- 对谁是团队成员、谁不是团队成员有着清晰的界定。
- 成员之间需要互动来完成任务并实现团队目标。
- 成员需要在特定的组织背景下工作，以支持更大的目标的实现。

即使很清楚团体和团队之间的区别，我们也要考虑一些复杂因素。最常见的团队教练的实际场景是一群人缺乏诸如共同的目标和优先事项的团队特征，而团队教练却要帮助他们成为一个团队。因此，团队教练的第三个核心特征是旨在实现集体功能的增强，这可以提高绩效，无论这绩效是怎么被团队衡量的。

团队教练不是什么

基于以上特点，我们可以肯定地认为，团队教练不是对团队中的个别成员进行单独教练，因为这不涉及集体对话。然而，团队干预可以包括个人和集体教练以及其他提升手段。一个人同时担任个人教练和团队教练会非常麻烦，还可能会引起严重的道德和现实困境，例如在管理个人机密信息方面。

希望将一种方法或活动与团队教练区分开来，可以从目的、流程和关系的角度对其进行比较。以团队建设为例，比较结果如表 0.1 所示。

表 0.1　团队教练与其他团队支持活动的区别

	团队教练	团队建设	团队引导
目的	绩效改进	更多的参与与信任	改进团队协作的过程
流程	与团队任务相关的对话	通常是与团队任务无关的活动	为团队提供程序化的、以任务和内容为中心的互动
关系	与一系列问题有关的多种中期干预措施	通常针对特定问题做一次性的干预	流程导向意味着可能有多种专注于团队进程的干预措施

对团队及其目标的关注度，对团队运作和成员关系的动态和过程的关注度，在教练、引导师或培训者这些提供支持和发展的角色中的程度不尽相同。然而，还有一种认知是团队教练可以在团队教练、团队建设和团队引导之间转换，这要求他们更加灵活地运用所学的知识和技能，并提倡所有相关人员更紧密地分享学习经验。因此，对团队教练的需求及其自身的发展为探索团队教练提供了良好的空间，我们将在本书第 20、21、23、24 章中对此进行探讨。

中间立场

在第五部分的案例研究中，我们将阐述各种团队教练方法。我们可以在几个维度上对其进行分类，例如，流动性与刚性。流动性方法的目的是让团队本身对学习和对话拥有更多的控制权。团队成员希望随着团队对其内外部的变化和影响有更深的认知，教练的目标也能够随之变化。刚性方法可能会对团队的所有成员采取同样的做法和标准进行诊断，以确定教练将重点关注的问题，或者在极端情况下，无论团队的现状如何，教练都根据一个通用的问题列表进行处理。所以，在极端情况下，流动性方法可能与行动学习难以区分，而刚性方法则与课堂培训类似。

比较团队教练的定义

理解团队教练的另一种方式是了解众多定义中的描述。表 0.2 中的定义来自学术和实践方面的文献(以及介于两者之间的一些文献)。

表 0.2 团队教练的定义

来源	定义
哈克曼和瓦格曼(2005)	一种对团队的直接干预,目的是帮助团队成员相互配合,适当地利用团队的集体资源来完成团队任务
斯基芬顿和宙斯(2000)	为冲突管理和问题的解决做引导,监督团队提升绩效,协调团队与更高级的管理者之间的关系
霍金斯和史密斯(2006)	通过明确团队使命和加强团队内外部的关系,使其产出的成果超出其各部分之和
克拉特巴克(2007)	一种干预性学习方法,通过运用教练的支持理念,帮助提升团队或团体的集体能力和绩效
克拉特巴克(2009)	通过对话和反思,帮助团队提升绩效和简化流程,最终达成绩效目标
桑顿(2010)	教练团队实现一个共同的目标,并在其中关注个人的表现以及团队的合作和表现
霍金斯(2011)	是团队教练与一个完整团队工作的过程,无论这个团队的成员是在一起还是处于分开的状态。目的是帮助团队在提升集体绩效的同时进行更好的协作,并提升团队的集体领导力,从而更高效地与所有关键的利益相关者合作,共同成就更大的事业
布里顿(2013)	在核心教练技巧的支持下进行持续的系列对话。关注于设定目标支持行动和建立责任心。教练的焦点可能是作为一个系统的团队和/或团队中的个人。团队教练会与绩效目标连接,关注结果和关系

这些定义之间的不同之处包括:

- 对团队级别的假设——一些认为团队教练应该专门针对领导团队,而另一些则从更普遍的角度出发,认为可以针对任何级别的团队。

- 范围——团队教练是关注在短期内实现特定的、预先确定的目标，还是在较长时期内提升实现尚未确定的目标的能力？
- 所有权——团队教练是取决于团队还是主办方？

理解多样性

因为团队教练目前处在学科发展的早期阶段，所以我们认为定义和方法上的多样性是正常的，也是有益的。事实上，克拉特巴克指出"团队教练的性质、背景、内容和技能库仍在不断发展"。假以时日，我们期待能够更清晰地了解团队教练的核心、外围领域以及中间立场。本书针对这一主题，提供了一些系统的研究，作为学习的出发点。

第一部分

理论、模型与研究

第1章 建构—发展理论：团队教练的一个视角

桑德拉·海斯 南希·波普

一个多世纪以来，建构主义（constructivism）和发展主义（developmentalism）这两种"大思想"，几乎影响着人类认知发展的方方面面。建构主义，指的是个体通过与社会和环境的接触来建构自己的现实，即从经验中创造意义；发展主义，指的是这个意义建构过程会经历几个不同阶段的演变，复杂性不断增强。建构—发展理论（constructive-developmental theory，CDT）结合了这两种基本的人类发展思想，为我们提供了一个深入理解团队教练过程和实践的新角度。

人们在所处社会环境中建构现实时，会出现两种相互矛盾的渴望——自主及与外部连接，二者之间产生了一种张力，这种张力对周围动态环境中的生命产生着影响。这与自创生理论是一致的。自创生系统是一种自我调节系统，通过这种系统，生物体在与不断变化的外部环境持续互动的过程中，会不可避免地不断进行自我创造和再创造。这个过程让生物体即使在不断变化的环境中，也能保持自己的身份和自主。持续不断的意义建构过程就是自创生过程：与所处环境的互动越复杂，个体建构的意义就越复杂。

按照这种思路，我们认为，如果不了解团队成员，就无法理解团队这个动态的社会环境，反之亦然。当我们讨论建构—发展理论（一种"情境中的个体"发展理论）能给团队教练带来什么洞见时，我们必然会讨论这种理论与团队教练的建设性关系。

聘请团队教练的主要目的是提升绩效，而团队内部存在不同观点被公认为是提升团队绩效的重要变量。尽管多样性可能是影响团队绩效的一个关键因素，但使一群人成为团队的更重要的因素是他们所拥有的共性。团队由一群有共同目标、技能互补、相互依赖的个人组成。

如何既受益于多样性，又能充分发挥方向一致的好处，这是提升团队绩效必须要处理好的一对最重要的矛盾关系。协调好这对矛盾关系，就是团队教练发挥潜力之处，尤其是对于那些在不断变化的动态工作环境中建构意义的群体而言，团队教练的作用更为明显。正如个人容易受所处的心理社会环境影响，团队作为整体也容易受所处环境的影响。受环境影响的大小代表了个人和团队受环境条件制约或控制的程度。为提升绩效，团队不能在寻求多样性优势时被各种动力左右。如果团队被这些动力左右，就找不到管理这些动力的途径。每位团队成员都必须抽身出来，将自己与周围环境中的矛盾彻底分开，这样才能以更清晰的眼光看待事物。他们需要爬上泰山之绝顶，才能一览众山小。

我们处在一个"保持距离，置身事外，思考并看到对全局来说最重要的事情非常困难"的时代，世界比以往任何时候都更需要高绩效团队。针对如何应对团队所面临的前所未有的复杂性，霍金斯提出了团队教练的概念，将其定义为"与团队直接互动，帮助成员恰当地统筹使用集体资源来完成团队的任务"。团队成员如何理解自身的经验，可以提升或降低团队绩效。当团队了解了建构—发展理论所描述的发展进阶序列后，团队教练可以帮助团队做出选择，而如果没有建构—发展理论这个视角，则团队可能看不到这些选择。

建构—发展理论认为，团队是多种思维模式的集合，思维模式是成年人理解其经验的独特逻辑系统，下文会对此展开叙述。因此，每位团队成员看待并处理自己的任务、目标、与团队的关系以及自己的团队成员身份的方式，都会有所不同。由于每个人的思维模式不同，每个人对于作为拥有共同宗旨的团队成员这一概念的理解也会不同，因而所采取的行动也会不同。这将影响团队作为一个整体，处理多样性和方向一致这对矛盾关系的方式，使团队在提升绩效、实现目标的过程中平衡好多样性。

重要的是，不仅要了解团队成员思维模式会发生变化，还要了解如何在团队成员的成长边界处与其合作，帮助他们应对团队合作的复杂之处。每种思维模式都有其边界——人们看不到或无法理解边界之外的东西。成长的可能性就存在于这些边界处。团队教练的目标是帮助团队提升，以便团队能够在越来越不确定、越来越复杂的世界里达成高绩效并予以保持，所以团队及团队成员就要培养自身的能力，保持长期持续成长。这也就是说，团队及其成员需要发展越来越多的才能，以便在应对新出现的挑战时能退后一步看到全局。对团队来说，应对新的挑战，需要在运用已知信息和保持开放的心态发现可用的未知信息之间保持一种平衡。

瓦格曼和洛认为团队中的"合适人选"对于团队效能至关重要；团队中合适的人选在拥有必要的技能的同时，能接受多种观点。然而，他们警告说，拥有合适的人选并不能保证高效的团队合作。他们指出，虽然多样化思维模式可以激发创造性思维，促进问题的解决，但也可能是团队功能失调和团队产生冲突的根源。根据斯基芬顿和宙斯的研究，团队教练可以帮助解决这一问题。他们认为，团队教练有助于解决问题和管理冲突。克拉特巴克同意这一观点，他认为团队教练可以使冲突浮出水面，甚至可以化解隐藏的冲突。他认为，管理冲突是达成高绩效的必要条件。此外，他认为，团队教练可以提升沟通的质量，并可以为团队提供管理冲突和提升绩效所需的工具和技能。

霍金斯认为："高绩效团队要应对的挑战是，要取得一加一大于二而不是小于二的绩效成果。"而要达成这一目标，团队需要合适的发展、学习和支持。他还引用了克拉特巴克、哈克曼和瓦格曼以及霍金斯和史密斯的观点，指出团队教练是影响团队集体绩效的工具。重要的是，霍金斯引用了哈克曼和瓦格曼的观点，即团队教练"……旨在帮助团队成员……利用团队的集体资源来完成团队任务"。霍金斯认为，这清楚地表明，是整个团队而非仅仅是团队成员帮助团队充分利用其资源。

凯勒（Keller）和梅尼（Meaney）访问了5 000多名高管，咨询他们在高绩效团队中的经验，结果发现出色的团队合作是关键因素。除其他因素外，良好的团队合作的特点是高质量的互动、信任、开放的沟通和愿意接纳冲突。在有着不同思维模式的团队中，接纳冲突可能非常具有挑战性，因而难以做到。尽管团队教练可以帮助团队避免消极冲突的后果，并在团队内部培养更多积极的冲突，但团队成员个人以及团队整体内化冲突的方式会影响到外在反应。因此，团队教练深入理解建构—发展理论非常重要，有利于帮助团队更有效、更具建设性地应对冲突。

建构—发展理论

意义建构是人类的一项基本活动："没有哪种感觉、经验、思想、感知独立于意义建构的情境；只有在意义建构的情境当中，人们才会有感觉、经验、思想、感知；因为我们就是基于情境来建构意义的生物。"如前所述，我们在与自己所处的各种社会环境的互动中建构意义。随着我们成长，我们的社会环境变得越来越丰富、越来越复杂，我们需要与之进行越来越复杂的互动，从而建构越来越复杂的意义。

抱持性环境

任何类型的团队都是"抱持性环境"。温尼科特（Winnicott）在描述抱持性环境时说，"从来就没有独立存在的婴儿这回事儿"，只有母子关系中的婴儿。我们看到婴儿就看到了母亲，看到了环境。凯根基于这个理念，将抱持性环境定义为一种持续变化的社会环境，这种环境塑造了我们是谁，决定了我们的价值观是什么以及成为一个好的团队成员意味着什么。反过来，团队是由我们的互动和投入塑造的。抱持性环境通过各种方式影响我们的成长：它们可以通过支持和挑战我们目前理解经验的方式来帮助我们继续成长，或者可以通过要求我们忠于特定规则和价值观来阻止我们成长，如果我们挑战或背叛特定规则和价值观就会受被排斥的威胁。我们可能会发现自己所在的团队最看重的是共识。我们可能会发现自己处于一个重视"混合"价值观的团队，团队中有着很多不同的观点。我们还可能发现，我们的团队中有一个强大的独裁领导者，遵守规则是至关重要的。无论在哪种团队中，个体的集合都会对成员的显性和隐性价值观产生影响。

我们努力增强团队内部的多样性，认为多样性会带来更多创意、创造力和选择。种族多样性、民族多样性、性别多样性和宗教多样性是我们马上能想到的几种多样性。发展多样性所产生的影响与上述任何多样性一样大，但却很少被列入考虑范围，因为在很大程度上它未被注意到。一个人理解自己经验的方式的复杂性，对其参与团队的方式有很大影响，所以了解并运用这种复杂性非常重要。

现在，我们将转向讨论建构意义的过程和对团队教练的启示。我们将分析最常见的、可能在任何一种团队构成中看到的意义建构系统或思维模式，以及其对团队过程和教练的影响。

意义建构和思维模式

建构—发展理论将发展视为给这个越来越复杂的世界赋予越来越复杂的意义的过程。许多人对成年人的一个最有力、最具误导性的假设是，所有成年人或多或少都有相同的能力来接受他人的观点并暂时搁置自己的观点。本节中，我们将通过审视每种思维模式的复杂性和转换视角的能力来挑战这个假设。每种思维模式在与世界互动中建构的意义不同，因而创造的世界也不同。

建构—发展理论描述了一个发展的连续体，沿着这个连续体有六个主要的发展阶段，或称为六种思维模式，每种思维模式之间有四个过渡子阶段。从一种思维模式到另一种思维模式的逐渐演变：

> 不仅仅使差异性增强，而且使人们与世界的关系增强。这些"增强"是定性的，首先涉及更好地识别与自身不同的事物，这样我们就可以与之建立关系，而不是与之融合。

我们在本章只描述在成年人身上可以观察到的三种主要的思维模式。篇幅所限，此处不能介绍思维模式之间的转换，推荐读者可以阅读凯根、波普和波特诺（Portnow）的文章，这些文章深入讨论和回顾了所有思维模式以及各种思维模式之间的转换。

我们在成年人身上看到的第一种思维模式是工具型思维模式（instrumental mindset）。这种思维模式的人有以下特征：倾向于将事情具体化、坚定不移地遵守规则、坚持实事求是、不会被情绪或不同意见左右、不能抽象思考。这类人无法理解他人的内心感受或情绪变化，也无法从他人的角度看待事物，只对他人的反应和行为，以及对自身的影响敏感，即自己是否从他人那里得到了想要的东西。这类人通过自己和他人的行为的具体后果来理解世界。作为团队的一员，具有这种思维模式的人可能会用非常具体的词语谈论团队目标：

> 我们现在需要创建一个更好的过程来推出我们的产品。这意味着我们需要弄清楚每个步骤，写下来并遵照执行，就这么简单。你不需要谈论工作的感受，以及为什么我们相处得不融洽，这只会混淆问题，这些事情与推出产品无关。坦白说，我真不明白为什么人们会对此大惊小怪。只需弄清楚步骤并执行即可。

这类人关心的是，我们有一个清晰的操作步骤，每个人都遵照执行。在团队情境中，那些具有工具型思维的人，可以看到自己行为的后果，预测他人的反应，制定计划并理解规则，但他们很难站在别人的立场上，也看不到自己的行为可能会影响他人。这类人能认识到并承认别人和自己有不同的观点，但是还不能"尝试"他人的观点；这类人只能理解与自己的观点完全相反的观点：其中一个必须是对的，另一个必须是错的。这种思维模式的人基于二元性来理解世界，认为解决冲突必须靠规则。对这种思维模式的人来说，妥协和合作非常困难，因为他们看不到是非之间的任何灰色地带。

重要的是要谨记，虽然每种思维模式都有局限性，但每种思维模式都有自己为团队做贡献的独特方式。工具型思维模式能够使团队聚焦于完成任务而不偏离正轨。

进阶序列的下一种思维模式是社会型思维模式（socializing mindset）。工具型思维模式发展到社会型思维模式，出现了一种新的能力。拥有这种能力的人，不仅能够识别其他观点，而且能够真正"理解"并认同他人的观点，并使自己对他人产生深刻的移情反应。这类人的指南针指向外面，向外部环境寻找方向、合法化和归属感。有这种思维模式的人，如果面对一位专家，会接受专家的观点，并使之成为自己的指导系统和身份特征。具有这种思维模式的人倾向于与团队中他们认为是高管或专家的意见保持一致，并寻求认同感，并且有了这样的认同感，他们就无法对这些意见或专家产生批判性观点。因此，在团队情境下，任何冲突甚至强烈的分歧都会让这类人产生很多焦虑。所以，在团队中，这类人不仅会寻求共识，而且希望其他人对已经合法化的事情达成一致。如果没有以某种形式明确说明的专业知识，他们往往在没有明确方向的情况下不知所措。

因此，与专家保持一致是社会型思维模式的一个组织原则，正如我们在下段引文中看到的：

> 我们现在需要创造一个更好的过程来推出我们的产品。这需要靠我们这个团队来找出最好的方法。我们应该建立共识，这意味着确保每个人都参与其中。然后我们必须找到共同的想法，并同意按此行事。重要的是，要确保我们在过程中的每一步都能达成一致，这样每个人都步调一致，我们对正在做的事情都能达成一致。但与此同时，我们的团队中已经有一位专家，他已经做了上千次这样的工作，并且知道如何发挥最佳效果。既然我们已经有了一个完美的轮子，为什么还要重新发明轮子呢？当人们不停地说我们需要引入其他想法时，我都要疯了——我们从来没有用这种方法取得过进展，人们只是开始争论。我对那些不和谐感到很不舒服。

对这类人来说，共识和一致性是团队成功的基础，因为冲突和分歧会威胁团队对团结和凝聚力的需要。具有这种思维模式的团队成员通常被视为将团队团结在一起的"黏合剂"，因此可以在团队中发挥重要作用。重要的是，通过指导，他们的同理心使其能够包容和照顾到那些逻辑更具体的团队成员。

紧随社会型思维模式的是自主型思维模式（self-authoring mindset）。具有这种思维模式的人，顾名思义，可以说是自己的"创造者"，也就是说，这类人不再那么关心别人的感觉或看法，或者说这类人不再是他人感觉和看法"制造出"

的产物。这种思维模式的人关注的是如何按照自己的原则进行自我塑造，包括塑造自己的完整性和能力，以及是否达到了自己创立及自我规定的标准。拥有自主型思维的人开始有能力同时从很多不同角度来看问题。事实上，他们现在能够"回顾"自己以前的各种思维模式，能够理解以这些思维模式所看到的世界面貌。因此，具有自主型思维的人能够考虑很多不同的观点，关注每个观点的各种优势和缺陷，并将其认为有用的部分整合到自己的想法中。这类人利用他人的观点来影响自己的观点，不是取代或接管，而是影响：

> 我们现在需要创造一个更好的过程来推出我们的产品。这需要团队提出想法并加以实施。我们基本上可以自由地创造我们认为可行的办法。这真的很令人兴奋，因为这是我们第一次不用听从别人的想法行事。我们的团队里有很多有创造力的人，我非常期待就可行的办法进行热烈的讨论。我们必须进行一些混乱的对话，才能真正让想法流动，而我喜欢这样。问题是有些人只想使用已经用过的办法，因为他们知道那是有效的。当有些人表达不同意见并开始争论时，其他人会很不高兴。我对这两种情况都没有太大耐心，因为这样只会让谈话停止，抑制所有的创造力。好像他们害怕我们争吵或有不同意见，认为这意味着我们不喜欢或不尊重对方。这样的话我们永远也想不出任何办法。如果我不能在与某人意见相左时与其讨论，我怎么能尊重他，甚至知道他的想法是什么？

与社会型思维模式的人回避冲突或终止关系不同，自主型思维模式的人喜欢讨论问题，并直接和坦诚地彼此交流——他们发现这样做更具互动性和创造性。具有这种思维模式的团队成员可以帮助团队保持对新想法和做事方式的开放心态。

看到这些描述，就会明白作为团队成员的体验可以多么不同。这些人所描述的不仅仅是一种随信息增加而改变的态度，而且描述了他们在其中生活和认识自己的心理世界。每种思维模式都为团队带来了自己的技能和价值。

对团队教练的启示

凯根的研究表明，当我们要求团队成员完全站在其他团队成员的角度考虑问题时，我们可能在要求他们做一些他们还没有能力做到的事情，因为他们可能还没有发展出理解对方思维模式的复杂性的方法。团队教练可以敏锐地感知到每种思维模式的优势和局限，这对他们充分利用各种思维模式至关重要。

比如，与具有工具型思维模式的人合作的一个目标，就是充分利用其技能来按步骤完成任务，同时，要努力帮助其不仅认识到他人有不同的视角，而且要开始"尝试"基于他人的视角，想象他人可能会有怎样的想法和感受，并看其能否与他人感同身受，对他人产生共情。通过积极合作来获取对自己重要的东西，可以减弱团队成员在分歧上的竞争性。

团队教练技巧

与运用这种方式建构意义的团队成员一起工作时，团队教练应该提出问题，鼓励这些成员在其他成员的发言中找到有用的东西；重新表述他人的发言，说出对自己有益或有用的内容，并试着想象为什么其他人要那么说。重要的是将这个要求与他们的需求以及如何帮助他们完成任务联系起来。

在与具有社会型思维的人合作时，教练的目标，就是利用其对他人观点的关注来制定小组互动原则，同时，帮助其应对意见分歧和冲突本身带来的恐惧和焦虑。

团队教练技巧

帮助这个人开始识别出其他人的不同意见里可以认同的方面，而不必同意全部意见。这有助于具有社会型思维的人开始"批判"自己的观点和

> 认同的专家，并开始区分每种观点的不同部分。这种观点的优势是什么？弱点是什么？他如何建立自己的观点，来更具批判性地看待自己所持有的各种观点，以及每种观点之间的区别？团队教练应支持成员努力表达对其他成员的不同观点的赞赏，以便开始把体验意见分歧视为积极的事情。团队领导也会很好地支持这些成员从别人的角度找到并表达他们同意和不同意的地方，以帮助他们开始养成批判性思维。团队成员开始认识到批判性思维能促进团队成功，并且认清自己的立场。这样的话，表达不同意见就将要避免的事情重新塑造成了值得参与的挑战。

具有自主型思维的人有能力采纳多种观点，判断每种观点的优点和局限性，整合每种观点的不同方面并确定其优先级，从而创建一种新的观点。然而，具有自主型思维的人，即使有能力运用他以前的思维经验，也可能会对其他团队成员感到沮丧，因为其他团队成员不具备相同的换位思考能力。因此，教练具有自主型思维的人的目标，是利用其换位思考能力，拓展并加深其对其他团队成员能力的理解和认同，并找到其他每个团队成员可以给团队带来的价值。

团队教练技巧

> 教练用这种方式建构意义的团队成员时，团队教练应鼓励这些成员仔细倾听具有其他思维模式的成员对团队指令的独特理解，并对其他人带来的价值表示赞赏。让这些团队成员通过更深入的倾听来挑战自己的想法和假设，可以让他们接受新的想法，帮助他们完善自己的想法，并对那些不喜欢冲突或"混乱"对话的人更有耐心。这样可以缓解不必要的紧张关系，为每个人创造更多空间。

教练集体

我们已经讨论过团队中个人的思维模式，但是教练一个由具有各种不同思维模式的人组成的集体意味着什么？关于"集体思维模式"的研究很少，这使得对构成集体思维的各种特征的推测徒劳无益。然而，我们认为团队就像冰山一样，我们能看到的冰山一角，只是水面下极其重要的结构的部分表现。个体思维模式是构成团队冰山水面下部分的重要因素。

凯根和莱希应用变革免疫（Immunity to Change Process）理论研究团队，发现团队能够并且确实在使用集体思维。在个人思维模式驱动下，团队会产生集体假设，从而形成集体思维。揭示这些假设，有助于弄清是什么在驱动整个团队，以及是什么在阻碍团队高效发展。这反过来又提供了一个切入点，有助于教练解决团队的适应性问题（冲突或绩效问题），而与适应性问题相对应的是纯技术性问题。

很有可能，在水面下，团队由多种多样、有影响力的思维模式组成，这些思维模式会产生一种"集体思维模式"。因此，通过了解各种思维模式和这些模式的建构发展过程，团队教练可以充分认识它们的特点，并相应地利用它们的优势和能力为整个团队服务。建构—发展理论对团队教练的作用取决于团队教练对这种理论的潜力的认识。

正如我们前面提到的，管理冲突是达成高绩效的必要条件，所以对敏锐的团队教练来说，最紧迫的一个问题，是如何支持团队最大限度地利用其多样性和集体资源。尽管团队可能会对冲突做出集体反应，但我们认为，熟知个人思维模式来建设性地参与冲突仍然是宝贵的团队教练技能。因为并不是所有团队成员都会对冲突感觉舒服，例如，有些人不仅会避免冲突，而且会以非黑即白的方式看待事物，所以团队教练帮助团队建立应对冲突的相关规范是很重要的。为团队成员制定关于意见分歧和冲突的指导原则，可以给那些具有工具型思维的人以支持，他们会感到有规则可循。

有了指导原则，团队会允许出现冲突，那些具有社会型思维的人会感受到有支持存在。比如，指导原则明确提出可以参与冲突，这并不意味着不忠诚，相反，参与冲突可能是忠于团队及其使命的重要方式。指导原则也可以支持那些具有自主型思维的人，让他们认识到其他成员需要有指导原则来"容纳"冲突。

建立一个对他人的想法好奇的团队规则是成功合作的重要基础。对不同的意见感到好奇，往往可以将冲突从对抗变为合作，从竞争变为协同。

团队教练的思维模式

为了能够参与和应对一个团队当中所有这些不同思维模式的复杂性，团队教练角色本身就有一定的复杂性要求。团队教练必须有能力同时包容多种相互矛盾的观点，必须能够抛开自己对团队内部问题的看法或感受，以促进团队成员的高效合作。团队教练必须能够从每个团队成员的角度看问题，即使与自己的观点相冲突，并且必须能够看到并表达对每个人的观点的价值的欣赏。如果你觉得这很像自主型思维者，那就对了。领导力研究表明，具有更复杂思维模式的领导者往往能更有效地管理不同群体的复杂性。

具备这些能力的团队教练会认可并尊重每种思维模式给团队带来的独特价值。通过这样做，团队教练可以更有效地发挥团队成员的优势，同时也帮助他们成长。

能够以这种方式看待团队的复杂性会创造一种环境，使团队成员感到他们可以被别人倾听并重视他们的观点。当团队成员感到被倾听和重视时，他们可能会更愿意接受意见分歧和批判性反馈，所有这些都将提升团队的绩效和效能。

第 2 章 多人教练：团队教练和团体教练

詹妮弗·布里顿

当教练对话扩展到超过一个人，或者说进行多人教练时，我们会发现自己是在组织情境及公开的情况下对团体或团队进行教练。本章将对团体教练和团队教练这对"近亲"概念之间的区别和相似之处进行探讨。

概 述

本章从总体上概述了团体教练和团队教练这两个既有联系又有区别的领域。本章中我们会针对以下内容进行探讨：

- 团体教练和团队教练的根本区别，团体教练和团队教练分别是什么样的。
- 团体教练和团队教练在概念、项目设计及教练能力方面的异同，包括：影响教练工作和教练位置（the stance of the coach）的五个概念性区别；教练团体和团队时所需能力的区别。
- 从项目开始前至项目完成后团队教练设计的考虑要素。
- 团体教练和团队教练流程要点概述。

团体教练和团队教练是什么样的

现在，多人教练已经非常普遍，很多教练从业者发现自己游走于团体教练和团队教练这两个独立但又相关的领域。

请思考以下示例：

示例 1：一位教练签约服务于一个陷入困境的团队。这个项目意义重大，因为这个团队的任务是要在一个战略性重点新项目领域取得成果。

示例 2：一位教练受某组织聘请，教练该组织的 10 位新任领导者。这些领导者来自各个部门，如 IT 部、财务部和人力资源部，分别向不同的上级（职位从总监到副总裁）汇报。

示例 3：一位教练接受聘请教练一群志愿者，这群志愿者共同支持一个正在苦苦挣扎的非营利组织。随着时间的推移，教练看出领导层明显要发生变化，志愿者小组的成员可能会临时接任领导团队。

示例 4：一位教练给一群企业主做教练，这群企业主都希望通过教练来促进企业的业务增长。这位教练把这个项目确定为"公开招生"，任何人都可以报名参加。

以上四个示例显示了多人教练的应用范围。示例 1 是标准的团队教练情境，这样的情境当中，教练会与不同类型的团队合作，包括新组建的团队、项目团队、虚拟团队等。

团队教练通常会与团队持续合作，聚焦于帮助团队改善工作成果和关系。团队教练对话会随着时间的推移而持续进行。团队教练会定期（每周、每两周、每月或者每个季度）与团队会面，或者根据需要集中安排，与团队一起工作几天。

卡曾巴赫（Katzenbach）和史密斯（Smith）将团队定义为"一小群技能互补的人，运用共同的方法，积极承诺为共同宗旨和绩效目标而努力，彼此相互负责"。

团队效能研究指出，最成功的团队都拥有共同的宗旨、共同的目标，并对如何评估这些目标有着相同的理解（绩效评估），同时对工作成果承担共同的责任和承诺。

相反，团体成员通常在个人层面探索目标、责任和承诺。在团体教练当中，每位团体成员的宗旨、目标、方法和责任通常都是不同的，不是共享或相似的。思考一下最后两个示例，在这两个情境当中教练要如何去做。

第二个示例给出的是一个团体情境，团体成员通常没有共同的宗旨或目标。团体成员没有共同的直接上级，而且由于其跨部门性质，可能没有共同的目标或任务。这就带来了关注点的个人化，每个人都可能围绕各自独立的目标工作，成员之间没有相互依赖关系。这与团队教练中要关注集体的视角形成了鲜明对比。

第三个示例突出了多人教练工作不断演变的性质。常常是教练与一群人合作，开始时这群人有不同的关注点、不同的目标。随着教练的推进，渐渐出现了团队合作的迹象。反过来的情况也是有的，教练可能先是受聘与一个团队合作，但经过探索发现，这个团队实际上是由个体贡献者组成的工作小组。

本章将探讨团体教练与团队教练之间的一些细微而重要的区别，重点会放在团体教练上。

总体区别：概要

表2.1是团体教练与团队教练的比较。

表2.1 团体教练与团队教练的比较

团体教练	团队教练
关注个人	关注团队整体
关注个人目标	关注集体目标
就教练过程中的工作方式达成团体协议	就教练过程中一起工作的方式达成团队协议 就未来长期一起工作的方式达成团队协议
关注个人的行动计划、个人责任	关注集体行动计划、集体责任 关注潜在的个人责任

资料来源：修改自布里顿（2013）。

区别：概念、项目设计及教练能力

团体教练和团队教练之间存在着显著区别，特别是在概念、项目设计及教练能力方面。

概念的区别

根据布里顿的说法，从概念上讲，团体教练和团队教练会表现出以下区别：

- 这关系到什么？
- 关系网。
- 生命周期。
- 教练位置。
- 团队领导者的角色。

这关系到什么

在团队教练过程中，我们会请团队成员对他们的动力以及彼此之间的人际关系保持开放和坦诚。这关系到他们的生计和工作，增强了团队成员彼此之间的脆弱性。团队教练所担负的大部分工作，是聚焦于建立信任和连接。相比之下，团体中的成员，与那些从来不会自然相遇或不用每天都在一起工作的人建立连接时，可能会感觉没那么强的暴露感，因而障碍更少，能够更快地分享和探讨问题。

关系网

在团体教练中，教练过程开始时，团体成员刚刚聚在一起，是第一次见到彼此。一般而言，成员来自不同地域、不同文化背景，所以项目开始时，教练会花大量时间帮助大家建立信任和安全感、连接。教练项目结束时，大多数团体会解散，关系也随之终止。

团队教练过程中，项目开始前及项目完成后，团队关系都是存在的。团队是一个关系网，有确定的角色、正式及非正式领导力。整个团队教练对话过程中，团队的角色、历史和故事，是团队教练要探索的重要领域。

生命周期

教练活动之外，团队依然存在，与此不同的是，大多数团体在教练对话中形成并最终解散。团体教练除了在教练开始时要花时间互相认识，还要在结束时留出时间来结束、庆祝和道别。团体教练中，每个人负责推进自己的学习和行动。这与团队教练形成鲜明对比，团队教练中，团队才是维护、维持和实施改变的载体。

教练位置

从概念上讲，教练在与团体和团队合作时，教练位置是不同的。在团体情境中，团体教练就像是"车轮上的轮毂"，将来自组织内不同部门或来自不同区域的人聚集在一起。相比之下，团队教练会在团队系统中出现或隐身。

团队领导者的角色

从概念上讲，另一个重要区别是团队领导者的作用。团队教练过程中，团队领导者"买账"非常重要，他们为团队留出空间以促进团队产生变化的能力也非常重要。相比之下，除非有令人信服的业务理由，否则团队领导者通常不直接参与团体教练。擅长未雨绸缪的团体教练会考虑邀请团体成员与自己的主管分享行动计划以及个人学习的进展，同时要求团体成员在这个过程中对团体的问题保密。

项目设计的区别

考虑到团体和团队的形成方式，设计过程中有两个关键问题。对于团体，教练需要花更多时间在以下问题上：

1. 团体很多样化时，确定或共创共同关注点。
2. 在不经常相互联系的团体中，建立信任和连接。

在多样化团体中确定或共创共同关注点

刚接触团体教练的教练问我的一个最重要的问题是："在教练过程中你如何创建共同关注点？"有多种方法可以让团体成员表达出个人的关注点，同时与他人建立连接和达成共识。教练可以使用的方法包括：

- 使用点投法等方式共同创建教练主题，即头脑风暴出一些可能的教练主题后，大家用彩点选出自己的选项；
- 让每个人确定自己的目标，并通过一页纸计划的形式与他人分享；
- 教练活动间隔期间结伴互相支持；
- 分成更小的组，引导对话；
- 写周记，与教练和小组成员分享（例如，使用在线日志或传统纸质日志）。

在团体中建立信任和连接

投入是所有教练活动的基础。为了使教练取得成功，每位小组成员都必须投入到对话当中，要保持临在。

第二个问题是，在成员可能不经常相互联系的团体中建立信任和连接。深层次分享是教练的基础，为此，每个人与教练及其他团体成员之间的信任和连接非常重要。当团体未展现出高度信任时，教练可能会将教练重点转移到个人层面，将团体分成较小的小组来培养连接感，并利用个人反思活动来提高自我觉察。团队教练则更加强调对话的集体性，欢迎"所有的系统声音"。

建立信任需要时间。如果教练考虑采用灵活的报名方式，允许团体成员在不同时间加入或离开,教练要知道这可能会降低信任感和连接感。

教练能力的区别

要出色地完成工作,团体教练和团队教练还要运用其他能力。其中包括对团体和团队动力/生命周期的理解,高级过程引导技巧,以及同时运用各种不同风格的能力。理解塔克曼阶段(Tuckman's stages)等团体模式,有助于教练在不同阶段调整支持方式。

从国际教练联合会提出的 11 项核心教练能力来看,在以下方面还有一些细微差别:

- 创建教练合约;
- 与客户建立信任与亲和关系;
- 设定目标;
- 创造觉察;
- 落实责任。

创建教练合约

教练合约确定了教练的工作内容、教练的角色以及被教练者的角色。其中包括创建共享的"工作方式"、团体协议或团队章程。团体教练中,教练合约是关于团体体验层面的——教练内容是什么,以及在一起时如何运作。相比之下,对于团队来说,教练合约会分为两个层面:一个是关于参与教练活动的合约,另一个是日常工作方面的合约。

与客户建立信任与亲和关系

在团体教练中建立信任与亲和关系通常发生在两个层面:团体成员之间以及团体成员与教练之间。为了让成员愿意在整个团体中分享自己的观点、挑战和愿望,连接感和安全感非常重要。团体教练可能会发现,在团体教练开始时,花在建立信任与亲和关系上的时间甚至比个人教练还要多，因为这对于保持心理安全感非常重要。

设定目标

目标是所有教练过程的核心支柱。团体教练情境中的目标本质上可能很个人化，元目标有助于让整个团体更紧密。例如，一个由企业主组成的教练团体，拥有共同的目标即发展各自的企业（元目标），但每个企业主都有自己的具体目标和行动计划。团体教练的一项首要任务是，教练过程中及之后，持续地聚焦于目标、分享目标达成的方法。在教练过程中及之后持续地聚焦于目标、分享目标达成的方法，是团体教练的一项首要任务。相比之下，常规的团队工作（碰头、团队会议）是团队教练活动之后聚焦于目标的持续性手段。

创造觉察

在团体教练情境下创造觉察，通常是按照每个人自己的思路进行的。而团队教练的重点是在团队层面上创造觉察（作为团队的一部分，我是谁？这个团队的集体身份是什么？）并关注协同。霍金斯对九种不同类型团队教练的区分[1]，为教练们提供了一个更加深入的框架，可以在教练过程中运用。

落实责任

落实责任方面也有不同的视角。在团队教练中，责任是成员之间的；而在团体教练当中，关注点可能是团体成员对教练的责任，也可能会有对团体内同伴的责任。工作性质使然，团队成员在教练活动之外会保持联系；而团体成员通常不需要在教练活动之外联系。所以，团体教练会希望与团体成员一起探讨，大家希望如何以及对谁负责。

---

[1] 见《高绩效团队教练》一书第 4 章。——译者注

团体教练设计的考虑要素：
项目开始前、项目进行中和项目完成后

团队成员总是在一起，而团体成员只是教练时在一起，其他时间是分散的。因此，项目设计时要考虑几个要素。

项目开始前的设计要素

团体教练项目开始前的一个重要的设计要素，是项目开始前的一对一对话。这些对话的目的是，了解每位团体成员，建立信任和亲和关系，并确定个人教练目标。这些对话为了解团体成员的异同提供了重要信息。

很多教练会安排与每位团体成员进行一次15分钟的教练前一对一对话，来了解：

1. 他们是什么样的人？
2. 他们为什么来参加这个项目？
3. 他们需要或者偏好什么样的支持？
4. 他们在教练过程中的目标是什么？

与任何教练过程一样，确定团体教练是否适合这些参与者非常重要。这些人的主要教练目标是什么？这与团体中的其他人有什么联系？他们是喜欢围绕问题进行广泛的讨论，还是喜欢像个人教练那样深入地讨论？他们准备好为其他成员做贡献了吗？他们是否明白自己参加的是团体教练而不是集体研讨会？

项目开始前的对话还是一个解答客户对教练过程产生的疑问的机会。后续教练活动可以回顾第一次对话的关键事项（任何准备工作、项目开始前介绍或进入教练对话的方式）。团体教练也可以让团体成员填写一份参训调查表或签署一份正式的教练协议。

团体教练项目开始前设计

团体教练中，还有其他一些启动活动，包括：

- 与组织的签约会议：明确教练、项目发起人、主管以及团体中各自的角色和职责；
- 项目开始前向团体发送电子邮件：表示欢迎，明确教练角色，说明可以对教练过程有哪些期待、什么是以及不是团体教练；
- 团体评估，用以建立教练工作的起点和关注点；
- 与团体领导者一起检查他们对变革的开放性以及过程中的投入度。团体领导者是否会为变革创造有利环境，是否会为团队留出空间来执行必要的行动？

团体教练的一个关键成功因素是，团体领导者有为工作创造有利环境的能力。团体领导者要确保将团体教练和由此产生的责任放在首位，并为教练过程中提出的任何必需的改变创造空间。组织情境中，团体成员通常向不同的领导者汇报，而这些领导者通常不参与教练过程。

项目进行中的设计要素

团体教练在项目进行中需要注意的三个关键问题是：共创共同的期望；沟通渠道；混合对话。

共创共同的期望

与团队教练一样，第一次教练对话的重点是共同制定教练工作的议程。在团体教练过程中，目标数量可能与人数同样多。企业项目中，团体由项目发起人召集，这意味着大家的目标可能会大为不同。公开课程中由教练主动招生（例如我们面向小型企业的团体教练），所以在元焦点方面的范围可能会小一些，但相比教练一位客户，目标的差异仍然很大。

沟通渠道

团体教练过程中的一个重要部分，是同伴之间的连接和对话。团体教练是将大家聚集在一起的人，所以他们要考虑在教练间隔期间为大家提供适当的沟通渠道。现在有很多方式可供选择，但最终要根据客户偏好、可用性和教练的能力而定。

"持续对话"、分享最新进展、实现目标，有很多常用的沟通渠道可以使用，从脸书（Facebook）私密群、私人学习管理系统（如Teachable）到团体成员之间传统的电子邮件方式等都可以。选择时要考虑：

- 大家的偏好是什么？
- 方便性如何？
- 安全性怎么样？
- 有哪些使用障碍？

混合对话：与教练一对一接触

团体教练常常因其"宽度和广度"而受到欢迎。团体成员向同伴学习，可以加深对正在解决的问题的认知。但如果只有团体对话，可能就无法给团体成员提供公认的像一对一教练那样深入探索的机会。因此，教练可以考虑采用混合方式，除了团体谈话之外，与每位成员一对一接触，以便更深入地关注他们的具体目标和重要事项。教练虚拟团体或成员背景广泛的团体时，很适合运用这个策略。这时要注意不要出现道德风险，例如违反任何有关透明沟通的约定，在团队教练情境下尤其如此。

项目完成后的设计要素

考虑到团体教练完成后团体就要解散，所以在活动结束后两周或更长一点的时间内，加一次项目完成后的跟进对话很有必要。项目完成后的跟进对话的目的是：

- 检视学习收获、行动进展以及新的觉察；
- 获取项目反馈。虽然教练可能在课程结束时收到了反馈，但这次项目完成后的跟进是一个听取每位成员分享的机会，可以通过这个机会来了解每个人因为一起进行教练而产生了哪些中期影响和行动。这会带来一些洞察，如发生的改变、学习收获的整合以及行动的持续性等。

与团队合作时，教练也可以考虑安排项目完成后的跟进。时间上可以安排得更后面一些（教练对话后两到六个月），这样团队就能够有时间采取行动。这种时间安排是承认团队系统发生转换和转变需要更长时间。团队教练培训中经常使用一个比喻，说的是"团队就像大象"。

对于团体和团队来说，项目完成后的跟进非常有助于了解行动和责任的落实以及因教练过程而产生的持续变化。同时，这种方式还可以作为一种宝贵的评估工具，用来衡量投资回报率（ROI）和股本回报率（ROE）。

表2.2对比了团体教练和团队教练流程的各个阶段和要点。

结　论

当进入多人教练领域后，团体教练及团队教练两者之间的区别并不总是泾渭分明。能够处理细微差别，把每个"小组"都作为独特的存在来探索，是教练的重要任务。

需要考虑的问题

- 我所教练的是团体还是团队？
- 我要如何根据多个人的需求来调整我的教练方法和流程？
- 这个团体或团队的成员有哪些偏好？
- 教练时，我是基于哪些偏好和预设进行教练的？这些偏好和预设对于我所教练的团体或团队会产生哪些帮助或阻碍？

表 2.2 概述：团体教练流程和团队教练流程

	签约及教练关注点	项目开始前	第一次	各次之间	后续	最后一次	项目完成后
团体教练	与每位团体成员签约。关注点：通常关注团体成员个人	项目开始前对话的关注点： • 了解每位团体成员的个人目标和个人偏好 • 签订个人合约（包括哪些内容、缺课怎么办）	相互介绍，相互认识（通常第一次是连接点，建立信任） 制定个人目标计划 创建共同的团体协议	教练可以与团体成员进行一对一对话（混合项目） 团体成员间可进行同伴对话 通过邮件平台进行虚拟沟通，促进成员在教练期间保持聚焦	检视个人目标和责任 辅以个人对话，对话进行补充	总结 庆祝 下一步如何做（基于个人层面） 谁是你（所处环境中）的责任伙伴 团体解散，通常发生在最后一次教练时	可选择团体跟进对话，聚焦于：活动结束后，我们达成了什么？做了哪些成果？有哪些挑战？ 汇报自己在实现目标方面所取得的进展（提供更多评估数据）
团队教练	与项目发起人、团队、主管共同签约 关注点——将团队作为一个系统来发展或提升团队中每个人的能力	与项目发起人、人力资源主管及团队领导者会面 团队领导者是否已准备好？是否愿意为教练过程创造有利环境 完成团队评估，以确定重点关注领域	一般是对团队评估结果进行回顾并讨论，以确定团队集体的教练目标 制定团队协议（两个层面：教练项目投入度和团队正在进行的工作）	鼓励团队在例会（团队会议）上继续围绕关键的教练主题进行对话 让团队考虑如何在日常交流中实施团队协议	关注那些通过评估由团队及领导者确定的领域 检视团队协议以及团队行为的转变	庆祝 你们将如何保持团队成果扩大化 如何让团队保持活力 总结：下一步如何做	可选择团队跟进对话，来检视团队责任、目标反思要关注的主题（例如反馈对话）艰难对话

第 3 章　系统性团队教练

彼得·霍金斯

导言：世界性的挑战

在过去的 10 年里，团队教练得到了长足的发展，我相信在未来 10 年中，这一趋势还会延续。里德勒报告（2016）预测，"预计 76% 的组织将在未来两年增加对团队教练的使用"。传统的团队领导力模式和团队发展方法已不足以满足当前和未来的领导力需求，如政府、跨国公司、刚刚起步的非营利性（或者更准确的说法是公益性）组织等各种规模的相关组织的领导力需求。

世界正面临日益巨大且复杂的挑战，这对各种类型的组织的领导力都产生了影响。我们在全球未来领导力研究中采访的大多数商业领袖，许多次提到了"指数级变化"以及"多年来我们一直在谈论一个 VUCA（易变性、不确定性、复杂性、模糊性）的世界，而现在我们每天就活在其中"。约翰·艾尔金顿总结道："我们正处于前所未有的时代。全球社会正在努力适应迅速变化的经济、社会和政治环境。"我们了解和采访的大多数具有远见卓识的领袖都认为，我们当前的系统，包括代议政治、国际治理、经营方式和我们的经济，都不再追求目的性，而是仅仅关注"一切照旧"。这种现象往好里说是短视，往坏里说就是自我毁灭。

未来的变化将比我们任何一个人或小团体所能把握或应对的都更巨大、更具挑战性。这些挑战将要求我们所有人，也就是全世界所有的 75 亿人共同努力应对。这需要人类的同情心、系统思维、协作能力和团队精神达到新的水平。许多商业领袖都认识到，如果那些跨国公司能够摆脱短期利润的吸引以及大量分散注意力的日常事务和问题，那么它们就会拥有巨大的力量来引领世界进行突破性的变革。哈佛商学院的罗伯特·G.埃克尔斯教授指出：

一部分大公司已经拥有了能够改变世界的强大经济实力，这种实力在过去只有国家才能够拥有。仅1 000家企业的市值就占了全球60 000多家上市公司总市值的一半……这种影响力的巨大集中，应该成为推动任何一种可持续的社会制度变革战略的起点。

彼得·圣吉援引联合国一位高级官员的话说：

我在世界各地处理过许多不同的问题，我得出的结论是真正的麻烦只有一个：在过去的100年里，技术赋予我们的力量已经超出了任何人最疯狂的想象，但我们的智慧却与之相距甚远。如果我们的力量和智慧之间的差距不能很快地缩小，那么我对我们的前景并不抱太大希望。

为了人类的生存并让人类赶上时代的步伐，我们需要让自己在这个世界上的生存方式和彼此之间的相处方式得以进化并适应这种进化；这种需求比以往任何时候都更加迫切。科技创新使我们做到了以下几点：

- 将人口从1830年的10亿增加到今天的73亿以上，预计到2050年人口将达到90亿到100亿。
- 通信模式将我们与全球各地即时连接起来，估计全世界有150亿个互联网连接装置。
- 在我们的个人电脑上点击一下，就可以获得比世界上最大的图书馆还多的知识。
- 明显提高了人们对健康、长寿、富足、旅行、生活方式和饮食的期望。通过互联网的连接，大家现在都知道最好的是什么。
- 给各组织的管理、筹资、所有权归属和监管方面造成了一定程度的复杂性。

但是正如前面所指出的，我们的智慧并没有跟上时代的步伐。我们期待着领导者们展示如何管理这些由大家共同创造的复杂局面，但这种挑战已经超出了我们曾寄予厚望的单一领导者的能力，随后我们又因为失望而指责他们。

跨国企业一直是开发和传播技术革命的受益主体，它们需要承担起责任，参与解决这样的巨大挑战，缩小日益扩大的"技术创新与智慧的差距"。

但是，如果各种形式和规模的公司和组织，包括本土的和全球的、商业的和非营利的，都能站起来迎接这些挑战并做出贡献，它们就应该成为我们探索新的集体领导形式的实验室。

越来越多的证据表明，组织高层的分享式领导、整个组织中更出色的团队协作、与公司的利益相关者一起联动，这些会对公司的业绩和福祉产生很大的影响。事实上，在2005年《时代》杂志问渡边捷昭"为什么丰田的利润比美国三大汽车制造商的利润总和还要高，为什么丰田更加成功？"时，他回答说："在丰田，人人都像一个团队那样工作。我们甚至称供应商为自己的合作伙伴，我们制造了大家都认为我们应该制造的东西。"他强调：团队内部协作和与外部的密切合作是成功的两个关键基础。

为数不多且专注于团队的教练们受到了名称、方法、方法论和假设的限制。文献和实践中经常提到团队建设、团队引导、团队外训或流程咨询。团队建设意味着只关注团队发展的初始阶段，而大多数高阶团队的成员和工作重点都在不断发生变化。团队引导和流程咨询意味着专注于流程，与团队的任务、绩效及其如何变化无关。团队外训只是让团队成员一起工作的方式之一，比起让他们在办公室里应对各种日常琐事，它可以产生更多的洞见和更强烈的意愿。

即使是那些不仅关注团队的过程，还关注其任务和表现的团队教练，都会倾向于把团队和自身的关系作为核心，并且有着一种隐藏的信念：好的团队能够召开高效率的会议，而且每个人都能和谐相处。这些方法将重点放在团队内的个人和关系层面，这里通常是出现问题和解决问题的地方，但不是问题的根源所在，也不是实现持续变革时需要从根本上改变的地方。

巴里·奥什里简单有力地指出："组织的第一定律是事情总会发生。"第二定律是：我们个人经历的95%都不是个人的。团队教练会进一步加剧过度关注个人和关系的倾向，这会导致忽视提高团队内、外部集体绩效的情况。我们经常被这样的信念所驱使：如果我们创建了一个高绩效团队，那么这个团队必将拥有一个伟大的目标和使命。然而，我越来越意识到创建高绩效团队是一个很有挑战性的追求。

系统性团队教练的历史、定义和原则

在许多同事的帮助下，我在2000—2010年间提出了系统性团队教练的概念。在这个过程中，我研读了自己能寻找到的所有关于团队绩效的最棒的研究报告，包括卡岑巴赫和史密斯、克拉特巴克、凯茨·德·弗里斯、魏吉曼和韦斯特等人的研究报告。通过这种研究并深入回顾自己的实践经历，结合同事们以及自己在世界各地督导过的许多团队教练的实践案例，我意识到需要一种新形式的团队教练。这种新形式能够：

1. 将最好的组织发展和团队发展的方法与最好的教练实践和教练方法结合起来。
2. 让我们从研究中认识到：一个高绩效团队最关键的决定性因素是它拥有一个共同的集体目标。团队成员意识到，只有通过协作才能实现这个目标，而不是靠他们个人的努力。
3. 不要让团队成为客户，而是一起合作，增加团队和所有利益相关者共同创造的价值。
4. 要认识到：这种形式的团队教练不能通过逐个项目地签订合约来完成，它需要教练和整个团队在一段较长的时间内保持稳定的合作关系。教练在以下情境下需要加入团队：举行外部研讨会和定期的团队会议时；整个团队在一起和团队成员分开工作时；当团队成员进行内部交流和与所有利益相关者进行交流时（包括他们的上级和下级，他们所属的组织系统的其他组成部分，以及他们的客户、投资者、合作组织，当地社区及其自然环境）。

5. 要认识到：拥有一个明确的使命和愿景，一系列明确的目标、角色和流程，举行高效的会议，各方很好地协同工作，这些都是必要的，但这还不够。大家要意识到团队成员不是在开会或外出的时候，而是在他们全都代表团队与利益相关者进行互动的时候才创造价值。

6. 帮助团队成为能够敏捷学习的团队。因为在 VUCA 以及发生指数级变化的时代，危险存在于教练一个团队如何更好地适应过去的模式，而不是提高团队的集体能力和团队成员的个人能力来应对明天的挑战。

有鉴于此，我将系统性团队教练定义为：

> 系统性团队教练是团队教练与一个完整团队工作的过程，无论这个团队的成员是在一起还是处于分开的状态。目的是帮助团队在提高集体绩效的同时进行更好的协作，并提升团队的集体领导力，从而更高效地与所有关键的利益相关者合作，共同成就更大的事业。

根据这一定义，我提出了一种新的系统性团队教练的形式（第三级），它与传统的团队教练（第一级）和把团队看作一个有边界的系统（第二级）的团队教练有很大不同。

- 第一级：团队教练认为团队由其中的个体组成，关注个体之间的相互关系以及个体对团队的期望，高度重视共识与和谐。个人和人际关系是关注的中心，但在单独教练每个团队成员和教练整个团队之间可能会存在矛盾。
- 第二级：把团队作为一个鲜活的系统来教练。它关注的是团队整体，而不是各个部分之和。高效的会议、生成性对话和相互协作受到高度重视。

团队动力是关注的中心。这种形式的团队教练经常发生在外训和团队会议上。

- 第三级：系统性团队教练把团队和所有利益相关者视为一体，并确认他们共同创造价值。它关注的是团队要为谁服务，以及利益相关者对团队未来的需求，并高度重视"以终为始"和"由外而内"的交流。团队与其外部更广泛的系统之间的动态关系是新的关注中心。正是为了提出这种系统性团队教练的方法，我在2011年撰写了《领导力团队教练》，提出了现在广泛使用的"系统性团队教练五维模型"。

系统性团队教练包括在团队内部维度和在与关键利益相关者的互动中教练该团队。它还能帮助团队成为一个学习型团队，使团队成员能够在团队教练干预期及结束后，持续发展其个人和集体能力。

要理解系统性团队教练，我们需要理解系统性、团队和教练这三个词，且要理解它们如何融合为一体。

系统性

系统性思维和系统性存在不同于系统思维，尽管它们都借鉴了该领域中的许多思想。梅多斯将系统定义为"一组元素或部件，以一种模式或结构进行组织和连接，产生一组特定的行为，通常按其功能或目的进行分类"。

系统性思维要分析系统，包括系统内部的品质和属性，这个系统比其各部分的简单叠加更出色。它源自于物理科学和工程学。其重点仍然是实体，并通过分析法、机械学和经验主义来研究实体。

系统性思维超越实体思维并涉及所有系统是如何不断地与其内部系统及其所属系统进行交互的。在《高绩效团队教练（实践版）》中，我提出为了让思考具有系统性，我们需要始终关注至少三个相互嵌套的系统：我们主要关注的系统；其内部的系统；它所属的系统以及三者之间的联系。

系统性思维还认为，研究系统的人既会影响他们正在研究的系统，同时也会成为新的团队教练系统的一部分,其中包括教练、所有团队成员以及整个团队。

团队

一个真正的团队和向同一个老板汇报的群体之间的区别在于,团队拥有一个共同的目标,需要团队成员之间协作:

> 团队具有需要所有成员共同负责并实现的集体宗旨和目标。这意味着他们在实现目标的路上需要相互依赖,忽视这种"相互依赖"将使他们的效力降低。

团队的共同目标是形成团队的关键,甚至比个人或他们之间的关系更重要。

教练

高管教练的本质是一种伙伴关系,是教练和被教练者共同进行教练工作。教练为被教练者提供服务,使其能够更好地为利益相关者服务。利益相关者包括他们的同事、下属和上司、客户、员工、投资者、企业所在的社区以及所有人都依赖的自然环境。与个人教练一样,系统性团队教练也是一种伙伴关系加上合作的模式。教练这个词指的不是系统性团队教练对团队或为团队所做的事情,而是团队和教练如何形成伙伴关系,共同服务于团队的客户和利益相关者。

系统性团队教练借鉴了许多已经非常成熟的教练方法和流程,包括合约、提问、360度反馈和引导干预等,并把它们应用在团队层面。

我们应该认识到,即使是一对一的教练,你也迟早会发现自己需要间接地与团队、组织和更广泛的系统合作,因为被教练者不仅将自己带到了教练中,还将他们所领导和所拥有的团队动力、所属的组织文化以及更广泛的生态系统带到了教练中。

系统性团队教练的核心模式

为了论证系统性团队教练,我提出了几个关键模型:

1. 高效团队五维模型。
2. 团队教练关系的 CIDCLEAR 模型。
3. 一个详细的系统性团队教练督导模型,可用于督导系统性团队教练和团队领导们,帮助他们教练自己的团队。

霍金斯的高效团队五维模型

该模型指出:团队要想更加高效,需要掌握所有五个维度(见图 3.1),并且系统性团队教练和团队领导者需要在每个维度内部以及维度之间的关系方面教练团队。

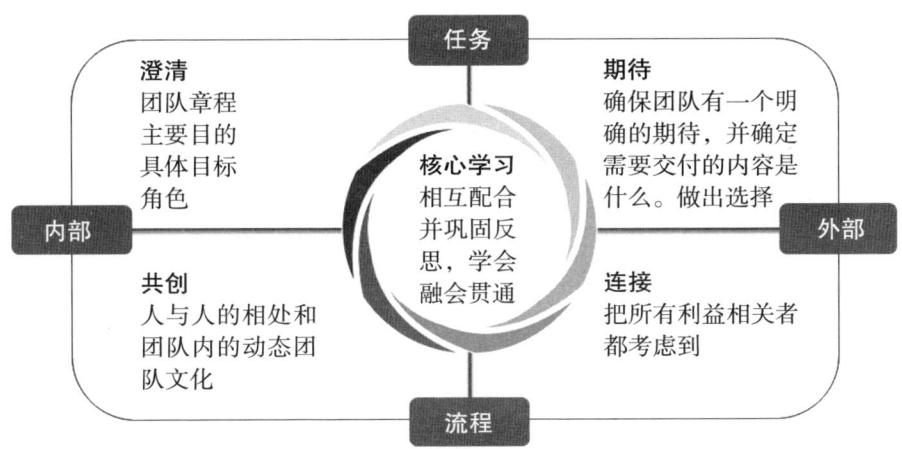

图 3.1 高效团队和董事会的五个维度

1. 期待:我们是否清楚利益相关者们对我们的要求?这些人可能是董事会、投资者、客户、我们所在的社区——期待来自多个方面,所以必须关注那些你没有注意到的利益相关者。例如,当英国石油公司意识到美国东海岸的渔民是一个重要的利益相关者时为时已晚。期待与理解我们作为一个团队存在的理由密切相关，这是由我们的利益相关者们决定的。

2. 澄清：仅从利益相关者那里获得清晰的期待是不够的。一个伟大的团队会创造出一种共同努力的感觉——那些我们无法通过单干，只能共同协作去实现的东西是什么？领导力团队的关键绩效指标（KPI）是什么？不只是我们个人的，还有我们共同的目标和角色的KPI是什么？我们如何才能不仅履行我们的职责，同时还为整体做出贡献？澄清的重点是我们作为一个团队到底要做什么。

3. 共创：我们如何以创造性的方式一起工作？在会议上我们怎样才能不仅仅交流准备好的想法，而是一起创造出每个人在进入会议室之前都没有的新想法呢？

4. 连接：伟大的团队不只是有很好的内部会议和良好的团队关系。团队真正创造价值的地方在于其如何在外部与所有利益相关者（客户、供应商、投资者、赞助商、社区和更广泛的环境）进行互动。在参与外部事务时，重要的是每个团队成员都能够代表整个团队，而不仅仅是忙于他们的本职工作。

5. 核心学习：如果一个团队在前四个维度中很成功，那么它会在目前的环境中变得越来越优秀。然而，在指数级变化的世界里，每个团队都需要不断提高自身的能力，以应对未来持续增加的挑战和复杂性。团队需要专注于个人和集体的学习力，用更少的资源、更高的质量完成更多的工作，并变得更加灵活、更具弹性。团队需要抽出时间来反思和预测自己的发展。要问自己，团队是如何增长其集体能力的？它又是如何成为团队成员个人发展的源泉的？

我们已经开发了几套360度反馈问卷，供团队在这五个维度对自己的表现进行评估。最近，我们又开发了一个"团队连接360度问卷"的在线版本，它可以收集和分析来自所有团队成员和很多利益相关者的反馈（www.aoec.com/wp-content/uploads/2016/12/team-connect-360-brochure.pdf）。这为团队如何看待自己、利益相关者如何看待团队以及这两个群体对团队的期望提供了数据。系统性团队教练可以和团队一起探索，共同设计团队教练之旅。这份问卷还可用于 6 个月、9 个月或 1 年后对团队教练进行评估和再设计。

CIDCLEAR 模型

CIDCLEAR（Contract 1——合约 1，Inquiry——询问，Diagnosis and Design——诊断和设计，Contract 2——合约 2，Listen——倾听，Exploration and Experimenting——探索和实验，Action——行动，Review and Evaluation——回顾和评估）模型在团队教练关系要经历哪些阶段方面，为团队教练们提供了指导。

合约 1：最初的合约通常只是与团队领导、人力资源部或其他部门的人员签订的。这不是一份团队教练合约，团队教练合约必须与整个团队一起签订。这只是对团队进行询问、诊断和设计阶段的合约。

询问：这是一个合作询问的过程，旨在发现团队未来面临的挑战，团队的过去、目的、目标、角色及动力。这可能涉及团队 360 度问卷调查（见下文），与团队成员和团队利益相关者的访谈，以及查看各种与团队绩效相关的数据。

诊断和设计：完成询问后，整个团队需要共同讨论并确定团队的利益相关者是谁、其未来的需求还有团队的优劣势，从而能够更好地应对挑战，共同设计团队的成长路径以及团队教练如何提供支持。

合约 2：上述阶段完成之后就可以与整个团队制定合约，包括整个工作如何回顾和评估。

倾听：包括团队教练在团队内部会议和与利益相关者的互动中，深入倾听团队如何解决自己的挑战。

探索和实验：团队教练让团队在上述所有五个维度中尝试新的工作方式。

行动：团队教练支持团队把在尝试中学到的东西转化为明确的承诺和行动，

而不仅仅是良好的意愿，并对那些最具挑战性的承诺进行教练。

回顾和评估：团队教练确保定期对工作进行回顾，并根据哪些有效、哪些无效，以及更大的生态系统中出现的新挑战制定进一步的合约。我通常在工作开始9个月或12个月后再次对团队进行360度评估，还经常在团队教练过程完成后的3~6个月再次进行回顾。

系统性团队教练督导模型

我提出这个六步督导模型是为了让大家认识到与督导个人教练相比，督导团队教练更复杂，要求也更高。团队教练常常会淹没在与团队、团队工作、团队利益相关者和团队成员相关的大量数据当中，然后反过来也会把督导者淹没。有鉴于此，该模型提供了一种穿越数据并迅速了解潜在系统模式的方法。

该方法如何开拓新的领域

从我第一次提出系统性团队教练以来，世界在不同层面上发生了剧烈的、指数级的变化，系统性团队教练也得到了相应的发展。当我写第一版的《高绩效团队教练》时，我们刚刚开办了第一个系统性团队教练硕士文凭课程，现在和英国高管教练学院（www.aoec.com）、Renewal Associates（www.renewalassociates.co.uk）一起开办第七期课程，其中一个远在南非。此外，我们还举办了30多个为期三天的证书课程，教授系统性团队教练和"五个维度模型"的基础知识。和在英国的定期培训一样，这些活动在世界许多地方举行，包括中国、美国、澳大利亚、新加坡、肯尼亚、南非、巴西、丹麦、葡萄牙和匈牙利。我们从参与这些项目的全体师生那里学到了很多东西。这不仅加深了我们对如何培养系统性团队教练的认知，还加深了对整个团队教练技巧的理解，包括它的挑战、陷阱和误区，同时将适用范围和方法扩大到战略决策过程、创新、团队间教练、伙伴关系教练、互联网和初创企业。

现在，我相信可以如此描述团队教练的第四个发展阶段：

第四级：生态系统性团队教练将团队视为与其不断变化的生态系统在动态关系中共同进化、共同创造和共享价值。生态系统性团队教练关注团队和其他相关团队之间的相互作用（团队间教练）、与更大范围的利益相关者的战略对话（教练战略决策过程）、在组织内部和企业联盟（教练联盟）中发展基于团队文化的或者是将人们和组织聚集在一起追求共同目标的伙伴关系（教练伙伴关系）。

第三版《高绩效团队教练》探讨了系统性团队教练的最新发展，以及如何进入第四个发展阶段的生态系统性团队教练。我探讨了开始影响团队教练领域的潜在威胁和混乱，以及我在培训和督导数百名系统性团队教练的实践中出现的潜在陷阱和误区（见下文）。

我将探索用生态性系统团队教练的方式能够应对哪些新的机遇和挑战。其中包括：我们如何将系统性团队教练应用于初创企业以及现有企业中的创新和前沿团队？我们如何教练横跨不同领域的商业联盟和伙伴组织？我们如何提出一种"团队的团队"的方法，帮助团队之间进行协作，让它们的合力超越各部分力量的简单加总，不再是一个个孤立的高绩效团队？

系统性团队教练的培训

西方世界并不缺少外部和内部的个人教练，也不缺少引导师或培训师。我们迫切需要的是系统性团队教练，他们能够将所掌握的教练和合作技能与发展结合起来，将个人、团队、团队之间、组织和更大的系统层面的关注结合起来进行深入的工作。培养这样的系统性团队教练，不仅仅是让他们学习上面提到的模型、学习五个维度中每一个维度的工具以及何时和如何应用它们，也不仅仅是将一个人的注意力从个人转移到作为一个集体的团队上，最重要的是我们需要同时提升思维能力和生态系统性。

为了实现这一转变，我们让课程参与者进入由三个相互关联的核心部分组成的发展之旅：

1. 系统性团队教练"干什么"的部分：这涉及开发一套新的视角，让教练能够系统地看待一个团队及其面临的挑战，明确教练在这一体系中作为变革推动者的作用。
2. 系统性团队教练"方法论"的部分：在这里，教练开发了一套能广泛运用的工具，帮助团队在五个维度追求卓越。重点是积累专业知识和提升灵活性，使教练拥有一系列的方法来应对不同的场景和文化。
3. 系统性团队教练"我是谁"的部分：从某种程度上来说，这是三个方面中要求最高的。这需要教练不断地提升和磨炼自己进入系统性模式的能力并以此更好地帮助团队。这也与培养韧性相关：一个系统性团队教练所能带来的最大价值，往往在于能够反映和挑战现有的行为模式。这需要教练拥有创造空间的能力以建设性地应对紧张的局势，从而创造领导力价值。

我们在三天的证书课程中会邀请参与者开始这段提升的旅程。我们会在核心的概念和方法方面打下坚实的基础，并将其应用于真实团队或精心构建的团队模拟中。一年期的文凭课程则会通过一年的陪伴，让学员在与团队客户的持续合作中应用这些方法，深化、改进和加强团队教练的实践。该课程通过对真实客户案例的输入、试验、反馈、反思和督导，建立了一个密集学习型的社区来鼓励学员持续学习，为学员提供多层次系统性思考的学习与实践机会。

但是，我们不仅要考虑如何培养专业的系统性团队教练，还要考虑如何提供满足所有教练和咨询师需求的团队教练培训。在单独教练首席执行官和其他高层领导时，我发现他们问得最多的话题就是如何提升教练能力，并教练他们的团队来更好地发挥集体的和高效的领导力。这需要我督导他们教练团队的方式。作为个人教练要想很好地做到这一点，我需要了解督导和系统性团队教练两方面的内容。因此，我越来越相信对于那些希望在复杂的组织世界中担任教练的人来说，这两个方面都需要包含在教练培训当中。我希望这本指南成为所有教练培训课程的核心读物，并鼓励越来越多的教练勇敢地投身于这个令人兴奋且回报丰厚的系统性团队教练的世界中。

在教练和帮助个人成长方面，教练们学习到了强大的技能，现在我们必须将这些技能不仅应用到教练团队上，还应用到教练团队与其他团队、组织中的其他部分和更广泛的利益相关者之间的关系上。

未来的挑战

在《高绩效团队教练》第三版中，我描述了团队教练的七个陷阱，并探讨了如何避开这些陷阱。这七个陷阱是：

1. 把团队教练看成是一系列的活动，而不是一种持续的关系。许多团队教练都被困于接受团队订单来举办某次活动（外训活动、研讨会或场外活动）的角色中。想要使团队教练产生效果，就需要建立持续的伙伴关系。团队和教练都共同认同并约定需要努力改善的地方，认清团队的优劣势、一些集体提升的目标和有助于实现这些目标的提升路径。系统性团队教练绝不仅仅是一系列的活动或外训，而是一个持续提升的旅程，哪怕团队教练不在现场也将持续下去。这可能包括外训、团队教练为团队例会提供流程咨询或参加与利益相关者交流的活动。它还可能包括对团队成员进行一些个人教练，教练重点是他们怎样才能为团队的高效做出贡献。这对于团队领导者来说尤为重要。
2. 将团队或团队领导视为客户，将教练视为供应商，而不是在教练中共同创造以服务团队的利益相关者。系统性团队教练不仅仅是由教练完成的，而是教练和团队共同努力，关注团队如何与利益相关者一起创造更大的价值。如果这种伙伴关系不能在开始教练时建立，往往会导致团队教练就像是受雇来提供干预措施以一次一次地解决问题的。

3. 不清楚团队教练、把团队作为系统进行教练和系统性团队教练之间的区别。我已经阐明了上述三者之间的巨大差异，如果团队教练不能帮助团队成员理解这些差异，团队教练往往会因为自然的无序状态，退缩到仅仅关注于内部关系，而不会关注外部价值的创造。

4. 专注于高绩效团队的特征，而不是成果和价值创造。团队领导们通常会说"帮助我们成为高绩效的团队"，他们相信存在一个可以到达的目的地或可以实现的目标。然后，他们会索要高绩效团队的案例和模型来创建他们需要获得的特征列表，也就是一个团队能力框架。系统性团队教练需要带着"以终为始和从外到内"的理念，从团队所有利益相关者的未来需求开始进行教练。

5. 把领导力看成是分等级的而不是水平的。在我领导的亨利商学院的全球研究中出现了一个关键话题，即我们需要彻底改变对领导力的看法以适应不断变化的世界。目前，关于领导力的主流看法是等级制和与角色相关的。"我领导我的团队、我的职能、我的组织、我的人——那些在等级制度中处于我之下的人。"

许多首席执行官提到：为了获得成果，他们将在组织内雇用更少的人员，并需要与更多的利益相关者形成良好的伙伴关系。他们谈到了数字化、机器人和外包的影响将如何"掏空组织结构"。与此同时，与越来越多的供应商、分销商、客户、投资者以及民间团体建立伙伴关系的需要，都使领导力更加水平化，而不是垂直化。

领导者们提到领导的主要挑战不仅来自组织内部，还来自需要与众多不同的利益相关者进行良好的合作来建立伙伴关系和发挥协同作用以取得成功。

团队教练需要警惕这种领导力本质的剧烈转变，支持领导者和领导团队更有效地与其他团队建立联系，并跨越组织边界与合作伙伴和利益相关者建立必要的联系来取得成功。

6. 把成为一个成功的团队看作是旅途的终点。无论你是个人、团队、组织还是物种，共同进化都是一个永无止境的话题。雷格·瑞文斯将达尔文的思想转化为一个适用于所有组织的简单公式：L=E.C。其意指学习（Learn）的速度必须等于或快于环境（Environment）变化（Change）的速度。因此，团队需要不断地从自己的生态位中学习。我们身边世界改变的速度正在呈指数级增长，这要求大家提高终身学习的速率。我们不仅要适应，而且要积极地与我们的生态位共同创造和共同进化。这种能力会变得越来越重要。

　　许多作者都写过，我们需要更多地关注学习率，而不是投资回报率。

　　开创性公司Zappos的首席执行官谢家华说："一个伟大的品牌或公司是一个永不停止追求的故事。"我将其改写为："一个伟大的团队是一个不断前进并与其生态位在舞蹈中共同进化的故事。"

7. 改变潜在的模式：超越"主体性思维"。"主体性思维"是我给一种需要占据主导地位的潜在信念所起的名称。这种信念认为能够生存、繁荣或成功的单位都处在一个有界限的主体中，如个人、家庭、团队、组织、国家和物种。这种错误认知是上面所列出的许多陷阱的基础，它在西方思想中无处不在，但我们通常不会注意到它。我们谈论"伟大的领导者""高效的团队""优秀的组织""让我们的国家再次伟大""拯救一个物种"。过去200年来，西方思维陷入了一种有局限的、危险的假设。它一直专注于成功，并认为成功、繁荣和生存仅存在于个人、团队、组织部落、民族、国家或物种中。

　　如果我们所做的仅仅是把目前以自我为中心的观念带入到团队当中，并为了成为组织中最好的那个团队而相互竞争，那么从个人教练到团队教练的转化是远远不够的。我们需要认识到能够生存、成功与繁荣的单位都不是普通的团队，而是那些能够与构成其共同的系统背景的环境或生态位相关，并与之一起动态协同进化的团队。

被贴上成功公司或高绩效团队的标签其实是饮了一杯毒酒。微软创始人比尔·盖茨提醒我们："成功是一位糟糕的老师。它诱使聪明人认为自己不会失败。"所以，当你觉得自己的团队是高绩效团队的时候，要格外小心！

这就是为什么我在各种著作中都强调团队教练需要格外注意在团队成员内部关系之外的整个团队与外部关系网络的状态；要关注团队在更广泛的系统内创造的价值，而不是关注团队良好的自我感觉。正如我们在《明日领导力》的研究中采访的一位首席执行官所说："挑战存在于相互的联系之间，而不是在某部分或某个人。"不仅挑战是如此，团队的繁荣、成功和价值的创造也同样如此，这些都始终取决于关系而不是实体。

结　论

从来没有一个时代存在如此多的机会和挑战。现在不是躺在功劳簿上故步自封、害怕或自满的时候，我们处在一个令人既恐惧又兴奋，同时还非常关键的时代。因为在未来25年里，我们正处于乔安娜·梅西和克里斯·约翰斯通所描述的"大转折"之中。约翰·埃尔金顿和约亨·蔡茨将其描述为人类系统要么崩溃、要么突破的时代，而彼得·迪曼蒂斯和史蒂文·科特勒则以乐观的态度说：这是一个"可以重塑世界"的时代。

我们生活在这样一个时代，人类不仅需要比以往任何时候都更快速地进化，还要在"人类纪元"中承担责任，因为人类影响了生态系统和其中许多物种的进化与灭绝。此刻，我们需要倾听周围发生的一切，重新审视我们以往深信不疑的假设和信念，不断改造和创新与我们相关的所有领域。

世界需要团队教练将教练和组织发展的优点融合在一个崭新的系统中，同时让个人、团队、组织和更广泛的生态系统能够共同学习和进化。

人类的发展已承担不起那种靠个人四平八稳进步的模式了。我们需要认识到，作为一个物种，人类的学习速度很慢（这就是为什么人们的成长期比大多数其他物种都要长），同时，人类去粗存精并随着环境变化而调整的速度更慢。系统性团队教练的部分作用是帮助团队意识到其业务生态系统中的挑战，更充分地意识到未来即将出现的事物，克服他们"故意视而不见"的习惯，帮助团队在更大的危机到来之前做好准备。

第 4 章 共享领导力模式与团队教练

道格·麦凯

人类学证据一致表明，人类在整个史前时期都是极其平等的，那些想要过度支配群体或限制群体成员施展能力、发挥作用的人，都会招致非常可怕的后果。到了近些年，组织似乎忘记了这个典型的历史教训，将领导者个人凌驾于团队之上，强调领导者而非领导力。而最近，这种集体性失忆症似乎逐渐消失了，人们对高绩效团队、高绩效团队的结构以及这种团队中所蕴含的领导力风格的兴趣增加了。这场复兴背后的一个主要驱动力是人们认识到，领导力是可训练、可塑造的，并且广泛分布于整个组织当中。忽视开发这种领导力资源，必然导致前所未有的人心动荡、士气低下，更不用说忽视掉的还是一个竞争优势的潜在源泉。本章将检视共享领导力对团队效能影响的证据，并讨论团队教练如何促进领导力从层级式向共享式转变。

定义及衡量

现在，人们特别关注高绩效团队中领导力风格与结构的类型，尤其是集体式、共享式、分布式的团队领导力是否比指导式、集中式、垂直式的团队领导力更具优势。为回答这个问题，我们需要明确一下共享领导力的结构以及高绩效团队的成功标准。由成员共有的团队领导力形式有各种不同的表述方式，如分布式、集体式、参与式和共享式。所有这些领导力方式都与传统的方式形成鲜明对比，因为传统方式注重的是团队中单个垂直领导者的付出。由于到目前为止各种集体性领导力概念彼此之间还没有足够的区别，而且到目前为止大多数研究都集中于共享领导力，所以本章探讨的重点就放在共享领导力上。

共享领导力被定义为：

一种新兴的团队特征，因领导力分布于多位团队成员而形成。代表了一种蕴含在团队成员互动过程中相互影响的状况，这种状况可以显著提升团队绩效和组织绩效。

共享领导力通常与垂直领导力不同，垂直领导力是指领导者因层级高于团队而对团队拥有正式的权力。共享领导力还与那些强调团队领导者的角色、技能和能力而非团队本身的团队领导力不同。因此，共享领导力在团队中呈现为一种更加动态的领导力模式，团队领导者与跟随者之间所存在的传统区别明显减少。

为了确定某种团队领导力变化是否会给有益的团队成果带来积极影响，有必要明确一些因变量，运用这些因变量，可以对随时间流逝而产生的相关变化进行可靠的衡量。王（Wang）等人强调了共享领导力干预措施对团队效能的重要性，并将这些团队效能标准分为三类。首先，是衡量态度变化，包括团队满意度和承诺度。其次，是衡量行为变化，包括团队凝聚力和合作，这可以提供更加明显、更容易观察到的变化标准。最后是绩效标准，分为主观标准和客观标准。主观标准用于团队自己对绩效进行评估，客观标准则是提供的具体的生产力衡量标准，包括销售额、收入等。这些团队效能标准最近已经扩展，增加了任务、社交方式和个人成长标准。在这些广泛的标准当中，团队教练可以有针对性地达成某些具体成果，例如明确团队规范和角色，但同时，如果团队要获得最大限度的成功，这些标准就需要积极地协同变化。例如，如果以牺牲对团队社交方式及成长的关注为代价来提高任务绩效，那么对团队来说，这就没有长期可持续的价值。

到目前为止，还没有在团队情境中衡量共享领导力的确定性标准。但是，有一些结构化的访谈方法，有望将团队的共享领导力水平具体化。同时，现有的心理测量学也可以提供关于共享领导力存在的部分数据。与任何心理测量评估方法一样，这些评估结果难免会受到测量时间（如处于团队生命周期的开始、中期或结束阶段）和访谈对象（例如，是团队成员还是外部利益相关者）的影响。霍克（Hoch）在问卷中列出了一系列影响要素，用来衡量团队情境下的各种领导力类型：变革型、事务型、指导型、授权型和讨厌型。卡森（Carson）等人建议，可以将评估共同宗旨、社会支持和发言权（个人在团队中的影响力）作为衡量共享领导力影响因素的一种手段。就结构化心理测量而言，现有的一些团队测量方法，例如瓦格曼等人的团队发展调查（team development survey），在向团队成员询问团队的权威性时谈到了共享领导力，但这还只是蜻蜓点水。布鲁索（Brussow）研发出一套共享领导力的衡量标准，涉及合作、愿景、授权和文化等几个领域，并采用了聚合法（aggregation approach）进行评分，但是目前还没有关于其信度和效度的公开数据。MLQ团队提供了一些关于团队层面的全方位领导力模型（the full range leadership model，FRLM）的洞见，获取了一些与共享领导力相关的数据。然而，这是在变革型—事务型领导力模式下实现的，这种模式传统上更多地被视为个体概念而非集体概念。很明显，对共享领导力的定义决定着如何对其进行评估，这在使用密度和分散度（density and decentralisation）进行社会网络分析的研究当中是显而易见的。这可能会涉及绘制团队内部整体社会关系图，或者请团队回答诸如"你们团队在多大程度上依赖于这个人来领导？"之类的问题，然后对答案进行汇总分析。

共享领导力如何与现有团队领导力模型相结合

了解团队情境下的领导力及其发展，是团队教练的关键能力。几个公认的团队教练模型已经将领导力的概念整合进来了。尽管如此，令人惊讶的是，关于在团队情境中增强集体领导力的文章还相对较少。但是，很多关注个人领导力的文献提到变革型领导力与提高团队效能相关，但可能忽略了额外去关注团队领导力所关注的互联性、整合性和一致性。建立在传统领导力基础之上，又协同了个人目标、促进了共同社会身份的形成，这样的团队领导者和团队领导力可以产生更多的协同效应。一般来说，团队领导力模型将领导者的能力视为团队效能的调节因素,其方式与团队发展干预措施的方式大致相同。更为重要的是团队集体行为,这种行为会鼓励团队合作并最大限度地利用分布式领导力。在团队领导力文献中,非常突出的是更加强调领导力而非领导者个人的重要性,因为人们认识到,发挥每个人的优势可以产生超越任何单个人所能带来的协同效应。因此,新兴的团队领导力模型越来越具有共享性、分布性、集体性和包容性,这为团队教练提高团队集体领导能力提供了既有理论基础又有启发意义的模型。此外,分布式领导力理论与积极领导力理论之间存在着有趣的协同作用(见本书第 18 章)。这两种方法都强调对追随者的积极影响,强调实践自我超越的价值观以及最大限度地发挥优势。总体来说,团队内某些特定领导力风格的发展,对提升团队教练的有效性来说是一个额外的机会,团队教练应该补充和加强一些更为结构化以及更加流程导向的方法。

团队中共享领导力的有效性有哪些证据

很多关于团队领导力的文献提供的都是解决问题的功能性方法,这些方法刻意减少对具体领导力行为的描述,而更加强调要履行的职能,这为个人留出了很大的灵活适应的空间。然而,关键的领导力职能,包括设定方向、运营管理以及发展团队领导能力,显然与团队效能的结构化模型有很多重叠之处。因此,团队领导力为人际关系动力提供了一个模板,这个模板使得高绩效团队的结构化和流程要素更易于实现。团队领导力还与包含变革型领导力在内的全方位领导力模型紧密相关。最近一项对 231 项团队研究进行的元分析发现,在预测团队效能时,团队中变革型领导力所带来的变化几乎是事务型领导力的两倍(11% 与 6%),这表明领导力风格对于打造高绩效团队来说非常重要。事实上,变革型领导力已经因其强调成长、授权以及培养共同愿景而被归类为共享领导力的一种形式。

最近的一个关于共享领导力与团队效能之间关系的元分析研究项目,对 42

项关于共享领导力独立研究的结果进行了分析。研究者将共享领导力划分为传统形式（如事务型领导力）、新型领导力（如变革型领导力）和累积式整体共享领导力。他们还将团队效能标准划分为态度类结果（如工作满意度）、行为类结果（如合作和凝聚力）、主观绩效（如效能主观评价）以及效能客观评价（如生产力）。结果显示，共享领导力与团队效能的相关系数的平均值为0.35，其中态度类和行为类结果的相关系数最高（分别为0.45和0.44），主观绩效和客观绩效的相关系数较低（分别为0.25和0.18）。产生这种情况的一部分原因是，从团队共享领导力发生变化到取得结果这个过程需要一定的时间；另一部分原因是，团队对实验条件的改变很敏感，在团队中剔除客观绩效标准很难。此外，与传统垂直领导力相比，共享领导力对团队绩效有着独特的积极影响。

迪诺森佐（D'Innocenzo）等人对50项研究（涉及3 198个团队）进行了元分析，发现共享领导力与团队绩效之间有着显著的相关性，平均相关系数为0.21。然而，相关系数的分布范围却是从 –0.27 到 +0.66，这表明存在着重要的调节变量（moderator）和中介变量（mediator），这些变量影响着共享领导力团队绩效。为进一步解释这种影响关系，他们按被调研的共享领导力类型分类，进行了三种子样本元分析：聚合分析（aggregation），将共享领导力行为的相关性汇总得出一个综合分；密度分析（density），运用网络分析方法来估算与网络中所有可能存在的链路的占比；集中度分析（centralisation），用于确定哪些成员是团队领导力的核心。有趣的是，这三种衡量共享领导力的方法，分别达到了显著不同的效应量（effect size，效应值分别为0.15、0.35和0.29，定义0.2为效应较小，0.5为效应中等），这表明衡量方式会显著影响共享领导力与团队绩效的关系。这显示出聚合分析技术可能会漏掉共享领导力中一些微妙的细微差异。这项研究除了表明共享领导力的类型是一个调节变量外，还发现样本类型（来自实验室还是工作场所）也是一个显著因素，在工作场所条件下的效应值更高。

在进一步的元分析研究中，尼可拉狄斯（Nicolaides）等人分析了54项研究（涉及3 882个团队），发现共享领导力和团队效能之间的总体调节效应值是0.35。此外，这些元分析研究再次支持了先前的发现，那就是在对团队绩效的影响方面，共享领导力相对于垂直领导力有额外的显著差异（5.7%）。此外，他们还发现，团队信心是共享领导力的显著调节变量，也是团队绩效的强有力预测因素。团队成员间的相互依存和团队存续时间也被确认为影响共享领导力和团队效能之间关系的显著调节变量。

巴内特（Barnett）和韦登费勒（Weidenfeller）对迄今为止的文献进行了彻底的审查后得出结论：虽然共享领导力和团队效能之间的关系总体上是正相关的，但当代研究使用的是各种成果性标准和因变量，而且过度依赖于自报数据，这导致难以得出明确的结论。此外，所审查的很多研究，在性质上是模拟（analogue）和截面性的（cross-sectional），缺乏工作场景下的对照纵向实验（controlled longitudinal trials），这样的实验可以衡量除自报数据之外其他因素产生的影响。然而，那些确实符合这些标准的研究，仍然报告了共享领导力和团队效能之间显著的正相关关系。

何时运用共享领导力最有效

共享领导力模式的一个挑战是准确定义哪些方面可以共享。摩根森（Morgeson）、德鲁（Derue）和卡拉姆（Karam）确定了领导力的15项内容，这些内容与团队发展的两个阶段相对应。过渡阶段聚焦于组建团队、为取得成功做好准备，包括明确使命、确定目标以及培养团队成员。行动阶段是以绩效为核心的，聚焦于监控成果、挑战集体绩效、解决问题。关于是否可以做到在团队内共享和分配团队领导力的所有内容（例如选择新的团队成员或绩效管理）而不会造成混乱和干扰，还存在着一些争论。

虽然现有研究证据表明，共享领导力可以为团队带来额外的独特能力，但绝不能因此就说分布式领导力模式适用于所有团队。那么，采用共享领导力的边界条件是什么？对于共享领导力与团队效能之间的关系，人们提出了一些中介变量和调节变量，包括团队能力、领导者的谦卑心、环境复杂性以及授权式领导力。在对共享领导力的前因条件进行审查时，卡森等人发现，能够促进共同宗旨的实现、提供社会支持、赋予成员发言权（参与决策）的团队文化与共享领导力显著相关。团队教练也很重要，特别是当团队内部环境缺少支持时就更加重要，而且这两个变量之间能产生正向的相互影响。这表明团队教练可以对非支持性的团队内部环境起到弥补作用，反之亦然。最后，回归分析表明，共享领导力是团队效能（由最终用户对团队工作进行评估）的一项重要预测因素，这解释了支持性环境和团队教练这两个影响因素之外的额外变化。个人能力和团队能力在共享领导力的发展中很可能都起到了调节作用，因为若非如此，名义上的领导者（nominal leader）不太可能在团队中委派和授权工作。同样，领导者要拥有谦卑心，在此前提下才能认识到：只有让整个集体得到授权并得以发展，而不是将权力和决策交给名义上的团队领导者个人，团队才会有更好的表现。这种谦卑心背后的假设是，团队的优势和能力都很充足，能够成功地进行开发并协同，足以应对团队的挑战（见本书第18章）。图4.1总结了共享领导力的前因变量、中介变量和调节变量。

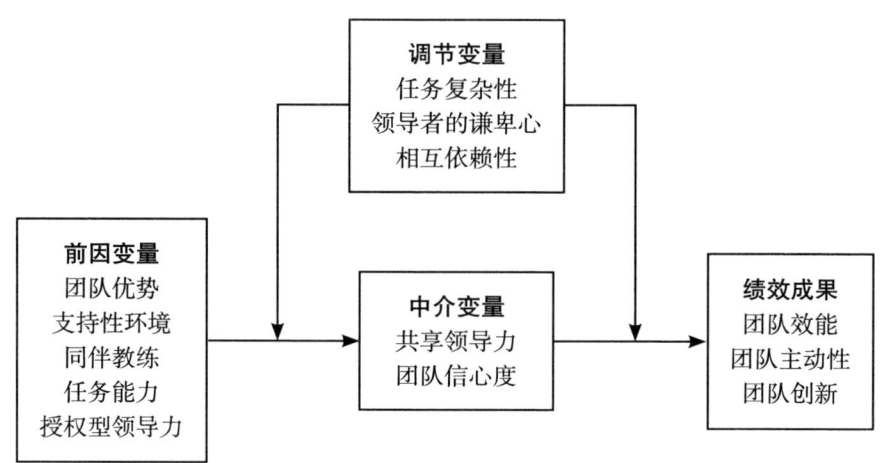

图 4.1　共享领导力的前因变量、中介变量和调节变量

运用团队教练创建共享领导力

支持团队从运用层级式领导力向共享领导力转变时，团队教练会面临一些独特而具体的挑战。鉴于共享领导力的前因变量和调节变量包含授权型领导力和领导者的谦卑心，所以名义上的团队领导者在这里要发挥关键作用。围绕团队转型的目的和其中的挑战安排个性化的教练，对领导者和追随者来说都是必要的先决条件，可以帮助他们对于各自的角色、影响力和责任随时间而产生的变化达成共识。来自教育部门的证据表明，如果做得好，分布式领导力可以提高追随者的内在动力和自我效能感，进而可以增加组织层面的积极成果。然而，对于团队以及名义上的领导者来说，其结果都是接受这种方法带来的在权力、权威和控制权方面的重大转变。

对团队教练来说，有多个点可以切入以促进团队培养共享领导力。考虑到在合适的情境下，共享领导力在提高团队效能方面似乎比传统的垂直领导力更能产生增强效应，所以看起来这值得尝试。第一项任务是确定团队是否具备必要的先决条件，让自己能够因增强共享领导力而受益。从本章所查阅的文献来看，有成效的前因变量包括对优势的认知、同伴反馈及教练、高水平的个人胜任力和才能以及授权型领导力。基于优势的团队教练方法满足了其中很多标准（见本书第 18 章），其通过识别和发展个人优势并使其与团队内的角色和挑战相匹配来促进领导力的分配。

集体领导力涉及分配或采用一些团队内部角色，这些角色越来越多地融合为团队领导力所必需的不同角色，这些角色包括领航员（navigator）、工程师（engineer）、社会整合者（social integrator）和联络员（liaison）。领航员角色确保团队保持明确的宗旨和方向。工程师角色负责组织协调团队完成任务以实现集体目标。社会整合者角色侧重于维护团队内部的健康和关系。最后，联络员角色发展并维护与外部利益相关者的关键关系。当这些角色分配与个人优势和偏好相匹配时，团队就有了真正的机会来释放共享领导力的增强效应。有趣的是，这四个角色完全符合霍金斯5C团队教练模型[①]中的四个象限。根据霍根个性问卷（Hogan personality inventory），奥弗菲尔德（Overfield）对团队角色分类提出了不同看法。作为提升团队动力的一个途径，奥弗菲尔德认为，平衡心理角色以及识别团队中潜在的脱轨者，是区分团队成员，从而培养基于性格优势和个性偏好的共享领导力的核心。

团队教练除了有促进团队培养共享领导力的机会，还有可能整合运用基于优势的团队教练来扩大这种领导力模式的影响。考虑到共享领导力需要在团队中培养不同角色，因此将这些角色与个人优势结合起来很有意义。关于个人及团队优势的识别和发展，另有完整的介绍（见本书第18章），所以在这里提一下有可能实现高度协同就足够了。

结　论

对数千个团队进行的几项元分析研究结果清楚地表明，大多数情况下，共享领导力与团队效能之间存在显著的、积极的和独特的关系。这种关系受到一些调节变量的影响，这些调节变量包括任务的相互依赖性、任务的复杂性、个人和团队的能力以及团队领导者的领导力风格和谦卑心。因此，共享领导力模式为团队教练提供了理论依据和经验基础，包括提供了多个干预切入点以及明确了团队教练干预的成果标准。与传统的垂直领导力相比，共享领导力更能显著增强团队效能，这是提高组织团队能力的一种令人信服的方式。共享领导力不仅符合我们不断发展的领导力倾向，也符合我们自己的历史及政治智慧。在最近一次对政治领导力的评估中，布朗（Brown）得出结论："民主政体中，强有力的领导者们很少像他们自己所声称的那样强大或独立，那种认为只有一个人有权做出重大决策的想法是有害的，应该加以抵制。"组织内的团队要积极培养共享领导力，为团队教练提供进一步帮助团队提升效能的独特机会。

---

① 高绩效团队5C模型见《高绩效团队教练》一书。——译者注

第 5 章　运用意向变革理论进行团队教练

理查德·E. 博亚齐兹

基　础

团队教练与任何其他旨在实现可持续的、预期转变的努力一样，是一项多层面的艰巨任务，只有当系统内的个人层面、两人关系层面、组织层面甚至社群层面都发生改变时，团队教练才会发挥作用。为了理解具体的团队教练技术，有必要简要回顾三个基本的理论框架：复杂理论及其内在临界点视角下的意向变革理论（intentional change theory，ICT）；团队内的联盟动力（coalitional dynamics）；共情式教练（coaching with compassion，CWC）与服从性教练（coaching for compliance，CFC）。本章将聚焦于介绍促进团队发展、绩效改进、创新及可持续发展的团队教练方法，包括：创建共同愿景；创建可持续性的社会身份认同体（social identity group）；共情式教练及服从性教练；培养多层级的共鸣式（resonant）领导者；同伴教练以及在组织内创建教练文化。

哈克曼和瓦格曼将团队教练定义为"与团队的直接互动，旨在帮助团队成员在完成团队工作的过程中，根据任务恰当地、协同地使用集体资源"。对团队进行教练时，有很多技巧可以使用。其中有一些方法，与有效帮助单个人及两人关系发生可持续的预期转变的方法是相同的，而有些则不同，因为团队是联盟的集合体，是人类活动的独特形式。

意向变革理论（ICT）

根据博亚齐兹的理论，在人类系统的任何层面上，在追求可持续的预期转变的过程中，有五个重要发现。本章中，我们会聚焦于团队层面的这五个重要发现：在团队中形成共同愿景（他们的理想自我）；准确表达团队文化、团队规范和价值观（真实自我）；团队的学习议程（学习议程）；在团队内试验和实践新的思想、情绪和行为（试验和实践）；团队成员之间以及团队成员与系统内团队外的关键人员建立共鸣关系，如图 5.1 所示。这里的共鸣，指的是参与其中的人相互协调、彼此合拍。

这五种发现，每种都涉及一种意识和注意力的出现，这种意识和注意力会让团队成员以及团队都得以成长。激活每种新发现，都需要达到某种临界点，即团队可能正在经历消极情绪吸引子（Negative Emotional Attractor，NEA）时，出现积极情绪吸引子（Positive Emotional Attractor，PEA）。

PEA 和 NEA 是两种心理生理状态，人处于哪种状态由三条轴线决定。一条轴线是从积极情绪到消极情绪。第二条轴线是从由交感神经系统（Sympathetic Nervous System，SNS）及其组成激素和内分泌物唤起的状态，到由副交感神经系统（Parasympathetic Nervous System，PNS）及其组成部分唤起的状态。第三条轴线是神经默认模式网络（Default Mode Network，DMN）到积极任务积极网络（Task Positive Network，TPN）的激活状态。通过体验 PEA 的三个组成部分（积极情绪、DMN 和 PNS），人们对于新想法、他人、伦理问题的心态会更为开放。当今社会，各类组织多数时间都持续处于 NEA 体验中（专注于分析防御性威胁），所以通过教练帮助个人及团队进入 PEA 状态，会使他们能够考虑通过学习和改变去适应。这种状态有助于他们在 ICT 的每个发现的范围内保持开放，同时也有助于触发或推动他们进入下一个发现。

ICT 中的团队发展是一种分形（fractal）。团队嵌入在由各种关系构成的复杂系统当中，这些关系涉及团队内的个人与两人关系层面，以及团队外其他团队、组织和社群层面。每个层面都有人担当领导者，他们影响着自己的这个中心型团队（focal team）。如果这些领导者彼此共鸣，彼此间的关系让每个人都感觉相互很合拍，那么团队就有了一个支持性的外部环境，在这个环境中，大家可以探索持续的变化、不断学习。如果领导者意见不一致，那么改变很可能就会停止，或至少会受到抑制。这会带来防御性反应，人们会用"我们这儿不这么做"或"非此处发明，故不为我用"这样的说法来否定其他可能性的意义。这些多层面的领导力会极大地影响到团队的发展，影响到任何已经产生的学习、创新或变革的可持续性。同时，团队成员和领导者在社会身份认同体中的成员身份或理想成员身份（aspirational membership），也会在变革的持续努力以及变革成果的维护上起到促进或阻碍的作用。

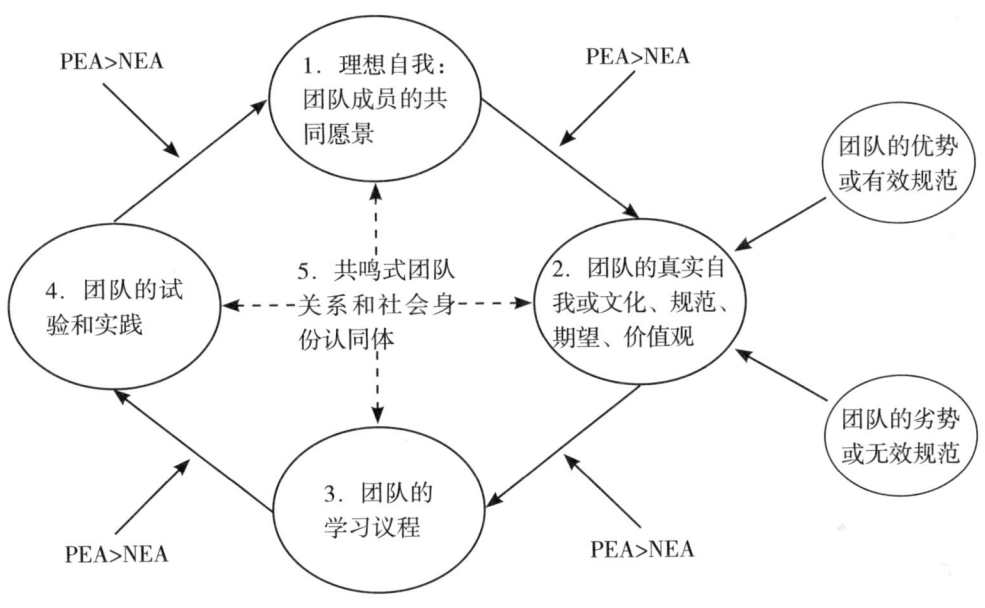

图 5.1　团队层面的意向变革理论

资料来源：©Richard Boyatzis，2008。

联盟（coalitions）与团队动力系统模型

正如博亚齐兹所说："一些用于理解团队发展的方法，如本尼斯（Bennis）和谢泼德（Shepard）的渐进模型（the progressive models）、拜昂（Bion）的递归模型（the recursive models）以及贝尔斯（Bales）的变形模型（morphing models），关注的是团队发展过程中所面临的问题而非机会。"团队内部的非线性动力，不仅表现在团队的绩效上，还表现在团队的适应程度和速度上。例如：

> 如果团队实践和团队绩效之间的关系是线性的，那么每个实践环节之后都会有显著的、可预测的绩效改进。但事实上，任何团队成员都知道，在三次干预后可能都看不到任何进步，然后到了第四次，一切都完美地结合在一起。这种目的论和非线性模型，是对受进化论影响较大的群体发展心理动力学或渐进理论的严重背离。

团队是应用复杂理论的极好例子。它们通常是自组织的。一个经验引出下一个经验，团队中真正的领导者（通常所说的非正式领导者）轮换得非常顺畅。团队发展过程通常是非线性的、不连续的。格西克（Gersick）将团队中的这种不连续性称为"间断平衡"（punctuated equilibrium）。在团队进化的过程中，不同时期对周围环境的动力都或多或少会有一定的敏感性（对团队系统的多层面性质的敏感性）。基于上述所有原因，运用复杂理论来理解可持续的预期转变是非常重要的。

贝尔斯的团队动力模型描述了当团队内有两人、三人或更多人构成的小组时，联盟动力会遵循从下到上、从后到前、从负到正的路径。这种系统称为SYMLOG（System for the Multiple Level Observation of Groups，群体多层次观察系统）[①]，它基于前面所述的三个维度来描述和理解团队动力。对这些进行观察，教练或参加者可以看到，随着时间的推移，团队成员间关系的变化、联盟的形成与改变。这就像是看一部三维电影，而不是二维电影。除了维度之外，通过SYMLOG还可以对团队动力在三个层面上进行观察和记录：行为层面、价值观

[①] 群体多层次观察系统由哈佛大学罗伯特·F. 贝尔斯（Robert F. Bales）教授开发。——译者注

层面和形象层面。教练或参加者根据团队成员的行动（行为）、所拥护的价值观以及所援引的形象（经常通过隐喻或类比的形式），来观察随着时间的推移，联盟和关系的展现和变化状况。关注这些联盟，对于团队教练、对于帮助团队继续朝着期望的目标、变革或学习前行，都是非常必要的。

对团队进行教练时，有人可能会在私下对话时被拉入教练联盟，以应对更为功能性的联盟的形成和变化活动。这听起来像是操纵，而实际上本来就是。但是，如果团队教练看见了这种动力并且对这种感知进行了验证（不仅仅是自己头脑中易受个人偏见影响的想象），那么这可能是帮助团队的最有效、最慈悲的方式。

在团队所处的大环境中，信息跨越层级双向传递，这是复杂系统的一个必要条件。这在团队发展领域并非新观点。ICT 预测共鸣式领导力关系如何跨越不同层面（跨越个人、两人、团队、组织层面）进行信息和情绪的传递。

德雷福斯（Dreyfus）研究了一些管理者，这些管理者原来是表现优异的科学家和工程师。她研究了这些人是如何发展出自己的独特能力的，其中一项能力是团队建设。她发现，在这些中年管理者当中，有很多人是在高中及大学时代的体育活动、俱乐部以及生活团体当中初尝了团队建设技能。后来，当他们成为科学家和工程师相对孤立地解决问题时，他们仍然在工作之外的活动中使用和实践这种能力。他们会在社会组织、社群组织（如 4-H 俱乐部）及专业协会的会议规划等类似任务当中实践团队建设和团队管理，然后将这些新发展的技能带回工作场所。他们就这样不知不觉地在多个层面发展并实践了自己的这些新能力。

共鸣式领导力关系的特点是：领导者及其周围的人相互间展现出情感及社会能力，彼此间有一种合拍感。一项针对凯斯西储大学威瑟海德管理学院"专业研究员项目"（为期一年的高管发展项目，参加者为医生、律师、教授、工程师及其他专业人士等）所产生的作用进行的研究发现，参加者在项目执行期间提升了自信，证明了人际关系相伴发展的重要性。

尽管在培训项目开始时，参加者被周围的人认为已经有了很高的自信，但该课程的参加者解释说，他们在培训期间和培训结束后，自信心持续增强，而这与他们越来越相信自己有改变的能力有关。具有讽刺意味的是，他们所在的社会身份认同体（家庭、工作群体、专业团体、社群团体）因为某种既得利益，都希望参加者保持现状，从而降低了个体参与者的改变意愿。"专业研究员项目"让他们有机会建立一个新的鼓励改变的社会身份认同体。这说明，个体归属于支持性团队（对其有社会身份认同），可以减轻压力并减少 NEA 对其的影响。

共情式教练与服从性教练 1

尽管想帮助他人或团队的意图很好，但大多数帮助他人的尝试，包括教练，效果都不佳。针对教练效果的研究开始揭示出其中的原因。在针对 25~65 岁的 MBA 及管理学研究生进行的共计 39 个项目的追踪研究表明，对愿景和共鸣式关系进行教练，会产生他人可见、自我可测、持久的实质性行为改变，并且参加者学习和适应的动力也得到了提升。在提高与效能相关的情商及社会智商胜任力方面，该项目显示出明显不同的效果，在项目实施后 6 个月到 2 年，其效果是中等以上 MBA 课程的 30 多倍，是普通企业和政府培训效果的 6 倍多。同时，在评估 5 到 7 年后的效果时，在胜任力行为方面，该项目显示持续显著提高 50%，而其他项目则可能已经下降为零。

与这项研究所研究的其他项目相比，这个项目有三个不同的部分：要求制定出详细的个人愿景；该个人愿景与受过训练的共情式教练进行过深入探讨；分小组进行同伴教练，这些小组有可能成为团队去作为其他活动的辅助人员，在对他人进行共情式教练时提供指导和实践。

此外，许多研究将这个项目与教练职场人士的方法进行比较，发现在情感和激素激发以及神经网络激活方面有重要差异，该项目有助于一个人更为开放地接受新想法。

共情式教练及服从性教练的技巧将在本章后续部分进行解释。这里，对底层理论进行说明：为人们提供帮助时，与告诉他们要做什么、提供建议或提示、提供建设性反馈、强制他们做某事相比较，借助愿景、价值观、梦想和抱负来吸引他们，激素系统特别是 PNS 更容易被调动起来，而神经网络如 DMN 以及积极情感也更容易被激活。因为无意识的情绪传染速度非常快（以千分之一秒为单位），团队成员的心理生理状态会在不到四分之一秒的时间内传染给其他人。而团队领导者或其他领导者（正式或非正式的领导者）因为对他人的影响力更大，传染性就更强。

教练团队技巧

建立共同愿景

教练团队时，一个最有力的方式就是帮助团队成员建立共同愿景。愿景不是目标，而是关于团队能做什么或能成为什么的梦想。这源于团队成员深刻的使命感，他们希望认知到并投身于一个深刻而广泛的宗旨，有人称其为崇高宗旨。这有助于我们思考得更加远大，超越我们自己，超越我们那些常常以自我为中心的想法和感觉。共同愿景必须在团队成员和领导层之间分享。所以，共同愿景需要通过对话来形成，还需要定期检视和提醒，从而在人们的意识中保持鲜活。共同愿景不只是在团队初建时有积极作用，在团队的整个存在过程中都会发挥积极作用。

关于检视可选的共同愿景并加以完善的具体技巧，团队教练可以请团队成员反思并讨论：

- 共同的价值观或信条；
- 团队发展的阶段或团队自身的成熟度；

- 宗旨（存在的原因，而不仅仅是团队目标）；
- 期望留下什么传承，对组织及其使命贡献什么；
- 梦想团队可能成为什么样子并做些什么。

欣赏式探询的一些方法可以帮助由12个人或更多人组成的团队确定共同愿景的要素。团队成员数达到12个人或更多时，研究表明会存在更多的联盟，而这会影响团队的工作方式。团队教练可以请每位团队成员聚焦于作为团队一员感到自豪的某个时刻，以及团队处于最佳状态的某个时刻。团队教练可以将团队成员分成三人组、四人组或五人组，让他们在小组内分享自己的故事。然后，团队教练可以担当引导者，请各小组向整个团队汇报本小组的观察和发现。各小组讨论中反复出现的模式或主题可以成为共同愿景的关键要素。这个过程可以强有力地激发PEA，激励团队向前推进到对战略、目标和任务的讨论，同时为形成行为规范奠定基础。这些行为规范可以促进积极对话（更多的PEA）的展开，有助于团队应对后续会遇到的冲突和问题。

要澄清一下，团队目标是有用的。团队目标对团队的注意力和努力有着聚焦作用。这是通过激活TPN来实现的。但这会抑制DMN，在DMN状态下，人们对新想法、他人、伦理问题具有更开放的心态。为了唤起希望和使命感，团队教练要将建立共同愿景放在制定共同目标之前。

创建社会身份认同体

教练对团队的另一个持久贡献，是帮助团队成为社会身份认同体（social identity group，SIG）。处于这种群体中的成员可以汲取能量、获得归属感。通过成员间的彼此关系以及对同一套价值观的认同，SIG为其成员提供了一种长期的使命感。这会让成员们将自己所处的团队与其他团队区分开来。

除了前面提到的构建共同愿景的技术之外，创建团队集体荣誉感、团队标志等其他活动也非常有效。通过讲述自豪时刻和独特的成就故事来加深团队成员的记忆并帮助新成员融入团队这些方式对建立和维护 SIG 都至关重要。

运动队、社团、专业团体、工作小组及校友组织，都试图发展和加强其成员与他人之间的认同感。从技术方面来讲，他们都是在创建或维护 SIG。试想一下各种粉丝：音乐团体的歌迷们，如过去的跟随感恩至死乐队（Grateful Dead）音乐会的"死头"（Deadheads），追随吉米·巴菲特（Jimmy Buffet）巡演的"鹦鹉头"（Parrotheads），还有巴萨足球俱乐部或匹兹堡钢人队的球迷们，他们在世界各地的酒吧里齐聚一堂，为自己的球队赢得胜利欢呼尖叫。这些粉丝是用自己的 SIG 来感受积极性和希望。电视剧的粉丝，如《星际迷航》（*Star Trek*）的粉丝们甚至以"星舰迷"（Trekkies）的形式，创造出一股力量，使这部电视剧重回美国的黄金播放时段，然后又推出了 5 部续集、14 部电影、3 部动画片以及无数其他媒体形式的产品。粉丝们不屈不挠的精神甚至让这个系列的创作者吉恩·罗登贝瑞（Gene Roddenberry）都大吃一惊。社会身份认同体的成员可能会通过穿的衣服，家里和办公室里的照片，以及在社交场合的谈论来展示自己的自豪和忠诚。

共情式教练与服从性教练 2

根据大多数已经公布的针对某种教练方法的作用及其工作方式的研究，教练方法是以 ICT 为基础的。为帮助某人启动产生可持续的预期改变这个过程，教练必须帮助他进入一种状态，在这种状态下，他对各种可能性和改变持开放态度。这种情况也适用于团队。而且，由于无意识情绪传染的速度快、强度大，能使一个人对新想法持开放态度，在团队当中会产生倍增效果。

通过教练使团队进入 PEA 状态，是开启持续的预期转变过程的主要方式（即便不是唯一的）。教练个人、两个人或团队进入 PEA 状态的技巧，称为共情式教练。使用这种方法时，教练会帮助团队：创建能激励他们的共同愿景或深刻宗旨（或至少开始确定共同愿景的组成部分，激发他们的热情、兴奋感和参与感）；通过让团队成员彼此表达感激之情，唤起相互关心的感觉（慈悲心）；让他们创建象征符号，讲述令自己自豪的故事，以创造新的 SIG；在团队内保持轻松有趣的氛围。

培养多层级共鸣式领导者

领导者的情绪会影响团队的情绪。同样，教练以一种类似治疗的方式，与团队建立起共鸣关系，影响着团队的情绪。团队既需要正式领导者，也需要非正式领导者。正如本章前面所讨论的那样，他们需要与非所属团队的领导者进行跨层级的沟通和连接，这项工作被哈克曼（Hackman）称为"架接"（bracketing）。

团队需要共鸣式的领导者和团队教练。一个没有共鸣式领导者的团队，在很多方面都是随波逐流的。不和谐无共鸣会成为其常态，团队的运作将难以维系。共鸣式关系的特点是，领导者和教练与团队成员之间协调一致、很合拍。但要注意的是，团队需要多层级的领导力。

在任何一个层级上培养共鸣式领导者都是一项挑战，更不用说要在多个层级上培养了。其中一个障碍，通常被称为任务与人员／过程作用的区别对待，这一点经常能在团队领导者身上观察到。博亚齐兹、罗奇福德（Rochford）和杰克（Jack）把这种看似永恒的二元对立解释为两个根本不同且对立（它们相互抑制）的神经网络相互作用的结果。对于团队成员大脑中这场战斗的神经根源的理解，有助于确定促进团队在这两种神经网络之间进行瞬间切换或频繁转换的技术。基本上，教练要促进以下两种活动交替进行：一种是关于分析、解决问题的讨论（任何形式的分析，包括财务讨论），另一种是关注人际关系敏感性、团队过程、甚至是团队的玩乐和幽默。

复杂理论和 ICT 提出，任何层级的可持续转变，都必须涉及其上下两个层级的发展工作。要做到这一点，团队就需要一个代理，在如图 5.2 所示的各个层级之间来回传递情感和其他信息。

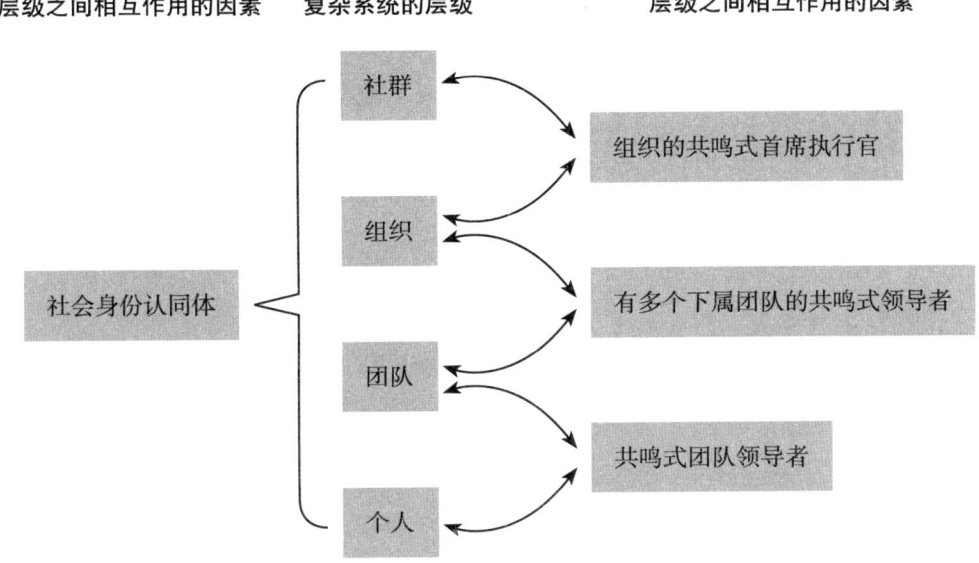

图 5.2　团队多层级模型及所需的多层级领导力

资料来源：Boyatzis（2010）。

博亚齐兹用两支美国足球队的故事描述了美国职业足球中这些多层级关系的影响，这两支足球队是新英格兰爱国者队和克利夫兰布朗队，它们在不同时期拥有同一位主教练：

> 在贝利奇克（Belichick）的领导下，克利夫兰布朗队令人大失所望。但当贝利奇克加入爱国者队后，该队赢得了很多次超级碗的胜利……二者的主要区别之一是球员、教练、老板和社群之间的关系不同。在克利夫兰，贝利奇克撤掉了备受爱戴的四分卫伯尼·科萨（Bernie Kosar），这导致球队老板阿特·莫代尔（Art Modell）怀恨在心，但却让媒体兴奋不已。莫代尔说："（贝利奇克）是我所认识的从公关角度来说最难相处的人……如果我能忍受他在球场外的一些胡言乱语及其他那些导致他离队的废话，那我想他还能是我们队的教练。"

但贝利奇克在爱国者队也做出了艰难的决定，例如选择了汤姆·布雷迪（Tom Brady）而不是原有的德鲁·布莱索（Drew Bledsoe）担当四分卫。但是球队队员们却觉得贝利奇克理解他们也懂得比赛，而且他对球队和比赛非常关心。贝利奇克加入爱国者队后，他的新老板罗伯特·克拉夫特（Robert Kraft）说道：

> 从作为教练也作为人的角度，我喜欢他的一个原因是，他从不自吹自擂、妄自尊大……他把在足球之外的主要精力放在孩子身上，对此我非常敬佩。

在另一次采访中，克拉夫特补充道："他不会以自我为中心，也不会利用主教练身份拥有的某些特权。他代表着我们球队和家庭的面貌，展现了我们感觉重要的价值观。"

团队教练必须能够接触到各级领导者。教练的过程要包括与不同领导者一起开展工作，并且要在所有级别同时致力于团队及其领导力的发展。

同伴教练与创建教练文化

教练对团队最持久的一个影响，就是帮助团队成员学会互相教练。这些技巧应以共情式教练为基础。我们很多人都记得，20世纪60年代出现了T小组或敏感性训练（T-groups or sensitivity training），后来出现了互助小组（support groups）、员工投入度小组，如20世纪80年代的质量圈（quality circles）、20世纪90年代的自我管理工作小组及此后的学习小组。这些都是最古老的部落关系形式的体现——互相帮助的小组或团队。现在，我们把这种团体或团队称为同伴教练。

最简单的方法是练习本章前面讨论的一些技巧，但要定期将团队分成三人组，让他们练习互相教练。首先进行轮流教练，然后将他们作为团队一起进行教练。三人组练习有助于人们试验和实践新的行为（CWC），如ICT的第四个发现所示。

当三人组对彼此进行共情式教练感觉很舒服之后，就可以在整个团队当中进行这个操作了。如果团队在人际交往过程中有困难，那么可以先让两个三人组合并在一起进行同伴教练，然后再在整个团队当中进行，这样可能会有些帮助。

当这个过程在多个同伴教练小组中重复进行了之后，教练可以观察一下组织中出现的新规范。人们可能会开始使用共情式教练，并在其他会议和交往中互相帮助。共情式教练（在动力、投入度、学习和改变方面进行有效的相互教练）可能会成为新的组织文化的一部分。

结　论

虽然看起来不言而喻，但对团队进行教练确实需要一些技巧以及一套有效的教练方法。当下很多针对个人或团队的教练，都是初衷很好但效果不佳，因为其进行的是服从性教练，会激发出 NEA。共情式教练或促进产生 PEA 的教练，都属于基于实证的方法，可以帮助人们更容易接受新的想法、学习以及发生改变。通过对团队进行教练，教练可以帮助团队建立持久的关系和规范，这种关系和规范会帮助团队成员拓展发展性体验，甚至可以形成新的组织规范。

第 6 章 以团队效能科学为基础：将严谨纳入团队教练设计

科尔姆·墨菲，梅丽莎·赛耶

我们发现，现有团队教练文献尚存在一些重大空白。我们认为团队教练行业需要更有力地展示影响力，并提议把团队效能作为团队教练是否有效的衡量依据，使团队教练实践更具严谨性。本章探讨的内容包括：如何衡量团队效能，影响团队效能的关键要素和成果有哪些，以及如何实施团队教练干预措施。我们将着重指出未来仍需研究的一些领域，并将针对文献作者们在团队教练过程中如何将理论与实践相结合提供一些见解。

团队教练是一项新兴的技术，但关于团队效能的研究却可以追溯到20世纪20年代的霍桑实验。从那时起，团队效能的文献就开始迅速增多，以至于总结起来非常困难。因此，我们重点选择了以下文献：综合研究团队效能的文献、优先考虑研究企业中的团队（而不是实验室、运动队或学生团队）的文献以及侧重关注团队在动态变化和复杂情境下解决真实问题的应用实践的文献。

团队效能的文献综述和概念模型，将用于总结和强调该领域的主要发现。本章将这些关键的团队效能研究主题与已经发表了的团队教练研究成果联系了起来。

团队教练文献

虽然文献中尚未对团队教练进行普遍定义，但最常引用的是来自哈克曼与瓦格曼、克拉特巴克、桑顿、霍金斯、彼得斯、卡尔和布里顿的定义。文献综述清楚地表明，学者和实践者都一致认为：团队教练学科缺乏充分的实证支持；

团队教练对更广泛的组织或全生态系统团队的潜在贡献缺少充分的证据;团队教练对团队效能的影响缺乏足够的证据支撑。

根据上述这些作者和其他相关作者所提议的关于团队教练定义的一些共性元素,我们可以把团队教练描述为一种随着时间流逝而出现的新兴实践。它涉及:

- 提升团队绩效(特别是任务绩效):提升任务绩效的关键在于通过教练团队,使团队对共同宗旨或目标达成明确的共识。文献几乎一致认为,提升团队绩效的关键在于改善团队和团队任务的关系。哈克曼和瓦格曼对此进行了总结,他们提出:"团队教练与团队直接互动,以帮助团队成员高效地协调并恰当地利用集体资源来完成团队的任务。"
- 提升团队的能力和学习力:作为团队教练从业者,我们认为高质量的团队教练干预可以提升团队的能力和学习力。文献从多个角度支持了这一观点,并且大多数团队教练也都支持这一观点。团队成员的每个人和团队集体都需要学习,通过学习,他们在沟通、共享、探索彼此的思想和反思上将变得更加优秀。
- 提升系统意识:霍金斯阐明了团队教练、把团队作为一个系统进行教练以及系统性团队教练(Systemic Team Coaching)之间的区别(参见本书第3章)。他还引入了生态系统性团队教练(Eco-Systemic Team Coaching)的概念,来说明教练了解组织内以及跨组织的多个嵌套系统的必要性,因为这些嵌套系统能够通过合作来创造价值。很多理论研究者和实践者认为,团队教练应该扩展干预的领域,而非仅仅局限在改善团队的工作、学习和团队成员之间的互动上。我们在实践中已经看到了,团队集体为关键利益相关者考虑并积极主动地探求如何为自己的委任者创造价值所带来的积极影响。
- 发挥团队集体和个人的才能:在与团队一起工作时,教练的任务很复杂,因为教练既需要将团队作为一个系统进行教练，又需要实时地对团队中的每个个体进行教练，因此，团队教练需要同时承担多种任务和角色。穆勒克（Mulec）和罗斯（Roth）在团队教练研究文献中提到，团队成员表示，通过教练，他们对团队角色有了更清晰的认识，提升了看问题的格局并促进了团队中的知识共享。

表 6.1 对相关文献主题进行了总结。

表 6.1　文献主题总结

主题	文献参考
提升团队绩效（特别是任务绩效）	
·提高团队和团队任务的关联度	Britton（2015），Clutterbuck（2007, 2013），Farmer（2015），Hackman & Wageman（2005），Hawkins（2011, 2014），Hicks（2010），Woodhead（2011）
·任务的执行情况	Carr & Peters（2013），Hackman & Wageman（2005），Hawkins（2011），Liu, Pirola-Merlo, Yang, & Huang（2009），Mulec & Roth（2005），Peters & Carr（2013），Rapp, Gilson, Mathieu, & Ruddy（2016），Skiffington & Zeus（2003），Thornton（2010）
·团队认识到了共同目标	Anderson, Anderson, & Mayo（2008），Brown & Grant（2010），Britton（2015），Carr & Peters（2013），Clutterbuck（2013），Farmer（2015），Mulec & Roth（2005），Britton（2015），Hawkins（2011, 2014），Thornton（2010），Ward（2008）
提升团队的能力和学习力	
·提升团队的能力和技能	Anderson et al.（2008），Britton（2015），Carr & Peters（2013），Clutterbuck（2007, 2013），Hackman & Wageman（2005），Hawkins（2011, 2014），Hicks（2010），Liu, Pirola-Merlo, & Huang（2009），Peters & Carr（2013），Skangton & Zeus（2003），Woodhead（2011）
·提升团队思维质量	Britton（2015），Farmer（2015），Hicks（2010），Woodhead（2011）
·提升团队内外部的沟通能力	Carr & Peters（2013），Hawkins（2011, 2014），Peters & Carr（2013），Woodhead（2011）

续表

主题	文献参考
・个人和团队学习——经验教训/反思	Anderson et al.（2008），Carr & Peters（2013），Clutterbuck（2013），Farmer（2015），Hawkins（2011，2014），Hicks（2010），Mulec & Roth（2005），Peters & Carr（2013）
提升系统意识	
・系统性方案对成功的团队教练项目十分必要	Anderson et al.（2008），Britton（2015），Brown & Grant（2010），Carr & Peters（2013），Clutterbuck（2013），Hackman & Wageman（2005），Hawkins（2011，2014），Kets de Vries（2005），Rapp et al.（2016）
・被教练的团队成员提升了系统意识	Kets de Vries（2005），Kotter（2007）
・提升可持续能力（教练干预外的可持续能力）	Cardon（2003），Gifford & Moral（2007），Moral（2008）
・调动了团队的利益相关者的积极性	Anderson et al.（2008），Britton（2015），Carr & Peters（2013），Clutterbuck（2007，2013），Hawkins（2011，2014），Hicks（2010），Mulec & Roth（2005），Rapp et al.（2016），Woodhead（2011）
发挥团队集体和个人的才能	
・个人教练和团队教练	Anderson et al.（2008），Clutterbuck（2007），Hawkins（2011，2014），Mulec & Roth（2005）
・涌现过程	Anderson et al.（2008），Clutterbuck（2007），Farmer（2015），Hawkins（2011，2014），Hicks（2010）
・随时间推移产生的关系变化	Carr & Peters（2013），Clutterbuck（2007，2013），Farmer（2015），Hackman & Wageman（2005），Hawkins（2011，2014），Hicks（2010）

用来总结这些共同点的团队教练定义存在一些问题，这些问题与以下事实有关：除了哈克曼和瓦格曼、刘、皮罗拉-梅洛、杨和黄的研究外，其他的研究都是基于小型数据组进行的，并且主要来自教练从业者的经验和观察，而不

是基于学术研究的。因此，哈克曼和瓦格曼通常被认为是团队教练领域的学术权威。在此需要特别说明的是，他俩的论文没有关注团队的人际关系。但是，后来的团队效能研究证明团队合作和团队社交都对团队效能的提升起到了很重要的作用，并且有些作者在教科书中定义团队教练时，特别强调了团队凝聚力和团队动力。

在最近的团队诊断调查（Team Diagnostic Survey，TDS）的迭代研究中，瓦格曼在探讨团队效能时增加了心理安全感指标。在团队诊断调查中，心理安全感被当作了一种"信仰"，即让团队成员坚信团队是欢迎和支持在人际关系上的"碰撞"和职业发展方面的冒险的，这表明了瓦格曼等人已修正了自己早先提出的假设（专注于人际关系的干预措施不能提升绩效的假设）。

在文献查阅过程中，我们确定了6项关于团队教练的学术研究，并在表6.2中对这6项关键内容进行了总结。这些为数不多的团队教练学术研究，凸显了团队教练研究的相对不成熟，需要进行更多的研究。

表6.2 6项学术研究摘要

文献	研究中团队和团队成员的类型/数量	所使用的研究方法	团队教练的作用
Mulec & Roth (2005)	2个团队（分别为16位和17位成员） 项目团队 每个团队分配一对教练	行为研究。行为研究小组由2位外部教练和2位内部教练、行为研究者及其同事、6位项目发起者组成	团队精神提升 会议更高效 知识共享得更多 团队沟通更充分 决策更好
Blattner & Bacigalupo (2007)	1个团队（团队人数未说明） 高层领导团队 由一位教练和一位组织发展专家进行教练	由一位外部教练和一位外部组织发展专家完成的案例研究	团队协作提升 战略重点扩大 创新提升
Anderson et al. (2008)	1个团队（10位成员） 高层领导团队 由两位教练进行教练	由两位外部教练和团队领导者完成的案例研究	团队合作提升 决策更好 协作加强 员工敬业度提升

续表

文献	研究中团队和团队成员的类型/数量	所使用的研究方法	团队教练的作用
Haug（2011）	1个团队（5位成员） 高层领导团队 由文献作者教练	合作行为研究	团队沟通更充分 决策更好 协作加强 个人学习能力提升 相互间更加尊重和欣赏
Woodhead（2011）	1个团队（3位成员） 高层领导团队 由文献作者教练	案例研究	团队沟通更充分 人际关系更好 共同目标更聚焦、更清晰 敬业度提升
Carr & Peters（2013）	2个团队（分别为6位和8名成员） 高层领导团队 每个团队一位教练	案例研究	团队沟通更充分 协作加强 人际关系更好 个人学习能力提升

衡量团队效能的标准之一，是团队的产出达到或超过团队的利益相关者期望的标准。如上文所述，团队教练文献表明，利益相关者参与是高质量团队教练的一个原则。但是，我们发现这6项研究都未考虑团队利益相关者的视角，没有探索他们感知到的团队教练的影响或效果。如上表所述，四篇文献报告了由于团队教练的干预，使得团队协作加强、团队关系改善和团队沟通更充分。在其中三个案例中，团队成员认为更好的决策是教练的成果之一。

伍德海德和豪格（Haug）认为，干预的本质是通过创建心理安全空间来建立开放、信任和尊重的氛围，从而创造对话和分享的机会。安德森（Anderson）等人强调，通过团队教练，员工敬业度评分达到了最高水平。他们发现89%的领导团队认为敬业度评分的提高部分或大部分归功于团队教练。

我们在查阅有关实践方法的文献时注意到团队教练模型很少。霍金斯提出了团队教练流程模型CID-CLEAR，其中包含一系列操作步骤，并强调了签约和团队诊断的重要性。彼得斯和卡尔的团队教练模型建立在霍金斯、哈克曼和瓦格曼的研究基础之上，而且更动态化、更关注情境。以上两种团队教练模型均遵循文献综述所确定的关键步骤，这些步骤同样适用于一对一教练。这些关键步骤是：

- 正式签约；
- 建立关系；
- 评估；
- 获得反馈和反思；
- 设定目标；
- 实施和评估。

我们认为，无论是团队教练还是一对一教练，实施这些步骤时都要强调教练关系的质量。高质量的教练关系是通过关注权力平等、协作学习和高效沟通而培养起来的。对于团队领导者和团队成员而言，这些步骤会让他们感到虽复杂却又非常重要。实践证明，包括聆听、澄清、鼓励反思和提问在内的步骤，对于促进教练和类似实践的协作学习最有效。

团队效能模型

团队效能是根据特定标准进行的团队绩效成果质量的评估，这些特定标准包括任务成果、团队成员满意度、团队生命力和学习成果。我们通过查阅文献，发现了130多个团队效能模型或框架。

团队效能框架很好地呈现了对团队输入（前期影响因素）、输入转化为成果的过程以及各利益相关者所重视的团队成果的理解。团队效能框架已经由最初的"输入—过程—成果"（inputs-processes-outcomes，IPO；McGrath，1964）框架发展成为"输入—中间变量—成果—输入"（input-mediator-outcome-input，IMOI；Ilgen, Hollenbeck, Johnson, & Jundt, 2005）框架，后者展现了团队运作的循环过程，并认可了思维和情绪状态也会影响团队绩效成果。

图 6.1 显示了我们对团队教练框架中各方面重要性的看法。

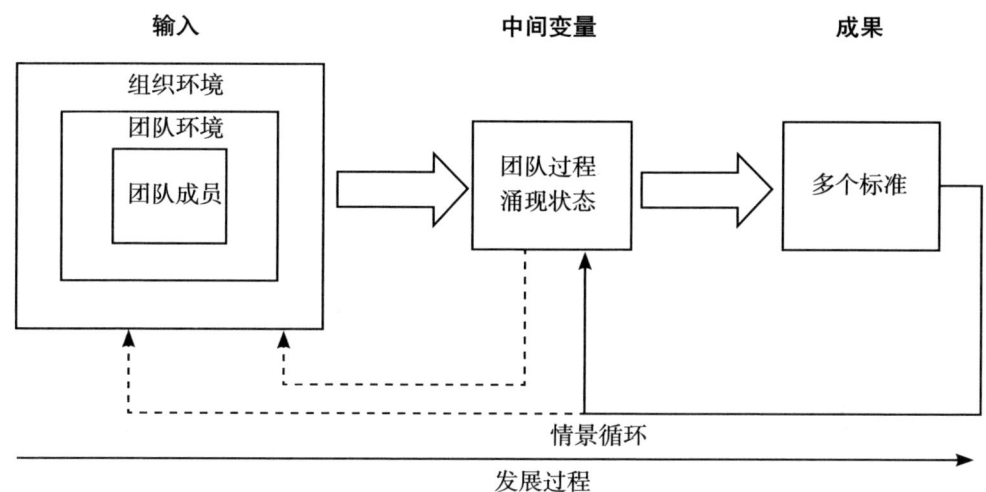

图 6.1 输入—中间变量—成果—输入框架

资料来源：Mathieu et al.（2008），经许可使用。

团队输入

当团队教练开始与一个团队合作时，通常关于团队输入的部分，例如团队任务（任务的相互依赖程度和标准化程度）、团队构成和团队规模等都已经确定并且难以改变。因此，我们不建议对团队输入因素进行深入的探索。萨拉斯（Salas）等人确实强调团队构成、文化和背景是很重要的输入因素。关于团队中的多样性和团队成员的个性与团队效能之间的关系，目前尚无定论。但是相关研究表明，每个成员在一开始加入团队时都经过了强有力的团队文化培训的团队更有可能成功。在任何最初的团队诊断中，组建团队时的团队文化导向都值得探讨。团队的文化和价值观可能比团队成员的个性对团队成果的影响力更大。我们也在文献中发现，环境，尤其是组织对团队的支持程度，对团队成员之间的互动方式具有关键性的影响。

团队效能成果

要了解团队教练如何提升团队效能，就需要了解什么是团队效能的关键衡量指标。科恩（Cohen）和贝利（Bailey）将团队效能分为以下几类：

1. 依据团队产出数量和质量所评估的团队效能；
2. 团队成员的态度（工作满意度，员工敬业度）；
3. 行为成果（团队学习，过程改进）。

哈克曼和瓦格曼将有着以下表现的团队定义为高效团队：

1. 团队的产出达到或超出了客户的标准；
2. 团队合作的方式增强了未来相互依存、共同合作的能力和可行性；
3. 团队经验对团队成员的学习和幸福感产生了积极影响。

大家不禁会问：该如何衡量团队教练成果的有效性呢？我们建议严格遵守上述标准。如前所述，六篇团队教练研究文献中，没有一篇探讨团队教练项目与项目结束后团队效能之间的关系。我们相信，与团队和团队所在的更广泛的组织一起定义和共创团队效能标准的平衡计分卡，会使教练实践更具严谨性，也会让教练参与者更能相互负责，也更利于教练合约的达成。

中间变量：团队过程和涌现状态

中间变量解释了团队输入是如何转化为团队成果的。在团队效能的文献中，最新的观点认为中间变量由团队过程和涌现状态组成。

关于团队过程，获得一致认可的是加农-鲍尔斯（Cannon-Bowers）的三维情境模型，该模型包括过渡过程、行动过程和人际过程：过渡过程为后续行动奠定基础，类似于任务工作类的活动，如计划和组织；行动过程包括沟通、协调和绩效监控；人际过程包括生成并保持集体信心、动力、凝聚力和信任的过程，也涉及已经充分研究的冲突领域。

涌现状态是指团队的认知、动机和情感状态，本质上是动态变化的。涌现状态包括团队在许多人际交往行为背后的思想和情感，例如团队信心、团队信任和共同的心智模式。

关于团队过程和涌现状态的文献很多，我们甚至发现有些文献的结论还相互对立。为了让从业者更好地理解团队过程和涌现状态并能加以应用，萨拉斯等研究者从相关文献中找出了关于团队合作的六个关键考虑因素，这些因素直接或者间接地（通过影响其他因素）作为中间变量发挥了巨大影响。表6.3定义了这六个因素并提供了实践指南。我们发现这对团队教练来说，是一个非常有用的工具。

表6.3 团队合作的六个关键考虑因素

关键考虑因素	定义	实践指南
合作	团队合作的驱动因素包括团队文化导入培训、心理安全、信任和集体效能	早期的成功有助于提升集体效能 布鲁尔（Brewer）和克拉默（Kramer）发现人们会信任和自己相似的人，因此团队成员分享与团队任务相关的经验对于建立信任非常有帮助
冲突	团队成员对利益、信念或持有的观点不一致。冲突可能基于任务、基于关系或基于流程。有人认为基于关系的冲突最有害	通过使用冲突管理策略，如托马斯－基尔曼（Thomas-Kilmann）的冲突模型，制定团队处理冲突的规范 优秀的团队通过建立心理安全感以及给团队成员话语权来直面和处理冲突
协调	统筹协调互相依赖的行动的顺序和时机	应明确团队角色和职责，引导对协调工作的预期 在关键成果交付后须进行汇报，用来回顾协调工作积极的与消极的方面

续表

关键考虑因素	定义	实践指南
沟通	团队成员相互发送和接收信息的过程，在这一过程中，团队的态度、行为和认知会形成或改变	信息共享积极而显著地影响着团队绩效。这里所说的信息共享，强调的是信息传达的内容是相一致的而不是指信息传递的量巨大 建立规范，以便所有团队成员在需要时都能收到信息并确认收到了预期的信息
教练	制定领导行为规范，以确定目标、设定方向，并识别所出现的问题。团队内外的个人也可参照此行为规范	在团队内部创造共享领导环境，可以促进高效的团队合作 领导者的关键任务是在团队和个人两个层面诊断和解决团队问题
共识	团队成员之间的共识是团队成员之间互动的结果	建立对高绩效团队和具体团队职能的清晰共识 了解团队其他成员的职责

我们的方法

随着教练工作不断深入，我们的方法也在不断完善。上面的六个研究并没有明确哪种教练干预对团队成果影响最大，这也突出了团队教练文献存在巨大空白。目前，我们还尚未编制出一个模型来填补这一空白。我们目前正集中精力研发一个概念模型，该模型将通过博士们的研究进行测试。不过，通过结合团队效能文献与团队教练从业者的丰富经验，我们已经确立了一些团队教练的操作规范。

当我们与团队合作以支持团队成员和我们自身的提升时，我们采用双人结对教练的方式，因为我们认为这项工作非常复杂，单人教练无法完成。我们与团队领导、整个团队以及团队利益相关者签订合约或重新签约，听取并理解他们个人、团队集体以及团队所在的更广泛的组织的关于成功的衡量标准。我们利用数据分析使团队能够审视其现状并了解其主要利益相关者对团队的看法，共同制定每次教练工作坊的议程并在现场实时调整，以应对团队出现的各项需求。

我们促进团队进行目的性对话、艰难对话、反思性对话、远见性对话以及行动导向性对话；我们用行动做榜样，分享自己的优势和劣势——这些方法得到了伍德海德和豪格的文献以及埃德蒙森在创造心理安全方面的著作的支持。诚然，信任是目前团队教练中常见的讨论话题，但是我们也必须意识到，关于团队成功完成任务的信心的探讨是我们应该在实践中做更多探索的领域。我们有意识地帮助团队培养一种共同的心智模式，让他们了解作为团队应该是什么样的，以及所处的环境和利益相关者是什么样的。这些都是我们工作的基本内容，以确保每个人从一开始就达成共识，并且这个共识贯穿整个教练过程以及教练结束后的工作当中。

我们致力采取行动，并强烈要求确保在对话中告知所有人采取行动的目的，因为行动是确保团队在其系统中能够实现变革目标的晴雨表。我们关注团队任务周期，并使用加农-鲍尔斯的三维情境模型（过渡过程、行动过程和人际过程）作为规划教练过程重点的有效框架。

以上所述，甚至不能称为"关于团队教练和团队效能文献"的走马观花之旅，它可作为一道开胃小菜来刺激一下您的胃口。我们呼吁热心的人员加入，与我们一起创建一个完整的菜单。这个菜单包括团队教练对不同类型团队（不只是领导团队）的影响的研究、对一个以上的团队的研究、团队利益相关者对团队教练项目反馈的研究，或者您感兴趣的其他领域的研究。

结　论

随着团队教练的发展，我们不断完善其定义、确定其操作方法以及实证其带来的好处。我们认为团队效能研究通过以下三点为团队教练从业者提供严谨的基准：

- 了解研究人员如何衡量团队效能，以便在团队教练实践中确定并跟踪可以带来贡献和价值的有效措施；
- 了解研究中显示影响团队效能的关键中间变量，来指导和聚焦团队教练的干预措施；
- 有意识地证明团队教练如何影响这些中间变量，进而影响团队效能。

未来研究方向

如上所述，我们目前正在进行研发和测试团队教练的概念模型。该研究将采取行动研究的方法探索团队教练如何促进团队效能的提升和团队的学习。通过这项研究，我们希望进一步充实我们的假设，即将团队教练的干预重点放在建立和维持公认的团队过程和涌现状态上，这能体现团队教练最有效的影响，也是证明团队教练有助于团队效能提升和团队的学习的一种方法。

第 7 章 "好的"团队教练是什么样子的：团队教练有效性研究综述

杰奎琳·彼得斯，凯瑟琳·卡尔

随着业务难题和任务复杂性的增加，组织越来越依赖团队。因此，团队教练作为一种解决方案，应用得也越来越多。作为教练的从业者，为了满足团队和组织的需求，我们有机会也有义务来定义我们所从事的教练事业，同时也需要用证据来证明团队教练的价值。总体来看，关于教练这个年产值 20 亿美元的全球产业的有效性的研究仍然非常有限。

本章对《教练：国际理论、研究与实践》（*Coaching: An International Journal of Theory, Research and Practice*）上发表的团队教练文献综述进行了更新和扩展。自英国就业研究所的 2010 年综述和我们的 2013 年综述发表之后，关于团队教练的文献已经有了显著的增加，并且大量文献都是从安东尼·格兰特（Anthony Grant）对参考书目进行注释之后涌现出来的。当时 518 项教练研究中只有 6 项在描述中使用了"团队教练"这一术语。

为了写作这篇综述，我们系统地搜索了谷歌学术（Google Scholar）以及 PubMed、PsycInfo 和 Ebsco 等数据库中的相关论文，并且倾向于查找最近五年发表的英文论文。我们搜索的关键词包括"team coaching（团队教练）""team coach（团队教练）""business coach（商业教练）""business coaching（商业教练）""team effectiveness（团队效能）""team performance（团队绩效）"。此外，我们还查阅了个体教练和高管教练的文献，在其中寻找与团队教练相关的子研究，并调查了大量相关网络资料以获取团队教练的真实案例。

回顾文献时，我们发现，关于团队教练有效性的研究似乎正在经历个体教练研究多年来所面临的很多问题。这些问题包括方法论的异质性（取决于案例研究）、不一致的因变量、不同的衡量标准以及过度依赖自我报告来衡量教练成果等。团队教练的方法论和具体实践在教练之间和研究之间也存在很大差异，所以很难对各项研究的结果进行比较。

为了回答什么是"好的"团队教练这一问题，我们需要从定义团队教练开始："通过反思和对话，帮助团队提升绩效并改善达成绩效的过程。"① 这与团队效能研究者哈克曼和瓦格曼提供的定义相似，他们说团队教练是任何类型的"与团队的直接互动，旨在帮助团队成员在完成团队工作的过程中根据任务恰当地、协同地使用集体资源"。在这两种定义中，团队教练都侧重于与团队共同工作，而不同于单独教练团队领导和/或团队的任何个体成员。

考虑到这是一本针对从业者的手册，因此我们从从业者和客户最关心的角度来关注团队教练的有效性，即团队教练对团队绩效的影响。有效性是团队教练在日常情境中产生有益的成果的程度，与团队教练的效力不同，后者是团队教练在理想条件下产生有益的成果的程度。我们在文献中发现的所有研究都讨论了团队在真实环境下的表现，因此有效性与我们正在描述的研究非常吻合。

另外，我们不是通过很多学术研究中使用的典型"输入—中介—输出（IMO）模型"来评估团队教练的有效性，而是使用瓦格曼、尼斯（Nunes）、伯劳斯（Burruss）和哈克曼提出和研究的三个团队效能标准，因为这几位作者发现这些衡量标准可以将高绩效团队与低绩效团队区分开来：

1. 提供达到或超出客户和/或利益相关者标准和期望的成果或绩效；
2. 当前团队高效协作的能力和未来建立团队相互依存合作的能力（团队变得越来越好）；
3. 团队经验是否对团队成员的学习、福祉和发展有积极贡献。

因此，好的团队教练会使团队在以下几个方面得到提升：成果或输出，包

---

① 第10章中，克拉特巴克本人给出了一个更完整、更新的团队教练定义。——译者注

括结果／产出；团队过程；个人学习。团队教练有可能产生巨大的影响力，而目前只有五分之一的团队能够有效地满足这三个高绩效指标。

我们撰写本书的目标是帮助从业者了解团队教练成果的研究，包括通常由谁提供和评估教练（例如团队领导、团队成员或教练）以及系统地测量和观察哪些成果。我们希望通过做这些，使从业者更全面地了解团队教练成果研究的当前状态，并可能使他们受到启发对现有的文献进行补充。本章不对团队教练领域的学术文献做全面的分析性评论。

哪些因素构成了"好的"团队教练

我们于2013年发表的团队教练文献综述中的团队效能研究，是当时对团队绩效成果相关因素所进行的最大规模的严谨研究，并且到今天仍然如此。团队效能研究为团队教练工作的方向提供了扎实的基于证据的指导，但是研究范围很广，超出了本章的讨论范围。读者可以去参阅一些优秀的荟萃评论，以了解哪些因素可以提升团队绩效。

另外，从业者还可参考两本关于团队效能的具有开创性意义的书——《高效团队》（*Leading Teams*）和《人到高层》（*Senior Leadership Teams*），这两本书都着重提出了提升高层领导团队效能的三个基本条件和三个有利条件，同时也为团队教练领域做出了巨大贡献。这三个基本条件包括：一个具有明确成员资格和边界的真正团队；一个指导团队工作的令人信服的目标；具备实现团队目标所需的知识、技能和经验的合适人选。这三个有利条件是：少于10名成员组成的稳定的团队，他们具有一套明确的准则和协议来指导他们如何合作；提供信息、时间和资源的支持性组织环境；来自团队内部或外部的称职的团队教练，旨在促进团队个人和团队集体的共同成长。据估计，这六个团队效能条件决定了团队整体效能的60%~80%。

除了创造合适的条件，我们还强调一些其他的因素，这些因素通常是团队教练干预措施中所包含的。2017年，麦克文（McEwan）、瑞森（Ruissen）、艾伊斯（Eys）、祖博（Zumbo）和博尚普（Beauchamp）通过对51篇关于团队培训有效性的文章进行荟萃分析，得出结论：关于团队合作价值的说教式培训的效果不佳；团队需要积极主动地在"组建团队"和"共同合作"的练习中达成团队合作。他们还发现旨在解决人际冲突和改善同事社交支持的干预措施也可以提高团队绩效。

还有一些团队效能文章为典型的团队教练活动提供了学术支持，例如创建一个共同的愿景、目标和流程。坦南鲍姆（Tannenbaum）和希拉索里（Cerasoli）进行荟萃分析的结论是："事后回顾"或总结汇报使团队绩效提升20%~25%，这也是各种团队教练模型中强调的另一组成部分。

在不那么关注任务的层面上，哈佛商学院的艾米·埃德蒙森（Amy Edmondson）撰写了大量关于如何创造心理安全感的文章，其中包括团队成员接受失败的能力和如何促进团队高效产出。同样，谷歌对团队绩效进行了两年的研究，得出的结论是心理安全感、互相依存、组织结构及其清晰度、意义和影响是决定团队绩效的五个关键因素。卡尔和彼得斯也将心理安全感视为团队效能研究的关键组成部分，他们的团队教练案例研究参与者强调了心理安全感是提升团队满意度和绩效的重要影响因素。

根据我们已经完成的最新教练职业发展培训，以及已获得的成功案例或特定的实操方法，从业者可以轻松地教练团队，但我们最好还是与大量团队效能研究保持同步，因为这些研究给从业者提供了影响团队绩效的各因素的"地图"。

团队教练方法："好的"团队教练是什么样子的

很多团队教练发表了他们独特的团体教练和团队教练方法，他们为教练和领导者提供了团队教练实用指南，以及与团体和/或团队合作的流程和活动内容（Adkins，2010；Britton，2010，2013；Clutterbuck，2007；Curphy & Hogan，2012；Dierolf，2014；Dolny，2009；Guttman，2008；Hackman & Wageman，2005；Hall，2013；Hauser，2014；Hawkins，2011，2014；Hinkson，2001；LaFasto & Larson，2001；Lencioni，2002；Mitsch & Mitsch，2010；Niemela & Lewis，2001；Overfield，2016；Peters & Carr，2013；Thornton，2010，2016；Turner，2013；Zeus & Skiffington，2002）。也有很多有用的操作手册，其中包含活动内容和工具箱，以支持和指导团队领导者如何有效教练自己的团队（Aguilar，2016；Pellerin，2009；Sisko，2014）。这些书是很有价值的资源，其中一些还包含如何使用其工具箱的案例，但是书中的模型不一定基于实证，并且其案例是非正式的，所以我们不在本次综述中讨论这些案例。这些案例往往没有提供教练参与的时间长度、团队规模、团队教练成功的衡量标准及教练成果的数据，而这些数据对评估方法的有效性至关重要。

多种方法论并存的困扰以及难以确定好的团队教练是个什么样子，这是所有学科在早期发展时面临的常见问题。帕斯莫尔（Passmore）和费勒瑞-特拉维斯（Fillery-Travis）在对高管教练研究的综述中描述了知识建构的过程分为三个阶段，并将这三个阶段概念化为：探索（定义和边界）；理论构建（方法论和措施）；当研究效果的定量研究更为普遍时，确定理论例外和差异。团队教练似乎正处于知识建构的第一阶段和第二阶段初期，因此定量研究是有限的。不过团队教练的知识库正在逐渐扩大，自2013年综述发表以后，关于团队教练成果的研究数量增加了一倍以上。为了方便读者阅读，我们在本综述中收录了2013年的全部研究和2013年之后的新研究。

我们根据评估团队效能很重要的三项衡量标准对研究结果进行了分类：改善结果（R）/产出，如客户满意度、财务成果或安全性；团队过程（TP）改进；个人学习（IL）改进。尽管这三类看起来不相同，但有时因为研究结果描述含糊不清，很难清楚地辨别出研究结果与哪个类别完全符合，所以我们讨论了每个描述含糊不清的研究结果，直到我们就所有不清楚的结果达成一致，并就我们分配的分类达成共识。

描述团队教练成果的实证研究

我们在本综述中审查了 17 项学术或实证研究，其中包括我们在 2013 年综述中描述的 6 项，全部研究都按时间顺序列在表 7.1 中。我们将这些实证研究与从业者案例研究区分开来（因为这些实证研究发表在学术或同行评议期刊上），并对他们的研究方法、结果探讨和对团队教练的启示等方面进行了全面的描述。表 7.1 中的实证研究还包括了两个符合这些标准的案例研究（Carr & Peters，2012；Gude，2016），其余的案例研究在表 7.2 中列出。

谁提供团队教练——实证研究

表 7.1 中信息显示，在 17 项研究中，有 12 项报告了由团队领导（团队领导由经理、首席执行官和高层领导担任，具体取决于研究的特定情况）提供的团队教练的效果，而不是由专业教练或团队外部人员提供的教练。

在所有这些研究中，团队领导对团队教练的描述都集中在领导者有目的地运用团队教练领导风格而不是进行正式的团队教练项目。除了 13 项研究中的 3 项（Henley University of Reading & Lane4，2010；Rousseau et al.，2013；Schaubroeck et al.，2016）外，还根据基于研究的团队诊断调查（Team Diagnostic Survey，TDS）中描述的行为对团队教练的风格进行了评估。这些行为包括提供反馈、根据需要进行任务和过程干预，以及利用优势。除了评估团队教练（领导者和同事）外，TDS 还衡量团队效能的其他条件，包括明确的团队成员资格、令人信服的方向、有利的结构和支持性的组织环境。

表 7.1 基于实证研究的团队教练效果

时间	研究者	研究类型	内/外部教练、团队领导、同伴教练	教练对象/参与者（如了解所在国家或地区，须标明）	干预手段组成：团队教练项目或团队教练领导风格	效果评估：参与者、教练或其他人员	团队教练效果/成果：R=结果/产出 TP=团队过程 IL=个人学习
2006年	海姆贝克	定量实验：TDS的各种条件	外部教练	八个课程编写团队，其中四个是被教练的团队，另四个未被教练的团队作为对照组（美国）	团队教练项目·基于TDS团队教练行为的三次团队教练会议	·参与者：团队成员·教练·其他人：外部课程专家	基于TDS的团队领导教练行为与以下方面的改进相关：·写作质量—R
2008年	瓦格曼、尼格斯、伯劳斯和哈克曼	定性和定量混合方法：访谈、观察和调查	经外部顾问评估过的团队领导	120个高层领导团队（全球范围）	团队教练领导风格·团队教练行为：主要研究高层领导团队效能提升的包括团队教练的六个条件	·参与者：团队成员自我评估·外部顾问·其他：内部和外部利益相关者	基于TDS的团队领导教练行为与以下方面的改进相关：·客户满意度—R·财务成果—R·个人发展—IL·团队发展与学习—TP
2009年	刘、皮罗拉-梅拉、杨和黄	定量：基于TDS团队教练行为加上其他团队效能问卷调查	团队领导	133个研发团队（中国台湾地区）	基于TDS行为的团队教练领导风格	·参与者：团队领导和团队成员·其他：部门经理	基于TDS的团队教练行为与以下方面的改进相关：·团队努力—TP·团队技能—TP·团队知识—TP

续表

时间	研究者	研究类型	内/外部教练、团队领导、同伴教练	教练对象/参与者（如了解所在国家或地区，须标明）	干预手段组成：团队教练领导风格或团队教练项目	效果评估者：参与者、教练或其他人员	团队教练效果/成果：R=结果/产出 TP=团队过程 IL=个人学习
2009—2010年	希金斯、扬、韦纳和沃达尔茨克	定量：TDS结果	团队领导和同伴教练	25名学校负责人及其更新的改善团队（美国）	基于TDS的团队教练领导风格 基于TDS的同伴教练	• 参与者：团队领导和团队成员	• 个人学习和成长—IL
2010年	刘、林、黄和林	定量：基于TDS团队教练行为问题加上其他团队效能问卷	团队领导	47个研发团队（包含145名团队成员和47名团队领导）（中国台湾地区）	基于TDS的团队教练领导风格	• 参与者：团队领导和团队成员	基于TDS的团队教练行为与以下方面的改进相关： • 关于目标、客户和及时性的团队效能—R • 敬业度—TP • 创新解决方案—R • 团队生产力—TP • 信任—TP
2010年	雷丁大学亨利商学院和莱恩4咨询公司	定量：基于TDS问卷意见调查	团队领导	243名管理者（来自英国、亚洲，其中88%为英国人）	团队教练的领导风格（未明确界定）	• 参与者：团队领导	基于TDS的团队领导教练行为与以下方面的改进相关： • 创新解决方案—R
2012年	巴尔杰克、萨马尔季奇	定量：包括TDS问题的横断面调查	团队领导	152个长期护理团队（荷兰）	基于TDS的团队教练领导风格	• 参与者：团队领导和团队成员	基于TDS的团队教练行为与以下方面的改进相关： • 创新解决方案—R • 学习—IL • 人身安全—R

续表

时间	研究者	研究类型	内/外部教练、团队领导、同伴教练	教练对象/参与者（如了解所在国家或地区，须标明）	干预手段组成：团队教练领导风格或团队教练项目	效果评估者：参与者、教练者、教练或其他人员	团队教练效果/成果：R=结果/产出 TP=团队过程 IL=个人学习
2012年	卡尔和彼得斯	两个定性案例研究和定量TDS，加上双案例研究对比	一名外部教练公司教练团队，一名内部教练政府团队	一个由六名领导组成的由六名领导的政府财务团队（加拿大）	团队教练项目（6~8个月） • 包括评估前访谈和TDS调查，两天的团队教练启动会，持续的团队教练辅导、团队同伴教练和个体教练，TDS后评估以及对学习和结果的审查	参与者：团队领导和团队成员 教练观察 其他：外部利益相关者—团队领导的上级	• 合作—TP • 沟通—TP • 参与—TP • 个人学习—IL • 关系—TP • 团队效能（由TDS衡量） • 高效工作—TP
2013年	卢梭，奥贝兰和布拉	定量：多源（团队成员和团队领导）调查	团队领导	97个公共安全工作团队（97名管理人员和341名团队成员）（加拿大）	团队教练包括：风格反馈、鼓励、对结果的明确期望和对员工的授权	参与者：团队领导和团队成员	• 创新—TP
2013年	戈弗雷	混合方法：网络调查、焦点小组、电话访谈	外部和内部结对教练（美国）	医疗改善团队中的495名医疗保健提供者，包括其高管团队	团队教练项目 • 专注于技能开发，包括电话教练和面对面教练，团队学习伙伴间的电子邮件和三次现场访问	参与者：团队领导和团队成员 教练	• 获得如何改善医疗保健的知识和技能—IL

续表

时间	研究者	研究类型	内/外部教练、团队领导、同伴教练	教练对象/参与者（如了解所在国家或地区，须标明）	干预手段组成：团队教练领导风格或团队教练项目	效果评估者：参与者、教练或其他人员	团队教练效果/成果：R=结果/产出 TP=团队过程 IL=个人学习
2013年	戈弗雷、安德逊-戈德逊、尼尔森和阿尔斯特伦	定量：准实验法，由3个被教练的团队和4个未被教练的团队作为对照组，进行前/后调查，访谈测试	内部教练（瑞典）	护士和助理护士（40名）、教练领导（4名）、教练领导（5名）、7个改进团队中的495名医疗保健提供者	团队教练项目（6个月） · 在前期阶段、行动阶段和过渡阶段进行以技能为中心的教练，包括电话教练、面对面教练、与团队领导和团队的电子邮件沟通和三次现场访谈。团队教练的重点是了解背景、发展关系、鼓励以及提供技术支持和建议	· 参与者：团队成员、患者、团队领导	· 获得如何改善医疗保健的知识和技能—IL · 个人成长和信心—IL

（第一行示例数据）

| | | | | | 谈。团队教练的重点是了解背景、发展关系、鼓励以及提供技术支持和建议 | | |

续表

时间	研究者	研究类型	内/外部教练、团队领导、同伴教练	教练对象/参与者（如了解所在国家或地区，须标明）	干预手段组成：团队教练领导风格或团队教练项目	效果评估者：参与者、教练者、其他人员	团队教练效果/成果：R=结果/产出 TP=团队过程 IL=个人学习
2015年	巴尔克-萨奇尔季奇和范·沃尔科姆	定量：纵向调查和访谈	团队领导（管理多个团队，通常是跨区域的团队）	两个长期护理（LTC）组织；122个团队的423名团队成员和49名管理人员（荷兰）	基于TDS的团队教练领导风格	• 参与者：团队领导（调查#1）；团队成员（调查#2）	基于TDS的团队领导教练行为在反思欠佳的团队中与以下方面相关： • 效率—TP • 团队创新—TP • 团队效能（目标达成）—R 在反思良好的团队中与以下方面相关： • 团队效能（目标达成）—R
2015年	克里希纳与洪佛	关于团队创新绩效驱动关键因素的定量研究	团队领导和同伴教练	43个药物研发团队；190名团队成员	基于TDS的团队教练领导风格基于TDS的同伴教练	• 参与者：团队领导和团队成员	基于TDS的团队领导教练行为和同伴教练与以下方面相关： • 开发时间缩短—TP • 个人学习—IL • 创新—R • 团队效能—TP
2016年	迪马斯、卢伦索和雷贝洛	定量：部分基于TDS的横断面调查	团队领导和同伴教练	22个组织中的75个团队内的506名员工（葡萄牙）	基于TDS的团队教练领导风格基于TDS的同伴教练	• 参与者：团队领导和团队成员	基于TDS的团队领导教练行为与以下方面相关： • 团队成员满意度—TP

续表

时间	研究者	研究类型	内/外部教练、团队领导、同伴教练	教练对象/参与者（如了解所在国家或地区，须标明）	干预手段组成：团队教练领导风格或团队教练项目	效果评估者：参与者、教练、教练人员、其他人员	团队教练效果/成果：R=结果/产出 TP=团队过程 IL=个人学习
2016年	迪马斯、丽贝洛索和卢伦索	定量：部分基于TDS的横断面调查	团队领导和同伴教练	来自9个组织中的52个跨专业的卫生和社会保健团队（葡萄牙）	基于TDS的团队领导风格非正式同伴教练	参与者：团队领导和团队成员	基于TDS的团队教练行为与以下方面相关： • 积极情绪—TP • 团队满意度—TP • 负面情绪降低—TP 由TDS评估的团队领导与以下方面相关： • 由团队领导评估的团队绩效改进—R 由TDS评估的同伴教练引起： • 团队满意度—TP • 团队效能—TP • 同伴相互教练的角色建模—TP
2016年	古德	定性案例研究（研究者参与日志和参与者访谈）	外部教练	银行/电子银行渠道项目团队的16名员工，10名自愿参加研究（南非）	团队教练项目 • 每月3次共6小时的工作坊，使用瓦格曼等人倡导的团队教练	参与者：团队领导和团队成员 其他：研究者/教练	• 努力—TP • 团队效能和团队教练效能的知识—IL&TP • 积极互动—TP • 团队学习—TP

续表

时间	研究者	研究类型	内/外部教练、团队领导、同伴教练	教练对象/参与者（如了解所在国家或地区，须标明）	干预手段组成：团队教练领导风格或团队教练项目	效果评估者：参与者、教练或其他人员	团队教练效果/成果：R=结果/产出 TP=团队过程 IL=个人学习
2016年	舒伯瑞克	定量研究：一项对团队成员的调查和一项对团队领导的调查	团队领导	10个组织中的82个团队内的338名员工（以色列）	团队教练领导风格（TLC）基于埃德蒙森的TLC行为，包括：团队领导发起会议以讨论团队进展，针对问题提供持续咨询，随时可供团队使用	• 参与者：团队领导	• 团队学习—TP • 团队创新—TP • 任务绩效—R

注：团队领导教练行为包括：基于任务和过程的干预，积极方面和改进方面的反馈，以及利用彼此的优势（基于瓦格曼等人的团队诊断调查TDS的一组问题）。同伴教练行为包括：利用团队成员的技能和知识，开发最佳方法，提升动力和承诺度，解决问题和冲突（基于瓦格曼等人的团队诊断调查的一组问题）。

表 7.2 基于从业者案例研究的团队教练效果

时间	研究者/实践者	教练对象/参与者（如了解所在国家或地区，须标明）	干预手段组成	内/外部教练、团队教练、领导教练、同伴教练	效果评估者：参与者、教练或其他人	团队教练成果 R=结果/产出 TP=团队过程 IL=个人学习
2005 年	穆莱克和罗斯	制药行业的两个全球产品开发管理团队（全球）	为期 8 个月的团队教练项目包括：团队成员个体访谈、行动学习（参加团队会议并就会议提供观察和教练）、团队会议前教练对团队领导以及教练结束对团队成员进行学习访谈	外部和内部结对教练	• 参与者：团队领导和团队成员 • 教练观察反思	• 变革能力—T • 沟通—P • 创造力/创新—TP • 决策—TP • 信息共享—TP • 学习—TP • 会议效率—TP
2007 年	克拉特巴克引述多加尔德	9 名成员组成的高层管理团队（丹麦）	为期一年的团队教练项目包括：360 度反馈、每两个月一次的团队教练会议，一年六个月一次的团队教练会议（工作坊和定期举行的团队会议），团队引导和按需增加的个体教练	外部教练	• 参与者：团队领导和团队成员 • 教练观察反思	• 合作—TP • 对话/沟通—TP • 团队学习—TP
2007 年	布拉特纳和巴奇卡鲁普	管理团队（美国）	团队教练项目包括：团队成员访谈、情商评估和小组概况剖析、两次时长为 12 小时的场外务虚会（两次会议间隔三个月）	外部教练	• 参与者：团队领导（首席执行官）和团队成员 • 教练观察	• 沟通—TP • 合作/协作—TP • 决策—TP • 重点对话—TP • 积极的团队气氛—TP • 生产力—TP • 信任—TP

续表

时间	研究者/实践者	教练对象/参与者（如了解所在国家或地区，须标明）	干预手段组成	内/外部教练、团队教练、领导教练、同伴教练	效果评估者：参与者、教练或其他人	团队教练成果 R=结果 TP=团队过程 IL=个人学习
2008年	安德森、安德森和梅奥	10名成员组成的高层领导团队（美国）	使用领导力Iisight模型的为期21个月的教练项目，包括：团队教练、访谈、团队反馈会议、教练技能工作坊、互动咨询体验、团队成员教练、即时团队教练和评估访谈	外部教练	参与者：团队领导和团队成员	评估显示在以下方面有提升： • 教练他人—TP • 协作—TP • 沟通—TP • 跨矩阵执行计划—TP • 决策—TP • 员工敬业度评分—R • 参与度—TP • 反馈—TP • 个人学习—IL • 会议效率—TP • 团队效能（领导层团队和领导者各自带领的团队）—TP
2009年	凯根和莱希	一家制药公司的高级市场团队（美国）	为期六个月的团队教练项目，包括：个人评估，一对一教练，团队教练会议（一次为期两天，两次为期一天），同伴反馈，教练后调查和汇报会以及三个月后的跟踪访谈	外部教练	参与者：团队领导和团队成员	• 沟通—TP • 个人学习—IL • 团队创新—TP • 同伴反馈与教练—TP • 团队建设（动力）—TP • 信任—TP

续表

时间	研究者/实践者	教练对象/参与者（如了解所在国家或地区，须标明）	干预手段组成	内/外部教练、团队领导教练、同伴教练	效果评估者：参与者、教练、其他人	团队教练成果 R=结果/产出 TP=团队过程 IL=个人学习
2011年	蒙格	五个跨职能管理团队（德国）	为期6个月的项目，包括：20次会议观察加上访谈和问卷调查，一对一教练，团队会议的电子邮件反馈和教练反思	外部教练	·参与者：团队成员 ·教练观察和反思 ·其他人员：高管人员	·团队加速发展—TP ·通过一对一教练实现个人成长和发展—IL ·规划—TP ·问题解决—TP ·生产力—TP
2011年	伍德海德	三人多学科领导团队（英国）	为期6个月的项目，包括：6次会议，每次时长两个半小时；每月一次会议；结束访谈	外部教练	·参与者：团队成员 ·教练观察和反思	·共同目标清晰—TP ·沟通—TP ·决策—TP ·改善关系—TP ·信息共享—TP ·相互尊重—TP ·心理安全感—TP ·团队承诺—TP
2013年	布里顿引述米勒	金融机构高级领导，一个服务团队、领导团队和国家队（加拿大）	为期3年的项目，包括：一天半的团队场外工作坊和6次团队教练会议；员工反馈教练会议；5次（每次半天）的领导团队工作坊；全部国家队的3次场外工作坊	外部教练	·参与者：团队成员 ·教练观察和反思	·沟通/对话—TP ·敬业度—TP ·财务成果—R ·通过团队教练提高了基于信星团队诊断STD（Stellar Team Diagnostic）评估的团队效能得分—TP ·信任—TP

续表

时间	研究者/实践者	教练对象/参与者（如了解所在国家或地区，须标明）	干预手段组成	内/外部教练、团队领导教练、同伴教练	效果评估者：参与者、教练或其他人	团队教练成果 R=结果 TP=团队过程 IL=个人学习
2013年	布里顿引述彼得斯	石油和天然气团队（加拿大）	为期18个月的方案： • 团队访谈和团队外工作坊 • 两天的场外工作坊 • 每季度一次（每次时长为两小时）的团队会议 • 每年一次或两次（每次两天）的团队会议	外部教练	• 参与者：团队领导和团队成员 • 员工和投资方非正式的正面反馈	• 反馈和认可度提高—TP • 适应性—TP • 沟通—TP • 完成团队行动计划—R • 目标一致—TP • 解决问题—TP • 根据团队效能评估衡量的团队效能
2013年	布里顿引述不列颠哥伦比亚省政府公共服务局	由一名局长领导的13人的政府团队（加拿大）	为期8个月的方案： • 团队教练培训 • 与团队成员和利益相关者访谈，并汇报访谈结果 • 为期一天的团队领导启动会 • 6次团队会议 • 后续跟踪团队会议	内部教练	• 参与者：团队领导和团队成员	• 沟通—TP • 创建跨职能项目的新流程—TP

续表

时间	研究者/实践者	教练对象/参与者（如了解所在国家或地区，须标明）	干预手段组成	内/外部教练、团队领导教练、同伴教练	效果评估者：参与者、教练或其他人	团队教练成果 R=结果 TP=团队过程 IL=个人学习
2013年	布里顿引述桑达赫	直接服务医疗团队（美国）	为期13个月的直接病患护理团队教练项目，除了每月一次的教练会议，项目开始前和项目结束后的措施包括： • 团队诊断评估 • 普莱斯基尼患者满意度调查	外部教练	参与者：团队领导和团队成员 • 外部：患者	• 财务成果—R • 患者量—R • 积极性—TP • 普莱斯基尼患者满意度评分—R • 生产力—R • 根据国际团队教练协会（Team Coaching International）的团队诊断评估的团队效能—TP
2013年	吉尔克里斯特和巴恩斯	洛塞罗（Rocelo）科技公司的高管团队（英国）	为期一年的基于霍金斯5C模型的团队教练项目： • 通过团队成员访谈和教练上的观察进行评估 • 五次团队教练会议	外部教练	参与者：团队领导和团队成员 • 教练观察和反思	• 新的业务战略和结构—TP • 决策与高质量思维—TP • 团队动力—TP
2014年	霍金斯和霍金斯引述伊波伊尔	约维尔医院基金会信托执行团队、董事会和三个临床部门团队（英国）	为期一年的项目： • 团队领导教练 • 团队教练 • 董事会发展	外部教练	参与者：团队成员 • 教练观察和反思	• 根据霍金斯的团队问卷评估的团队学习和发展—TP

续表

时间	研究者/实践者	教练对象/参与者（如了解所在国家或地区，须标明）	干预手段组成	内/外部教练、团队领导教练、同伴教练	效果评估者：参与者、教练或其他人	团队教练成果 R=结果/产出 TP=团队过程 IL=个人学习
2014年	霍金斯引述贾斯特	芬兰航空的10名行政领导和120位领导团队成员（芬兰）	为期两年的项目，包括：时长两天的团队工作坊、个人教练和领导发展跟进、360度反馈、学习小组、问卷调查（包括120人的领导人峰会）	外部教练	・参与者：团队领导和参与者 ・教练 ・其他：财务指标	・授权—TP ・财务利润—R ・忠诚度—TP ・恢复力—TP ・共享领导力和责任—TP ・信任—TP
2014年	霍金斯引述奥利文和菲尔德	制药子公司（澳大利亚）	为期6年的领导力发展项目，同时进行： ・个人教练 ・团队教练 ・360度反馈	外部教练	・参与者：团队领导和团队成员 ・教练/研究者 ・其他：外部奖项	・员工敬业度调查—R ・参与度 ・外部奖项（最佳创新工作场所前30名和最佳工作场所前50名）—R ・创新思维
2017年	柯尔	一家跨国企业的首席执行官和直接汇报给首席执行官的9名下属（亚洲）	为期两天的外部团队教练工作坊（聚焦于了解方案和使用欣赏式探询的方法）和六个月的跟进	外部教练	・参与者：团队领导（首席执行官）和团队成员	・合作—TP ・财务成果—R ・进展跟踪—TP ・团队连接—TP ・结构化会议—TP

两项实证研究报告了只有外部教练提供团队教练的团队教练成果（Heimbecker，2006；Gude，2016）。这些研究人员都研究了正式的团队教练项目，并且这些项目基于瓦格曼等人的以激励、讨论和教育为核心的团队教练方法模型。在海姆贝克的研究中，对受过教练和未受过教练的课程编写团队的调查结果进行了方差统计分析。有趣的是，这项研究表明，受过教练的团队不仅提高了作品的质量，而且认为自己是一个真正的团队并且团队拥有有利的组织结构。即使这些结构变量对于受过教练和未受过教练的团队来说是相同的，也会出现这一结果，并且可能会有光环效应（一个区域的积极变化影响另一个区域发生积极变化）。

海姆贝克的研究是一次勇敢的尝试，其旨在研究受过教练和未受过教练的团队的不同产出。这项研究的局限性包括：首先，超过 50% 的调查无法用于评估团队教练变量，因为团队没有正式的团队领导，也不知道如何回答 TDS 问题，这是 TDS 评估本身的局限性。其次，该项目旨在协作，因此团队成员从教练那里得到的指导、支持或反馈很少。海姆贝克认为：首先，在项目设计中，前期应该更多地关注为受过教练和未受过教练的团队创建一个有利的组织结构和支持性环境；其次，该调查时间很长并且人们没有按时完成调查；最后，团队成员不精通同伴教练，自然也就对团队产出没有明显影响。海姆贝克建议，加强对研究设计的关注以及对团队成员在工作和访谈中的观察会深化该研究。我们要补充的是，研究人员应该明智地考虑哪种评估适合任何特定的研究，以及所选的评估是否能够衡量所讨论的团队变量。

两项研究（Carr & Peter，2012；Godfrey，2013）都有一名内部团队教练和一名外部团队教练，且都是正式的团队教练项目。这两个项目都观察了团队教练在一段时间内与团队互动，并使用前后评估来评估团队教练的影响。

只有一项研究（Godfrey et al.，2013）聚集于仅由一名内部教练提供的团队教练。戈弗雷（Godfrey）回顾了一个为期 6 个月的团队教练项目，该项目教授关于教练的技能和知识，以及关于如何改善医疗保健的特定内容的知识和技能。

值得注意的是，表 7.1 中的 5 项实证研究（Dimas et al.，2016a, 2016b；Higgins

et al., 2009, 2010; Krishna & Hongwei, 2015; Wageman et al., 2008) 讨论了团队领导和同伴教练的成果, 并将其作为研究的一部分。同伴教练行为是根据 TDS 进行评估的, 包括利用成员的技能和知识, 开发最佳方法, 促进动机和承诺度提升, 以及解决问题和冲突 (Wageman et al., 2005)。

总之, 实证研究对"谁提供团队教练"的答案是: 12 项研究中的团队领导、5 项研究中的团队领导和团队同伴以及 5 项研究中的正式教练。除了海姆贝克的研究之外, 没有任何其他研究告诉我们采用内部团队领导或教练, 还是采用外部教练或同伴教练更有效。虽然海姆贝克的研究存在上文所提到的局限性, 但他的确强调了聘请外部教练可以带来积极的认知。

谁决定团队教练是"好"的——实证研究

表 7.1 中的所有 17 项实证研究都表明, 团队教练的"好"是由团队成员和/或团队领导评估的。10 项研究全部依赖于团队成员和团队领导的自我报告评估 (Buljac-Samardžić, 2012, 2015; Dimas et al., 2016a, 2016b; Henley University of Reading & Lane4, 2010; Higgins et al., 2009, 2010; Krishna & Hongwei, 2015; Liu et al., 2010; Rousseau et al., 2013; Schaubroeck et al., 2016), 对自我报告结果的过度依赖引发了对这些研究结果有效性的疑问 (例如, 其他人会看到教练参与者所看到的相同类型和水平的成果吗?)。

在涉及一名内部或一名外部团队教练的所有 5 项研究中, 除团队成员和团队领导外, 教练也是教练结束时团队效能和职能的评估者/观察者之一 (Carr & Peters, 2012; Godfrey, 2013; Godfrey et al., 2013; Gude, 2016; Heimbecker, 2006)。

在 17 项研究中只有 4 项 (Carr & Peters, 2012; Heimbecker, 2006; Liu et al., 2009; Wageman et al., 2008) 显示, 除了参与者和/或教练之外, 利益相关者在教练结束时提供了关于团队效能的反馈或观察结果。以此测算, 只有

24%的研究获得了团队教练参与者以外的反馈。24%看上去是一个相对较低的比例，特别是因为自我报告往往会产生积极的确认偏差。这突出说明需要进行更多的团队教练研究，并且基于客观的衡量标准和来自团队外部利益相关者的观察来确定成果。

"好"的团队教练成果是什么样的——实证研究

表7.1中的这17项实证研究以各种不同的方式定义了"好"的团队教练成果。对从业者或研究者来说，声明产生了结果很容易，但是我们如何验证结果的重要性呢？如果可能，我们需要将结果验证为一个共同的主题或让结果显示统计有效性。总的来说，这些研究中约有一半没有进行统计分析或使用对照组来计算效应大小（结果强度）。但是，在这样做的研究中，我们已经报告了一些发现（Buljac-Samardžić，2012；Dimas et al.，2016a，2016b；Krishna & Hongwei，2015；Liu et al.，2009，2010；Rousseau et al.，2013；Schaubroeck et al.，2016）。值得注意的是，这17项研究中有8项仅使用了调查方法进行研究，其中有4项研究使用了包括调查在内的多种方法。在可能的情况下，使用称为三角剖分的多种方法通常可以提高研究结果的可信度。

改善结果/产出（R）

在这17项研究中，有9项报告了团队的结果或产出（R）有所改善。在3项研究（Buljac-Samardžić，2012；Henley University of Reading & Lane4，2010；Krishna & Hongwei，2015）中提到了最常见的改进是提高了团队解决方案的创新性。有3项研究（Buljac-Samardžić & van Woerkom，2015；Rousseau et al.，2013；Schaubroeck et al.，2016）将创新描述为一种成果，但专门谈到了团队在过程中更具创新性，因此列在团队过程（TP）改进下。卢梭（Rousseau）等人使用结构方程建模来表明团队教练直接加大了对创新的支持，并通过团队目标承诺间接改善了团队行为，从而促进了团队创新。所有其他报告的结果改善都是基于研究特定的内容。两项研究（Buljac- Samardžić & van Woerkom，2015；

Liu et al., 2010)表明，团队的目标达成情况有所改善。一项研究（Heimbecker，2006）指出写作质量更高。巴尔杰克 - 萨马尔季奇（Buljac-Samardžić）研究了长期护理团队，提出人身安全性得以提高。舒伯瑞克（Schaubroeck）等人指出，由于经过了团队教练，团队的任务绩效得到了提高。迪马斯（Dimas）等人也发现，经理所评定的团队结果/绩效在质量和数量上有所改进。瓦格曼等人是唯一将团队教练与财务业绩和客户满意度等更客观的外部衡量指标相关联的研究者。

团队过程（TP）改进

在 17 项研究中，有 11 项指出了团队过程的改进，我们将在下文中做详细介绍。这些改进大多是针对个别研究的，同时我们寻找过程中重叠的部分。

8 项研究描述了团队合作方式的改进，并且在大多数情况下，这些是主观上的改善。如前所述，3 项研究（Buljac-Samardžić & van Woerkom, 2015; Rousseau et al., 2013; Schaubroeck et al., 2016）表明团队创新能力有所提高。前面曾提到，卢梭等人的统计分析也指出团队成员对创新的支持在调节团队领导教练和团队创新成果的过程中起到了中介作用。舒伯瑞克等人使用回归分析来证明团队领导教练通过团队学习提升了团队创新能力和任务绩效，但仅限于人际交往消极的团队。

两项研究（Carr & Peters, 2012; Henley University of Reading & Lane4, 2010）表明，团队高效合作的能力得到了提高。其他改进包括团队合作增加（Gude, 2016; Liu et al., 2009）、效率提高（Buljac-Samardžić & van Woerkom, 2015），产品开发时间缩短和团队的整体效能提高（Krishna & Hongwei, 2015）。卡尔和彼得斯表示，他们的案例研究参与者报告了在协作、沟通和参与方面的改进。

6 项研究提到了团队对彼此合作感觉的改善。3 项研究确定团队满意度有所提升，具体描述为满意度（Dimas et al., 2016a, 2016b）或敬业度（Henley University of Reading & Lane4, 2010）提升。同样，还有两项研究指出，由于团队教练的作用，团队成员互动的积极性增加（Gude, 2016），或积极情绪增加而消极情绪降低（Dimas et al.，2016a）。雷丁大学亨利商学院和莱恩 4 咨询公司（Henley University of Reading & Lane 4，2010）提到了信任度增加，而卡尔和彼得斯则认为人际关系有所改善。迪马斯等人的统计分析表明，成员对团队满意度的差异的 70% 来源于团队领导和同伴提供的教练行为。迪马斯等人表明，同伴教练在领导者教练与团队绩效之间起到了中介作用，并在领导者教练和团队成员满意度提升之间也部分地起到了中介作用。迪马斯等人提出，当领导者为员工提供教练时，员工会感到得到了支持和有安全感，并让团队成员产生了积极的感受，这些又反过来引发了同伴教练行为和团队绩效的提高。

有 4 项研究将团队学习的改进称为"团队发展和学习"（Gude，2016；Schaubroeck et al.，2016；Wageman et al.，2008）或"团队技能和知识的增加"（Gude，2016；Liu et al.，2009）。克里希纳（Krishna）和洪伟（Hongwei）的一项研究使用了多元回归分析。该研究表明，教练在团队总体成果中是占比最大的差异因素，占比为 9%，而交互记忆系统（创建、编码和访问存储知识）是第二大因素，占比为 5.5%。

个人学习（IL）改进

17 项研究中有 7 项（Buljac-Samardžić，2012；Carr & Peters，2012；Godfrey，2013；Godfrey et al.，2013；Gude，2016；Higgins et al.，2009，2010；Wageman et al.，2008）将团队成员的个人学习和成长以及知识和/或技能的增加列为教练的成果。其他几项研究表明，团队学习得到了改善，这在某种程度上意味着个人学习也随之发生了。在瓦格曼等人的高绩效团队衡量标准中，团队学习被归类为团队过程（TP）。

实证研究结论

总之，11 项研究指出，团队过程（TP）是实证研究中最常见的成果衡量标准。9 项研究提到了结果/输出（R），7 项研究提到了个人学习（IL）。

TDS 被部分或者全部用作 10 项实证研究（Buljac-Samardžić，2012；Buljac-

Samardžić & van Woerkom，2015；Dimas et al.，2016a，2016b；Henley University of Reading & Lane4，2010；Higgins et al.，2009，2010；Krishna & Hongwei，2015；Liu et al.，2009，2010；Wageman et al.，2008）的测评工具。TDS 是团队成员的主观评估，因此具有固有的自我报告偏差。但是 TDS 的调查问卷在过去的时间里，在不同的研究中，确实提供了一个统一的衡量标准。

为了帮助实现研究的目标，从业者们可能希望考虑除 TDS 以外的其他经过验证的量表。艾斯勒（Eisele）研究了瑞典版 TDS 的预测效度。他指出 TDS 研究组织结构、组织情境、教练和外部过程，却没有涉及团队间关系，而团队间关系比教练和组织支持更能影响满意度和绩效。艾斯勒得出结论：TDS 是诊断工作团队的非常有用的工具；不过，重要的是要记住它的局限性。

除 TDS 之外，有些研究人员如研究团队创新的克里希纳、洪伟和卢梭等人，以及测量团队绩效和团队成员满意度的迪马斯等人还使用了其他测评工具。卢梭等人发现 TDS 的项目有些过于笼统，有些过于具体，还有些缺乏对活跃行为的衡量，所以他们创建了一个新的、非正式的、未命名的量表，且测试了其信度，得到了很好的结果。他们使用的问题以及他们创建的问题背后的研究和基本原理都包含在他们 2013 年的综述中。

TDS 的一个竞争者是阿斯顿团队绩效清单（Aston Team Performance Inventory，ATPI），该清单最近得到了凯利（Callea）等人的验证。ATPI 基于完整的 IPO 模型，该模型评估输入、过程和输出。对于"输入"，ATPI 研究的是组织支持、团队合作、技能、任务设计和资源；对于"过程"，ATPI 关注反思性、冲突性、关注点、参与性、一致性、创造力、创新性以及领导力；对于"输出"，ATPI 评估团队效能、创新、团队间关系、团队成员满意度以及成员对团队的依赖程度。

除了定性方法以外，团队教练从业人员还可能希望考虑使用一种或多种评估方法来研究团队教练的成果。此外，还需要根据团队的目标和需求选择评估方法。

从业者团队教练案例研究

我们将案例研究和实证研究分开，并选择了包含足够的信息来评估团队教练方法和/或教练成果的案例研究，记录在了表7.2中。这些从业者案例研究非常有价值，因为它们为团队教练提供了正式团队教练项目的描述，并为团队教练的实际工作提供了模型，这也是一些教练研究者曾尝试解答的问题。例如，劳伦斯和怀特（Whyte）研究了澳大利亚和新西兰的团队教练在教练时的实际行为。这两位研究者采访了36名教练并得出结论：教练在团队教练中实施了多种不同的策略和方法。教练的背景不同，所以教练对于团队教练的干预手段组成有不同的看法。例如，他们在采用引导技术和基于过程的干预措施方面存在差异，这与普利奥帕斯（Pliopas）、科尔（Kerr）和索辛斯基（Sosinski）在美国哈德逊教练学院调查和采访团队教练的观察结果相似。这两项研究都再次证实，团队教练是什么和如何衡量它的有效性尚处于知识成熟的早期阶段。

谁提供团队教练——从业者案例研究

表7.2中的16个案例研究展示了外部教练如何实施团队教练的工作。在16个案例研究中，有14个（Anderson et al., 2008; Blattner & Bacigalupo, 2007; Cole, 2017; Daugaard, 2007; Gilchrist & Barnes, 2013; Haug, 2011; Hawkins & Boyle, 2014; Jarrett, 2014; Kegan & Lahey, 2009; Miller, 2013; O'Sullivan & Field, 2014; Peters, 2013; Sandahl, 2013; Woodhead, 2011）涉及外部教练；有一个（Mulec & Roth, 2005）既有内部教练，又有经验丰富的外部教练；还有一个（Public Service Agency, 2013）采用内部教练。

谁决定团队教练是"好"的——从业者案例研究

我们注意到，所有16项案例研究报告的成果都来自团队教练参与者即团队成员和团队领导（有时是高管或首席执行官）。10项研究（Blattner &

Bacigalupo，2007；Daugaard，2007；Gilchrist & Barnes，2013；Haug，2011；Hawkins & Boyle，2014；Jarrett，2014；Miller，2013；Mulec & Roth，2005；O'Sullivan & Field，2014；Woodhead，2011）明确地将教练的观察和反思纳入了教练结束时对团队效能的评估中。

只有4项案例研究报告了从团队教练参与者和教练之外的来源获得的反馈或评估。豪格的定性研究包括少量高管对项目价值的反馈。贾勒特使用组织评价来评估和报告财务成果。彼得斯指出，员工的非正式反馈表明，高管团队的沟通更加协调一致，投资者赞赏公司愿景和方向的清晰度提高了。桑达赫纳入了来自正式调查的患者反馈。

"好"的团队教练成果是什么样子——从业者案例研究

与实证研究部分相似，我们根据三个高绩效团队指标——结果或产出（R）、团队过程（TP）和个人学习（IL）的改进来梳理案例研究。大多数案例研究报告的成果从本质上看都是主观的。

结果/产出（R）

在16项从业者案例研究中，只有6项报告了结果/产出的改善，这在案例研究中所占的比例相对较小。在报告了结果/产出的研究中，有3项研究（Miller，2013；Jarrett，2014；Sandahl，2013）报告了财务成果的提高。桑达赫对医疗团队的研究还报告了生产力的提高、基于普莱斯基尼患者满意度调查（Press Ganey Patient Satisfaction Survey）的患者满意度的提高以及患者数量的增加（每位参与者每天增加1名患者）。奥沙利文（O'Sullivan）和菲尔德（Field）在参与团队和组织教练项目之后，获得了澳大利亚的两个外部奖项（最佳创新工作场所前30名和最佳工作场所前50名）。奥沙利文、菲尔德以及安德森（Anderson）等人所做的正式员工敬业度调查的结果中显示了员工敬业度显著提升。最后，彼得斯的一项研究指出，高管团队完成团队行动计划的能力有所提升。

团队过程（TP）改进

案例研究中的团队教练可能会影响哪些过程？所有的 16 项案例研究都报告了团队合作方式的改进。在 16 项案例研究中，有 9 项研究（Anderson et al., 2008；Blattner & Bacigalupo, 2007；Daugaard, 2007；Kegan & Lahey, 2009；Miller, 2013；Mulec & Roth, 2005；Woodhead, 2011；Peters, 2013；Public Service Agency, 2013）最常提到的是团队沟通过程的改进。这也非常容易理解，因为团队教练为了改善关系和/或团队绩效，非常注重促进对话。

8 项研究提到了沟通过程改进的具体方面，包括决策（Anderson et al., 2008；Blattner & Bacigalupo, 2007；Gilchrist & Barnes, 2013；Mulec & Roth, 2005；Woodhead, 2011）、反馈、教练和/或认可（Anderson et al., 2008；Kegan & Lahey, 2009；Peters, 2013）、问题解决（Haug, 2011；Peters, 2013）和信息共享（Woodhead, 2011）。

5 项研究列举了团队合作方式的整体改进，通常被描述为整体团队效能的提升、团队合作的增加或团队发展（Anderson et al., 2008；Haug, 2011；Miller, 2013；Peters, 2013；Sandahl, 2013）。还有 5 项案例研究指出了合作与协同的整体改善（Anderson et al., 2008；Blattner & Bacigalupo, 2007；Cole, 2017；Daugaard, 2007；Sandahl, 2013）。

4 项研究指出团队管理流程的改进，例如规划（Haug, 2011），实现共同目标的清晰性和一致性（Peters, 2013；Woodhead, 2011），以及跟踪进度（Cole, 2017）。两项研究（Anderson et al., 2008；Public Service Agency, 2013）表明，团队创建了新的跨职能工作计划或流程。吉尔克里斯特（Gilchrist）和巴恩斯（Barnes）还指出了为团队工作创建了新的业务战略和架构。

4 项研究提到了团队会议和团队合作的方式发生了变化，变得更有条理或更有效率（Anderson et al., 2008；Cole, 2017；Kegan & Lahey, 2009；Mulec & Roth, 2005）。

总共 4 项独立研究列举了团队成员共同思考方式的转变，其中包括适应力、恢复力和变革力的提高（Jarrett, 2014；Mulec & Roth, 2005），以及创造力或创新思维的提升（Mulec & Roth，2005；O'Sullivan & Field，2014；Peters & Carr，2013）。

两项研究报告了团队运作方式上的其他变化，包括更有成效的合作（Blattner & Bacigalupo，2007；Haug，2011），另一项研究中报告了更多地授权和分享领导力（Jarrett，2014）。

10 项研究描述了与团队合作的改善相关的成果。5 项研究明确提到了心理安全感或信任的改善（Blattner & Bacigalupo，2007；Jarrett，2014；Kegan & Lahey，2009；Miller，2013；Woodhead，2011）。3 项研究提到了员工的积极性提高（Blattner & Bacigalupo，2007；Sandahl，2013；Woodhead，2011）。

4 项研究提到了团队成员对团队整体参与或承诺的感受方面的改进（Anderson et al.，2008；Miller，2013；O'Sullivan & Field，2014；Woodhead，2011）。有 4 项研究提到团队成员对团队动力、关系、连接或团队建设的感觉有所改善（Cole，2017；Gilchrist & Barnes，2013；Kegan & Lahey，2009；Woodhead，2011）。最后，有 3 项研究报告了团队学习的加强（Daugaard，2007；Hawkins & Boyle，2014；Mulec & Roth，2005）。

我们总结了在 16 项案例研究中观察到的团队过程改进：在团队教练干预之后，参与者所提到的最大改进体现在他们的沟通过程以及他们对合作的感受上；另外，心理安全感和积极性的提高也是常见的教练成果。

个人学习（IL）改进

16 项案例研究中有 6 项提到了个人学习的改进，报告为学习、成长或发展成果（Anderson et al.，2008；Hawkins & Boyle，2014；Dauugard，2007；Haug，2011；Kegan & Lahey，2009；Mulec & Roth，2005）。

从业者案例研究结论

当我们回顾案例研究文献的成果时，我们发现缺乏完整记录和同行评审的案例研究。方法论和成果经常被含糊地描述，读起来更像是叙述故事，而不是案例研究，其中引用的大多数成果都是由团队领导、团队成员或教练主观评估的，仅有略超过三分之一的案例研究（6 项案例研究）确定了具体的结果和产出（R），这 6 项中有 5 项通过财务成果或员工敬业度评分客观地评估了成果。相比之下，所有 16 项案例研究都指出了团队过程（TP）的改进或团队合作的加强，以及团队成员对合作的感受方面的改善。最后，只有 6 项研究特别强调了个人学习（IL）的改进。

结　论

当我们回答"好"的团队教练是什么样子以及由谁决定什么是"好"的样子的问题时，我们可以进行下面这些观察。首先，由谁来评估"好"的团队教练是什么样子的差异很小。几乎所有这些研究中，教练和客户都是主要的（如果不是唯一的）评估者，他们通过观察、定性访谈、评价和小组反馈会议提供见解和/或评分。研究证实，参与者往往会夸大他们所获得的自我报告的教练结果，而利益相关者则更为客观（Grover & Furnham，2016）。对于大多数行业的从业者和客户来说，确认偏差并不是一种罕见的现象，他们当然会有意识或无意识地寻找证据来让自己确信他们所做的事情是有价值的。

用客观的衡量指标、对照组的使用、以文字记录的业务成果、外部利益相关者的反馈、纵向跟踪研究以及荟萃分析研究来比较未教练过的团队和教练过的团队之间的效果大小，在团队教练研究中使用得很少或者根本没有。此外，测量工具或理论基础也不一致。瓦格曼等人提出的团队诊断调查（TDS）是最常用的工具，尤其是在学术研究中被全部或部分地使用。实证研究报告的成果往往比从业者案例研究更多地基于绩效或结果，但是在团队教练领域，对团队教练成果的整体研究仍然相对较少。

关于由谁提供团队教练的问题，大多数实证团队教练的研究成果都侧重于团队领导自己提供教练，而不是由外部教练提供系统的团队教练项目。相比之下，案例研究通常描述由外部教练提供教练，很少由内部教练提供。大多数实证研究关注由团队领导提供团队教练的一个原因可能是团队领导使用调查作为研究工具比较方便。在这种情况下，大多数实证研究使用TDS定义团队领导和同伴教练的行为，为研究人员提供了共同的、可测量的和可重复的问题，并为他们的研究提供了一个基础框架。需要强调的是，团队领导提供的教练是另一种形式的教练，在实证研究中被描述为团队领导在日常领导团队时所采用的一种风格和方法。这与案例研究中由专业教练提供的团队教练项目形成对比，案例研究中教练采用评估、全天团队会议、定期或不定期的简短团队检查相结合的教练手段。

另一个主题是同伴教练继续被纳入在团队教练干预手段中并取得了丰富的成果。一项研究表明，同伴教练在团队领导教练与团队绩效之间起到了中介作用（Dimas et al., 2016b）。这种关注同伴教练行为的研究得出的结论与瓦格曼等人的观察结果相一致："杰出的团队从领导者和团队成员相互之间得到的教练，明显多于平庸和苦苦挣扎的团队。"为什么这么多研究都发现高效的同伴教练对团队绩效产生如此大的影响呢？原因可能是团队成员之间的沟通和参与增加了，而且团队更加专注团队成员控制范围内的改变和行为。此外，团队领导的教练模式似乎产生了一种学习和安全的团队文化。如果团队领导鼓励同事之间的互动，那么该领导会为团队成员提供持续沟通的动力，从而提升绩效。此外，正如迪马斯等人指出的那样，同事之间的互动可能比他们与领导者的互动更频繁，因此会更直接和更一致地影响团队结果。"领导者本身提供的团队教练似乎不足以提高团队绩效。但是，这对于团队来说是至关重要的，因为这对成员提供的教练有直接影响。"（Dimas et al., 2016b）对于团队教练来说，这是一个重要的观察结果，因为他们在实施有效的团队教练项目时需要确定哪些元素是最重要的。

未来的研究方向

目前单一案例研究设计是最流行的方法，这是有道理的，因为团队教练本身就是真实的团队在真实的情境中进行的。有鉴于此，研究者和从业者有机会完善他们的案例研究方法，例如进行纵向跟踪研究以评估随时间推移而发生的变化。其他的研究方法包括采用团队教练和培训结合的方法，与单独培训或者单独进行团队教练的方法进行对比。麦克尤恩（McEwan）等人最近在关于团队培训的荟萃分析中提出了这种方法。

除了案例研究之外，研究者还可以考虑更广泛的研究方法。我们建议采取更量化的方法来确定团队教练的整体有效性，并具体确定团队教练的各个要素（例如，是否包含/排除团队领导教练或同伴教练，团队教练启动会议的内容和时长，团队教练会议的总次数）。另一个选择是与对照组进行实验研究，以比较在同一组织中的两个或多个团队在有团队教练和无团队教练条件下的成果，或比较将团队教练的各个方面应用于组织中的某些团队而不是其他的团队。

未来的另一个研究方向是研究团队教练的技能水平与所提供的团队教练的有效性之间的相关性，用教练所取得的成果来衡量。杰克斯的文献可能对此类研究有帮助，他研究了高效团队教练的关键素质和技能，并且对经验丰富的教练进行了调查，提炼出15项素质和技能，这些素质和技能被认为是"好"的团队教练必不可少的。虽然他的研究没有和教练成果建立相关性，但是为这类研究提供了一个对未来的研究有帮助的起点。

另外，我们还可以研究团队教练的成果差异是否源于团队教练的提供者不同，即内部教练和外教教练是否会产生不同的教练成果。正如海姆贝克研究中所观察到的那样，研究人员应将可衡量的成果以及团队成员对所取得的成果的认识都纳入考虑范围。在一项研究（Heimbecker，2006）中，研究者指出，聘请外部教练会提高参与者对成果和其他团队要素的认知，例如相信有一个有利的组织结构和一个真正的团队。

研究者和从业者还可以进一步确定团队教练的哪些组成部分在提高团队效

能方面最有效，并继续辨别和定义什么是"好"的团队教练。随着证据库的扩大，从业者将能够更好地制定、展示和证明他们的团队教练方法。这一点特别重要，因为提供团队教练并不是团队教练的唯一职责。团队的领导者通常是已经准备好的、有兴趣的并且最终负责为自己的团队提供团队教练的人。

最重要的是，教练有机会更全面地记录其案例研究并进行发表。我们邀请研究者遵循一个简单的框架来规范其案例描述的报告，重点是提供一致的信息，如表7.1和表7.2所示。然后，团队教练研究者可以对看起来已实现的成果进行分类，并进一步开发和研究各种团队教练要素和方法，从而形成最佳实践指南。

当我们提出这些建议时，值得指出的是布莱克曼等人对商业教练的系统回顾发现，尽管多年来研究者呼吁采用更先进的方法，但迄今为止几乎没有什么改变，事实上团队教练似乎也是如此。"尽管关于教练的个人积极体验的轶事比比皆是，但是教练的长期信誉必须依赖于具有稳健研究的循证研究，包括基于横截面和纵向设计的准实验和实验设计。"（Blackman et al.，2016）

综上所述，从业者可以通过多种方式从团队教练研究中学习：首先，正如雅各克斯所建议的，教练可以反思他们作为教练所需要的素质、技能和理论框架；其次，教练可以通过专注于提升团队效能的组织架构和行为来帮助团队提高效能；再次，从业者可以更频繁地使用定量评估、业务衡量标准和外部利益相关者反馈来评估教练成果，并实证团队教练参与者的自我报告结果；最后，虽然TDS对研究很有帮助，但教练也可以考虑其他的评估方法和修订量表。例如卢梭和凯利等人的量表，除了确保评估架构要素，还评估心理安全感因素，正如埃德蒙森和其他研究者（Carr & Peters，2012；Clutterbuck，2007；Duhigg，2016）所建议的那样。

劳伦斯和怀特（Whyte）、普利奥帕斯（Pliopas）、克尔（Kerr）和索辛斯基（Sosinski）进行的案例研究表明，教练干预的实际构成要素既存在差异又有相似之处。后面的这些研究为教练提供了实践路线图的起点。本章描述的研究指出了团队教练中应包括的一些常见且富有成效的要素：评估、为期一到两天的团队启动会/工作坊、团队领导和其他团队成员的个体教练、团队成员的教练技术培训、持续的团队教练辅导以及最后回顾学习并制定下一步计划的会议。关于一个教练要素是否比另一个要素更有用，内部教练或外部教练是否会产生更多或不同的成果，这些都是有待研究的问题。

总之，我们呼吁更多的人加入团队教练研究的行动中：我们仍然需要提高对"好"的定义标准和谁来定义"好"的标准的认识。展望未来，我们越能提供客观的业务衡量标准，我们就越有具说服力的证据让领导者在商业和工作情境下寻求并投入到团队教练中。团队建设和发展很有意思，而团队教练的成果需要更多的证据来证明——让我们继续在这一领域取得进展。

第8章 团队的设计、组建和教练：60-30-10法则及其对团队教练的影响

露丝·瓦格曼和克里斯特尔·洛

定义"团队教练"就像一个投射测验一样。有许多提升某项团队功能的干预措施都被称为"团队教练"，涵盖范围从个人性格的评估和反馈到团队目标的重新制定。而我们在本章中所指的团队教练，体现的是学者们逐渐达成的共识，即团队教练的理念、实践与其他帮助团队的方式都不同：团队教练是对团队过程的干预，是与团队整体的互动，是要让团队随着时间推移变得越来越高效。

每年发表在各类书籍报刊上有关团队的研究报告都有上百篇，尽管对团队流程的干预能否帮助团队自行提高效能的理论已经非常成熟，但基于这个理论的团队教练研究相对较少。以前对流程咨询、发展教练、操作教练以及冲突干预的研究，都对提高团队效能的关键流程做出了不同的假设，而且大都能对团队绩效产生一定的影响，但是效果并不具备稳定性。团队教练的报告普遍认为，教练行为可以直接影响团队成员对任务的参与度、解决人际关系问题的能力（这些问题可能阻碍工作进展）以及为团队绩效承担集体责任的程度。曼兹（Manz）和西姆斯（Sims）指出，当外部教练面对自我管理型团队时，那些能够引导成员进行自我观察、自我评估和自我强化的干预措施，是针对自我管理型团队的教练流程是否有效的重要因素。同样，研究证明，外部教练的支持能够促进团队的心理授权。

同时，科恩（Cohen）、莱德福（Ledford）和施普赖策（Spreitzer）发现，"鼓励行为"（提供旨在增强团队动力的反馈）与经理和客户评估的团队绩效负相关。比昆（Beekun）发现，自我管理型团队在没教练时的表现明显优于有教练时的表现。摩根森（Morgeson）表明，以任务为中心的干预会让团队对工作产生负面看法。总之，现有研究表明：团队教练在某些情况下能够促进团队进行自我管理、提高成员之间的人际关系质量以及提升成员对团队和工作绩效的

满意度。然而，在其他方面，它却不会有效果，甚至可能产生负面影响。

同时，随着组织的架构和绩效管理模式从以个人为中心逐渐转变为以团队为中心，团队教练应运而生。近年来，在高管教练相当流行的背景下，团队教练开始崭露头角并迅速发展。考虑到这样的趋势，在未来几年，团队教练研究与实践之间的鸿沟将会越来越大。这既给该领域带来了风险，也给研究者和实践者们创造了更多的机遇。

本章的目的就是通过借鉴学术研究中能够影响团队效能的各种模式，挖掘其对团队教练的意义，为团队教练的实践提供有价值的建议。具体来说，我们会讨论对团队教练的有效性至关重要的两个关键问题：团队教练在什么条件下会对团队效能产生影响，什么情况下不会？团队教练用哪种方式、在什么时候进行干预，才能真正有助于提升团队绩效？我们用哈克曼和瓦格曼的60-30-10法则回答这些问题。最后，我们以对重要的可研究问题的一些思考作为结尾，对这些问题的思考可能会对我们进一步完善团队教练的理论和实践提供极大帮助。

团队效能

我们首先要定义一下团队效能，它既是学者们在团队教练研究中需要衡量的成果，也是所有产生积极影响的团队干预最根本的标志。在许多团队教练模型中，团队效能是一个重要但却常常模糊不清甚至缺失的部分。如果没有清晰的成果或衡量标准，团队教练作为预测变量或调节变量就缺乏评估其相对重要性的参考依据。此外，对团队效能的清晰定义可以使我们了解哪些因素将对其变化产生最大的影响。团队教练和其他能够影响团队效能的因素并不是分离的，而是相互关联的。那么团队教练是怎么与这些因素产生关联的？它们产生影响的顺序是怎样的？在我们对任务执行团队的研究中，理查德·哈克曼和其他同事从三个维度来明确定义团队效能：

1. 团队的产出满足或超越使用者的需求。换句话说,所有团队都服务于组织内部或外部的特定客户或群体,而客户的标准对评估团队绩效至关重要。
2. 团队因为协作而提升了整体能力。许多团队虽然能够完成短期任务,但是会消耗其大量精力、有损其成员间关系以及降低其协作能力。当团队在一起工作时能够增强,而非削弱其整体能力时,我们认为这样的团队是有效的。
3. 团队能为成员的学习成长和个人幸福带来积极影响。

这个由三个维度组成的团队效能定义认为:团队会对组织(和客户)产生重要影响;团队会增强或削弱自己作为团队的能力;团队会影响身处其中的每一个人。团队效能的定义将这三个方面都作为结果的衡量标准,并且可以被团队教练合理地影响。

团队效能的条件

我(瓦格曼)和同事们通过对各种各样的团队进行大量的研究,找到了影响团队效能的三个维度的主要因素。我们将这些因素归纳为一系列条件,当满足这些条件时,团队更有可能以积极的状态在通往成功的道路上运转,并能够随时调整方向。

简而言之,我们将这些条件称为"团队效能的 6 个条件"(请参见文本框 8.1):必须是一个真正的团队(而不是一群没有约束的人组成的名义上的团队);必须具有令人信服的目标;必须是一支由合适的人员组成的团队,这些人具备实现目标所需的技能和多样性;必须具备有效的结构;必须处在支持性的组织环境中;必须能够获得专家级的团队教练服务。

总的来说,这些设计特性创建了一个坚实的平台,可以在此基础上组建团队。所以,在团队建立之初就设计这些特性是一项至关重要的领导力活动,因为随着时间的推移，这些高质量的团队设计会对团队提高效能的关键流程产生强烈而持久的积极影响。此外，更多研究结果表明，从对团队效能产生的影响来看，这些团队结构和环境方面的特性比团队教练更有效。

> **文本框 8.1　团队效能的条件**
>
> 1. 真正的团队。真正的团队有明确的边界；成员相互依赖以实现共同目标；成员具有一定的稳定性，这使得成员有时间和机会学习如何合作。
>
> 2. 令人信服的目标。团队的所有目标都需要：具有挑战性（以激发成员能量）；清晰明确（将团队导向主要目标）；相互关联（充分利用他们的才能）。
>
> 3. 合适的人员。一个由合适的人员组成的团队是指成员具有实现团队目标所需的知识和技能，包括基本的团队协作技能。他们也足够多样化：既不能太一致，导致他们无法在工作中运用各种视角；也不能太不同，导致成员们无法相互理解。
>
> 4. 有效的结构。以下三个结构特征是促进良好团队协作的关键：其一，任务设计。团队任务是工作中完整而有意义的一部分，在这里成员们可以自主地对工作流程进行判断，并为其定期提供关于团队日常表现的可靠数据。其二，核心行为规范。团队明确地规定了成员们的哪些行为是非常有价值的，哪些是不可接受的。其三，团队规模。团队由数量不多但足够数量的人（6~8人）组成，每个人都能为实现团队目标带来独特的价值。
>
> 5. 支持性的组织环境。除了工作所需的物质资源外，团队所处的组织环境的三个特征尤为重要：能够为出色的团队绩效提供积极反馈的奖励制度；能够为各种尚未具备知识、技能或经验的工作人员提供技术援助或培训的教育系统；能够为团队成员提供任何所需的数据和预测的信息系统，来帮助他们选择或制定完全适合团队任务和情况的工作策略。
>
> 6. 专家级的团队教练服务。团队能够聘请专家帮助成员在合作时充分利用集体资源。

例如，瓦格曼发现，在团队自我管理和团队绩效两个层面上，团队设计特征（主要是团队目标的清晰度、团队任务的设计和对团队绩效的奖励）的方差（42%）比领导者提供解决方案和进行教练辅导（团队的自我管理和团队效能的方差分别低10%和1%）的方差大。相比之下，多项研究表明，高质量的团队设计对团队效能影响的方差可达到40%~80%，这在社会科学研究中是非常少见的。

接下来的重点是要区分以下两种团队教练：一种是团队设计和组建完毕后，为团队的持续运作和完成任务提供支持的团队教练，另一种是从更广泛的团队教练视角出发，支持领导者和团队进行高效的设计、组建和持续运转的内部教练。许多团队教练在三个阶段为领导者、团队和组织提供支持（我们将在下面更全面地讨论这些阶段）。在研究中，我们将团队的设计和组建主要看作一项领导任务，把对团队的持续教练主要作为一项团队教练任务（无论做教练的人是来自内部还是外部，是团队领导还是团队成员自己）。我们认为，这种区分能让研究和测量变得更为清晰，但这并不意味着团队教练们不能在这些重要阶段发挥作用。

那么，在什么条件下，针对团队流程的教练可以对团队的绩效和流程产生建设性改变？瓦格曼的研究结果表明，当团队设计良好并因此朝着积极的方向发展时，教练中很小的调整就能取得明显的作用（见图8.1）。而当团队的结构或环境存在缺陷时，即使是高质量的教练也无法对团队效能产生太大影响。

60-30-10法则

团队设计与团队教练实践之间的互动效应促使哈克曼、瓦格曼和费希尔等学者为那些寻求提升团队绩效的人提出了一系列建议，我们最终将其称为"60-30-10法则"。我们将其作为基本命题，来解决团队教练在什么条件下会影响团队绩效的问题。

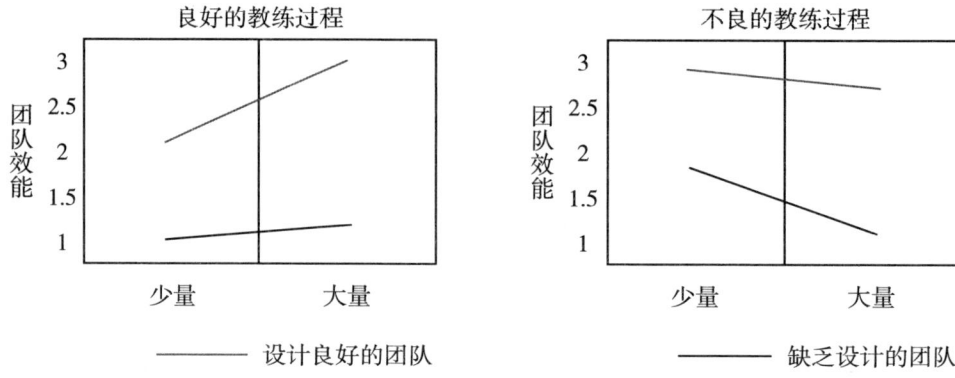

图 8.1　瓦格曼对团队设计和领导者教练效果的发现

结论是这样的：影响团队成果的最有力的干预措施（大约 60% 的方差）首先是正确的团队基础设计；第二个最有力的影响（大约 30% 的方差）来自团队生命最初的几分钟里（团队初创之时）如何将之前的设计变为现实。金纳特（Ginnett）在对飞机机长面对新组建的机组时的最初几分钟的行为的研究中证实，在任务团队刚组建时进行及时的干预，将会产生强大并持久的作用。他发现，机组人员聚在一起的头几分钟里，一次出色的聚焦于目标共识和确认归属的开场白，可以为所有机组成员在飞机上的合作打下一个良好的基础。格西克同样发现，根据各种各样的团队类型和任务紧急程度，团队在互动和工作的过程中会形成独特的模式，这种模式会一直持续到团队生命周期的中点。她还发现，在跨过团队生命周期的中点后，这些模式才会发生很大的改变。

60 - 30 - 10 法则中的最后 10%，指的是对于那些正在运行的团队，团队教练在实践中能够对团队效能产生的影响。如果之前 60% 和 30% 的观点是正确的，那么团队教练在实践中出现的不稳定性和影响较为微弱的现象就可以得到解释了。面对存在结构性问题或外力影响的团队，即使团队负责人或顾问以很高的水平进行教练，也无法对团队流程或绩效产生实质性或持久性的影响。

团队教练的先决条件

如果我们从研究中得出的基本命题是有价值的，那么团队、领导者以及教练们的主要工作就应该是进行出色的团队设计：在团队成立之前，完成高质量、概念性的前期准备工作，而现有的团队也能够从重新设计团队和重新组建团队中受益。团队设计中的惯性表明，如果放任自流，许多领导者就会对团队设计缺乏足够的重视，这也意味着他们后期能够从如何做好这件事的指导和反馈中受益匪浅。为了说明这一点，针对120多个高级领导团队的研究发现，如果以三项团队效能作为衡量标准，大约21%的团队表现优异，37%的团队表现一般，而42%的团队表现较差。这种总体较差的结果是由于深处困境和表现平庸的团队都缺乏关键的设计条件导致的。

简而言之，无论团队的创建者是谁，在应对有关团队效能条件的6个关键问题上都会有做得好与不好的地方。这6个问题是：

1. 真正的团队：这项工作需要团队来完成吗？成员能够保持相对的稳定吗？如何能够给成员足够的磨合时间，让他们更高效地彼此合作？
2. 令人信服的目标：该团队对其客户和组织使命的重要性是什么？绘制什么样的愿景画面可以让成员们清晰地看到成功的样子？
3. 合适的人员：召集哪些同时具备任务技能和团队合作技能的团队成员来实现团队目标？
4. 有效的架构：哪些行为规范和工作实践将帮助成员们成功？
5. 支持性的组织环境：成员们需要哪些资源？如何奖励团队卓越表现？
6. 专家级的团队教练服务：团队将如何在持续运转的过程中增加收益并减少损耗？由谁来教练整个团队？

如果对团队效能60%的影响都是通过精心的团队设计而实现的，那么团队教练发挥影响力的最佳方式就是与团队领导者或团队本身一起进行团队的基础设计。解决设计中出现的问题是体现领导力的行为，应该在团队组建之前就完成，但真实情况却并非如此。例如，许多首席执行官认为他们的团队是由所有直接向他们汇报的人组成的，因此他们努力探索和阐述这种松散的个体组合应该一起做些什么，才能使整体变得更加高效。教练一个领导团队需要探寻更高层的领导者对这个领导团队的需求，以及哪些高层管理者有能力代表整个企业承担领导职责并与同僚共同做出决策。教练这样的团队可能需要与团队或领导者一起重新进行团队设计，并按照正确的顺序解决设计中的问题。例如，领导者或团队首先要明确需要做什么、怎么把它变成团队任务、怎么把它清晰地传递给其他人，接着才能考虑如何召集合适的人员、如何制定建设性的规范以及如何提供所需要的资源。

如果对团队效能的另外 30% 的影响来自帮助团队将基本设计落地，让团队有一个完美的开始，那么团队教练应该通过与团队或其领导者一起设计高效的团队创立（或重新组建）议程、演练其关键要素并推动这一过程，对团队效能产生重大的影响。

当团队成员第一次聚在一起时，他们需要互相认识并确定工作任务。这样的引导包括如何区分团队成员和非团队成员，团队成员间如何相互合作，每个成员能贡献什么，以及如何参与到团队目标的实现中去。在团队建立后，教练将帮助团队从仅存在于名单上的团体变成成员紧密团结的真正的团队。

最后的 10% 的影响来自团队运转过程中的实时教练。只有当团队的设计良好并且通过成功的组建过程满足了其他五个条件后，团队才能真正利用出色的干预措施来优化其工作流程，包括吸取以前的实践教训、强化好的做法并创新工作策略。而且，当前五个条件都满足之后，研究表明，团队将会变得非常强大，无论是面对环境的快速变化还是不完美的教练过程，团队都将勇于应对各种挑战（请参见图 8.1）。

团队教练的时机

60-30-10法则给我们的另一个重要启示，就是团队教练干预的时机很重要。团队所处的生命周期不同，成员们对教练干预的准备程度以及所需的教练类型也不同。彼得斯和卡尔在有关团队成员对团队教练准备程度的重要性的书中指出：

> 对团队直接开始教练或进行有关团队动力的对话可能会让人感觉很棒，也会有些益处。但是，这些努力会像在未上底漆的墙壁上刷新油漆一样……油漆很快就会开始脱落。

近年来，关于群体行为时间方面的研究成果大量涌现，其中很多都与干预的时机有直接关联。其中，格西克的发现尤为重要。她发现：在对许多持续时间从几天到几个月不等的自我管理项目团队进行的实地研究中，她所追踪的每个小组在互动的最初几分钟内就为完成任务制定了独特的方法，这种方法会一直沿用到团队生命周期的中点。在中点时，几乎所有团队都会经历一次重大的转变，抛弃旧有的行为模式，与外部监督者重新接触，从新的视角看待现有的工作。过了中点之后，小组就会进入最终阶段，专注于执行任务，直到完成项目。

因此，教练们需要关注团队在任务周期中所处的位置，以及之后可能改善团队发展趋势的机会，才能更好地帮助团队。说起来似乎没有必要，但是我们还是要提醒团队教练们：必须实际观察团队的工作过程，才能发现团队的问题和机会。

格西克等人的发现，让我们意识到团队对干预措施的准备程度在其生命周期内会产生系统性的变化。具体来说，在团队生命周期中的三个时间点，成员们会特别愿意接受针对团队关键效能流程的干预措施：在团队刚开始组建时，这时团队刚刚开始工作，特别愿意接受专注于激励成员努力工作的干预措施；在团队到达中点时，团队完成了一半的工作（或预计完成时间的一半），会特别渴望帮助其成员反思其任务绩效策略的干预措施；当团队的工作完成时，团队会愿意接受那些能够帮助成员利用亲身经历来补充团队知识和技能的干预措施。

即便如此，称职的、及时介入的教练有时也无法挽救一支一路向下的团队。设计不良、宗旨不明确的团队可能会出现持续的功能性障碍，而且团队领导和团队成员都知道在工作效力、战略规划和人才使用方面存在重大问题。但不幸的是，不管是谁以什么样的方式干预，功能性障碍都会一直存在。例如，一家自然资源公司的高级领导团队反复出现相同的问题，并且拿不出解决方案。经过反思，首席执行官意识到，尽管最初挑选的团队成员看起来都很不错，但他无意中将太多来自组织不同层次和不同职能部门的人员纳入团队，以至于团队成员总是无法达成共识。在这种情况下，即使把世界上所有最顶尖的教练都请来，也无法让这个团队发挥应有的作用。

能够洞察设计中的问题的教练可以帮助领导者找到改变团队基础设计的机会，甚至自己创造这样的机会。在上面的示例中，首席执行官拥有改变团队成员和目标所需的全部权限——他要做的就是等待一个合适的契机，而新财年的开始为组织创造了一个天然的转折点。在团队教练的支持下，首席执行官承认之前组建的团队无法正常运转，宣布解散团队并在新的财年到来时"重新开始"。有了先前的经验教训，他将缩小团队规模，团队将仅由少数几个能够合力解决企业问题的高层管理人员组成；降低举行团队信息共享会的次数，并为新组建的团队命名，这样会让那些没有进入新团队的人更容易接受。

重组团队的做法可以作为教练团队的核心在实践中灵活地运用。它为团队提供了可以真正改善长期低效现状的机会。它还有助于重新设定那些缺乏设计的宗旨、团队构成或规范，让团队能够重新起航。

团队教练的权力架构

团队领导力包含由多个人实施的一系列行为，因而许多学者和实践者都认同从职能的角度来定义团队领导力。在职能上，团队领导力被定义为"去实施或完成任何没有充分满足团队需要的事情"。领导的职能可以由组织指定的、具有正式权力的领导者履行，也可以由团队成员自己来履行，还可以由对团队没有正式权力的外部教练来履行。不同背景下由不同的人来履行关键的团队领导职能会有所不同，这种差异很大程度上取决于团队的权力结构。

例如，一线主管通常有权澄清团队目标并提供现场教练，但他们往往缺乏设定团队宗旨、挑选人员或改变所处环境的权力。这些设计元素多是由高级管理人员决定的。给定环境中的权力结构会对谁能够有权设计、组建和教练一个团队设定期望和限制。因此，我们认为，能够改变团队设计特征和管理其工作流程的权力掌握在谁的手里，是决定哪些人适合接受团队教练的关键因素。

哈克曼提出了四个关键的、团队本身或外部管理者可能有权决定的团队职能（见图 8.2），它们是：执行团队任务；监督和管理工作流程；设计团队（例如，选择成员）及其所处环境（例如，其信息系统）；设定总目标。

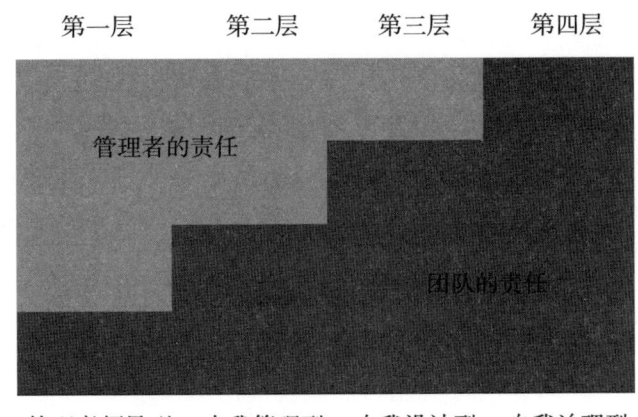

图 8.2　团队授权的层级

根据团队本身或团队领导者是否拥有决定关键团队职能的权力，可以将团队分为不同的类型。如图 8.2 所示，仅对自己所要完成的任务拥有执行权的团队被归类为管理者领导型（因为行使领导力的所有权限都属于管理者）；那些能够管控自己的工作流程的人是自我管理型；有权组建团队并塑造自己的环境的团队属自我设计型；同时具有决定这四项职能的所有权力，再加上拥有确定自己的目标的权力的团队属自我治理型。

团队教练可以选择在进行干预时把重点放在哪些人身上，以及决定整个团队与团队领导者参与决策的程度。例如，大多数高级领导团队基本上都是管理者领导型的。首席执行官通常是唯一有权决定下列事项的人：哪部分的执行工作需要由整个团队一起完成、邀请谁参加这部分工作、哪些资源可以被团队利用、要遵守的规则是什么。在这种权力结构下，团队教练能确定对团队所有的组成部分，包括团队的服务对象和团队成员们的福祉产生最大影响的方式，与领导者一起出色地完成团队设计，其中包括教练领导者能够理解并描述的令人信服的团队宗旨、合适的领导任务和团队构成（包括如何让团队成员快速融入团队）。换句话说，当团队 60% 和 30%（理念设计和组建）的特性都是由领导者控制时，对领导者进行团队设计方面的教练可能会对团队效能产生最大的影响。这些特性也会决定成员领导团队时的体验。相比之下，让团队成员直接参与目标的制定、团队的组建和某些特定的工作（那些除了他们受到领导邀请，几乎没有控制权的事情）可能会令人沮丧，对进度带来的也更多的是阻碍，而非推动作用。

自我管理型的团队也需要努力关注领导者的设计和组建能力。研究表明，支持领导者对自我管理型团队的设计选择，可以加快团队实现真正的自我管理的速度，并能更好地利用以过程为中心的教练。而且，由于有权决定自己的工作流程，自我管理型团队在参与的过程中会变得越来越有能力进行自我教练。

对自我设计型团队来说，团队控制着影响团队效能的 60% 和 30% 的因素。因此，教练对话的关注重点会越来越将团队作为一个整体。自我设计型团队对自己的成员、资源、工作设计、奖励等基本结构成分拥有一定的决定权。尽管研究组织中自我设计型团队优点的人很少，但至少可以看到，良好的设计选择可以利用多元智慧和更强大的解决方案，针对来自整个团队解决问题和生成创意过程中出现的挑战进行设计。但是，自我设计型团队的注意力会被其他事情所分散。设计的许多方面，如新成员的引入或信息的获取，都需要对团队外部所处的环境有所了解（例如，组织中其他人的技能；相关信息可能在何处）。由于注意力是一种稀缺资源，能够进行自我设计的团队可能很难在完成本职工作的基础上关注自己的设计。特别是当团队成员还有许多其他职责的时候，这种多任务设计带来的问题尤为明显。从有效的团队干预措施的范围和复杂性（从重新设计和重新启动到发展自我教练能力）来看，教练自我设计型团队需要教练投入大量的时间和精力才能取得好的效果。

最后，在自我治理型团队中，60%、30% 和 10% 的影响因素都受到整个团队的直接管理，我们发现这对那些教练他们的人提出了新的挑战。例如，研究证实，团体并不能很清晰地阐述团队目标，反而是具有较强概括能力和良好语言能力的个人能够更有效地完成这项工作。自我治理型团队通常拥有崇高而抽象的志向和价值观。当团队成员不在一起时，对团队方向缺乏清晰的认识会导致其在关键决策上无法达成一致，或者无法做出经过良好协商后的战略选择。在面对自我治理型团队时，教练能够发挥的主要作用之一，就是帮助这样的团队确定哪些人最能胜任团队擅长的事情。在对学生项目团队的实地调查中，瓦格曼和戈登指出，团队在确定哪些是团队工作、哪些是个人工作时处在"自动驾驶"的状态。这种由团体共享的价值观所驱动的自动模式往往会导致任务和流程的不兼容。在面对自我治理型团队时，教练的另一个主要作用，是在帮助团队确定少数几个由个人完成更好的团队职能的同时，将最好由团队来完成的职能留给团队，例如创意的产生和对战略选择的承诺。

当然，需要特别指出的是，权力结构本身可以成为干预的重点。许多团队领导者希望为团队发展自我管理能力铺平道路。例如，首席执行官起初打算让某些高级领导团队进行自我管理，也就是说，首席执行官打算保留决定团队宗旨和组成的权力，但同时要求团队成员对关键决策共同承担责任。这使得高级领导团队经常只是名义上的团队。虽然有些研究者认为是领导者不愿分享权力导致高级领导团队徒有虚名，但这也可能是因为团队不善于共同决策而让团队陷入了权力争夺和相互冲突中，导致首席执行官收回了权力。因此，对教练来说，一个可能的挑战是在团队陷入困境时，帮助领导者增强自我控制能力，以避免接管团队的工作。尽管这种现象已经出现并引发了讨论，但还未出现系统性的、针对团队和领导者行为间潜在动态关系方面的团队权力研究。

未来研究方向

我们通过探讨将 60-30-10 法则作为团队干预的依据，包括对时机的影响以及权力结构如何影响重点教练对象，为团队研究奠定了基础。我们的观点来自严谨的学术研究，但这些研究多是关于团队的，很少有涉及团队教练本身的。最后，我们想提出一些值得深入探讨的有关团队教练理论和实践方面的问题，并鼓励新一代团队研究者对团队实践中的一些关键问题和新兴趋势进行研究。

第一，如何有效教练基本设计条件不完善的团队（例如，团队只是名义上的，目标不明确，成员构成可能存在缺陷）？正如我们所讲的那样，一个设计欠佳的团队会在关键工作流程中苦苦挣扎。从理论上讲，如果没有获得重组团队的完全授权（实际上，这是一种建设性的选择），那么教练的努力将会是徒劳的。如果不存在重新组建团队的可能性，设计不佳的团队将会成为团队教练失败的导火索。与此同时，许多自我设计和自我管理型的团队具有实现重要目的的巨大潜力，而且这些团队也渴望这样做。我们想知道是否有可能建立"临时的"高质量设计条件（一群有才华的、紧密连接的人，他们的目的是重新设计团队，使其能够有效运作），最终产生能够让团队变得更好的、积极的工作流程。总体而言，人们之前对自我设计型团队了解甚少，但现在这种团队已经越来越常见了，我们认为有必要对此进行深入的理论研究，来发现更多的可能性和独特的挑战。

第二，有一些显著的趋势正在改变组织和团队的性质。这让如何才能有效地教练团队这个问题具有了潜在的重大意义，但这方面的研究尚未开始。例如，随着组织变革速度和适应速度的加快，一个人如何为短期团队（例如仅存在几个星期的团队）提供有效的教练？随着环境的不稳定性和复杂性不断提升，团队对学习的敏捷性或专业性的需求正在成为提高团队效能的主要压力。所以，在一个需要通过学习、尝试和创新的方式来提高效能的团队中，团队教练应该怎样发挥支持作用呢？

第三，随着组织转向以团队为中心的设计，如何把教练多个团队，包括其下属的关键任务团队，嵌入整个企业的团队效能框架内，以及如何教练组织，包括其客户群、合作伙伴和其他利益相关者的整个生态系统，让整体合作的有效性得到提升？这些趋势为团队教练下的团队或其他能够完成这种工作的多功能干预团队开辟了新的研究领域（可以是由教练、学习和发展领域的专业人员、业务负责人以及其他关键利益相关者组成的团队）。

第四，随着组织变得更加扁平化和越来越以团队为中心，领导团队应该如何改变？十年前，为个人英雄式领导时代的终结和集体领导时代的来临而欢呼是有争议的。高级领导团队是否能够真正以团队为中心？如果是的话，如何证明它们优于由领导者领导的团队？我们如今见到的新的治理模式和自我管理结构，会改变甚至取代传统的高级领导团队吗？教练这种新型领导团队会与教练本章中涉及的自我治理、自我设计或自我管理型的团队有什么不同吗？

第五，随着团队文化的逐渐成熟和团队有效性框架在企业中的不断应用，如何将团队教练逐渐内化为团队自我管理和领导力的自然组成部分？一些人已给出了自我教练型团队的概念。在如今团队教练往往是由内部/外部团队教练和团队负责人进行的情况下，我们如何评估团队对自我团队教练的准备程度？进行自我教练的团队的表现，是否优于由领导者进行教练的团队或由团队教练进行教练的团队？或者在什么情况下会这样呢？

第六，随着工作场所和工作本身的日趋数字化，科技（例如数字助理、机器人、聊天机器人、团队协作软件等）在帮助或阻碍团队教练，或在团队教练的流程中将发挥什么作用？目前，已经有智能软件（见网站 www.saberr.com）可以帮助团队预测绩效、了解关系并提供持续的团队教练服务，而无需一位"真人团队教练"。这种自动化的团队教练形式与"真人团队教练"形式，还有混合形式（人类和科技混合型的团队教练）的有效性如何比较？

这只是一部分令人兴奋的趋势，能够为团队教练的研究人员提供肥沃的土壤，帮助研究人员加深对团队教练在各种不断发展的教练形式中所扮演的角色的了解。目前，尽管团队教练的研究仍滞后于实践，而且差距可能越来越大，但必须指出的是，相关研究正在进行当中。该领域的许多研究人员正在对各种团队教练的过程和一系列的结果进行研究，包括绩效、组织学习、创新等等。这是一个受欢迎的趋势，它将有助于扩大团队教练的研究基础，并开始对理论研究与实践之间的差距做出回应。

最后，尽管组织越来越多地使用团队的趋势已经持续了三十多年，但近年来的增长尤为明显，并且在可预见的未来还将继续保持这种趋势。我们希望本章为团队教练研究人员和从业人员提供扎实的理论和研究基础，以便在未来努力提升组织中团队教练的专业性和影响力。

第 9 章　定义团队教练：实践者视角

保罗·劳伦斯

虽然教练活动仍被一些人认为是一对一的实践活动，但是团队教练作为一种教练形式已在世界各地得到认可和接受。不过，关于团队教练有很多不同的定义，与其他专业领域（例如团体教练、引导、过程咨询甚至培训）也没有公认的区分标准。本章中，我们将回顾最近的一项研究成果，这项研究的主要目的，是探索当今经验丰富的团队教练所使用的模型、工具和方法。这项研究显示，可以从以下四个方面来有效定义团队教练活动：促进关键任务协同；提升团队的动力；运用系统思维；着眼于长期可持续的绩效提升。

文献综述

2013 年，彼得斯和卡尔在元分析综述中，引用了四种模型作为"关键团队教练模型"。这四种模型中，哈克曼和瓦格曼的模型、克拉特巴克的模型保持未变，霍金斯的模型有所更新。由于难以在文献中找到更多关于迈克尔·莫拉尔（Michael Moral）的模型的参考资料，而克里斯廷·桑顿的研究工作因深受心理动力学和团体系统理论的影响而明显有别于其他的研究，所以用克里斯廷·桑顿在团队教练和团体教练方面的研究成果取代了迈克尔·莫拉尔的模型。通过对哈克曼和瓦格曼、克拉特巴克、霍金斯与桑顿的研究成果进行比较，我们发现了三个主要的不同点：

1. 任务。哈克曼和瓦格曼描述了一种团队教练的方法，之后瓦格曼、努涅斯（Nunes）、伯鲁斯（Burruss）和哈克曼对其进行了深化。这种方法特别强调聚焦于任务，建议教练不要直接地去处理人际关系。他们认为，绩效决定关系的质量，而不是关系的质量决定绩效。在他们看来，专注于个人关系可能会更具互动性、更愉快，但未必能提升团队绩效。这一观点与沙因（Schein）对过程咨询的描述相呼应。沙因认为干预者可以观察三类过程，即边界管理、任务和人际关系。在这三类过程中，沙因建议，任务应该是顾问的关注重点，只有当团队认为人际关系有助于提升团队效能时，才应该予以关注。

2. 关系。尽管哈克曼和瓦格曼强调任务的重要性，但他们的方法也是关系型的，他们鼓励团队教练在团队教练活动中的某些时刻关注工作关系。他们引用了格西克（Gersick）的"间断均衡理论"（punctuated equilibrium theory）。这个理论表明，团队在合作开始、中期以及临结束这三个阶段最容易接受教练。哈克曼和瓦格曼认为，在团队的第一次会议上，对团队进行激励性的教练最合适，此时团队会快速决定要如何共同协作。在中期，团队停下来重新审视自己的工作方式，决定是否需要改变运作方式。这个阶段，哈克曼和瓦格曼建议采用更具咨询性的教练方法。在合作临结束时，团队更加关注外部利益相关者的诉求，并重新审视团队成员之间的合作方式，此时用一种更具教育性的教练方法会更有效。

格西克的研究并不如塔克曼和詹森（Jensen）的团队发展阶段研究出名。形成、风暴、规范、表现（和调整）模型假定团队的运作方式按照可预测的阶段发展。哈克曼和瓦格曼赞同格西克的研究，他们也质疑团队发展阶段模型的有效性。但克拉特巴克认为，团队动力演化的方式与其所处环境密切相关并且非常复杂，这导致不存在反映所有团队演化方式的通用模型。因此，塔克曼的研究在某些情况下可能适用，而格西克的研究发现可能特别适用于项目团队的运作。

很多研究学者认为，团队教练必须关注团队成员间的人际关系。斯洛博德尼克（Slobodnik）和威勒（Wile）提出，改变团队行为的唯一方法，是识别和调整团队的社交系统。凯茨·德·弗里斯（Kets de

Vries)提出,团队教练实践者的主要关注点应是"隐藏在关键参与者日常工作背后的心理和人际关系世界到底是什么样的"。桑顿的群体动力学方法是高关系型的,而马丁(Martin)建议修改哈克曼和瓦格曼的模型,将关系因素包含进去。克拉特巴克建议干预措施应该最终能帮助厘清工作重点,包括明确团队教练处理人际关系的程度。

3. 系统性。桑顿的团队教练方法兼顾关系和系统性。与克拉特巴克一样,她将团队教练的关系性角色界定为帮助团队实现目标,只有在很重要的阶段且适当时,教练才会让团队关注过程。桑顿的方法还具有系统性,她将团队运作置于更广泛的系统运作之内。"忽视客户团队所处的系统,会带来风险。"尽管克拉特巴克认为有效的团队教练需要运用"系统性思考"勾画出当前问题的各种影响因素(包括对所有影响该问题的人进行分析),但霍金斯认为克拉特巴克对团队外部的人际关系缺乏足够的关注。他表示,很多团队教练花太多时间关注团队内部关系了。他的高绩效团队的5C模型(five disciplines model)将内部关系和任务与外部关系和任务清晰地区分开来(见图9.1)。

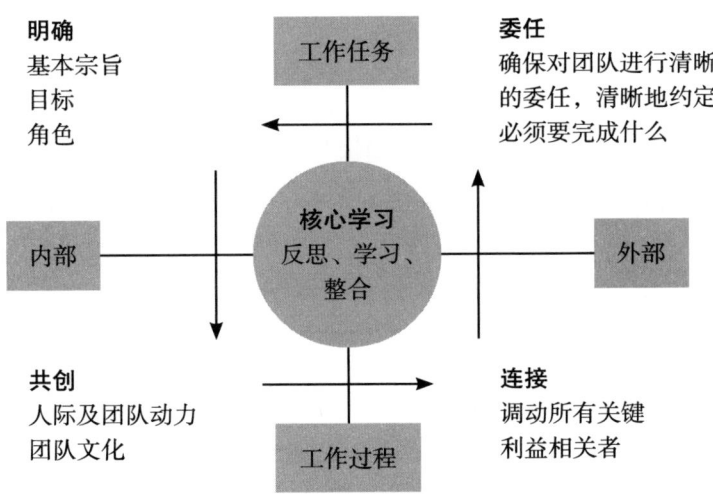

图 9.1 高绩效团队的 5C 模型

资料来源:Hawkins(2014)。

霍金斯的 5C 模型代表着对任务和过程以及团队内部和外部工作的平衡关注。霍金斯认为，有效的团队需要：

1. 来自团队创始人员的明确委任，包括明确的宗旨和成功标准（关注任务/外部）。
2. 制定团队使命，包括宗旨、目标、价值观和工作方式（关注任务/内部）。
3. 持续关注团队如何协同工作，不断进行检视和共创（关注过程/内部）。
4. 有效调动外部利益相关者（关注过程/外部）。
5. 经常退后一步置身事外，反思团队的绩效和过程，进行集体和个人的持续学习。

各位作者对团队教练的不同定义反映出不同的团队教练理念，也体现了将团队教练与其他专业领域进行区分的不同标准。将团队教练与培训和团队建设区分开来相对容易，而与引导或过程咨询区分开来则不那么简单。克拉特巴克认为团队引导更具结构性，而团队教练则是教育性的。霍金斯认为引导者对团队过程负责，而团队教练则使团队能够管理自己的流程。但这些区别并未被普遍接受，例如，斯图尔特（Stewart）指出，变革引导者的主要作用是帮助团队改进流程，并学习在没有引导者帮助的情况下如何管理自己的流程。霍金斯指出，尽管过程顾问可能关注关系和团队动力，但过程顾问运用的方法往往更关注问题。哈克曼和瓦格曼则没有做出这样的区分，而是明确地将过程咨询定位为团队教练的一种有效方法。

研究成果

本章记述的是对 36 位团队教练的采访结果，其中大多数人在澳大利亚执业。接受采访时，这 36 位受访者平均拥有 13 年的团队教练经验，大概有 1/4 的时间用于教练团队，其余的时间则用于个人教练、引导、咨询以及其他活动。研究人员采用了将定量和扎根理论①相结合的混合研究方法，要求受访者确定影响自己实践操作的理论和模型，并以鲜活的成功或失败案例的形式，描述自己用于团队教练的方法。

在描述这些理论和方法时，受访者主要谈到了在个人教练过程中所总结的模型，包括心理动力、格式塔心理学（gestalt psychology）、人本主义、叙事和认知行为方法。在描述自己的实践时，出现了五大类"流程"或工作方式。

1. 任务。绝大多数教练谈到了帮助团队就集体宗旨和目标达成共识，并对相应情境下的角色和要交付的成果予以明确。例如，有位教练说："我喜欢从长期战略——第三级视野——开始。这会将团队效能置于一个必不可少的情境中。"
2. 关系。关注并管理团队成员之间的关系。例如，"开始时，团队缺乏信任、关系紧张、没有共同目标。最初 12 个月里，是帮助团队成员建立安全感、相互理解，帮助他们感知彼此，理解对话的意思，理解自己的倾向，并帮助他们将这些内化于心、外化于行"。
3. 对话。此处所定义的对话方法，是强调聆听和发言的质量。教练的一个作用，是创造出一种空间，让团队成员停止评判，清楚地表达出需要表达出来的内容。一位教练谈到给一个团队介绍对话原则："20 分钟后……那个人大喊道'我知道了！'。倾听他人时学到的东西让他感到非常震惊。教练，就是明确允许大家关注在场的每个人。"
4. 发展。注意团队中的关系如何随着时间的推移而发展。三位教练专门谈论了塔克曼的研究。例如：

---

① 扎根理论是由哥伦比亚大学的格拉斯和斯特劳斯两位学者共同提出的一种定性研究方法，其主要宗旨是在经验资料的基础上建立理论。——译者注

两个团队合并了,要形成新的团队,领导新成员前进。我请他们留意自己在塔克曼团队发展模型中所处的阶段,请他们思考自己想有什么样的感受/想成为什么样子以及自己的行为。他们团结一致,表现良好。在团队"形成"后接下来的两年里,我们每季度都会进行健康检查。

5. 系统。持续关注团队外部发生的事情与团队内部发生的事情之间的联系。例如,"很多教练不了解团队中发生的事情与系统其他部分的相互关联性,以及帮助团队将自己视为系统中的系统的重要性"。

这五个实践维度可以进一步分类,如图9.2所示。在这个分类当中,对话和发展类的方法,本质上都与关系相关,因为对话维度从根本上与人们之间的互动有关,而发展维度主要与团队动力的演变有关。

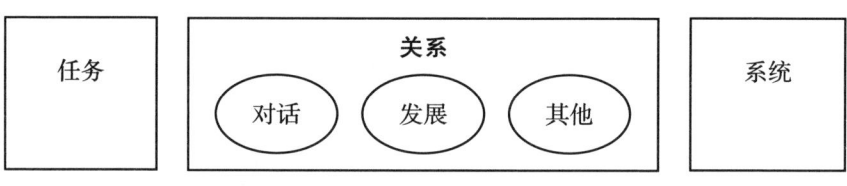

图9.2 实践维度

霍金斯的5C模型几乎完美地反映了受访者所确定的任务、关系和系统的三个维度(见图9.3)。5C模型中只有第五项即核心学习没有明确体现出来。克拉特巴克也强调了学习的重要性。他说,团队教练活动一种是"旨在提升团队或团队集体能力和绩效的学习干预措施"。将核心学习作为一项原则,意味着团队教练专门致力提升长期或可持续的绩效。我们研究的受访者并未从长期、可持续的绩效提升方面明确地定义团队教练,但我们的访谈内容表明了这一点。有人认为与团队合作12个月或更长时间才更有效。但并非所有人都这么认为,少数人表示乐于与团队短期合作,甚至只是一次性的教练。

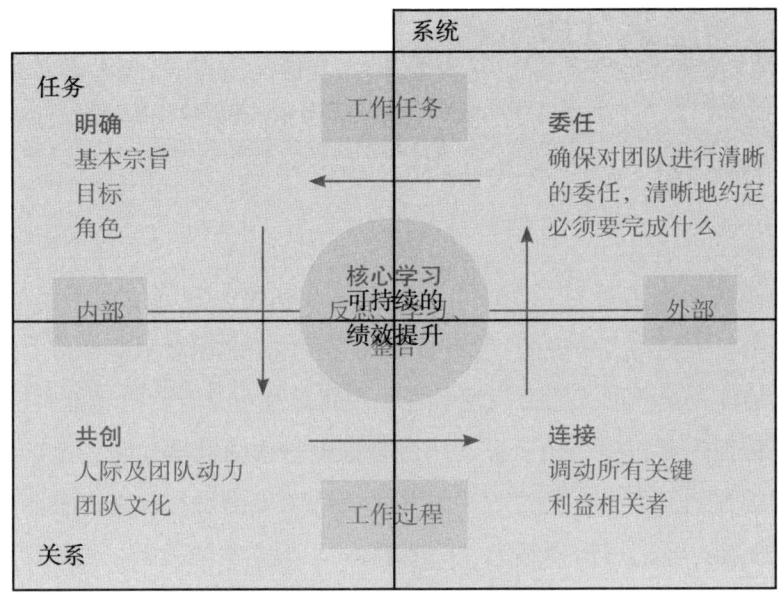

图 9.3　5C 模型和三个维度

讨　论

从文献记录以及与团队教练从业人员的交流中，我们发现，有些教练采用了专门针对内部任务的团队教练模型，有些教练则从系统的角度同时处理与任务和关系相关的问题。研究中我们发现，大多数受访者会从教练与团队的长期关系角度来定义团队教练，而少数受访者则认为一两次的干预活动也是团队教练。

根据这四个要素对团队教练进行定义，为我们进行以下工作提供了一些潜在基础：

1. 区分团队教练与其他干预措施，例如引导和过程咨询，以及培训、团队建设、团体教练。
2. 明确我们认为团队教练应该掌握的素质和能力，以及教练发展道路的本质。

区分团队教练与其他干预措施

将团队教练与培训区分开来，相对是比较简单的。组织当中的培训活动通常旨在提高个人的技巧和素质，而大多数从业者进行的团队教练，则涉及为完成某项集体任务而帮助团队成员共同学习。培训至少在一定程度上是灌输性的，而团队教练则需要为参与者生成自己的洞见和解决方案创造一个安全的空间。正如研究中一位受访者所说的："重要的是不去控制，不要只是教练一个人在说话。相比培训及其他形式的强制性学习，团队教练意味着聆听和提供观察。"

如果培训师针对整个团队，运用流程来促进团队共同学习，邀请团队反思成员之间的关系，而且在此过程中是从系统的角度出发、旨在提升团队的可持续绩效，那么，我们可以称其为"团队教练"。但通常情况下，培训和团队建设往往是一次性的活动，脱离团队任务，不考虑团队动力或过程。

克拉特巴克指出，团队建设工作坊通常侧重于人际关系，并不直接针对团队的集体任务。以此为基础，我们可以对团队教练和团体教练进行区分。如果我们接受卡曾巴赫和史密斯所提出的团队和团体之间的区别，那么这两个领域之间就存在着明显的理论区别。在团体教练过程中，我们的目的是促进每个人达成自己的个人目标。团体教练可能会发现处理团体成员之间的关系有用且有意义，也可能会请参与者关注团体外事件与团体内事件之间的关系，但根据定义，团体教练并不专注与业务相关的集体宗旨和目标。这种理论上的区分在实践当中未必总是很实用，这也许就是有些作者认为团队和团体之间没有实用性区别的原因。我个人曾有过这样的与团体合作的经验，我最初的关注点是个人目标，但团体将对话导向了共同目标。例如，一群来自同一组织营销部门的领导者，在经过几个月时间建立了融洽关系之后，针对加强整个部门的团队协作达成了共同目标。因此，某些情况下，进行有效的团体教练，需要额外展现出团队教练技能。

如本章前文所述，团队教练与引导和过程咨询难以清晰地区分开来。基于结构和教学内容去区分团队教练和引导并不能反映本研究中受访者的观点。有些团队教练采用非常结构化的方法："我们讨论组织授权，然后谈论采用同侪教练方法的可能性。我会讲解 GROW 模型,并就我们如何进行教练签订合约。"而其他教练的工作则完全没有流程,显然他们并没有基于结构来定义团队教练:"我过去会把所有事情都先安排好,即使最终派不上用场,然而这么做会让我放心。但现在我胸有成竹,知道要如何开始。"

由此来看,结构似乎不是团队教练和引导之间的主要区别。教学内容的情况也一样。有些教练谈到教学是自己的教练方法的一部分:"教学部分是为了给领导者及其团队一个认知框架,供他们共同使用。他们通常缺乏对团队动力的理解。"其他教练再次谈到了立足于当下:"我不会从固定的课程开始。这是非常自然灵动的。"

这项研究的参与者更偏向支持霍金斯的区分。虽然斯图尔特认为变革引导者的主要作用是帮助团队改善其流程,但我们采访过的很多教练都从应对团队动力的能力这一角度,讲述了自己从引导者到团队教练的转变。无论如何,团体引导的经验对于成为团队教练是有益的:

> 团队教练不一样。你需要关注战略、组织、多元化个性、团体动力。要能够不妄动、观察、发现。如果没有团体引导的经验,就更困难。我做过很多次团体引导,但我仍然觉得团队教练很难,仍然因为团队内在的复杂性而焦虑。

表 9.1 团队教练与其他团队干预措施的比较

干预措施	关注点			
	任务	关系	系统	可持续的绩效提升
团队教练	是	是	是	是
培训	否	有时	不经常	否
团队建设	有时	一定程度	不经常	不经常
团体教练	否	有时	有时	否
引导	是	有时	不经常	不经常
过程咨询	是	需要时	有时	有时

根据团体动力来定义团队教练，有助于与各种形式的引导进行区分。但这无助于将其与过程咨询区分开来。我们访谈的人中，也没有人认为团队教练必然会排除对问题的关注。与其试图根据实践的各个方面将团队教练与其他干预措施区分开来，不如把团队教练定位为明确关注任务、关系、系统和可持续的绩效提升这四个维度的一个领域（见表9.1）。

尽管从业者对在这些不同的干预措施之间划清界限无法达成普遍共识，但我们的研究结果表明，这样的定义会引起很多团队教练的共鸣。根据共同定义进行对齐是很有用的，这可以使我们：向他人解释我们所做的事情时保持一致；为从业者明确发展路径。

明确素质和能力

如果我们从任务、关系和系统的观点来定义团队教练，会对团队教练的发展产生明显的影响。首先，我们可以清楚地看到，在引导、团体教练等领域获得的经验，对于成为更好的团队教练发挥着重要作用。克拉特巴克似乎忽略了那些基于个人教练以及"少量的引导和/或团队建设"经验进行团队教练实践从而获得专业资质的团队教练，他的观点可能低估了这些经验的重要性。如果引导活动既注重任务又注重团队动力，那么这种经验可能对那些立志成为团队教练的人非常有帮助。同样的道理，过程咨询的经验也可能非常有价值。在接受访谈的36位教练中，只有6位表示自己接受过针对团队/团体教练的专门培训，而且可能那还只是侧重于个人教练的大型培训项目或者培养治疗性团体引导者项目中的一小部分。多数人谈到，他们是通过从事个人教练以及更广泛地与团队进行合作积累了经验，从而转变为团队教练的。

如果更全面地看待这些胸怀抱负的团队教练从业者的发展过程，巴赫基尔（Bachkirova）和劳顿·史密斯（Lawton Smith）警告到，不要以为发展就是单纯地获得技能。团队教练的能力框架不仅包括技能，还包括知识、致力于持续发展以及自我觉察/自我反思。正如王（Wang）所指出的那样，有效的教练活动是一种"不同的存在方式"，高效教练的所做、所说、所信具有一致性。在我们的研究中，教练们谈到，面对复杂、变幻莫测的环境，需要脚踏实地以及保持自信。除了技能，有抱负的团队教练还要考虑：

1. 知识。通过对知识的梳理，帮助我们明确了那些立志成为团队教练的人在学习的新的理论体系方面的必要性，这些理论体系在个人教练或其他团队/团体干预措施中可能不太重要，例如，掌握对话、团队动力学、团队发展和系统/复杂性理论。
2. 致力于持续发展。我们访谈的教练，平均拥有13年的从业经验，但很多人表示，教练团队从来没有驾轻就熟这回事。一些人对比了团队教练与个人教练，说到随着时间的推移，自己在个人教练方面越来越自信，但在团队教练方面却不断面临新的挑战，所以在开始新项目时丝毫不敢疏忽懈怠。这意味着高效的团队教练会接受这样的观念：团队教练学习之旅永无止境，要习惯模糊性，要致力于持续学习和发展。
3. 自我反思。从系统角度开展工作的教练知道，自己是所教练的系统的一部分。这就要求教练有能力理解自身在系统中可能产生的影响，而这需要高水平的自我觉察。更高的自我觉察，意味着要更具反思性，团队教练会更清楚教练督导在自我反思性实践过程中的重要性，从而定期与合适的教练督导合作。

结　论

总之，关于团队教练、团队引导和过程咨询之间的区分，目前没有普遍认可的看法。试图从场景的角度，依据结构、教学内容或积极心理学等因素来做区分，是没有说服力的。但是，我们的研究结果表明，很多（即使不是全部）

从业中的团队教练，从能够同时处理任务和团队动力、帮助团队提高长期绩效、从系统性角度开展工作这几个方面有效地定义了团队教练。实践中，这四个维度可以有效地区分团队教练与其他大多数不同形式的干预措施。因为这只是基于对澳大利亚团队教练从业者的定性研究，所以这一观点只是管中窥豹。

还应该注意的是，几乎没有证据表明团队教练的方法与成果之间存在关联。当问及如何定义项目成功时，研究中的大多数教练都提到，他们凭直觉判断做得是好是坏，一定程度上判断的依据是团队成员反馈、团队成员在教练期间的行为以及是否邀请自己再去做项目。很多教练提到了制定教练目标并在项目结束时检视这些目标的实现情况，但同时他们也谈到了就目标达成共识非常困难以及目标会不断变化。少数人提到了征求团队外部利益相关者的意见并寻求他们的持续反馈。对不同形式的团队教练的有效性进行循证，是未来研究的另一重要领域。

第10章　构建团队运转良好或失灵的实用模型

大卫·克拉特巴克

有关团队教练的各种定义，无论是否明确表达，一般来说，要么指向绩效提升，将其作为干预的主要目标；要么指向团队觉察和协作增强，由此获得绩效收益。前一种定义的提出者，有桑顿、克拉特巴克和霍金斯等人。后一种定义的提出者，有凯茨·德·弗里斯（Kets de Vries）、哈克曼和瓦格曼以及哈丁汉姆（Hardingham）、布雷利（Brearley）、摩尔豪斯（Moorhouse）和温特纳（Ventner）等人。此处我各给出一个例子，以比较这两类定义的不同之处："一种学习干预方式，通过运用各种教练原则促进反思和分析、激发内在动力以引发改变，进而提升团体或团队的集体能力和绩效。"（克拉特巴克）"使团队以及团队中的个人能够'成长'……这种成长的关注点一般就是成长本身，而不是工作成果。"（哈丁汉姆等人）

威廉姆斯（Williams）在一篇论文中提到，针对团队教练的定义，他采访了一些被教练者，发现大家在定义上几乎没有共识，但主题却具有共性，仍然是促进理解和改善协作、克服绩效障碍。

探索团队运转的各种模型也体现出这种两面性。兰西奥尼（Lencioni）的缺陷模型提出了团队的五大关键障碍：缺少信任；惧怕冲突；缺乏承诺；逃避责任；忽视结果。书的副书名①贴切地表明了这就是一个虚构的故事，尽管这个模型深刻地表述了团队的关系和动力中某一方面的失败会导致其他方面的失败，但是，这个模型却存在以下几种局限性：

1. 这只是一个缺陷模型，关于真正的高绩效团队做了什么这类线索却提供得很少（没有消极因素并不意味着一定会有积极因素）。
2. 因果关系的方向是固定的（模型中的下一层会影响到上一层），这种假

---

① 即兰西奥尼的《团队协作的五大障碍》一书。——译者注

设非常值得怀疑——我们不难发现反例，例如忽视结果（位于金字塔的顶部），可能会导致缺乏承诺或者逃避责任。对于复杂系统来说，兰西奥尼的这个模型本质上是线性的。

3. 这个模型假设所有影响绩效的破坏性因素都来自团队内部，但显然情况并非总是如此。例如，哈克曼和瓦格曼已经证明了结构、规模和资源的重要性。

另一个经常被引用的模型是霍金斯的 5C 模型：委任、明确、共创、连接和核心学习。霍金斯强调了团队作为系统中的系统的地位。

还有一个到目前为止引用得略少的模型，来自一篇理论性很强的论文，作者是钱普（Champoux）、奇尔斯（Chirls）和迈尔斯（Myers）。他们通过自己的文献分析确定了高绩效团队的六项特征，并访谈了来自不同行业的八家组织的领导者，以了解这六项特征在组织文化中的体现。这六项特征是：高度信任；高度尊重；有对明确的共同宗旨的承诺；有管理冲突的意愿和能力；关注结果；权力与责任对等。他们提供了一个可以对这些特征产生显著影响的行为模型。这个行为模型有四个象限，分别是：指导，主要关注结果；影响，主要关注人；支持，主要关注关系；分析，主要关注质量、准确和完善。他们得出结论，个人的行为倾向可以为团队的成功提供必要的支撑；但是，如果不主动进行管理，那么这些个体差异所带来的冲突就会降低团队的运作效率。

过去 10 年里，我向来自世界各地的团队教练学员介绍了这些模型。从他们的实践反馈和介绍来看，他们对这些模型的看法，绝大多数好坏参半。对于兰西奥尼的模型，客户和教练都很喜欢其很简单，但是，这个模型只揭示了模型中所包含的那几个有限的问题，而且因其关注点是缺陷，所以运用基于优势的教练方法变得更加困难。对于霍金斯的模型，客户和教练都很喜欢其理念上的完整性和全面性，但同时他们也发现，这个模型很难应用于组织内的中下层团队。这两个模型都没有太强调领导者的作用。

基于这些反馈，我开始与全球范围内的同事探讨构建团队运转良好或失灵

（team performance and dysfunction）的模型的可能性，以解决现有模型中的这些不足；并且我已经开始针对团队教练学员提供的真实案例进行测试。特别是，这个新模型满足了全面性和循环性的需求：全面性，体现在所包含的问题以及运用这个模型的团队这两个方面；循环性，意思是承认在复杂的自适应系统中每个因素都可能影响到其他因素。我们还希望更坚定地将领导—成员角色转换（leader-member exchange）这一概念考虑进来，将其作为运转正常或失灵的一个因素。

1998年欧洲共同体资助的一项研究以及我的《教练工作团队》[①]（Coaching the Team at Work）一书第4章当中提出，有效的团队会始终关注三个核心领域：任务、行为和学习；同时，互动性的工作方式为这三个领域提供了支持。针对我与团队的访谈内容进行的分析表明，高绩效团队会不断地在这三个关注点上切换注意力，不会让对某一领域的重视影响到对其他两个领域的关注。至于团队共享目标的重要性，我将其纳入任务领域，因为目标的设定和管理是团队的一个核心流程。有关团队内以及教练过程中目标管理的复杂性，在我与多人合著的《超越目标》（Beyond Goals）一书中有进一步的阐述。

最近，纳入培训项目的团队教练案例显示，团队的优劣势往往属于五个领域（我最初将其称为"支柱"）中的某一个。这五个领域是：

- 宗旨和动力
- 对外的过程
- 关系
- 对内的过程
- 学习过程

这五个领域在很大程度上充实了之前的模型，不同之处在于：过程往往侧重于内部或外部；目标管理看起来是更大领域（宗旨）的一部分；如果没有实现目标的动力，那么明确目标本身就是无效的。过了两年时间，我才意识到，

---

① 本书的简体中文版即将由华夏出版社出版。

这五个领域的英文的首字母正巧构成了一个单词：PERIL。自从《超越目标》一书出版以来，我一直在验证这个五领域模型的逻辑和依据。

2015年，我受一家大型全球互联网公司的委托，调查其绩效最高的团队的特征。这激发我进行了新一轮的对团队和绩效文献的广泛搜索，运用谷歌学术以及其他各种参考资源，为焦点小组访谈开发模板。我搜索到的文献都是英文的，尽管我也征求了法国以及其他地方团队教练先驱的意见。目前我还未获得许可在公司内部公布此项研究的结果。

这次文献分析得出了数百种因素，我逐渐将这些因素合并为表10.1中的主题。很有可能一些潜在的重要主题因为只提到过一两次而被忽略掉了。表10.1列出的是重复出现的主题。

表 10.1 高绩效团队特征

特征	例子
宗旨和目标	明确的目的感 目标清晰 目标具有激励性 每个人都朝着同样的目标努力 每个人都了解团队和个人的绩效目标，并且知道对自己的期望
角色清晰	角色界定清晰 使命被分解为易于理解的绩效目标，让每位团队成员去实现 对个人和团队角色的承诺
关注绩效	"相较常规目标，更加雄心勃勃"
技能	技能组合具有互补性，技能有时可相互替代 高情商
任务过程	团队成员清楚如何共同工作以及如何完成任务 做决定或采取行动的权力
关系过程	团队成员在轻松随意的氛围中积极化解紧张感和摩擦 像稳固的家庭一样运作
决策	分歧被视为好事情，冲突得到了管理 自然地达成一致意见时，团队做出决策；难以达成一致意见时，由团队领导者或执行发起人做出决策，决策后很少有事后诸葛亮的情况发生

续表

特征	例子
信任	人们对彼此以及团队宗旨有着深厚牢固的信任，可以自由地表达感受和想法 相互支持与信任
团队内部沟通	多向沟通 倾听
心理安全感	批评具有建设性，以解决问题和消除障碍为导向 团队进行广泛的讨论，每个人（即便是内向的人）都有机会做出贡献 均衡性的参与
协作过程	每位团队成员都有自己的价值和作用，尊重团队流程，尊重其他成员 相互问责：履行对具体角色的个人义务，同时承认对共同宗旨的共同责任 高绩效团队是无私的
领导过程	为取得成果，根据需要，团队的领导权会不时变换。没有哪位成员个人比团队更重要
冲突管理	鼓励建设性冲突；人们关注的是想法上的冲突，而不是关系上的冲突
必要的多样性	依靠多样化的人才
责任感	对自己和同事负责

2015 年这项研究的一个主要成果，是关于这些高绩效团队中领导者角色的，为此我们创造了"安全领导者"一词。

无论在哪种民族文化中，安全领导者都会反复呈现如下特征：

1. 领导者自身感觉安全，觉得没必要去控制。对他们来说，信任他人相对比较容易，因为即使出现失误，他们的肩膀也很强壮，足以分担责任。
2. 他们认识到，想要管理大型团队是不可能的，也是徒劳无益的。相反，他们的目标是支持团队成员进行自我管理。
3. 这些领导者不希望随时了解所有情况，也不希望为团队成员传递信息。相反，他们希望团队成员能够保持顺畅的沟通，并将经理需要知道的事情进行汇报。

4. 这些领导者认为自己的部分重要职责是保护团队免受外界干扰，同样重要的是，要确保每个人都理解团队的总体目标并与之保持一致。
5. 自我安全感使他们能够接受（并欢迎）团队成员的反馈。他们有一种"成长心态"，这让他们可以同时关注自己和团队的发展。
6. 他们既关心团队目标，也关心每位团队成员。他们留出时间用于人际互动。
7. 他们意识到自己也在不断完善中，并对此欣然接受。

因此，进一步发展这个模型时，一个关键的调节因素可能是领导者的角色。有大量关于领导者与成员交流方面的研究，其中很多研究关注领导者的沟通及关系建立技能与团队绩效之间的联系。将所有这些数据叠加到一个实用且充分基于证据的模型当中，需要时间，而且公平地说，还需要持续验证其有效性。

让我们从团队运转良好或失灵的指标角度来简要地看一下每个领域。

宗旨

宗旨是关于团队为什么而存在的。这是霍金斯 5C 模型委任中的使命。团队宗旨可以是更广泛的组织宗旨的细分，也可以从团队内部产生。源自宗旨的集体能量，可以让团队发挥出一加一大于二的作用。指标包括共享愿景、宗旨和重要事项的清晰度。

外部过程、系统和结构

这些与团队及其利益相关者（客户、供应商、股东、组织内其他团队、更高层的管理者等等）的相互关联和影响的方式有关。指标包括声誉、针对目标实现的绩效、环境意识（不断演变的市场、技术、竞争等），以及团队对各种资源如信息和资金的使用情况。

关系

这些与人们一起工作的方式（他们是否喜欢彼此的陪伴、是否尊重彼此的能力、对彼此是否诚实）等有关。指标包括心理安全水平。

内部过程、系统和结构

这是外部情况的内部镜像，包括团队管理工作流程、相互支持以及保持高质量沟通（包括工作和感情）的方式。指标包括角色清晰度和决策质量。

学习

这项因素与团队应对不断变化的环境并保持持续改进和成长的能力有关。指标包括相对于环境改变的速度是领先还是落后，以及成员学习目标的清晰性和相关性。

表10.2对各项指标做了更详细的说明。（有些指标出现不止一次，因为可能是多个问题的症状。）

表10.2 团队运转良好或失灵的指标

因素	运转失灵指标	运转正常指标
宗旨	·宗旨太模糊，成员各有各的理解 ·宗旨未得到上级认可/上级指示不足 ·与成员所坚信的价值观之间的关联度很低或没有关联（所以实现宗旨的能量很低）/与所坚信的其他价值观之间存在冲突 ·各目标之间的优先级有冲突 ·将个人事项置于集体事项之上 ·个人和集体的复原力差	·使命清晰，符合更广泛的（通常是社会的或环境的）宗旨 ·目标明确 ·角色清晰 ·集体和个人的能量都很高 ·目标优先级高度一致 ·愿意将团队的重要事项置于个人的重要事项之上 ·快速检视和改变目标的能力 ·调动利益相关者参与使命的实现 ·高度共享的价值观 ·从挫折中快速复原

续表

因素	运转失灵指标	运转正常指标
外部过程、系统和结构	・声誉问题 ・缺乏关键资源 ・在争权夺利的环境中运作 ・未能与利益相关者建立明确的期望 ・环境／市场变化 ・文化影响	・识别威胁和机遇的强大能力 ・在利益相关者中享有很高的声誉 ・利益相关者的诉求和愿望清晰 ・强有力的沟通（倾听和告知） ・客户和供应商很容易接触到 ・高度重视质量
关系	・冲突未得到解决／被拒绝 ・缺乏心理安全感 ・成员感到不受重视／不受支持 ・拉帮结派 ・缺乏对集体绩效分担责任的意愿（责备） ・沟通问题（关系性的）	・拥有合适技能的合适人选 ・优劣势互补 ・高度诚实的反馈 ・了解彼此的长处和短处 ・鼓励和重视积极冲突 ・高度支持同事 ・心理安全感 ・重视多样性
内部过程、系统和结构	・质量问题反复出现 ・任务和角色缺乏明确性 ・审查制度不健全 ・对于在这个领域下什么是高绩效缺乏明确性 ・决策过程不明确 ・沟通问题（系统性的）	・明确谁是团队成员、谁不是 ・团队规模适当 ・分布式领导力 ・强有力的决策过程 ・发挥每个人的长处 ・高度重视质量 ・快速创新 ・角色清晰
学习	・"太忙综合征"（没时间反思） ・个人学习和集体学习没有得到充分重视 ・缺乏资源了解外部观点和想法 ・学习成熟度低／个人成熟度参差不齐 ・抗拒改变 ・重犯错误（未吸取教训）	・促进集体学习的团队发展计划 ・对错误持积极态度 ・与不断演变的环境相联系的学习目标 ・反思的习惯：在适当的时候退后一步 ・征求反馈意见 ・共同教练／教练式心智模式 ・走在变化的前沿

资料来源：David Clutterbuck & Coaching and Mentoring International。

图10.1说明了这五个领域相互作用、影响团队正常运转（右上浅灰部分）或运转失灵（左下深灰部分）的方式。白格表示领导者的品质和行为（LQB）

的调节作用（moderating effect）。

LQB	宗旨	外部过程、系统和结构	关系	内部过程、系统和结构	学习
宗旨	LQB	团队与关键利益相关者之间的价值观一致	基于共同目标充满热情地合作	明确重要事项：将集体的重要事项置于个人的重要事项之上	积极寻求方法来运用和扩大团队优势
外部过程、系统和结构	利益相关者不清楚你们的立场	LQB	与利益相关者建立强有力的合作关系	对质量问题做出快速有效的反应	快速的产品和服务创新
关系	人们各行其是	与利益相关者存在冲突；不尊重利益相关者	LQB	高度的心理安全感让人们可以对所做的事情不断提出质疑	人们为彼此的成长积极地承担责任
内部过程、系统和结构	工作重复，浪费精力	质量问题未得到承认或解决	人们避免"介入"彼此的领域。巨大的"房间里的大象"	LQB	对过程进行持续改进的文化
学习	聚焦于个人学习而非集体学习	创新缓慢	人们"私藏"知识和专长，留一手	抗拒改变	LQB

图 10.1　PERIL：团队运转良好或失灵的五个领域

资料来源：David Clutterbuck & Coaching and Mentoring International。

我们已经开发出一个诊断工具，目前正在试用当中。这个诊断工具针对每个领域提出了 20 个深入的问题。因为以前观察到有时团队在填写此类问卷调查时很难做到诚实，所以我们增加了一个额外的维度——请他们针对自己对每个问题回答的肯定程度进行评分。

结　论

随着我们对团队和团体的运作方式了解得越来越多，我们就越来越需要从更平衡的角度来评估团队运转良好还是失灵。团队教练需要更加谨慎，不要让局部的团队动力影响自己的教练干预。一个常用的解决办法是使用诊断问卷，但同样重要甚至更重要的是，在项目开始时教练对团队成员进行访谈。问卷只能评估预先设定的问题，可能会漏掉关键动力，这些关键动力只能通过倾听团队成员的故事、倾听他们对于团队以及自己对团队成败所起作用的理解来确定。倾听这些故事时，重要的是，要运用情境合适的模型来捕捉这些动力，这些模型应该是范围足够广泛而且经过充分验证的，否则，团队教练可能会在无意中就与团队形成了共谋，关注了团队系统当中的某个部分而忽略了其他部分，但被关注的这个部分实际上却依赖于其他部分。

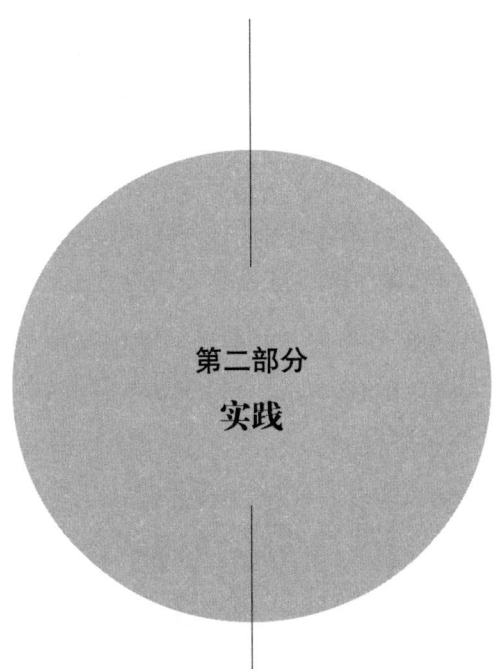

第二部分
实践

第 11 章　意识教练：运用团队教练提升系统、关系及内在觉察

蒂什·罗宾逊，多莉·柳树

一个兼并项目陷入败局，团队中分歧不断、士气下降，经理说："我们需要帮助！"这个兼并项目几年来步履维艰，主要原因是员工一直未能建立良好的合作关系。

团队教练最初介入这个项目时，团队成员都不愿谈论自己的经历和感受，根据他们后来的解释，这是因为之前他们表达感受时，遭受过前任老板的嘲笑。这位团队教练耐心地倾听着，同时提出一些宽泛的、兴趣导向的、开放式的问题。然后在某个时刻，她对团队成员说："我观察到团队中有很多压抑的情绪。"于是，大家都在椅子上坐直了，看着彼此。其中一个人试探性地说出了心里话，他回忆起兼并初期的情形时说道："我的很多同事都被解雇了，我害怕也被开除。"房间里的能量突然有了转变，乌云密布变成了朗朗晴空。很快，其他成员也开始分享自己在兼并过程中的体验和感受。氛围渐渐轻松起来，好像整个团队从肩膀上卸掉了一个巨大的负担。

这次团队教练的介入开启了一段新的旅程，团队成员开始更加了解并信任彼此。教练分享自己的观察，就像是掀开了盖子，让团队成员释放了压抑已久的悲伤。六个月后回顾时，一位团队成员分享了自己的发现："我们原来并不知道我们每个人都有类似的恐惧和悲伤，好像是幸存者对被解雇人员的那种内疚。"团队成员们还分享说，展示脆弱以及分享痛苦的体验和情绪这些做法让大家觉察到彼此共同的需求、价值观和情绪，让团队展现出同理心，促进了团队成员之间的连接以及成员与团队整体的连接。当团队成员更有心理安全感时，大家就能够更加开放地讨论其他挑战和分歧。后来的成果是，团队绩效大幅提升。兼并几年前就完成了，但团队成员真正融合在一起，却是在团队教练介入之后。

这个案例中，团队教练引发了三个层面的觉察：系统觉察，即对团队所处大环境的系统层面的觉察；关系觉察，即对团队成员的共同情绪的关系层面的觉察；个体觉察，即对团队成员各自的内在以及之前所压抑的情绪的个体层面的觉察。首先，教练引发了系统觉察，让团队意识到，在裁员的背景下还有很多残留的恐惧。其次，教练创造出一个对话空间，让大家分享彼此的脆弱，增强了关系觉察和同理心。最后，教练让每位团队成员个人觉察到压抑的悲伤情绪，有助于解决一些制约团队发展的恐惧情绪和不信任的问题。这些觉察给团队带来了新的认知，而团队能量就此发生了转变。

团队教练通过觉察提升绩效

团队教练提供系统性干预，在个人、关系和团队三个层面提升团队集体的意识和绩效。大量研究文献记载了意识和绩效之间的关系，但探讨如何在团队里通过干预对系统及团队成员的情绪创造更多觉察的研究却很少。本章探讨的是，如何通过具体的团队教练干预方式，帮助团队通过对自我、对团队关系、对团队作为整体的动力和文化这三个层面进行觉察，变得更加高效。

克拉特巴克对团队教练的定义是："一种学习干预方式，通过运用各种教练原则促进反思和分析以及激发内在动力以引发改变，进而提升团队的能力和绩效。"教练与其他团队干预方式的区别是：教练着重为团队赋能而非指导。

团队教练是团队研究的一个重要领域，因为：

- 实践证明，那些对团队整体以及团队成员彼此的情绪状态都有觉察的团队，在解决复杂问题、提出创造性解决方案方面都有更好的表现。
- 在佐治亚大学所调研的公司中，几乎三分之一都在使用某种形式的团队教练，这表明了团队教练的传播范围之广。
- 公司里大部分工作都是以团队的形式完成的，因为相较于其他工作结构，团队所提供的解决方案在复杂性、创新性、适应性、综合性方面都会更好。

为什么觉察对团队绩效如此重要？伍利（Woolley）等人发现，在提供复杂、创新、具适应性和综合性的解决方案方面表现最好的团队，具备两种觉察：系统觉察（和平等的发言权），团队成员平等贡献，而不是由一两个人主导；关系觉察，成员之间能够理解彼此的想法，也就是能够从面部表情和眼神中理解对方的感受。本章探讨的第三种觉察是个体觉察，即每位团队成员对自己内在情感和思考过程的觉察。

通过干预和教练心智模式提升觉察

团队教练使用系统方法进行教练，聚焦于把整个团队视为一个系统。我们将从三个层面对觉察进行分析：系统觉察，把团队作为一个整体进行觉察；关系觉察，围绕团队成员之间的关系进行觉察；内在觉察，每位团队成员对自己内在系统的觉察，包括感受、信念、价值观和思想，总之，是对自己"内在"心理过程的觉察。

在应用团队教练的组织中，一般都是团队出现问题时才引入教练。通常情况下，绩效不佳都与团队对团队动力的觉察不够或沟通不足有关。团队领导者可能没有能力处理自己与团队成员之间的冲突，以及与自己有利害关系或立场不中立的冲突。因此，我们建议通过教练干预来提升觉察，这些干预措施由教练能力和教练状态共同支持，如图 11.1 所示。接下来，我们首先定义一下什么是觉察，同时提供一些教练干预措施的案例，然后再讲一下实施这些干预措施时必要的心智模式。

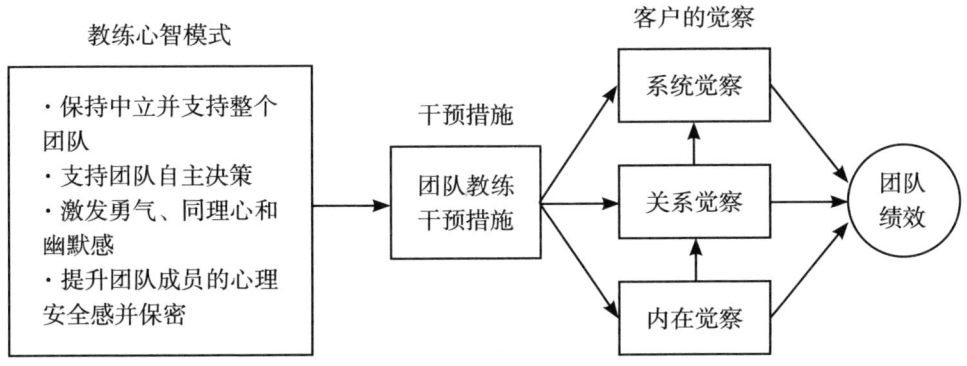

图 11.1 教练心智模式、干预措施、团队觉察及团队绩效之间的关系

觉察以及引发觉察的干预措施

团队中的三种觉察类型:系统觉察、关系觉察和内在觉察

为促进团队合作、提升团队绩效,团队教练的一个主要目的,就是转变意识或觉察。觉察方面产生洞见或发生转变,就需要发生阿尼·明德尔(Arny Mindell)所说的从"原发过程"到"继发过程"的转换,也就是从舒适、熟悉、已知的领域(原发过程)进入不太舒适、不太熟悉、不太了解的领域(继发过程)。正如明德尔所述,扩展觉察的过程,需要跨越舒适、熟悉、已知(我们的原始存在状态)和不太舒适、不太熟悉、不太了解(我们的次级存在状态)之间的边界。通常,我们需要在熟悉和不熟悉之间来回数次,才能形成新的模式。当我们在边界上来回的次数达到一定程度,能够顺畅地往返于熟悉、已知和不太熟悉、不太了解之间,最终陌生变成熟悉,我们的意识和觉察就扩展到了一个新的范围里。所以,成长是一个不断扩展的过程,在这个过程当中,我们跨越一个又一个边界,不断进入不太舒适、不太熟悉、不太了解的领域。

我们如何知道意识和觉察的转变已经发生了呢?一般来说,当意识和觉察发生转变后,团队的氛围会变得更开放、更紧密、更有建设性。以下我们重点介绍三种类型的觉察，这三种觉察分别代表着团队内三个层面的分析：

- 系统觉察：把团队作为系统，这个系统包含了关系、信念、规范、价值观、情绪；
- 关系觉察：团队成员知道彼此对事物的解释、理解以及意义的建构；
- 内在觉察：团队成员知道自身内在的心理过程。

系统觉察

克拉特巴克把团队看作是关系的系统，并建议教练进行系统思考。作为系统思考的一个例子，明德尔认为倾听各种声音是非常有价值的，包括倾听团队系统中那些静默的以及弱化的声音，因为那些最没有权力的人通常对系统有最准确的看法。斯洛博德尼克（Slobodnik）和怀尔（Wile）认为，改善团队无效的行为模式，需要采用系统方法，识别和调整团队的内在关系系统。补充一点，沙因（Schein）强调，为使团队有效，需要处理人际关系，但只有在团队明确允许的情况下，顾问才能介入。提升系统觉察的干预包括：反馈系统性的团队模式；用肢体表达观点和立场；创意书写。

反馈系统性的团队模式

将系统性的团队模式反馈给团队，是提升系统觉察的一种基本干预方式。例如，看到团队的话语权由部分成员主导，团队里比较安静的成员的意见没有被倾听到，教练就可以将这种模式反馈给团队，这是一种帮助团队提升系统觉察的方式。这种方式有助于将团队的注意力从原来的以听"大嗓门"为主的原发过程，过渡到也能听到"安静声音"的继发过程，如此一来两种声音就都能被听到。教练之后可以问团队："作为一个系统，你们想要的是什么？"当问到那些比较安静的团队成员时，他们可能会想运用自己深刻的见解来改变现状。

因为教练比团队成员更独立于团队，所以他们通常能够更中立地看到团队系统的全貌。教练能够从这种更加广阔的视角将团队模式反馈给团队成员，帮助他们提升系统觉察，从对个人体验的觉察，扩展到去觉察对团队其他人员所产生的影响。

用肢体表达观点和立场

教练可以运用海灵格系统排列的方式，帮助团队针对某个问题快速有效地表达出每个人的立场。具体做法是，教练让团队成员根据自己对核心话题的感觉站在相应的位置上，离核心话题近的位置代表感受比较强，离得远的位置表示感受比较弱；同时，房间的一边可以指定为积极情绪区域，而另一边则指定为消极情绪区域。运用这种方式，团队能够可视化团队中所有的声音（包括安静的声音），这可以帮助团队对当前的话题有更多的系统觉察。询问完团队当下对这个问题的立场之后，教练可以询问团队成员，他们希望今后对这个问题的看法有怎样的改进。这样做能够显示出哪些可以改变、哪些不会改变，而团队内的任何改变都会改变整个系统。

运用肢体来表达观点还能扩展团队的觉察。在一个内部竞争非常激烈的团队中，教练将成员分成几个小组，让这些小组的成员在房间内走动，与其他小组的成员互换位置，站在其他小组的立场上。这些相互竞争的团队成员，经由想象站到他人的立场上，意识就发生了改变，开始更加深入地理解彼此。这种肢体式的观点表达，让人们通过移动身体来体验新的视角，是改变沟通途径和系统觉察的综合性方法。

创意书写系统中的平等之声

创意书写是另一种促进团队发出"平等之声"的有效干预方式，能让每个人的声音都被听到。创意书写的做法是：请每个团队成员先在便利贴上独自写下自己的想法，然后在小组内分享和讨论，这样可以避免锚定效应或从众心理。例如，团队成员可以写下一些描述团队、公司和生态系统（包括供应商、客户等）的形容词，然后把这些便利贴贴在白板上对应的标签下（团队、公司、供应商、客户等）。这可以显示出组织系统的哪些方面受到的关注较少，同时也能够让每位团队成员都有机会表达出自己的意见。

关系觉察

野中郁次郎（Nonaka）指出，关系是对人类系统进行分析的关键单元。关系觉察是对关系当中其他人的觉察，包括对对方的感受、理解和意义建构方式的觉察。良好的关系觉察和团队绩效呈正相关关系。高绩效团队的特点是，团队成员能通过眼睛读懂对方的想法。凯茨·德·弗里斯（Kets de Vries）强调了关系觉察的重要性，他强调要关注"关键人物互动过程中……在表面现象之下，真正发生的是什么"。

将团队文化形象化的一种方法是借用"冰山"的形象。冰山水面之上可见的部分，是人们所说的话、所做的事情；潜藏在水面之下、通常对他人来讲不可见的部分，是价值观、信念、情绪、意图、利益和需求，这些主导了人们的言行。在冲突发生时，人们所说的话、所做的事，通常体现的是针对问题的立场、抱怨、要求而进行的沟通，而不是沟通背后的价值观、信念、情绪、意图、利益（一般在谈判中指立场和利益）。然而，聚焦于沟通背后的利益、需求、价值观、情绪、信念和意图，而非停留于表面的立场或争论对错，冲突会更容易解决。

提升关系觉察的干预方式包括：通过结构化分享增进信任；让抱怨背后的问题和需求浮现出来；改变沟通方式来表达情绪。

通过结构化分享增进信任

为了提升关系觉察，纽约州立大学石溪分校（SUNY Stony Brook University）的亚瑟·阿伦（Arthur Aron）和他的同事们展示了人们如何通过坦露心声以及逐渐展示脆弱性，来获得更多觉察。具体而言，阿伦他们的研究表明，相互进行心声坦露（逐渐增加，而不是太快），与信任度的提高始终具有相关性。哈里·莱斯（Harry Reis）的研究对此进行了补充：当一个人自我坦露心声时，倾听者进行回应，对于建立信任同样重要。坦露心声以及有回应的倾听对于建立关系都很重要，而且对于后续的关系质量更加重要，教练可以对此提供支持。

让抱怨背后的问题和需求浮现出来

通过提问去挖掘团队冲突中核心的立场、要求或抱怨背后的利益诉求，能够让团队成员更好地理解关系中的其他人，从而提升对团队关系的觉察。这方面的一个案例是，一位老板和下属之间发生过很多冲突，老板感觉自己成了局外人，下属却觉得自己被管得太细。教练感觉到了权力的失衡，于是问他们两个人："为什么合作很重要？"结果老板意识到，为有效地完成工作，他需要下属就像下属需要他一样。后来，下属透露说，在这次教练之前，她"不敢"在老板面前讨论这个话题；如果没有团队教练在场，她不可能这样做。

改变沟通方式来表达情绪

将沟通方式从语言表达改为肢体动作或声音，可以为客户提供另一种方式来表达他们可能不愿意讨论的困难情绪。有一个团队的两位成员彼此不信任。其中一位英语不是母语的成员很难用英语清晰地表达自己的感受。尽管她很不安并且想要表达自己的感受，但是她说的话并不多。教练给这两位团队成员一张纸，让他们一起拿着，然后说："想象这就是导致你们彼此不信任的事情，用这张纸来告诉我你对这件事的感受。"那位比较安静的团队成员抢过纸，然后拿起笔，用力向纸上戳，直到那张纸上满是破洞和裂口。然后她把纸扔到地上，脚踩着纸在地毯上来回搓，同时发出低声的呻吟。她的伙伴睁大眼睛看着这个平时寡言少语的同事，感受到了她是多么的生气，以及她对于彼此间的不信任有多么强烈的情绪。把沟通从通过语言的方式转换为通过物体比如说这张纸来表达，让这位讲话很少的女士有了一个渠道来表达自己用语言无法表达的情绪。

借助物体来改变表达情绪的方式，还能够帮助团队成员表达自己对于共同的关系或目标的感受。还是刚才那两位同事，教练给了他们第二张纸，让他们表达希望关系改进成什么样。其中一个人拿着这张纸，另一个人对着他折这张纸，直到折成一个整齐的三角形，然后对他说："一个角由你拿着，一个角由我拿着，第三个角是我们在这个项目上为了达成共同目标所需要共同承担的责任。"第二个人看着这张折叠的纸陷入沉思，说：

我也希望是这样的关系，和你之间的关系对我来说很重要。现在我意识到了你是多么想摆脱不信任的感受，这需要我们两个人付出同样的努力去建立新的信任。

内在觉察

凯茨·德·弗里斯强调，聚焦于"关键人物互动过程中……在他们每天日常工作表象之下，内在真正发生着的是什么"，这一点非常重要。这里的内在觉察指的是，一个人对自己内在心理历程的觉察，包括对价值观、感受、感觉、信念等的觉察。从内在觉察开始，随着我们应对复杂性的能力逐渐提高，并意识到我们是更大的系统的一部分，我们的意义建构过程也在进化。基根（Kegan）后来和库克·格鲁特（Cook Greuter）追踪了这个过程。

内在觉察与关系觉察有着错综复杂的联系：通过重复的、持续进行的社交活动和关系互动，个体通常会获得更多的内在觉察。在这种互动中，其他人的行为会使个体的期望破灭，并且会激发出新的解读和洞见。原因是，作为个体的团队成员一般意识不到自己的真实感受；很多团队成员即使确实知道自己的感受，但也不知道如何表达强烈的情绪，尤其是强烈的负面情绪，或者不愿意让这些情绪浮出水面。这种情况在亚洲更加明显。在多元文化的团队中也是这样，讲外语的人可能无法充分表达自己的情绪。

改变沟通方式促进内部觉察

改变沟通方式能够让团队中的每个成员去探索自己的情绪，而不会被自己的信念、假设或社会化的行为模式卡住。艾米·明德尔（Amy Mindell）率先探索了如何从熟悉的常态沟通方式转向继发的不熟悉的方式，例如从语言沟通转变为肢体动作或画画的方式。这能带来感知和洞见的转变，也能转变一个人的视角、释放压力或将潜意识的想法意识化。

例如，当被要求用动作的方式展示愤怒时，团队成员劳伊做了一个非常快的击打动作。教练让劳伊慢下来。随着每一次向下的动作，劳伊将整个身体非常沉重地向下弯，动作越来越慢，泪水从他的脸上流下来，这展示出了其愤怒背后的悲伤，而之前其他团队成员都没有留意到这一点。当劳伊从那种让其他团队成员感到害怕的愤怒转变成深深的绝望和悲伤时，他的情绪以及团队的氛围都改变了，团队成员对劳伊和他的悲伤变得更富有同情心。后来，劳伊意识到这份悲伤来自自己没有被看到。当这种需求以愤怒的方式表达出来时，团队成员都在躲避劳伊。但是当这种需求用悲伤来表达时，就能够牵引着团队成员把手伸向劳伊。沟通方式的改变使他潜意识中的感受浮出水面，让同事们能够看到。

教练干预措施背后的教练心智模式

最重要的教练能力是心智模式或教练状态。一个人的状态是一种心智模式或"存在方式"，驱动着所有其他教练能力，即"行为方式"。教练状态有助于创造出一种所有人都感觉到被倾听的氛围，能够让彼此感受到人情味，也能揭示他们的抱怨或冲突背后的价值观和需求，让团队成员参与和自己有关的决策过程，增加他们对决策以及执行过程的认同感。所以，我们提出教练要努力做到中立，而且允许团队自行决策、创造心理安全感并保守秘密。我们相信教练也要有勇气去讨论"不能讨论"的事情，用举重若轻的方式将问题呈现出来。下面会逐一讨论这些教练的心智模式。

保持中立并支持整个团队

与团队其他成员之间没有其他关系会有助于团队成员保持中立；有团队领导的认可或者拥有工作保证，能够让团队成员在领导滥用职权时可以诚实地对情况进行评估和干预。当团队成员卷入涉及自己的情绪、名誉或个人利益的冲突时，他们很难保持中立。一种促进团队成员保持中立的方法就是，培养"初学者之心"，不带任何假设或预设。这种心态是用提问代替假设，在提问过程中，通常会揭示出一些与主流文化规范不同的个体偏好。我们在此建议通过深度倾听、提问题、不做任何假设的方式来增进同理心。

教练还要把整个团队作为一个系统、一个拥有自身独特性格和品格的生命体来支持，要把每位团队成员的声音都视为团队的声音，而这需要团队教练对团队动力有所觉察。团队教练必须以团队成员平等表达为目标，可以通过在团队内部提供均等的发言机会来进行衡量。很多团队中，某种程度上大多数时间都是少数成员在说话，因为很多不善言辞的人害怕开口说话。虽然研究证实，平等之声能够创造高绩效，但实际上当规则由少数控制谈话的人制定时，就很难有平等的声音。

举个例子，在一个团队中，一位成员开始表达自己的害怕和担心，让人忍不住想关注她。但在转向倾听这个系统的声音时，团队教练先是征询了其他团队成员的许可："我们听一下这个团队成员的想法可以吗？她的担心可能不只是她自己的问题，可能会是整个团队的议题。"倾听这位成员讲话时，教练继续环顾整个团队，观察其他团队成员的情况。然后教练将团队的反应反馈给团队成员："我看到很多人在点头，点头是什么意思呢？"一位团队成员情绪的表达，能帮助团队其他人更加靠近彼此，就像他们在表达自己的担心一样。通常，团队成员或关系中个体身上发生的事情，是团队这个更大的系统中正在发生的事情的微观缩影。

支持团队自主决策

阿尔罗（Alrø）和达尔（Dahl）强调支持团队自己解决问题非常重要。实证研究表明，支持团队和个人进行自主决策，更能促进团队工作流程的改进和客户满意度的提高。当教练们相信团队最了解自己并且能够找到最合适的解决方案时，他们就能够最有效地支持团队解决问题。教练需要尽最大努力，然后将自己从结果中抽离，并始终持有这样的信念："无论发生什么，那都是注定要发生的。"

举个例子说明一下，由于权力斗争，一家小型初创企业的高管团队为业绩而苦苦挣扎。教练并没有只聚焦于表象，而是通过探问背后的关系来挖掘系的智慧。突然，副总裁宣告："我想要从这家公司辞职，因为我看到自己在把大家拉向其他人都不想去的方向。"总裁大吃一惊并试图阻止她这样做，但副总裁说："我已经下定决心了，正在等待合适的时机。我觉得这样对我们大家都好。"其实，团队只需要得到许可就可以解决自己的问题。

激发勇气、同理心和幽默感

对教练而言，非常重要的是不要抵触冲突，并且愿意直面强烈的情绪而不退缩。通常进行冲突干预时，在冲突平息前，需要介入冲突和强烈的情绪中，倾听人们真实的感受并让他们发泄。特别重要的是，冲突升级时要进行干预，并以富有同理心的方式将冲突升级的情况反馈给团队。

教练要有勇气去讨论不可讨论的事情，如此才能支持并鼓励团队成员进行艰难的对话。团队成员由子连续几周躲避她的同事，后来在教练的支持下，她用一种非常谦逊的方式表达了自己的困境："我其实很喜欢也很尊重她，但是……有时候很难和她一起共事。"教练温和地邀请由子和同事去探索彼此的情绪和需求。开始显得很尴尬，但她们逐渐开始更加坦率地表达，并意识到原来彼此都害怕不被对方接受。

勇气和同理心能够帮助教练和团队建立起信任关系，并创造安全的氛围，让团队成员可以敞开心扉。教练积极的话语、正常化的表达以及对团队的认可，有助于为创建新的觉察奠定基础。探讨情绪的最终收获会非常大，但开始时总是富有挑战性的。

举一个正常化的例子。教练对处于冲突中的团队说："团队经历冲突并不罕见。大多数团队都会经历冲突。"这里表达传递的信息是，冲突是团队发展过程中正常的一部分，这让团队成员们更容易接受彼此过去以及现在意见不同的情况。将冲突正常化可以支持团队讨论冲突，并创造出能让彼此更好地合作的规范，从而帮助团队克服冲突。

最后，教练幽默轻松的状态通常能帮助团队走出舒适区。有一个高管团队的氛围通常非常苛刻严肃，而教练很开朗、爱开玩笑并应用一些有趣的练习，经常能让团队成员们笑起来。久而久之，团队氛围变得更加欢乐了，团队成员也变得更加善于表达，能够幽默、开放地分享自己的事情。教练项目结束时，一位团队成员说，他通过三次教练活动对团队中其他人的了解，比过去13年与他们一起工作时了解到的还要多。

提升团队成员的心理安全感并保密

团队教练的关键是有能力创造安全的环境，在这种环境中，团队能找到新的、复杂的、可能涉及社交重建的知识和技能并进行实践。提供心理安全感的表现形式可以是示范安全感，在有人打断他人时可以说："请稍等一下，让他先讲完，你再介入。"研究表明，心理安全感对团队的运作以及团队成员发挥创造力都非常重要。

保密意味着保持信息的私密性，仅在公司允许的范围内分享，并且明确地设定保密边界。最后，保持中立意味着：在冲突中不站在任何一边；平等地支持冲突中的各方。

结　论

本章重点讨论了三种类型的觉察以及在团队内激发三个层面觉察的干预措施。首先，我们观察到把团队整体作为一个系统获得系统觉察的方法是，把关注点从主流人群的声音转向少数人的声音。其次，我们注意到获得关系觉察的方法是，把关注点从立场和行为转向背后的意义、情绪、信念、价值观或需求。最后，我们提出，对一个人的心理过程和情绪系统的内在觉察，可以通过改变沟通方式获得，即从熟悉的方式（例如使用语言）转变为不熟悉的方式（例如运用动作、放大的姿势、画画或其他沟通方式）。

大多数情况下，教练是在团队经历冲突、凝聚力差、敬业度低或有其他挑战的情况下介入的。转变情绪觉察、关系觉察和系统觉察的过程具有挑战性，有时甚至是令人害怕的,因为团队成员会体会到新的未知的情绪、挑战和觉察。因此,最重要的教练能力是心智模式或教练状态。团队教练的状态或"存在方式"驱动着所有其他能力以及干预方式("行为方式")。教练状态能帮助团队成员感觉到被倾听并看到彼此人性的一面,去分享抱怨或冲突背后的价值观和需求。教练应该是中立的,能够看到整个团队,包括少数人以及说话少的人。如果教练有勇气探讨那些"不能讨论"的事情,并用举重若轻的方式将其呈现出来,就能支持团队做到自主决策、有心理安全感并保密。

关键的实践建议

关键的实践建议包括:

- 练习觉察整个团队系统。关注擅长表达的团队成员的同时,也要注意那些说话少的人,要让他们能够畅所欲言。考虑到所说的内容对整个团队产生的影响,尤其是对那些不积极参与的人。
- 自我觉察,处理那些触发你自己的因素,个人层面的因素如迟到、疲惫、饥饿、有压力等,关系层面的因素如没有被倾听、被认可、被尊重等。

要将这些觉察转化为行动,团队教练可以这样做:

- 带着勇气和同理心,向团队反馈其行为模式。
- 带着勇气和同理心,直面升温的冲突。遇到强烈情绪不逃避,邀请相关人等将这些强烈的情绪表达出来,并认可这些情绪。在这个过程中,即使你使用的是更为中立的语言,也要运用与说话者同等强度的情绪进行表达。
- 努力做到中立,避免教练那些你知道会触发你的情绪的团队,或者如果你在教练一个冲突中的团队时被触发，就承认自己被触发了并原谅自己，或至少休息 20 分钟让自己平静下来，把皮质醇激素降下来。

教练只有完成了自己在这些方面的成长之后才能支持团队。教练首先要意识到自己内在的触发因素和关系触发因素，并对作为整体的系统有所觉察，才能够支持团队在这些方面有更好的觉察。达彻尔·凯尔特纳（Dacher Keltner）曾指出，那些权力小的人通常比权力大的人对系统有更多的洞察。因此在教练过程中，团队会意识到教练的盲点、劣势和经验不足，尤其是对他们有影响时。培养中立性，提升支持团队自主决策、培养团队的心理安全感并保密的能力，有勇气去探讨"不能讨论"的事情，这些都是成为高效团队教练的关键。

备 注

1. 埃弗雷德和塞尔曼（Evered and Selman）提出，构成教练核心的基本要素或特征包括：发展伙伴关系；承诺产出成果并实现愿景；有同理心和接纳；为促进行动而讲话和倾听；回应员工；尊重员工的独特性；实践并做好准备；愿意进行教练及接受教练；对个人和群体有敏锐感；愿意超越已有成就。

2. 类似地，韦兰（Wheelan）和同事对 92 个团队和工作小组进行了调研，同样发现，从利润、周期时长、客户服务和病人恢复结果等方面来衡量，顺畅的团队合作会带来更高的团队绩效。在外科团队中，具有良好的团队合作和关系觉察的重症特别护理团队挽救了更多生命。同样，在企业团队中，相对于那些没有明确标准、缺乏信任的团队，具有良好的团队合作和情绪觉察的团队，在客户服务方面获得了更高评价，工作进展得更快，也创造了更多的收入。由于团队合作已被证明是团队绩效的关键，所以本章我们关注的是顺畅的团队合作背后的觉察，以及创建这种觉察的团队教练能力及干预措施。

第 12 章　高绩效团队教练：
提升团队效能的循证系统

杰奎琳·彼得斯

过去 10 年中，团队教练领域有了很大发展，教练实践大大增加。2016 年，《里德勒报告》（*Ridler Report*）对 105 家组织的教练应用的战略性发展趋势进行了调查，发现在所调查的组织当中，有 58% 正在应用团队教练，另有 28% 正在考虑未来三年引入团队教练。针对这种日益增长的需求，每年都有更多的团队教练方法发布，让团队教练们难以辨别哪种方法最适合客户。随着这一领域的不断扩展，教练们有责任采用更加有理有据的方式进行团队教练，达到客户的期望，让客户得到想要的成果。良好的体系可以帮助教练创建可复制的流程，并且能够对这些流程进行分析和评估，增加教练成果的可预测性。本章将探讨一套实用的团队教练体系，以满足这些更高的期望。

那么，团队教练要达到的标准是什么呢？归根结底，教练要帮助团队实现高绩效团队的三个成功指标：高质量的结果；高度参与和承诺；成长和发展。本章所介绍的这套高绩效团队教练体系，提供了一套循序渐进、实证有效的方法。这套体系将为团队教练提供一些指导，包括评估和了解团队的现状，以及创建清晰的、帮助团队提升效能的活动和行动路径。这套体系是受团队效能和团队教练方面的研究与实践启发而来。这些研究与实践是在过去 40 年当中由众多研究者和实践者汇编而成。这些研究者和实践者包括：克拉特巴克、哈克曼和瓦格曼、霍金斯、涅梅拉（Niemela）和刘易斯（Lewis）。经过 15 年的实践和 3 年的研究，这套体系得到进一步发展。这些内容在一些文章以及《高绩效团队教练：领导者及教练的综合系统》一书中有正式阐述。目前，这套体系被运用于全球数百个团队，并为其他团队教练和研究者所引用。

这套体系也深受团队效能专家理查德·哈克曼博士和露丝·瓦格曼博士的研究与著作的影响。他们提出，团队效能取决于团队是否具备良好合作所需要的适当条件。值得注意的是，他们发现，良好的团队教练是成就绩效最佳团队的六个条件之一。另外一个重要的影响来自艾米·埃德蒙森（Amy Edmondson），她强调人际因素和心理安全感也是团队效能的核心；安全感是这套体系所有阶段的关键因素。

以上这些研究者以及其他很多人对高绩效团队教练这套体系的六个阶段的形成都产生了影响。高绩效团队教练体系的六个阶段包括：评估；团队结构和设计；团队启动；团队领导者和个人教练；持续的团队教练；检视收获、庆祝成功（见图12.1）。

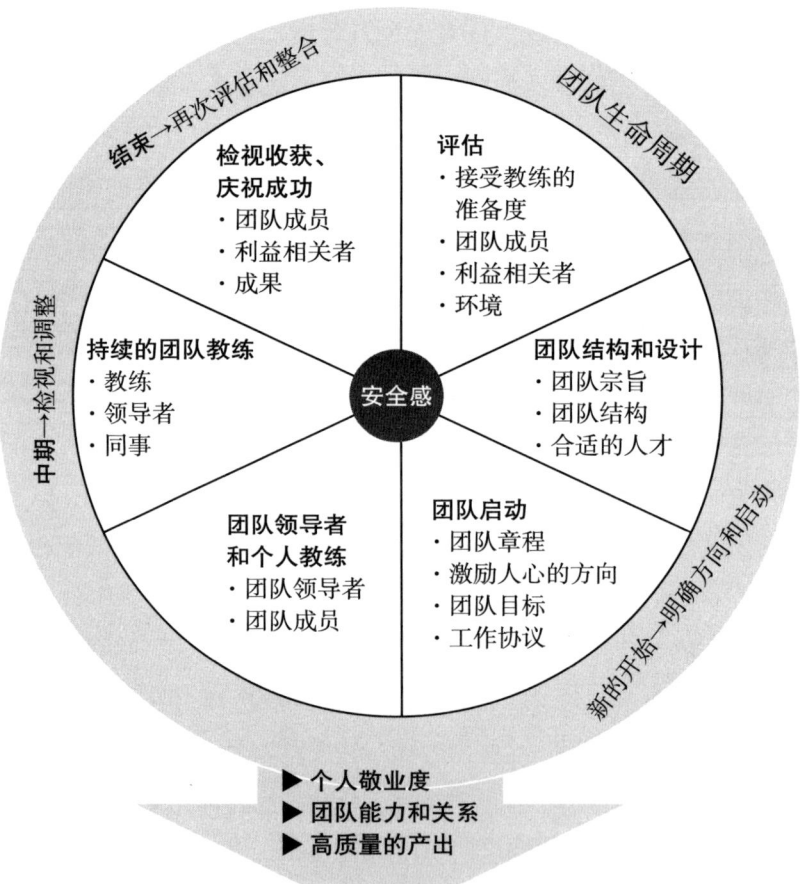

图 12.1　高绩效团队教练体系

资料来源：Peters and Carr, 2013。由 InnerActive Leadership Associates 公司授权使用。

这六个阶段和盖尔西克的间断平衡模型（Gersick's punctuated equilibrium model）所述的业务发展或团队生命周期的三个阶段（初期、中期、末期）相匹配。这个生命周期看似简单，但对教练来说却非常重要，因为在团队教练干预时，哪些活动和方法最有效，取决于团队处在其生命周期的哪个阶段。其他研究人员也认同这个观点，并发现有效的团队教练会聚焦于：激励，团队工作初期时关注激励，这时团队需要通过努力获得动力；咨询，团队工作接近中期时关注诊断咨询，帮助团队检视并调整合作策略；学习，团队工作接近末期时关注能力提升，帮助团队明确学习收获，并将其转化为知识和技能。

理想情况下，团队会实施高绩效团队教练的全部六个阶段，以匹配团队生命周期的三个阶段，因为这将会为他们铺就一条最清晰、最可靠的成功之路。但是，有些团队如果只实施一个或几个阶段也会受益。此外，这套体系既可以由胜任的团队教练实施，也可以由团队领导者实施。外部教练能够给团队带来积极、客观的视角，而团队领导者则可以遵循这套缜密的体系，支持团队的发展，发挥巨大的影响力。事实上，团队教练文献中的很多研究，都记录了团队领导者以及训练有素的团队教练所取得的成果（见本书第 7 章）。

高绩效团队教练体系的六个阶段

第一阶段：评估

第一阶段从评估团队接受教练的准备度开始。准备就绪的一个要素是，有一位对此有承诺的团队领导者或自我管理型的团队，他们会支持团队讨论合作的方式，而不仅仅是他们一起去做的事情或者共同取得的成果。准备就绪的另一个要素是，有团队成员或领导者愿意在整个项目过程中参加一对一教练，这样既可以在团队之外保密的、有安全感的环境中解决团队领导力方面的问题，还可以提升他们的团队教练能力。

如果领导者（或自我管理型团队的团队成员）是团队教练的积极拥护者，那么目前市场上有很多团队评估方法可以采用，这些方法可以帮助教练、领导者和团队更好地了解团队在运作以及达成目标的方式上的优势、差距以及不一致之处。最好的评估方法会提供与团队绩效相关的行为数据，包括评分式问题和开放式问题。在当前这个团队教练领域发展的初期，只有少数团队评估方法得到了验证或能够提供有效性的证据。两个经过验证、可用于商业用途的评估方法是 TDS 和 ATPI：TDS 是团队诊断调查的意思，最初由瓦格曼、哈克曼和雷曼（Lehman）开发；ATPI 是阿斯顿团队绩效清单的意思，已经由卡莱亚（Callea）等人进行了验证。还有其他一些正式和非正式的评估方法，其中包括一个以本章所介绍的这套体系为基础的、简单的、免费的筛选工具，该工具可以让团队成员针对团队和关系有效性的六个方面进行个人评分，这六个方面是：安全感、宗旨、结构、友情、修复以及成功/结果（可访问 www.HighPerformanceRelationships.com）。

如果教练不使用正式的评估工具，这里有一个问题清单示例，团队成员可以通过访谈或者在线调查的方式完成项目前评估。

1. 我们团队的哪三种行为或条件（例如时间、人才、结构、激励机制等）能最有效地推动我们走向更大的成功？
2. 我们团队的哪三种行为或条件最妨碍团队效能和结果的达成？
3. 团队的利益相关者（例如董事会、员工、客户、供应商、其他团队等）未来最需要从我们团队获得的是什么？
4. 你如何评价团队目前的效能，从 1 分到 10 分打分，可以打几分？1 分为最低，10 分为最高。
5. 未来 12 个月内，团队为达成目标和期望，需要达到什么样的效能水平？从 1 分到 10 分打分，要达到几分？1 分为最低，10 分为最高。
6. 哪三个变化会推动团队共同取得更高的效能、更好的结果？

通过向关键利益相关者（例如团队成员的直接下属、董事会、客户等）询问以上问题，可以获得进一步的发现。团队教练匿名汇总答案，总结成有说服力的报告，同时保留丰富的评论内容。在由教练主持的团队会议上，团队回顾评估结果，并自行确定与团队优势、弱势、挑战和成果相关的主题。该评估结果展示了团队的现状，激励团队和教练为团队设置一些初始的教练目标和期望，包括团队的一般性目标以及第三阶段即团队启动阶段的具体目标。

第二阶段：团队结构和设计

瓦格曼等人关于团队效能的六个条件，为第二阶段即团队结构和设计的教练提供了指导，其中包括团队效能的三个必要性条件和三个促进性条件。三个必要性条件为：一个真正的团队，有明确的成员资格和边界；激励人心的方向；具备完成团队目标所需技能、知识和经验的合适人选。三个促进性条件为：稳固的团队结构，不超过10个人，明确约定了团队合作方式；支持性的组织环境，即拥有完成工作所需的时间、资源和信息；合格的团队教练。

如果第一阶段的团队评估结果显示出有任何必要性条件、促进性条件或者团队成员的行为可能成为团队成功的主要障碍，那么教练要支持团队领导者制定计划来解决这些问题。这种探索是通过与领导者的个人教练来完成的，因为关于组织结构、人才、绩效管理等问题的决策需要领导者在团队之外的环境中讨论。这种情况下，对于团队教练而言，与团队领导者（或团队成员）建立牢固的教练关系尤为重要，因为团队教练项目的成功依赖于可见的持续支持与行动。

如果团队没有领导者，涉及团队结构和设计的事情，可以由有权实施结构变革和组织变革的人来完成。如果团队是自我管理型团队，可以由团队的发起人或组织中最终听取团队汇报的领导者来完成。

第二阶段至关重要，因为团队结构和设计对团队运作有60%以上的影响。当评估结果表明或确认团队结构或某些团队成员会影响团队的成功时，一些领导者在第三阶段开始前就会在人员和职位上进行调整。关注团队结构和设计阶段，有助于确保团队教练在下一个阶段获得成功，因为"明确地聚焦于团队层面的努力、战略、知识和技能的教练干预措施，相较聚焦于团队成员的人际关系层面的干预措施，更能提高团队效率"。

第三阶段：团队启动

团队启动通常是一到三天的引导过程，为团队有意识地达成协议、明确相互依赖的目标、讨论实现预期的未来状态所需要采取的行动做好准备。很多团队教练体系和团队教练实践者都将最初一两天的活动作为团队启动的重要组成部分。理查德·哈克曼拥有 40 多年的团队工作经验，他表示，大约 30% 的团队效能与富有成效的团队启动有关，一两天的时间投入会产生重大影响。这使得团队启动成为教练支持新组建的团队的一个最重要的时机；而对于已经合作了一段时间的团队来说，如果需要重新启动以设定新的方向、融合新的团队成员、实施新的战略，或者是以其他方式来标出团队的新起点，这也会是一个强大的重新启动的机会。

在第三阶段，团队教练的工作是多方面的，在整个过程中，根据团队的需求，会担任引导师、顾问、教练、观察员等不同角色。教练会与团队领导者或全体团队成员（如果团队没有正式领导者的话）共同起草议程，议程会以第一阶段评估结果中显示的团队优先事项为基础。之后在团队启动会上，教练的首要职责是和团队成员共同营造和维护一个安全和促进反思的空间，帮助团队深入思考当前的状态，并展望未来的理想状态。有很多方法可以帮助团队做到这一点，最简单的方法是让团队成员先单独思考，然后以小组的形式一起讨论绩效的水平和质量、行为以及团队要达成的结果，以满足利益相关者的需求和团队未来的需求。对业务进行 SWOT（优势、劣势、机会、威胁）分析或讨论，也有助于确定理想的未来状态。

启动会上，讨论和活动的主要成果是团队章程，内容包括愿景、使命、价值观、目标、战略、成功标准以及团队工作协议/规范等。理想情况下，团队章程是一个简短的总结性文件，团队成员可凭借它快速、清晰地看到自己需要做什么、将要如何做以及如何知道何时取得了成功。团队章程还是一个有用的工具和地图，能帮助团队融合新成员，或者与利益相关者或其他团队分享并讨论跨部门的期望。此外，讨论章程还有助于团队成员对目标、行动和协议达成一致，从而实现团队的愿景。其中包括，教练需要鼓励团队除了要跟踪业务衡量标准，还要确定团队整体绩效和效能的主观和客观衡量标准。

在这个团队发展的早期阶段，一定要谨慎地管理好关系和团队动力。团队教练可以帮助团队创建一种共同语言，了解什么是高绩效的团队及其如何取得成功。针对高绩效团队要素相同的理解和对话，让团队能够以一种客观的方式讨论其行为和绩效，谈论那些能够促使他们成功的、以事实为依据的团队效能行为，而不是对彼此的行为进行批评。

通过广泛查阅文献发现，有五类因素对创建高绩效团队和高绩效关系非常重要，分别是安全感、宗旨、结构、友情和修复。谷歌对绩效最好与绩效一般的团队之间的区别进行了研究，明确地证实并突出了这五类因素中的三个尤为重要，分别是安全感、结构和宗旨。技术型或对团队教练持怀疑态度的客户，有时是因为团队教练看起来太"感性"而拒绝接受团队教练的，所以引用团队效能影响因素的研究成果是一种特别有说服力的方法。

第一个因素是安全感，对团队教练来说，确保整个团队的启动阶段以及团队教练体系中的其他每个步骤的安全感都是非常重要的，因为安全感是所有高绩效团队和高绩效关系的基础。艾米·埃德蒙森将安全感定义为"一种人们可以自由表达相关想法和感受而不必担心受到惩罚的氛围"。埃德蒙森发现，安全感与团队绩效之间存在着很强的相关性。她指出，如果没有安全感，团队的生产力、创新能力和效率都会降低。

创建高绩效团队的第二个重要因素是宗旨。宗旨是团队存在的原因，直接与团队章程中的宗旨部分相匹配。知名作家丹尼尔·平克（Daniel Pink）和西蒙·辛克（Simon Sinek）也强调了具有明确的宗旨对于高绩效团队和高绩效关系的重要性。

第三个因素是结构，包括明确的团队工作协议或规范以及相关的文档，文档中包含团队成员的角色和责任、目标、成功的衡量标准，以及实现团队共同的、有吸引力的宗旨所需要的资源（时间、人才、金钱等）。

团队启动还提供了一个在团队中建立友情的平台。友情是创造团队效能的第四个重要因素。遗憾的是，很多团队建设活动虽然注重建立友情，但通常是让团队成员一起做一些有趣的、富有挑战性的团队活动，或进行个人性格或风格测评的讨论。这些工具和活动是有用的，但对于创建高绩效团队来说还不够。团队教练需要开展一些活动来激发团队成员之间的连接感、亲近感和友情，而不只是课后一起吃吃喝喝。团队启动期间，教练可以安排一些增进友情的活动，这些活动包括：

- 请团队成员每个人轮流分享一些别人可能不知道的关于自己的个人信息、自己最近在工作中取得的成功、自己崇拜的人及崇拜的原因或者自己欣赏团队的哪些方面。
- 请团队成员填写一份自己认为彼此共享的价值观清单，然后找到共同点，并共识出3~5项，添加到团队章程的价值观部分。
- 请团队成员进行"快速分享"活动，分享对彼此的欣赏和感谢。所有团队成员两人一组，轮换进行。
- 请团队成员进行"快速反馈"活动，分享对彼此的一个请求，以便未来能够更好地合作。所有团队成员两人一组，轮换进行（这项活动风险较高，最好是安排到课程的中后期）。
- 请团队成员共同完成一项任务，例如搭建塔楼、玩游戏或制作演示文稿，然后检视在合作过程中的收获、成功因素、阻碍以及让未来的合作更有效的想法。

对于所有这些活动，重要的是要指导团队首先进行个人反思、做笔记，然后在小组讨论中安静地倾听团队伙伴讲话。这种先自我反思，再写出答案，然后轮流发言的方式，可以有效地提高团队分享的数量和质量。轮流分享的这一简单做法也是区分高绩效团队和低绩效团队的关键行为,所以建议团队教练经常鼓励和示范这种轮流发言的方式。在正式的团队教练活动之外、没有团队教练在场的情况下,轮流发言作为一个简单的工具,可以持续地被运用在团队互动和会议中。

修复是团队效能的第五个关键因素。在团队启动阶段和整个团队教练过程中,团队教练都需要与团队进行明确的讨论。在讨论团队流程时,教练帮助团队就如何处理不同观点达成协议。处理冲突的最佳时机是没有冲突的时候。通常,在给予团队许可和空间来讨论如何修复团队互动中不可避免会发生的沟通不畅、误解和失误或"关系事故"方面,团队教练必不可少。团队教练可以鼓励团队使用一些经研究证实的修复策略,包括有效地道歉、承担自己在冲突中的责任、尊重地提出对彼此的要求,来帮助团队有效地修复关系并共同前进。

团队启动过程中,对提高团队效能的因素进行概括性的介绍,有助于团队理解并制定出可以纳入团队章程的行为、协议和结构。此外,在团队成员学习知识、提升技能、充实团队协作工具包的过程中,团队启动时所建立的这种共同语言,可以让团队教练不断地与学员进行探讨,帮助他们提升绩效、实现目标。

第四阶段:团队领导者和个人教练

如第二阶段所述,团队有领导者时,如果在整个过程中辅以对领导者的个人教练,那么团队教练的效果会更好。团队教练提供反馈并对行为进行示范,有助于领导者提升团队教练能力,因为最终,还是需要团队领导者承担起对团队持续教练的任务。教练可以帮助领导者了解自己的领导行为如何影响团队的行为、绩效和结果。在领导者调整自己的行为、支持团队达成一致、采取行动时,教练还可以作为责任伙伴助其一臂之力。

团队如果没有正式的领导者,那么安排部分或所有团队成员接受个人教练会很有好处。即便团队有领导者,有时安排一位或多位团队成员同时接受教练是很有好处的,尽管需要注意的是,团队效能"……不是团队成员个人有效性的简单加总，而是一种完全不同的能力"。所以，个人教练要帮助团队成员制定并进而实现符合团队目标和期望的个人目标。在团队教练研究当中，有些已经涵盖了个人教练支持团队成员思考自己要做什么以及如何协作，从而可以成功地为团队做贡献这样的内容。

第五阶段：持续的团队教练

团队启动之后，进行持续的团队教练非常重要，因为进行实际合作、及时获得反馈、花时间进行有目的的反思、调整并在需要时再次启动，这些过程会使团队变得更加出色。团队教练有助于为团队提供这种支持，帮助他们跳出谈话的内容，定期审视团队合作的过程和方式。这种元认知层面针对互动的反思行为，对团队来说，通常不是一个简单易行的过程，在没有帮助的情况下，团队成员一般不会在这个层面进行对话。有能力、受过专业训练的教练会整合运用教练、引导、咨询和培训技能，在持续的团队教练活动中有效地支持团队。

团队教练活动的频率和次数因团队的具体情况而有很大不同，有些团队在团队启动后可能只跟进一两次，而有些团队可能每月、每季度甚至每年都会安排跟进。持续的团队教练活动的重点是帮助团队关注互动方式、跟踪进展以及定期审视并更新团队章程。

在第五阶段，教练可以提供的另一个重要作用是帮助团队培养技能，让大家相互进行同伴教练，因为"大多数教练过程实际上是由同伴完成的"。瓦格曼等人发现："优秀团队所进行的教练，明显要多于那些平庸或挣扎求生的团队，这些教练由领导者或其他同事提供。"团队会从教练的示范作用以及在团队内鼓励教练文化的过程中受益匪浅。

第六阶段：检视收获、庆祝成功

团队教练可以帮助团队在教练结束时有意识地检视收获和成果。教练结束的时间通常与团队结束项目、完成目标或者结束业务周期的时间一致。这些检视性对话会帮助团队了解并学习到未来如何更有效地合作。一些团队教练方法包括了积极性的反思和对收获的检视。瓦格曼等人指出，如果没有团队教练的支持，这种积极性的反思通常不会发生。

和第一阶段进行项目前评估一样，安排一次项目后评估也是有帮助的。这种评估可以在线进行，也可以选择访谈一些团队成员和利益相关者，或者团队如果有其他任何用于衡量业务或团队绩效的评估，那么也可以安排再进行一次。评估完成后，安排一次团队教练，向团队反馈评估结果，重点是帮助团队总结收获并庆祝所取得的实际成果。

团队周期的结束是一个合适的时机，利用这个时机，可以强化大家关于同伴教练对团队绩效的重要性的认知，并可以就团队如何继续成长和提升达成一致意见，还可以对彼此的承诺进行跟进。新的团队周期可能在这次结束后开始，团队可以运用在教练过程中提升的技能、开发的工具来创建或更新团队章程，并设定新的相互依赖的目标。团队下一周期开始时，如果团队教练继续与团队合作，那么需要与团队再次签约。

结　论

本章介绍了一套强大的、模块化的教练体系，团队效能及团队教练研究为这个体系的每个阶段都奠定了坚实的基础，所以团队教练可以自信地、有效地运用它达到预期的效果。每个团队都是不同的，可以根据第一阶段的评估结果，对这套高绩效团队教练体系进行调整，以适应每个团队的具体情况。对于正在实施转型或进行系统性组织变革的团队来说，整体应用这套体系帮助会很大。这套体系中经过实践验证的这六个阶段，与推动团队达成绩效和成果的活动和战略是协同的。关于使用这套高绩效团队教练体系的团队案例研究，文献中已有记载，应用这套体系时可以作为参考。

第13章　情绪与团队绩效：
团队教练思维模式及团队干预实践

吉图·巴瓦尼，史蒂文·B. 沃尔夫，瓦妮莎·乌尔奇·德鲁斯卡特

团队教练需要具备一种"存在状态"，我们称之为团队教练思维模式（mindset[①]）；同时，团队教练还需要掌握团队干预的一些具体做法，即"做事方式"。本章中，我们首先会列出一些成为高效团队教练必须在思维模式上做出的转变，然后会介绍一些实践中每种思维模式的例子，展示每种思维模式在构建、设计并实施富有成效的团队教练活动时如何指导决策。我们提出的思维模式和实践做法，会帮助到那些身处各种情境、渴望帮助团队发挥潜力的实践者。我们的目的是，缩短新手团队教练的学习曲线，同时为经验丰富的团队教练提供新的洞察。

当今团队所面临的问题，往往不能再继续套用我们很多人曾经使用过的团队效能"理性"模型来解决。例如，像团队与关键利益相关者之间关系紧张或团队未能实现既定目标等这类问题，都远比过去复杂，更何况这类问题过去也从未得到圆满解决。了解这种充满挑战的背景，可以让我们理解为什么团队教练的思维模式与团队教练技能一样重要。

我们的理念和干预措施，源于团队情商理论（team emotional intelligence theory），这个理论融合了情商理论和哈克曼的团队效能理论（team effectiveness theory，强调结构和规范对团队效能的作用）。这些干预措施由一家名为 Ei 世界（Ei World）的全球咨询公司开发，这家公司的业务是跨行业提供团队发展服务。采取所有干预措施前都会进行团队情商调查（team emotional intelligence survey），这项研究性调查对团队规范和文化进行评估，用以构建对话，帮助团队改善协作、提升效能。

[①]　mindset，另译为"心智模式"，本章译为"思维模式"，代表的意思是相同的。——译者注

通常团队领导者的职责是召开高效会议、培养团队协作精神，使团队能够提升成员的知识和技能，促进组织创新，提升绩效。然而，21世纪的组织格局相比以往发生了重大变化，全球竞争加剧、快速决策的需要、持续改进的必要性，这些都使得高效团队协作成为必需。

因此，《财富》1 000强企业中超过80%的公司，现在将团队合作视为一种竞争优势。这种背景下，建立并领导协作式团队比以往任何时候都更为重要。同时，这项工作也变得更加复杂，因为团队通常由来自不同工作地点、高度多样化或跨职能部门的成员组成。团队目标不断变化，实现的难度越来越大，风险也比以往任何时候都高。根据我们的经验，很少有团队领导者具备相应的技能和知识来构建并教练这种要考虑诸多因素的团队。很多团队未能实现目标或使命。正是在这种背景下，过去10年中，团队领导者越来越多地求助于教练和顾问。

对于像我们这样的顾问和团队教练来说，团队教练行业的迅速兴起，既令人兴奋，也让人紧张。新近出版的书很有帮助，但是我们很难在其中找到关于"经过实践检验"的团队教练干预措施的、清晰的、实用的信息。有关这些复杂的21世纪团队的信息很少，但毫无疑问，我们今天所教练的团队，已经不同于过去50年来研究人员一直研究的那种稳定、同质、同地工作的团队。例如，塔克曼著名的"形成期、风暴期、规范期、表现期"理论，就是在一种学习环境中对同地工作、同质性团队进行研究而得出的。

本章的目的是希望填补这一空白。我们会分享一些设计和实施不同团队教练干预措施的经验，这些干预措施的目的是增进跨职能高管团队的协作、提升团队绩效。我们分享的是教练高度复杂团队的理念和实践，旨在帮助团队教练从我们的经验中有所得。

最终的结果是一系列对团队教练方案设计有帮助的实践。我们希望为新手教练及经验丰富的教练赋能，促进实施成果显著、可持续的团队发展项目。本章末尾的附录中，我们分享了一份成果显著的干预方案的大纲示例；而本章的内容，就是聚焦于让这样的设计方案发挥作用。成败的关键，就在于这些干预措施带给团队的是什么样的体验。

理论视角

我们的团队教练干预措施的内容，来自团队情商理论，这一理论源于一个鲜为人知的挑战，即当今最常见的情绪触发因素是社交情境，特别是在小群体中。事实上，团队研究者将团队称为"情感孵化器"和"情感的温床"。情绪影响团队中的所有行为和互动，而且工作越复杂、压力越大，产生的情绪就越多。团队情商理论认为，高情商的团队规范会将这些情绪转化为建设性（例如投入的、富有成效的）而非破坏性的（例如不投入的、冲突性的）互动和能量。团队情商是一种由 9 种规范（见图 13.1）所创建的群体文化，这些规范帮助团队建立安全感，提升团队认同感和团队效能，从而激发出有效的团队协作和高水平的团队绩效。

基于团队情商的概念、研究与调查

```
                         绩  效
                           ↑
                      团队社会资本
        安全感        团队认同感        建设性对话
                           ↑
                     团队情商行为准则
         个人              团队              外部
      理解团队成员        团队检视        理解团队环境
      处理不可接受的行为   支持表达        培养外部关系
      展现出关心之情      培养乐观主义
                      主动解决问题
                           ↑
                        团队基础
         目标体系        会议流程        角色及职责
```

图 13.1 团队绩效要素模型

资料来源：© GEI Partners; Ei World, 2018。

团队教练思维模式

从个人教练到团队教练,教练需要在思维模式上有所转变。海伦(Heron)为个人教练方式中的推动和拉伸的概念提供了一些实证支持,这一点最近在德哈恩(de Haan)和尼尔森(Nilsson)的一项研究中也得到了证实。关注教练方式的另一个例子是,AIIR 咨询公司(AIIR Consulting)在一个新的测评工具中发展了个人教练思维模式的概念,这个测评工具旨在衡量个人教练的信念和方法,即教练思维模式指数(coaching mindset index)。这个工具深度应用了海伦的研究成果,提炼出教练在运用三种基本教练技能(分享反馈、设定目标以及找到解决方案)时,可能用到的推动及拉伸式教练策略。六种推动及拉伸策略组合在一起,就形成了被教练者可能体验到的总体教练风格。有效的个人教练需要针对特定的被教练者或教练情境,采用恰当的教练风格和教练策略,有时会更多地运用推动式的风格和策略,有时则会更多地运用拉伸式的。

另外,团队教练既需要熟悉系统或团队层面的各种现象,还需要一套始终如一的方法。我们认为有五种基本的教练思维模式能够有效地支持团队教练的工作,而不需要教练每次都调整自己的团队教练风格去适应新的团队。

探讨团队教练的思维模式,首先要理解个人教练和团队教练之间的关键区别。表 13.1 总结了这些关键区别。训练有素的教练,能够意识到需要调整自己的教练方法以满足团队系统的需要。例如,团队不仅仅是个人的集合,那些主要关注个人提升的教练干预措施,会错失团队合作的真正价值:高绩效团队能够发挥出一加一大于二的作用,而且知道如何通过激发、运用、组合并整合每个人的贡献来产出成果,而这些成果是无法通过个人或单纯的人际技能来产出的。

本节对个人教练和团队教练进行比较,介绍一下我们认为高效团队教练必须具备的五种团队教练思维模式或视角。在每场团队教练活动开始时,团队及教练要回答的第一个问题就是:这群人,是否需要作为一个团队相互依赖地合作?有时人们并肩工作,但工作上并不相互依赖(也就是需要对方一起完成工作），或者并没有共同目标。教练首先要考察的是，这群人是否需要相互交流与合作：他们走到一起组成相互依存的团队，会实现哪些重要目标？让他们继续独立工作，会不会更简单或者更节省时间？

根据我们的经验，团队领导者通常会认为，如果他们的团队成员能够不再把关注点只放在个人任务上，而是打破壁垒，聚在一起，分享想法和信息，进行团队协作，那么他们就能进一步发挥出自己的绩效优势。这种情况下，当教练帮助团队领导者明确了团队的一些目标，而这些目标需要由相互依赖的团队合作来达成且能激发团队成员改变自己的工作方式时，教练就与团队展开了更深层次的合作。这样的工作，需要如表13.1所示的团队教练思维模式。

表 13.1 团队教练思维模式

	个人教练的特点	团队教练的特点	团队教练思维模式
1	人际动力 个人对行为的影响	团队系统动力 环境对行为的影响	整体思考而非局部思考
2	对结果负个人责任	对结果负共同责任	要记住人人都有责任
3	后知后觉地提升情商	前摄性地运用情绪信息	运用情绪信息
4	深化个人的理解 提升个人的知识和技能	提高共同理解 生发集体认知	获得集体智慧
5	创建安全的关系 倾听个人的声音	为团队创建安全容器 倾听团队作为系统所"说"的话	创建团队空间

团队教练思维模式1：整体思考而非局部思考

从人际动力转向团队系统动力

团队动力超越于个体动力。团队中通常会出现一些行为模式；教练需要了解这些行为模式。例如，团队需求通常首先是由某位团队成员表达出来的，这位团队成员通过语言或非语言信息，对团队的运作方式表达不满。但具有讽刺意味的是，团队通常会怪罪这个人，或将团队问题归咎于他，对他表现出攻击性。还有很多其他心理动力学问题，团队教练要首先对问题有所了解，然后才能有效地服务于团队，但这些内容不在本章讨论范围内。

团队教练需要了解一个人的特点，包括其技能、品位和个性，但是，在集体中，重要的是不要犯基本归因错误，例如将一个人的行为归因于其内因，而忽略环境因素（外因）的影响。团队中的规范和文化对个体行为有着强大的影响力。团队成员根据感知到的规范来互动，这些规范包括什么是可接受的以及"这里的做事规则是什么"。

研究表明，在团队运作方面，团队文化与工作方式，要比个人的专业知识和技能更重要。文化对人际互动的引导方式，很大程度上决定了团队的行为模式和团队内的个人行为。理解个人行为时，要思考："团队如何影响我所观察到的这种行为？"例如，出现破坏性行为，可能是因为某位团队成员所关心的问题没有被关注到。如果问题未能被关注到，与这个问题相关的情绪能量就不会消失，这种能量一般会表现为反作用行为。

实践

我们最近在团队情商调查中加入了个人评估，以提升自我觉察。与以往不同的是，我们没有将这个评估视为服务于团队成员个人的孤立的练习，而是创建了团队对话，挖掘个人对团队集体的价值。这与我们过去运用自我觉察工具时的做法很不一样，过去我们将工具用于团队成员个人的反思，就只做到这个层面。例如，作为领导团队干预的一部分，我们使用了适合教练型管理者的个人工具——教练思维模式指数。我们没有将这些信息用于提升个人的自我觉察，而是将其作为团队层面的信息来讨论，包括这个团队为直接下属所创造的文化，以及这个团队作为组织里的一股力量，其集体运作方式带来了哪些影响。这种对话需要团队教练将个人工具用于团队对话，远远超出了个人评估导向的个人自我觉察范畴，有别于教练和顾问通常使用这种工具的方式，是一个巧妙的转变。

整体思考而非局部思考的另一种应用是，当团队成员或团队负责人提出任何有关个人的问题时，我们会强调基本归因错误的概念，让团队去倾听。我们会转移对话重点，讨论团队作为整体做了哪些事情引发了这个具体行为，而不是聚焦于个人层面的"不良行为"。这通常会引发一场完全不同的对话。

最近的一次团队教练活动让我们几位团队教练记忆尤深。每当某位团队成员讲话时，另一位看似不满的团队成员就会挠挠腿然后离开房间。这时要做的，不是向这个人提出对抗式的问题，例如："你是否意识到自己对团队造成了干扰？"而是要问整个团队："团队没有讨论什么？"这个问题是基于团队情商调查数据提出来的。调查信息显示，团队成员喜欢一起工作，但有迹象表明，大家不爱讨论带有情绪的问题。我们怀疑产生这种破坏性行为的原因可能是情绪能量在团队中没有一个适当的发泄渠道。

在这次团队干预中，通过提出关于整个团队的问题同时又不孤立个人，团队进行了富有成效的对话。首先是每个人反思自己对这些不能讨论的话题的观点，然后是每位团队成员分享自己的想法（一句话，依次进行，不打断），紧接着是分享彼此的感受以及对团队互动产生的影响（一句话，不解释，不打断）。然后，团队开始制定作为团队整体要实施的行动计划，以便将团队对话提升到一个新的水平。团队意识到，不讨论所担心的事情和棘手的问题，这种行为方式并不是自己真正想要的，只是习惯性的方式而已。一旦意识到这一点，他们就能够讲出自己担忧的事情，于是情绪能量就有了出口，破坏性行为也就随之消失了。

对团队教练来说，将觉察从个人层面转到作为系统的团队层面，是非常有帮助的。团队教练不要去问："这个人怎么了？"或者"为什么这个人会这样？"，可以问"这个人在表达团队的什么需求？"以及"这个人的行为是如何给我提供团队信息的？"。

团队教练思维模式 2：要记住人人都有责任

从对结果负个人责任，转变为对结果负共同责任

与团队合作时，重要的是要让团队知道所有成员都要对规范、文化和结果负责。如果某件事情出现问题，那么每个人都负有责任，要么是因为自己的行为直接造成了这个问题，要么是因为没有指出问题从而负有间接责任。比如说，如果开会时有人屡次迟到，而此前团队已达成一致要按时开会，那么这个问题就不只是这个迟到者的责任。整个团队都有责任留意这种行为，如果这种行为对团队整体效能很重要，那么就要让整个团队意识到这个问题，进而一起解决。

作为团队教练，你要和团队一起探索他们对这种行为的影响是什么。也许这个迟到者非常忙，而这个团队乐于社交，团队会议的前 15 分钟一般都在闲聊，这种情况下，这位迟到者可能会认为用这 15 分钟时间做其他的一些事情会更有价值。所以，如果把这个迟到问题单纯视为个人问题来处理，就无法找到问题的根本原因。

在这种思维模式下，团队领导者的观点既重要也不重要。团队的正式领导者确实比其他成员更容易对团队产生更大的影响。领导者拥有特殊的职位，并且可能拥有最终决策权，所以对他来说很重要的是明确边界。尽管如此，所有成员对团队运作都负有责任，而不仅仅是领导者。团队成员可以帮助领导者成为更好的领导者。

实践

在最近一次团队干预方案的设计中，我们安排了一些团队问责电话，与团队领导者及另一位指定人员（团队中的人力资源主管）通四次电话，每次一小时，以便跟进每月的团队行动计划。团队教练会议临近结束，当我们宣布这个计划时，团队成员们强烈认为所有团队成员都应该参与到这类跟进电话当中。整个团队的投入度如此之高让我们很吃惊，之后我们发现，实际上这是一个完美的解决方案，可以让团队在这次团队教练之后仍有机会创造团队整体的责任感。

在这个团队项目中，此次团队对话后的4个月内，全部9位团队成员都参加了每月的问责电话。另一种帮助团队建立这种团队教练思维模式的方法是，制定的团队行动计划要涉及所有团队成员。具体实现的方法是，给每项达成一致的行动计划指定一位负责人和一位支持成员。也可以将团队的整体行动计划分解，由团队内的小组分别负责。在最近一个33人高管团队的大型项目中，一天的团队教练结束时，形成了8项关键行动，团队分成了多个小组，每组大约三个人，负责实现一项关键行动。

在另一个领导团队项目当中，我们在方案中设计了伙伴对话，每位团队成员都从一位伙伴那里接收到关于自己在团队合作方面的反馈，同时他也会向另外一位伙伴提出自己的反馈。这是另一种表明人人都有责任的方式。这种转变在我们的干预措施中是非常突出的，目的是让每个人都有机会相互负责。而团队教练则退后一步，让团队成员共同为团队成果负责。

团队教练思维模式3：运用情绪信息

从后知后觉地提升情商，到前摄性地运用情绪信息

作为个人教练，我们致力帮助人们提升个人情商，用更有效的方式对情绪做出反应。尽管团队成员展现出较好的情商很重要，但对于理解团队的需求来说，团队成员的情绪信息很重要，要以一种与对待个人情商不同的方式来处理。团队需要创造出空间，让情绪浮出水面并对其进行探索。

团队中的情绪通常是由团队中正在发生的事情触发的，所以，情绪可以提供有关团队状态的情报。团队教练要帮助团队处理好两种需求的平衡：个人以高情商的方式表达情绪的需求，以及团队理解这种情绪所包含的信息的需求。由于情绪包含了关于社交状况的重要信息，教练可以帮助团队从情绪中提取这些信息并加以利用。这就需要检视引发情绪的关系和互动，而不是让团队摆脱这些体现团队需求的情绪。

团队教练的一项重要任务，是帮助团队将情绪呈现出来，并让团队集体理解这些情绪是什么意思。提出难题的团队成员可能会让团队感觉头疼，然而，讲真话的人或"煤矿里的金丝雀"① 常常代表团队的某种需求。为了帮助团队把情绪作为信息来运用，团队教练首先要帮助团队提升觉察，认识到情绪能够帮助到团队。然后，教练要帮助团队创造出一个安全的空间，让情绪浮出水面，并帮助团队处理这些情绪，对这些情绪所表达的团队需求产生共同的理解。

实践

我们通过对团队情商调查报告进行讨论，来加深对团队情绪重要性的认知。我们从介绍诺贝尔奖得主、行为经济学家卡尼曼（Kahneman）关于两套大脑系统的理论来开启这种认知，说明人们在决策过程中有两套不同的系统在起作用：一套是快速的情绪系统，另一套是较慢的、理性的认知系统；团队中出现情绪时，情绪系统可能会起主导作用。讨论调查结果时，关于未来如何处理团队中的情绪，团队会生发出一些意愿。但我们发现团队很难将这些意愿落到实处。公开表达时所面临的社会压力以及旧有的行为规范，往往不利于团队更好地处理情绪问题、达成所愿。为了最大限度地降低社会压力，我们运用了一些工具。

有一些"预定性"工具（已经创建并被运用于某种情境的工具）可以帮助团队成员实现意图。这些工具可能很有用。但我们发现，在讨论问题、明确要做出哪些改变的过程中所创建的工具（我们称其为"订制化"工具）通常更有效，因为这些工具是专为该团队的运作所需要的改变设计的。每个团队都不同，都具有不同的文化，创建的工具必须适合团队。尽管在解决问题时有时适合引入某个工具，但教练要能够分辨出何时这样做以及何时团队需要创建自己的工具。

与团队合作时，我们经常能够预知到，当受到某些事情的困扰时，团队成员会想要说出来。感受到这一点时，我们会请他们开发一个工具来帮助自己。

---

① 金丝雀对瓦斯气体非常敏感，煤矿工人把它放在矿井内，这样一旦有瓦斯气体泄漏，金丝雀可以先感觉到并发出预警，便于矿工及早撤离。——译者注

这对团队来说可能很困难，所以我们通常会提供一个我们所服务的其他团队开发的工具作为示例。因为提出情绪问题通常就像是"指出房间里的大象"，所以我们就真的带来一头大象（例如，一个手掌大小的木雕大象）。使用大象可以达到很多目的。首先，团队只是把大象放在桌子上，以此提醒关注自己的意图。其次，如果某位团队成员想要提出一些自己感觉到的东西，他们就可以把大象拿起来。这是一个直观的信号，表明希望提出一些问题。拿起大象比打断团队做起来更容易。最后，团队不一定要关注拿起大象的人（尽管采用这种方式的团队几乎都会这样做）。让团队选择关注问题，而不是关注提出问题的人，可以增强团队的安全感和掌控感。如果由团队决定何时可以倾听这个问题，那么团队就更有可能倾听并有效地处理问题。我们以大象作为示例，但并不强加给团队。团队能够而且应该想出一种适合自己的订制化工具。

在另一次团队干预中，一个团队当下想出了一个订制化工具。如果团队偏离了主题，那么就会有人喊"龙虾"，团队用这个词来表示当时某个人因为自己的"硬壳"，可能偏离了轨道，注意力分散了。这是一个针对特定团队的非常具体的例子，并非适用于所有团队。这种方式降低了这个团队提出情绪问题的门槛，让团队不会因为偏离主题而产生挫败感进而放弃对话题的讨论。

团队教练思维模式4：获得集体智慧

从深化个人的理解、提升个人的知识和技能，到提高共同理解、生发集体认知

集体认知不同于个人认知。集体的力量在于，不同观点、知识和技能可以结合在一起，从而获得一加一大于二的智慧。解决复杂问题，需要多个人丰富的视角。解决方案不是现成的，需要集体共同创造和发现。团队成员常常会感觉到有问题，但刚开始时无法将这些隐藏的信息清楚地表达出来。这种感觉是一种"微弱"的信号，需要一个空间才能成长，最终形成可以清晰表达出来的想法。对团队教练来说，困难之处在于，要帮助团队创造出一个空间，在这个

空间里，这些微弱的信号得到呵护，最终团队可以生发出集体智慧。我们的快节奏文化更注重明确而清晰的认知；然而，在集体中，获得集体智慧往往需要时间，因为通过反复互动、叠加才能理解。

尽管生发团队集体智慧听起来不错，但实践中团队教练需要记住，解决复杂问题时，很多团队只需要完成工作，并不需要充分发挥团队成员个人的作用。教练首先要帮助团队分辨出何时要从对任务的关注中抬起头来，提升对所处环境复杂性的觉察。需要从任务模式中跳出来的例子包括：当习惯性做法不适合当下的情况或根本不起作用时；当问题很复杂，例如没有已知的解决方案时；当团队成员反复感觉到某件事情不对时。判断何时转换到觉察模式取决于"微弱信号"的出现，也就是，直觉告诉我们有些事情不对。教练需要帮助团队留意到这些信号并愿意加以利用。

除了作为解决复杂问题的线索，微弱信号（通常不是很微弱）还可以显示出团队流程的某些方面未能发挥其应有的作用。这种感觉也需要一个空间进行探索；团队需要运用这些信号来触发自我反省。教练可以帮助团队创造一个空间，让团队成员感觉到的某些问题浮出水面，进而引发集体的自我评估。除了帮助团队运用微弱信号外，还可以使用工具帮助团队切换到觉察模式，例如使用蜂鸣器，发出警报并触发团队提出关键问题，例如"我们是在正轨上吗？"或者"谁有什么令人苦恼的问题？"。蜂鸣器策略也有助于团队有意识地贯彻其意图。例如，团队可能希望确保每个人的声音都被倾听到，当蜂鸣器响起时，就可以问一个与这个意图相关的问题，例如"每个人都感觉到被倾听到了吗？"或者"谁还有什么尚未贡献出来？"。

一旦团队确定需要转向觉察模式，以便更了解自己所处的环境、更好地获得集体智慧，教练就需要帮助团队去做到。最有助于有效整合成员智慧的团队状态，是类似于团队流动的状态，在"在这种团队状态下，所有团队成员都全情投入到共同活动当中，以直觉和协同的方式朝向共同目标努力"。范·登·霍特（Van den Hout）等人明确了创造这种状态的六个先决条件：共同的目标；协同的个人目标；高度的技能整合；开放的沟通；安全感；相互承诺。教练可以帮助团队通过创造上述条件来获得集体智慧。

实践

在设计干预措施时，我们使用的术语是"团队对话"，而不是团队活动、团队发展或任何其他类型的团队会议名称。使用对话这个词，是受到伯姆（Bohm）的启发，他强调了"对话更像是一种共同参与，在这种参与中，大家不是相互竞争，而是相互合作"。在对话过程中，团队可以质疑自己的基本假设。这与讨论并不相同，讨论侧重于分析、解释和捍卫不同的观点，强调坚守和说服，团队在讨论当中的产出，通常不会超越会议之初提出的观点。我们发现，这种简单的语言转换，会对团队沟通的结果产生深远影响。

如果引导得巧妙，对话中将看到团队在交流方式上的根本性转变，这需要有意识地运用一些工具来促使互动方式发生转变。例如，在帮助团队解决问题时，我们通常会请一个团队成员就问题做几分钟的发言，然后让团队成员闭上眼睛或睁着眼睛思考几分钟，之后再转向整个团队，请每个人分享自己在思考问题时想到的图像或隐喻。这会带来集体层面的对话并创造出共享的意义。这比让每个人说出对话题的观点更为有效——后面这种方式通常会造成大家的分化。

团队教练思维模式5：创建团队空间

从创建安全的关系到为团队创建安全容器

有效的个人教练需要建立起一种安全和信任的关系，在这种关系中，被教练者有一种安全感，能够公开分享自己的想法和感受。团队教练的关注点是要为团队创造出一个安全的环境，在这个环境当中，所有团队成员能够公开讨论自己的想法和情绪。这就需要找到一个平衡：既能创造出一种结构足以让团队成员感觉安全，又不会让讨论受到太多的限定或控制。通常，这需要管理团队领导者的欲望，让他不要过多地以"权威人士"的身份介入。这还要求教练管理好自己想控制过程、扮演专家角色的需要。相反，教练要运用感知、引导、提问这样的干预措施，让团队通过对话探索以前未讨论的问题。

每个团队都是特定环境中工作人员的独特组合。换句话说，虽然我们可以在比较不同团队时看到各种模式，但每个团队都是独一无二的。因此，推动团队前进的适当方式，应该主要来自团队本身，而不是来自教练。当团队自己找到前进的道路时，我们相信：这会使干预措施和改变更适合这个独特的团队；会避免"非我发明"综合征，这种综合征可能导致某些团队成员拒绝团队进行适当的干预或改变；成员对推动团队前进所需的行为改变拥有更强的责任感。

因此，教练不能只关注每位成员的安全感，而必须采取行动创造出一个安全的团队环境，让团队成员敢于冒险分享自己的独特观点。在这样的空间中，团队成员甚至可以分享自己零碎的想法和直觉。

为了给团队创造和保持这样的空间，教练需要超越倾听个人的声音，将团队视为一个系统。这需要倾听行为模式留意那些提供系统需求信息的微妙线索。行为通常由不可见的因素驱动，但是团队教练能够对这些信号保持敏感，可以理解团队作为一个系统的动力，并能够对创造可见行为模式的深层原因提出假设。

在敏捷教练中，阿德金斯提出，团队教练在做事与存在状态两个方面最佳的时间分配比例是：存在状态占 60%，做事占 40%。我们建议团队教练应该将 40% 的时间花在团队干预（做事方面，促进团队对话的任务）计划上，将 60% 的时间花在对五种教练思维模式（存在状态方面，以及如何积极地将这些团队教练思维模式付诸实践）的思考上。然后，在与团队合作时，教练应该将 40% 的时间花在团队任务的核心上，将 60% 的时间花在团队成员的存在状态上。这将提升团队成员互动和对话的质量，并促进产出高质量的工作成果。

实践

团队对话会议开始时，我们一般会请团队看一下会议中提倡及不提倡的行为清单，共同制定一些基本规则。我们曾经帮助团队从零开始共同创建这些内容，但后来发现，先明确提出一些开展有效团队对话所需要的行为准则，然后再询问团队是否愿意采用以及还想增加什么这种方式更加快速有效。图13.2列出了我们在团队对话会议开始时提出的一些行为准则。

> I：少说多听，理解彼此的观点（保持好奇）
> N：留意你自己以及其他人发出的微弱信号（感受、反应、需要、预感）
> G：目标是有意义的、共享的——我们经常回顾期望的结果
> E：每个人都要对团队内发生的事情负责
> A：询问："我们从团队的情绪中学习到什么？"
> R：检视团队的运作情况（定期检视）

图 13.2　团队对话开始时提出的一些行为准则

资料来源：© Ei World，2018。

此外，团队教练在兼顾做事和存在状态两个方面准备团队干预措施时，确保体现出40%和60%的时间分配比例，会很有帮助。

结　论

服务于团队的教练必须认识到，团队所具有的团队层面的一些属性超越了团队中的个人。本章中我们提出，团队教练所需要的不只是用来给团队开药方的工具和干预措施。为达到最佳效果，团队教练需要一种思维方式，来改变自己"看待"和感受团队、看待自己作为教练这个角色的方式。通过采用本章讨论的五种团队教练思维模式并将其付诸实践，团队教练将为自己的成功做好准备，为自己所教练的团队达成有效的、可持续的发展和变革打下基础。

我们所提出的团队教练思维模式代表了高效团队教练"看待"团队以及自己作为教练角色的方式。杰克·韦尔奇（Jack Welch）的一句名言最恰当地概括了这些思维方式的力量："最能看到真实情况的团队，胜。"对我们来说，最

能看到真实情况的教练，会将团队视为一个系统，理解所有成员对团队动力都有贡献，认识到情绪中包含着有待挖掘的信息。情绪不应被视为团队中要压制的东西，而是可以作为团队运转的弱信号和强信号。这是忙碌的团队需要掌握的一套新的技能和能力，这些技能和能力对于当下组织的健康和成功非常重要。这样的教练还会认识到，很重要的是要为团队创造出一个合适的空间来充分展现团队成员的集体智慧。这样我们就更有可能实现彼得·霍金斯在其2017年出版的开创性著作《高绩效团队教练》[1]一书副书名中所倡导的团队教练目标：提升集体转型领导力。当下的商业世界比以往任何时候都更需要这一点。

摘 要

本章中，我们提出了一个团队教练框架，涵盖了团队教练有效地帮助团队时可以采用的五种团队教练思维模式，以及这些思维模式在教练实践中的体现方式。团队教练需要一种不同于个人教练的思维方式。团队是一个系统，具有系统属性——教练需要理解这一点，特别是涉及所观察到的行为时。如果教练不了解团队行为的根本驱动力，就几乎不可能实现持久的改变。

采用了这五种团队教练思维模式后，就准备好制定切实可行的干预措施与团队进行有效合作了。要保持团队教练思维模式不变，因为那是最有效的团队教练运作方式。

---

[1] 此书英文名为 *Leadership Team Coaching: Developing Collective Transformational Leadership*，直译为《领导力团队教练：提升集体转型领导力》。2017年出版的是此书英文第3版。其中文版书名为《高绩效团队教练》，译自2014年英文第2版。——译者注

附录 13A：成果显著的团队干预方案设计

项目名称：人力资源领导团队——团队发展

第一阶段：团队的基础

- 团队领导者——保密信息：团队当前的情况、团队发展需求和对项目的期望。
- 团队成员——保密信息：团队的优势和挑战，对团队的期望。
- 团队会议观察（3小时）。
- 团队教练工作坊——第一次（半天）：项目启动后分享访谈内容，激发团队参与，开启团队发展之旅。

第二阶段：个人及团队的发展

个人

- 霍根测评（Hogan Surveys）1∶1 解读。
- 制定个人发展计划（IDP）。
- 个人与直接上级分享发展计划。

团队

- 团队测评报告分析，团队教练工作坊设计。
- 团队教练工作坊——第二次（一天）：团队对话。

- 团队行动计划。
- 团队教练跟进工作坊——落实责任（90分钟，间隔一个月举办，团队领导者再加一名团队成员）：帮助团队实践新行为，解决出现的挑战。

第三阶段：可持续的转变

- 团队的正常工作。
- 执行第二次团队对话工作坊中制定的团队行动计划。
- 团队教练跟进工作坊——落实责任（90分钟，第二次团队对话工作坊后，再进行第三次）：进一步检视第二次团队教练工作坊举办以来的行动执行情况。
- 行动，实践新的个人行为。

第四阶段：成果检视

- 个人发展计划检视／收集团队成员的定性反馈，评估每个团队成员的进展。
- 再次进行在线团队情商调查。
- 解读第二次团队情商调查报告，庆祝成果。

后来当团队领导者退休、新领导者上任时，以上方案又实施了一次。唯一的改变是，团队教练跟进工作坊由原来的四次减少为两次。

来源：Ei World。

第 14 章　超越万有理论：团体分析、对话以及运用五个问题

克里斯廷·桑顿

理论、实践和对万有理论的渴望

1951年，库尔特·勒温（Kurt Lewin）提出"没有什么比一个好的理论更实用"。理论对于团队教练的从业者是非常有价值的，但是没有哪种理论在任何时间、任何情况下都是有效的。团体分析的创始人福克斯（Foulkes）在他第一本书的开场白中，阐明了理论可以帮助我们理解现实的各个孤立的方面，而不是提供一个万有理论。他说："生活是一个复杂的整体，只能被人为地分成不同的部分进行分析。当我们想了解一组特定的力量对整体现象的影响时，这种孤立性的划分就变得非常必要了。"三十多年后，他的观点得到了肖恩（Schón）的回应："一个包罗万象的理论，不能给出一个用来预测或控制某一特定事件的规则。"有成就的从业者的大部分技能，是在面对某种情境时，能够在相互冲突的不同理论视角中做出选择，并决定当下要帮助这家公司的人发生转变，采用哪种干预措施最适合。

那么，什么是理论？理论是一个用来解释和（过度）简化经验的隐喻，是对高度复杂的现实的简写。没有哪种理论可以对现实做出完整的解释，情境决定了一切。正如福克斯所观察的，好的理论可以让我们更进一步了解现实的某些方面。人类是具有思维模式的生物，我们通过将观察到的事物结合在一起来学习，从而理解体验，并看到模式的出现——因为在混沌理论中，模式也是从混沌中产生的。人在一生当中无法经历所有事情，而理论可以让我们了解前人的想法，是一条极有价值的捷径。

根据维基百科（https://en.Wikipedia.org/wiki/theory-of-everything）的说法，追

求万有理论是物理学尚未解决的主要问题之一。对万有理论的渴望可能源于我们生活在不确定的世界里对确定性的需求。在组织中，我们会寻求一条安全的正确之道，但是团队成员并未拥有这样的奢侈品，我们不能以牺牲现实为代价来满足这种愿望。我们必须能够记住一些假设，这些假设提供了对团队世界里的复杂元素的洞察。如果我们过于拘泥于某种理论，只从某个视角看待现实，就会严重扭曲我们的认知。卡尼曼写了一本畅销书，书中提到了由于信任未经检验的判断而导致的错误。客户，尤其是高管团队需要看到全局，因此团队教练的一个重要职责就是帮助人们学会适应不确定性和"不知道"，促进双环学习。

很多理论都阐明了团队的复杂现实，但是为什么有些东西在某种情况下是有效的，而在其他情况下却效果不佳？本章提出的这五个问题，可以帮助教练在实践时做出决定。团队教练必须仔细思考每项委托的独特性；在每个项目中，即使是经验丰富的教练，除了熟悉的事情，也会遇到新事物，而这五个问题提供了一种结构化的方式来检视我们收集的数据。

对团体分析的探索

20世纪80年代末，我开始与一些组织和团队合作，通常的工作目标是提升这些组织和团队的战略思维和团队协作能力，当时已经有一些"模型"声称可以帮助实现这个目标。这些模型几乎都是"理性的"，关注的是人们工作经历中有意识的、可控的方面。然而，大多数难处理的挑战都不存在于这个领域，是非理性的。我发现精神分析和系统理论的一些视角对此有帮助，为此参加了一些体验式的教育研讨会。从此在我的咨询工作中理论开始真正发挥作用：我能够借鉴理论来帮助客户理解和解决更广泛的问题。

不久之后，在伦敦塔维斯托克研究所的一个小组里，我听到有人谈及隔壁的团体分析研究所（Institute of Group Analysis，IGA）。出于好奇，我参加了该研究所的基础课程的培训,并聘请了一位团体分析师做我的督导。我喜欢团体分析对经验和实践的重视、对理论的包容性,它更像是一个框架而不是蓝图。我特别喜欢大型团体、很多人之间的对话以及对一个话题的很多不同观点的经验有效性。令我惊讶的是,我竟然选择参加团体分析的培训,取得了治疗师的资格。作为一位组织顾问或教练(那时我们开始被称为教练),我希望将团体分析的原则融入我的日常工作当中。这项工作花了我几年时间,我开始对自己在实践中观察到的结果感到兴奋:我的治疗小组的过程和我工作了很长时间的组织小组的过程是完全相同的。

福克斯最先提出,无论这些团体的成员构成、目的或深度有多么不同,这些过程似乎具有普遍性。这一观察结果是团队和团队教练(Thornton,2010,2016)形成的核心。这证实了我的感觉,即团体分析是一个有效的方法,可以在复杂的后现代环境中为组织从业者提供很多帮助。我在其他地方也提到了对这六个关键方面的分析:关注团体中的个体;做到对人际沟通的细微理解;关注情境;包容和珍视多元化的观点;创造性地融合差异;运用灵活的发展方法,管理焦虑和领导力投射(leadership projections)。

团体分析不是单一的理论。福克斯概述了其深奥的原理,并且这个理论一直在发展中。无论是作为成员还是"指挥家"(指挥家是福克斯对引导师的隐喻,我们今天仍然在使用这个术语),团体分析已经深深地扎根在实践和团体经验中。

福克斯的"矩阵"概念是核心性的,它描述了个人、团体和社会之间的相互渗透,更激进的说法是人本质上是一种社会存在。

> 在团体分析理论中,我们不会通过识别"内在精神""人际关系"和"团体动力"来确定方向。我们相信并能够证明它们有着相同的过程,这个过程能够并且必须根据我们从事的任务,从不同角度进行描述。"社会"既存在于个体内部,也存在于个体外部,并且"内在精神世界"可以同时在团体内被分享。除了在团体分析小组内,大多数时间它无意识地存在于这

两个领域。"内"或"外"的界限在不断变化,有关这些变化的经验具有特殊的意义。

这个理论领域仍有新的突破,即"三方矩阵"。福克斯补充道:"虽然这非常令人兴奋,但要始终以实践为导向;我们所做的是一个创造性的任务。团体分析应该是灵活的、自然的、自发的,应跟随团体的引领并向团体成员学习。"

矩阵是评估特定情况下所有观点的基础,这些观点共同构建了一张全景图,它与对话的中心、共同学习和共同构建经验的中心相连接。

团体分析与系统理论、物理学和生物学的发展一样,起源于20世纪中期的知识范式,强调一切事物的相互关联性,并在偶然性、复杂性和混沌思维中结出硕果;社会学家诺伯特·埃利亚斯(Norbert Elias)是其创始人之一。情境是团体分析的基础,和多视角的价值观相结合。这与系统理论和复杂性理论相吻合。因此团体分析提供了一个连贯的知识框架体系,用于理解和处理从个人到团队、部门和组织,再到社会和全球层面的互动过程。这意味着相互联系要贯穿在我们的实践中:心中关注全局,寻求利用小行动来帮助团队"获得"不同的视角,从而带来可能的转变。

团体分析对话(或称"自由浮动讨论")反映了现实的复杂性,而复杂性思维为我们提供了一种表达复杂性的方法。顾问的任务不是避免在复杂性中迷失方向,而是与他人一起利用迷失的经验,共同理解"真正发生了什么事情"。

对话是团体分析方法。它既适用于我们正在合作的团队成员之间的实践,同时也适用于团队教练。关于"现在发生了什么",对话让我们在头脑中思考很多可能的解释(理论)。对话是目标、方法,如果团队发展顺利,也是我们作为团队教练工作的实质性成果。

2000年左右,我为治疗师同行主持了一场关于组织咨询的研讨会,为此我设计了五个问题的初期表述(后来变为四个)。虽然我读过阿吉里斯(Argyris)的书,但到后来我才用了他有价值的表述"不可讨论之事"作为第五个问题的基础。

五个问题

特别是在一项组织任务开始的时候，明确的目标和委任者无意识的期望之间是存在矛盾的。成功干预的关键是让这种无意识的期望浮到意识层面，这要求我们至少比客户更了解他们。我制定了一份"五个问题"的清单，最初将它作为签约的框架。这些问题不是理论，也不是工具，但是可以帮助教练选择理论或工具。它们提供了对数据的结构化调查，指导我们的实践，并且我们可以自动或系统地收集这些数据。尽管这些问题与开始的签约阶段尤为相关，但我认为随着团队或组织的变化，团队教练将是一个持续的评估和再签约的过程。

找到一个令你困惑的客户，阅读以下问题，针对所有问题进行思考。所有的信息，包括思维的边界、眼角的余光、模糊的不安，都具有潜在的相关性，可能是解开困惑的钥匙。在《合作的艺术与科学》（桑顿）这本书的第3、4、15章中也有现成的例子。

五个核心问题

1. 是谁希望给团队安排教练？
2. 对团队进行教练的目的是什么？
3. 团队所处的组织情境是什么？
4. 我被邀请成为谁或什么角色？
5. 有什么不可讨论之事？

1. 是谁希望给团队安排教练

需要考虑的一些辅助问题有：

- 动力从何而来？

- 谁做的决定？
- 离团队成员签约还有多久？
- 在决策过程中，有什么是团队关系的特点？
- 谁是你的主要联系人？
- 团队中的每个人都会参加吗？如果不是，谁会参加？
- 团队成员对是否参加有选择权吗？将有多少人参与？（大的团队还有其他需要谨慎管理的团队动态。）

团队领导者的参与至关重要，原因有以下几点：团队教练可以帮助领导者更有效地引领团队，特别是如果针对他们如何参与教练过程，单独对他们进行教练；他们的缺席容易发生责备/不负责任的状况；他们的出现是教练很重要的信号。

如果全员参加，团队教练是非常有价值的；如果每位成员是自愿参加的，那么团队教练的价值就会更高。如果参加教练是强制性的，团队教练就要在开始时与每位成员单独会面，建立联系，并强调教练的目的和流程。在非强制性的情况下，对出勤问题要采取严厉的态度，建立对出勤率的期望并持续关注；打电话、发短信、发推特或者发电子邮件都是不行的。需要以一种结构化的方式处理出勤问题，强调教练的重要性，并且可以使紧张情绪浮出水面；并通过一个职位较高的内部合作伙伴，最好是委派者/团队领导者来管理出勤和请假事宜。

2. 对团队进行教练的目的是什么

有关这项工作需要实现什么目的，委派者已经向你介绍了他们的想法。重要的是询问以下问题：

- 这个目的是如何达成的？
- 这个目的和团队工作的宗旨有何关系？

- 团队成员对教练的目的有什么想法？
- 考虑到教练安排的数量、时间和频率，这个目的是否现实？

在个人会议或简短的团队介绍会议中，让每个人说出参与的目的是很重要的，这也让团队有机会"考察"你。即使事先采取了这些行动，在第一次团队教练工作坊开始时，仍要重新讨论有关教练目的的话题；让团队成员对你的能力放心，并帮助他们发现意图上的冲突，尤其是团队的期望和委任者的期望之间的冲突。

例如，团队"协作障碍"（team dysfunction）必须始终理解为团队所处的更广泛的组织情境中团队运作异常的一种表现。接受"协作障碍"的标签是一件有风险的事情，因为"协作障碍"可能并不都在它当前"所在的位置"（人们认为它存在的位置）。

当你观察到的期望与约定的/书面合同中的期望不一致时，你会怎么做？这方面的证据包括：模糊不清的不适感、一致同意的行动计划始终没有被执行、团队内不言而喻的不满等。如果团队不愿意讨论这些问题，那你面对的便是"不可讨论之事"。要严格澄清已明确的目标，从清晰的目标入手，等待不可避免的挑战。你必须做好准备去忍受这种不适感，利用矛盾和悖论让团队的困境浮现出来。在这种情况下，督导或咨询是非常有帮助的。

很多人担心团队教练是一种"治疗"，这是值得预先考虑的。在团队中提出这个问题，帮助团队成员区分"使用来自工作感受的信息"和"治疗"之间的不同。表达感受将赋予团队更多的自由和更强大的创造力，让团队成员更全面地理解工作、工作压力以及无意识的组织动力，还能促进团队成员的健康，缓解团队成员对同一事件的忧虑，从而让团队成员产生"同伴感"，让团队更和谐。

在团队教练工作坊中鼓励大家分享感受时，要注意保持每个人的尊严和幸福感，适时干预以防止过度"曝光"。过度"曝光"指的是比别人暴露得更多。不存在完美的自我暴露标准，只有针对这个具体的团队的切合实际的标准。尊重他人的行为；鼓励团队成员相对平等地表达自己的感受；与工作内容或其他组织或情境因素建立连接；鼓励对团队或制度做出假设。

3. 团队所处的组织情境是什么

在这里，考虑到万物皆有关联的可能性，我们要注意什么是不同寻常的以及哪些模式是经常重复的。一些关键的问题包括：

- 组织目前在面临什么？
- 组织的情境需求和约束是什么？
- 组织内还发生了什么？

工作性质始终是组织动力的一个因素。教育机构会证明学习的困难性，而心理治疗部门会证明疯狂的存在。尽管经验在某些方面具有普遍性，但是在具体的情境中会有所不同。例如，媒体或 IT 公司与服务行业相比，情况将大相径庭。同样，一家每位员工都工作了 10 年或更长时间的组织，与另一家刚刚经历（又一次）重组和裁员的组织相比，会有很大不同。现代组织生活中被忽视的一大动力是，在能够完全继续前行之前，需要对过去哀悼。

情境是将我们的思考付诸实践的地方。我们对这个情境及其需求了解了多少？我们看到哪些证据表明这些因素在这个团队中产生了影响？我们怎样才能学到更多？

4. 我被邀请成为谁或什么角色

这个问题直指你如何使用你自己的身体和情感反应以及你的思维来理解正在发生的事情，具体包括：

- 我当时的主要感觉是什么？
- 后来我有了什么感觉？

- 作为对团队的回应，我觉得有必要说什么或做什么？
- 我如何理解这些冲动？最有帮助的回应是什么？

换句话说就是"反移情"（counter-transference），其微妙、难以把握的方面为我们提供了一些重要信息，这些信息与我们无意识中发生的事情有关。首先，确定你的感受，然后观察你的感受是否反映了团队、组织或更大系统中的某些东西；在谈话的内容中寻找线索。请考虑以下问题：

- 他们期望从你那里得到他们自己没有的东西吗？
- 他们对你的期望，是别人对他们的期望吗？
- 这个组织内有我这种体验的平行过程吗？（例如，这是否反映了客户的期望或所得，或者反映了某种威胁？）
- 他们是否交流了关于工作和行业状态的一些感受？

干净利落地处理反移情问题，需要接受受过训练的一位或一群同行的咨询。

5. 有什么不可讨论之事

克里斯·阿吉里斯（Chris Argyris）为焦点无意识组织冲突（focal unconscious organisational conflicts）创造了一种易于理解的语言："不可讨论之事"。（互联网上有很多阿吉里斯的作品。）不可讨论之事，指的是关于组织生活的令人不快的事实，每个人都"知道"这不能谈论。阿吉里斯用一个简洁的流程图展示了运作过程：

- 设计出一条不一致的信息
- 行动时显得好像信息没有不一致
- 让信息的不一致和行动时显得没有不一致这两者变为不可讨论之事
- 使对不可讨论之事的不可讨论性也变得不可讨论

例如，有一位首席执行官有很多不可讨论之事：她对"强有力的领导者"的角色认同得如此彻底，以至于无法接受任何与自己的观点不同的观点。尤其不可讨论的是她有任何失败的可能性；所有"功能障碍"都必须投射到她的员工身上，任何可能的学习都受到阻碍。员工的"不可讨论之事"，是团队教练产生的积极成果，因为他们不喜欢她的方式。然而，这种不可讨论性与首席执行官不同，并不是不可讨论之事，所以更容易打开缺口，更容易改变。

我们在寻找不可讨论之事时，需要注意的问题是：

- 有什么没说出来？
- 围绕什么话题，可以在小组中触发转变？
- 哪些表达是不可能不同意的？
- 这个小组在什么时候消沉或过分活跃？

你可以问团队成员：

- 你在隐瞒什么？
- 这里有什么不成文的规则吗？
- 你会对你最好的朋友说些什么？
- 来访的陌生人会怎么想？

你的工作就是呈现矛盾。严格缜密地让团队的动力、不和谐和分歧浮出水面，如果喧闹声危及团队的工作，做好干预的准备以恢复团队的注意力；分享你对发挥作用的更广泛力量的理解，与团队一起探讨这些力量的影响，并且注意培养团队成员表达不可讨论之事的能力。

使用五个问题来选择工具以促进对话

这五个问题如何帮助你选择合适的工具？它们通过吸引你将注意力放在数据上帮助你。举个例子，在给一个受害者支持组织做团队咨询时，戏剧三角（Drama Triangle）对于实现团队的转变非常有价值，因为团队成员对迫害者、受害者和拯救者的互动方式有着透彻的体验式理解，他们立刻就"明白了"。线索就是所看到的真实受害者以及受害者式谈话的大量出现。与我在工作中用到的一些可靠的复杂理念相比，对于团队来说，这是一个更好的概念。

对话是团体分析也是团队教练的核心过程和目标。使用工具的基本目的，是能让困难的对话开启，减少焦虑，去除个人化，并提供有效、极度简化现实的概念框架。

显然，这不仅仅是工具的作用。让对话以一种结构化的方式进行，需要冷静、可靠的领导，公平和明确的时间界限，而团队教练"支撑"困难的对话的能力也不可或缺。有些团队能够在没有工具的情况下进行（困难的）对话（见本书第 22 章），但对很多团队来说，工具是非常有用的。

促进差异的创造性融合

如果所有的视角都是全局的重要组成部分，那么这里有一个基本的平等原则，能够让团队在正常的等级制度下进行平等沟通。这会使得更加多样化的观点被考虑进来，进而可能让团队做出更好的决策。团队教练的一个重要作用，是使差异正常化并向他人学习。

我们可以通过以下方式增强沟通：对他人的贡献表现出兴趣和细心的关注，明确地将团队成员的贡献联系在一起，特别是那些表达情感的贡献和似乎将情感与思想联系起来的贡献；强调共同点；对少数人或左派观点表现出兴趣；尽量减少破坏性冲突，或适时干预使事情不要远离团队的舒适区。理解这一点的另一种理解方式是促进对话。重要的是有技巧地工作，并记住大部分的这种"交流"会发生在无意识层面。

结　论

团队教练是一项复杂的工作，依赖于实践、理论意识、体验式学习和对实践进行反思之间的相互作用。团体分析方法细致灵活，足以适应在复杂的现代组织中实践的严峻性和挑战性，并提供了无与伦比的实践词典。

第 15 章　打破团队模式：当解决方案成为问题

安德鲁·阿玛塔斯

两千多年前，亚里士多德（Aristotle）发现，"整体大于部分之和"。在当今竞争激烈的工作环境中，组织期望通过团队协作取得的成果要大于个人努力的总和。提升绩效的一种方式是进行教练。团队教练可以帮助团队最大限度地发挥集体的才能并利用资源实现明确的目标。针对特定的团队过程进行教练，可以促进目标的达成，继而又可以带来新的工作方式。

反思是团队教练的重要组成部分，已被确定为影响团队效能的关键因素。特别是团队反思，让团队思考自己的策略和行为，调整团队的运作方式以实现团队的目标。基于心理研究所（Mental Research Institute，MRI）研究成果的策略模型（被称为 MRI 策略法），可以帮助团队对解决绩效障碍的方法进行具体的反思和评估。这种策略法尽管不是传统意义上的反思，但具有反思性。

MRI 策略法

如今，各种心理治疗技术已被用于达成教练目标，成为教练的常用工具。影响团队教练过程的一个心理学学科是家庭治疗。家庭治疗领域出现于 20 世纪 60 年代初，而促成其发展的理论萌芽，则可以追溯到更早。当时，对处于主导地位的个体分析疗法的不满与日俱增，因而关注人际互动和沟通的一般系统理论得以快速发展。

受到沙利文（Sullivan）的人际关系理论、贝特森（Bateson）的传播学研究和米尔顿·埃里克森（Milton Erickson）的工作成果的影响，1958 年成立的 MRI 提出了关于改变的新观点。MRI 不强调探究过去，也不认为有必要解决情绪问题，而是将注意力从寻找个体缺陷，转移到观察个体如何与所处的环境互动，以及如何困在错误的互动模式当中。

MRI被认为是家庭治疗和短期治疗的发源地。例如，焦点解决法（solution-focused approach）就是MRI的一项研究成果。

焦点解决法可以看作是建立在MRI研究的基础上的一系列针对改变的积极性方法的一部分。这些方法的共同点，体现在其非病理性的视角上，也体现在关注点从客户不想要什么转移到客户想要什么上，还体现在缺乏广泛的诊断上。这些方法都关注当下、目标驱动、行动导向，目的是尽可能精简地解决客户当前的问题。解决问题的行动学习模型也是如此。与MRI策略法类似，焦点解决法务实、追求结果，鼓励反思我们自身的行为如何在无意识中导致了组织的问题。MRI方法中所说的行为，指的是选择的方案。

MRI策略法关注的通常不是当前的问题本身，而是客户应对困难[①]的方式。这个理论指的是，人们用来解决问题的方法，恰恰会让要解决的问题持续存在或恶化。"徒劳性解决方案理论"（attempted solution theory）并不止步于找到客户的解决方案，还会聚焦于改变客户的行为模式，以打破徒劳性解决方案所带来的循环，因为徒劳性解决方案本质上滋养了问题的形成和持续。

例如，如果某个团队寻求教练是为了管理冲突，那么教练重点就不是冲突本身，而是要聚焦于团队成员解决这个问题的方式。找到徒劳性解决方案后，教练将帮助团队把错误的问题解决模式转变为更有效的方法。基于策略疗法（MRI策略法）的策略教练，不是规划与实施业务战略，而是帮助团队反思徒劳性解决方案、找到错误的问题解决模式并最终予以转变。

---

① 瓦茨拉维克等人在《改变》一书中，区分了困难（difficulties）和问题（problems）两个词："困难，指的只是一种不可欲的状态，可以通过一般的行动（通常属第一序改变类型）来解决，不必运用解决问题的特殊技巧；或者，我们更常指的是一种不可欲而相当普遍的生活状态，因为无解（至少目前是如此），所以必须接受。问题，指的是因处理困难不当而造成的僵局、停顿、死结等。"——译者注

徒劳性解决方案理论

生活中，我们难免会遇到一些困难。遇到困难时，我们一般就会想办法去解决。但最终的结果可能却是，解决问题的过程中产生了徒劳性解决方案。正是因为反复采用不奏效的解决方案，才使得问题持续存在甚至恶化。由于对日常困难的处理方式不当，徒劳性解决方案与问题持续存在之间形成了恶性循环（见图15.1），这是MRI策略法的基本假设。

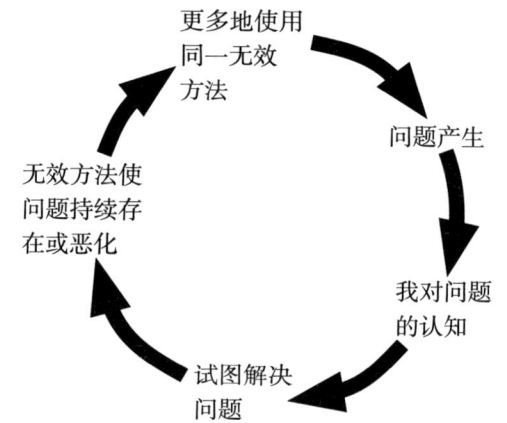

图 15.1　徒劳性解决方案和问题持续存在的循环

瓦茨拉维克（Watzlawick）等人提到，问题处理不当的方式一般有三种：

1. 必要时不采取行动。一种（不当的）处理困难的方式是希望它消失，最小化正在发生的事情，或者干脆否认有问题需要处理。
2. 不应该行动时采取了行动。这种情况指的是，把关注点放在改变无法改变的困难上（此时的办法就是接受），或试图解决本质上不存在的问题。
3. 采取了错误的行动。需要时采取了行动，但却是错误的行动。例如，一位经理试图通过微观管理来减少错误，提升绩效。当结果未达到预期时，这位经理解决问题的方法就是做更多同样的事情：增强对团队的控制。这种做法被称为第一序改变，即针对同样的行为进行改进或改变。

然而，此时需要的却是第二序改变，要使用截然不同的解决办法，通常方向相反，因为这是不同类别的解决之道。读者会发现，这与行动学习中的单环学习和双环学习的概念有相似之处。在单环学习当中，我们对事情中的错误进行修正，继续将其做得更好；而双环学习则需要我们挑战思维习惯，以新的方式采取行动。

为了采用不同类别的解决方案，通常需要在信念系统中做出改变。对于那位插手过多的经理来说，他要做的就是鼓励员工更独立。其他日常生活中经常出现的错误解决方案的例子有：试图让处于消沉状态的人振作起来、试图强迫人发挥创造力或者试图通过压制思想来加强精神控制（常见的徒劳性解决方案见表15.1）。然而，团队并非总是需要进行逻辑上的改变或朝着不同的方向前进，有时一个简单的行为改变就足够了。例如，要改变迟到者的态度，也许只需要制定出守时的规则就可以了。

表 15.1 示例：使问题持续存在的徒劳性解决方案

目标	徒劳性解决方案
积极的人际关系和沟通	·回避冲突/分歧 ·焦虑加剧时做心理分析 ·建议冷静下来 ·激励和睦相处/达成一致
工作情况	·增加绩效评估的频次 ·批评 ·制造紧迫感 ·微观管理 ·过度思考
赋能	·试图激励士气低落的团队 ·通过提供更多选择来给"不堪重负"的团队成员赋能 ·通过频繁安慰或过度准备来建立自信
创造力	·给创造力开处方 ·刻意创新

团队成员致力实现共同的目标和宗旨。当问题出现时，他们在试图找到解决方案时也会使用错误的模式。团队很可能会坚持错误的徒劳性解决方案，因为他们倾向于按习惯行事，即便是在有证据表明这种方案在实现目标方面不会有作用。作为教练，我们的目标是，让客户摆脱解决问题的习惯性做法，中断让问题持续存在的循环。

打破模式：五步法

下面的五步法可以让教练评估和纠正团队中错误的解决问题模式。这五个步骤是：

1. 探询当前的问题，明确团队目标。
2. 检视徒劳性解决方案：探询团队（及其他相关人员）处理问题的方式。
3. 重构情境：帮助客户改变对自我、他人或问题情境的认知，以便产生新的选择。
4. 协助客户找到更有效的解决方案。
5. 帮助团队做好准备，迎接未来的挑战。

1. 探询当前的问题，明确团队目标

第一步是探询问题的本质。是什么促使客户寻求教练的帮助？通过询问与问题相关的具体事例和情况，教练将对问题的抽象性定义转变为对情况的行为性描述。这样做的目的是，获得关于具体行为的清晰陈述，弄清楚为什么这种情况对他们来说是一个问题。例如，如果提出的问题是"沟通"，那么教练会重点了解与此有关的人员做了什么或没做什么，以及这个问题如何干扰了这些人想做的事情。

当已经确定了问题并且清楚团队想要解决什么问题后，教练接下来会明确

团队期望达成的目标。他们希望做什么事情，却受到了问题的阻碍？如果问题解决了，会发生什么？哪种行为上的改变（无论多么微小），可以表明已经取得了进展？从小处着手是 MRI 策略法的一个特点。通过询问需要发生哪些微小改变来确认情况正在变好，就意味着可以设定最小目标。需要注意的是，不要过早跳到找到解决方案这个问题上，而是要坚持先把问题描述清楚、先明确团队想要实现什么目标。

2. 检视徒劳性解决方案：探询团队（及其他相关人员）处理问题的方式

第二步是探询团队试图解决目前问题的方式。教练在团队成员和团队领导者当中寻找他们解决问题的模式，还会询问团队与其他部门和同事之间的互动方式，这种互动方式在问题持续存在的过程中可能发挥了作用。这个步骤当中，提问聚焦于引出徒劳性解决方案。做一份记录，把那些失败的、产生了一些价值的、他人建议或采用过的以及目前正在使用的徒劳性解决方案都记录下来。进行简单直接的提问，例如："你做过什么事情来处理这个问题？""其他人帮助你做过什么事情？""这么做发挥了什么作用？"通过这些提问以及对过往这些努力的详细描述，教练通常就足以挖掘出问题持续存在的循环，进而修改现有的解决方案或制定新的解决方案。对被教练者来说，清楚地描述自己做过的事情以及别人建议自己做的事情，一般并不难。

建议教练在团队的解决方案中寻找共同点。例如，当经理或其他管理人员进行微观管理、拒绝授权、对员工不信任时，一个常见的共同点是"施加更多控制"。预期结果未达成时，他们会增加控制行为，进入问题持续存在的恶性循环当中。在解决方案中发现共同点后，教练就可以帮助团队成员改变对问题的看法，从而产生不同的解决方案。将团队成员的想法从需要更多控制转变为需要授权，会让团队另辟蹊径采取替代方案，从而打破问题强化的模式。

3. 重构情境：帮助客户改变对自我、他人和问题情境的认知，以便产生新的选择

改变团队对问题的看法，会增加接受并实施替代方案的机会。在这一步你还可以发现团队的徒劳性解决方案中的共同点，产生关于解决问题的替代方案的想法。对问题进行重构（换框），是MRI策略法最重要的一个方面。瓦茨拉维克等人将"换框法"定义为：改变对所经历情境的看法，将其置于另一个框架中，该框架可以同样甚至更好地适用于这个情境，从而改变其全部意义。情境没有改变，改变的是赋予该情境的意义。建议使用客户的语言，并运用他们的逻辑以获得更好的结果。例如：对创新团队来说，如果认为重新看待问题是有创造力的表现，那么他们就更容易接受在对问题的看法上做出改变。

为了做到这一点，教练需要探询团队成员的参考框架。很重要的是，要了解他们对当前问题的信念和态度。他们如何理解眼前的问题？他们如何看待这个问题以及他们认为是什么导致了这个问题？他们的理论是什么？有时，无法实施新的解决方案以及采取更多相同的无效行为，是由他们对情境的认知以及他们对与情境有关的自我认知所致。

4. 协助客户找到更有效的解决方案

教练与团队协作，找到新的解决问题的方法和行为，对之前的无效方案进行重大改变。新提出的解决问题的方案，与之前经检验无效的方案截然不同，通常与原方案正好相反。一个例子是，当团队成员通过不表达自己的担忧或沮丧来缓和紧张气氛时，新的方案是鼓励团队成员公开表达分歧。

前面几个步骤中，教练扮演了类似探索者和研究者的角色。到这个阶段，教练会提出一些问题，帮助团队找到自己的新解决方案。如果认为有必要，策略教练不会回避分享想法或提出建议，分享时的表述方式为"我在想，如果……那会发生什么？"。此外，教练还会观察微小的变化并对其予以强调。策略理论包含这样一种信念：从小处着手、缓慢起步，会带来更大的改变。微小

的改变很容易实现，而且小目标可以让团队摆脱紧迫感。无疑，通常是这种紧迫感导致了问题的形成及持续存在。

5. 帮助团队做好准备，迎接未来的挑战

一旦引发问题的观念发生了改变，最后一个要实现的目标，就是对新采用的解决方案的坚持。在这最后一步当中，教练要评估进展情况、强化积极变化，并通过帮助客户做好应对未来的挑战和危机的准备来支持持续的改进。团队预期会遇到哪些障碍？他们如何自行完成这个相同的过程，包括确定问题并明确目标、检视无效的徒劳性解决方案的模式并打破循环？由于策略方法是以流程为基础的，所以可以用来进行自我教练。学习如何独立识别错误的解决方案并更改其中的模式，可以更好地激发出成员们的自主性和独立性。因此，不要忽视帮助团队内化这个流程。

以下是一个 MRI 团队教练案例。

MRI 团队教练案例

客户：一家很成功的零售公司，以其家庭式文化、无解雇政策和近乎零的员工离职率而闻名。

1. 确定问题并明确目标

人们越来越担心员工敬业度的下降以及服务质量的下降。目的是提高员工敬业度并改善客户服务。团队成员明确了改变会是什么样的以及需要采取的具体行动。

2. 检视徒劳性解决方案

团队成员探索自己的徒劳性解决方案时，发现没有采取任何行动。

观点："相信员工，他们能够做到。"直接提及不当行为或提供指导被认为会破坏信任关系。

徒劳性解决方案：大多数情况下没有采取任何行动。极少数情况下采

取了行动，但只是与员工进行一些激励性的间接讨论。

结果：敬业的员工首先对此表示不满。他们知道即使提出了问题也不会采取任何措施，因此创造价值的动力下降了。晋升基于资历而非价值，这种情况也降低了员工的敬业度。

3. 换框／改变观点

改变前的观点：干预具有惩罚性的含义，会破坏支持性的环境。

改变后的观点：让员工承担责任的同时，我们可以提供支持。

4. 新的解决方案产生

第一，进行直接反馈／讨论。

第二，当问题行为没有改变时，要采取措施（同时保持无解雇政策）。

第三，奖励（包括晋升）敬业的员工。

5. 为未来的挑战做好准备

第一，团队成员演练如何进行既有支持性又直接的讨论。

第二，团队成员学会了按五步法进行自我教练来应对未来的挑战。他们独立完成了这五个步骤，以更有效的方式处理彼此之间的冲突。

总之，本章介绍了 MRI 策略法的一个核心概念，即徒劳性解决方案理论。当我们对困难处理不当时，问题就产生了。我们试图改变、控制、预防或解决问题的方式，往往会造成恶性循环，使问题持续存在。我们所采用的解决方案，会帮助形成并保持一个正反馈循环，在这个循环当中，我们为解决问题所付出的努力，实际上会使问题行为持续存在。有关问题形成和持续的 MRI 策略法，并不排斥其他方法，因为它本身缺乏相对具体的理论内容，是基于过程而非内容的。

值得团队教练深思的想法

如果客户在进行几次教练后没有发生改变，那么MRI策略法的建议是，将其转介到他处，以免教练成为问题的帮凶。团队教练在帮助被教练者时，是否会无意中成为问题持续存在这个循环当中的一部分？策略性的思考方式包括反思我们帮助被教练者的方式，以便我们能够识别出自己使问题持续存在的模式并加以打破。我用一些策略性的反思提问来结束本章，这些问题可能有助于将MRI策略法整合到团队教练实践当中：

- 我们如何使用徒劳性解决方案的概念来改进我们的工作，避免出现意外结果？
- 我们是如何尝试帮助客户的？
- 我们的努力会导致问题持续存在吗？持续的（或反复的）非指令立场使问题持续存在的特点是什么？
- 持续的（或反复的）非指令性立场以及慷慨的建议什么时候会成为导致问题产生或持续存在的错误解决方案？
- 长期教练合约或频繁的教练合约，什么时候会成为问题持续存在的一部分？

第16章 打造梦想团队：教练全球虚拟团队的五项最佳实践

查尔斯·P.R.斯科特，贝丝·吉特林，艾莉森·佩根，由美子·茂志，特雷弗·弗莱，杰西卡·L.维尔德曼，理查德·格里菲斯

虚拟团队目前是全球性业务的基础，跨国公司中至少有85%的员工，其共事的团队成员都来自全球不同区域。这些团队对于组织的成功和发展非常关键。因此，对组织来说，提高并保持其在团队以及人力资本方面的能力、表现和长期生存能力，是非常重要的。然而，很多虚拟团队和团队领导者，在管理跨区域、跨文化、跨技术边界的合作时，却不具备相应的能力来应对这种合作的复杂性和特有的挑战。近期研究表明，只有19%的全球虚拟团队（Global Virtual Team，GVT）成员感觉自己所处团队的领导者已经做好充分准备来带领团队；而三分之一的高管则认为自己的虚拟团队管理不善。此外，50%的GVT可能会因其全球虚拟化环境中特有的战略性及运营性挑战而遭遇失败。提升GVT绩效的一种解决方案是教练。作为提高组织、团队以及个人效能很有价值的一种工具，教练的应用日益广泛。

对GVT进行教练，有助于提升团队驾驭复杂的团队结构所需要的能力和信心。现有团队教练模型可以支持教练帮助团队成员、团队领导者和团队整体确定下一步的发展举措，进而提升绩效。然而，GVT所面临的独特挑战，使教练过程更加困难。跨越多种边界（地理、国家、文化、语言、技术等）开展工作，对教练的工作成果以及GVT的成功会产生很大影响。

本章存在对团队有效性及教练相关著述中所总结的经验进行整合，为GVT的有效教练提供一些指导。在第一部分，我们会简单介绍一下GVT和传统同地工作的团队之间的差异。在第二部分，我们会总结与GVT合作克服其独特挑战的五种最佳实践。这些最佳实践是在科学文献、专家观点以及实践经验的基础上整合而来的。

全球虚拟团队的特征

GVT，也称跨国团队、跨文化团队，其跨越国界在全球范围内进行连接、协作和沟通。我们将 GVT 定义为相互依赖的虚拟团队，其成员的地理分布跨越时间、文化、语言、国家等边界。从本质上讲，GVT 由来自全球各地的个人及团体组成，团队成员可能使用几种不同的母语，拥有不同的文化价值观、不同的工作习惯和习俗以及非常不同的日常经历。尽管也存在地理和技术方面的障碍，但文化和语言上的多样性才是 GVT 必须克服的最大难关。最近的一项调查显示，68% 的虚拟团队成员认为，文化规范、期望和语言方面的差异，是阻碍团队成功的最大挑战。此外，与同地工作、相对同质化的团队相比，全球化以及虚拟的环境放大了团队中原本就存在的各种问题。例如，GVT 中更容易出现：人际冲突；知识管理困难；在目标和要求方面缺少共识；因缺乏共同理解而产生孤立感；对领导力、团队成员角色以及彼此互动方面抱有不同期望；通过网络进行沟通所产生的焦虑。GVT 面临的一个最大挑战是，团队成员通常很少有机会面对面交流并建立融洽的关系。

另外，我们在 GVT 的形成和运作过程当中观察到很多优势。近年来，这些优势使这类团队成为全球性业务的中坚力量。它的一个优势是，可以把最合适的人配置到 GVT 中，而不必顾及个人及组织所在的位置。所以，企业可以更好地使用专家资源，扩大劳动力市场范围。文化多元性团队可以提升创造力和满意度，从而创造更多价值。

GVT 成员通常对如何完成任务持有不同看法，这有助于在完成工作任务的过程中，采取最恰当的行动。来自不同文化背景的团队成员拥有不同的资源，可以以最适合团队需要的方式有效地运用这些资源。有效地运用这些资源，再加上团队成员各种独特的多元化专业知识，还可以改善团队决策。GVT 中，当团队成员之间存在建设性冲突时，决策质量会提高，团队绩效和团队效能也会提高。

最后，使用合适的虚拟沟通工具，可以让团队成员的沟通模式更加灵活多样。例如，电子邮件和在线文件共享可以让团队成员之间的沟通更加灵活，而且因为信息可以存档，还便于随时查询。很多工具可以改善团队互动的模式，提高效率和满意度。

教练 GVT 的最佳实践

考虑到对 GVT 进行教练的过程以及 GVT 成长的复杂性，教练和领导者很有必要了解一些最佳实践来武装自己。基于对所有相关文献详尽的研究和总结，我们在这一部分提炼出在引领 GVT 的成长和改变时，教练们可以采取的最具影响力的行动。我们将这些最佳实践划分为五类，分别是：重视沟通的清晰有效；构建人际关系；促进文化理解；增进共同理解；培养领导力。阅读本章时，请记住，要仔细斟酌实施这些最佳实践的时机以及团队所处的生命周期。在团队模式及关系固化之前，团队一般比较容易教练并发生改变；但实际上只有在出现消极模式之后，团队的教练需求可能才最大化地呈现出来。

1. 重视沟通的清晰有效

在全球范围内沟通，即便采用现代化的电信沟通方式，也还是很困难的。GVT 成员常见的抱怨是沟通不顺畅。沟通不顺畅会降低团队成员之间的信任，让大家感觉不受重视，彼此之间缺少连接感，最终使团队受到伤害。作为教练，你要帮助团队制定沟通标准，确保所有成员在以下几个方面理解一致：回应时间；期望的反馈水平；所有团队成员之间进行开放沟通的重要性。清晰有效的沟通，有助于团队成员之间建立信任、密切人际关系。

首先，鼓励团队提前安排会议。要在会议开始前发送书面议程，包括明确的预期成果。其次，推行闭环沟通策略。闭环沟通包括三个步骤：发送方发送消息；接收方接收消息并确认收到；发送方核实消息已被正确接收。这些步骤有助于确保虚拟会议的高效性，保证团队成员的投入度以及相互间的信任度。教练过程中（尤其是在团队的日常工作中），鼓励大家相互交流时使用改进的闭环沟通。通过总结要点（倾听者所理解的意思）、陈述所认同的内容、提出问题或替代方案，团队成员会感觉在教练过程中或在虚拟会议中更有投入感，说话的人会感觉自己被团队的其他人倾听到了，自己的想法得到了承认和认可。

要尽可能地推广使用富媒体方法。富媒体将沟通中的非语言信息添加到交流当中以减少歧义。使用富媒体有助于成员找到一种社会存在感，且有助于成员即时反馈。富媒体通信技术的一个例子是，在 GVT 初始组建期或在处理复杂问题时，采用面对面开会的方式。这会为团队成员之间建立信任、密切人际关系奠定基础。如果无法安排面对面会议，那么鼓励使用视频会议将是很好的选择。

并非所有通信技术都要使用富媒体。简单的媒体工具，如即时消息、电子邮件和共享文件平台等，可用于记录保存、群体协作等不同情境。例如，对于使用非母语进行沟通的人来说，电子邮件是一种很有价值的工具，因为沟通过程中可以有更多的思考时间，特别是在完成任务导向或项目式的工作时。随着虚拟通信工具应用的迅猛增加，为具体情况选定合适的工具变得非常重要。要鼓励团队制定沟通计划，其中包括有关如何沟通的指导原则，以及在沟通过程中将使用哪些技术工具。理想情况下，这种计划应该在团队生命周期的早期制定，同时很关键的是，沟通规范要有结构性并保持透明，以保持事情可控、打破文化壁垒以及让团队的工作过程和工作成果更理想。

例如，在新团队中，形成团队章程，制定战略沟通计划及指导原则，会促进 GVT 的早期成功，并有助于保持 GVT 在整个生命周期内正常运转。作为教练，帮助团队培养良好的沟通方式（例如，考虑使用哪些工具、如何使用这些工具以及这些工具的使用频率），对于团队走上成功高效的轨道非常关键。

2. 构建人际关系

整个教练项目进行过程中，当团队忙于工作任务时，教练的主要目标应该是帮助 GVT 成员建立高质量的人际关系。加强人际关系可以让你更容易地帮助他们发挥优势，并在教练过程中，在团队内部培养信任关系。你要花时间了解整个团队和每位团队成员，并在教练项目早期重点关注团队中人际关系的建立。可以让团队成员描述自己是谁、住在哪里、喜欢做什么、自己的生活是什么样的。让团队成员结对，在教练工作坊之外的时间相互访谈，然后在下次教练工作坊上分享"发现"。

寻找机会建立人际关系，是 GVT 成功的一个关键因素，但同时也是 GVT 协作中最大的一项挑战。正如在教练过程中确保心理安全感（在群体环境中表达自己时的舒适感和安全感）至关重要一样，你要帮助整个团队培养长期的心理安全感和舒适感。研究发现，拥有心理安全感和信任感的 GVT 成员，更有可能克服地理及文化上的障碍进行沟通和合作。人际关系的深度可以用于直接预测团队的信任度、共识程度、虚拟协作水平、团队认同感和冲突水平。

为了在团队成员之间建立高质量的关系，你要鼓励团队成员使用富媒体技术（例如视频会议）。换句话说，团队成员面对面工作的时间越多，他们在虚拟团队环境中建立牢固的人际关系的可能性就越大。对一家大型电信公司 GVT 成员所提供的数据进行分析发现，在 GVT 早期形成阶段至少见过一次的团队成员，与其他 GVT 成员之间在关系层面展开交流的可能性会更大一些。根据柯克曼（Kirkman）及其同事的观点，Sabre 公司鼓励 GVT 成员每年至少见面一两次。把教练时间花在促进团队成员彼此熟悉上并非"浪费"，这可以促进团队成员的紧密连接。GVT 成员越是了解彼此、越有紧密感，就越能长期合作。教练新创建的 GVT 时，提前花时间在 GVT 中建立高质量的关系尤其有价值。

构建人际关系是 GVT 教练的一项关键最佳实践，可以通过早期的面对面交流来进行，例如启动会议或计划阶段的定期面对面教练会谈。构建人际关系的方式还包括基于以往的团队工作经验来组建 GVT，以及鼓励 GVT 成员使用其最喜欢的媒体渠道沟通。着重发展强有力的人际关系，会促使团队成员之间的信任关系更加牢固、共同理解程度更高、协作更顺畅。

一种建立信任以及平等感的技巧是轮换安排教练工作坊，这样大家就不会总是偏爱某一组团队成员、不会厚此薄彼。这种方法会帮助人们意识到自己对团队的重要性。此外，通过轮换安排，教练会帮助所有团队成员感受到自己的参与与来自全球其他地区的团队成员的参与同等重要，特别是当其他团队成员可能在同一地点办公或生活在相近的时区时。

此外，即使整个团队都到场参加了教练讨论活动，但当你不能与团队成员身处同一房间时，你也很容易忽略某位安静的团队成员。由于团队成员彼此之间建立联系很困难，所以 GVT 中的权力动力会一直发挥作用。随着时间的推移，这些权力动力会导致信任度降低、团队里出现分歧。例如，在教练过程中，分公司或办事处的成员与总部成员之间的权力动力，可能会导致其他人允许总部成员主导对话并做出决策。作为教练，你可以提醒团队，大家拥有共同的目标以及同等的发言权，以此来减少教练过程中的这种动力。另一个有帮助的策略是，仔细监控每个人在说话和倾听上所花的时间。如果一个人（或一群人）主导了对话，那么就要去关注那些安静的人。如果有人难以表达观点（特别是因为语言上的困难而难以表达时），那么你要帮助他把想法进行整合并传递给团队。

作为教练，很关键的是，要以一种尊重大家的方式促进每个人参与，特别是促进那些参与程度很低以及少数派成员的参与。要做到这一点，需要增强教练过程中的心理安全感，让所有人都感觉参与讨论是安全的。创建有心理安全感的环境，有助于让团队制定共同目标、分享知识、培养相互间的尊重，从而可以更好地从失败中学习。如果教练帮助团队建立了信任，将会培养出深层人际关系，促进知识共享，提升团队认知，使团队能更好地应对未来的冲突。此外，培养闭环沟通以及寻求反馈这样的行为，会减少 GVT 在发展过程中出现的问题。

3. 促进文化理解

文化差异给 GVT 带来了严峻挑战。与工作相关的文化价值观、隐性的沟通规则和行为偏好方面的差异，会使团队动力复杂化。这些情况下，教练可能会发现，自己要经常与一群文化背景迥异的人一起工作。因此，有效的教练可能需要在教练过程的早期花费大量时间，帮助 GVT 识别出在教练过程中的文化差异并加以消除。

教练过程中所有团队成员充分参与，对于大家产生认同进而发生改变非常重要。文化差异可能会影响到教练过程的参与率。为了实现最大程度的参与，有必要了解 GVT 内部在领导力互动风格、偏好以及表达尊重的方式上的文化差异。这些文化规范方面的差异，可能会影响团队讨论时的自然参与程度，而产生这种影响的方式，往往是持有这些文化性信念、价值观的团队、教练以及团队成员所看不见的。例如，在东亚文化群体中，很多人被教导要尊重老师、专家、长者以及领导者，所以要避免意见不合或直言不讳。这可能会导致人们认为（甚至可能更喜欢）被教练者与教练之间的关系是不平等的，因为"那些来自儒家传统国家的人"被教导的是听话照做。

然而，非常重要的是，要意识到这些可能的差异，并在尊重人们的舒适性与建立融入感和参与感这两种关键需求之间取得一种平衡。西方的教练方法可能会被认为过于直接，在不同文化背景下需要进行调整。大多数教练方法都是基于教练和被教练者关系平等且权力差距很小的这样的假设开发出来的。要理解他人，就必须清楚教练活动的假设以及取得真正的长期成功需要哪些条件。

即使团队成员的思想和行为看起来很相似，但他们其实可能是通过不同的文化视角来感知世界的。每位成员都需要了解自己的文化以及与其他成员之间的文化差异，但这并非易事。在教练工作坊当中，有效的 GVT 教练要促进所有团队成员就那些与自己工作相关的文化价值观、习惯和偏好进行学习并展开对话。教练还要帮助团队进行好奇的意义探询对话，不仅要讨论那些明显能看到的差异，还要讨论那些依靠团队自己可能很难发现的差异。有些文化价值观或习惯对于来自其他文化背景的成员来说可能看起来很奇怪。通过鼓励团队成员对陌生的价值观和习惯保持开放心态，可以避免评判，在教练过程中营造出积极而轻松的氛围。

如果你拥有与其他文化背景的人共事的经验，请充分运用。这些经验会帮助你教练 GVT，使你能够理解客户的问题，并意识到团队成员在教练过程中对其他文化产生的不适或焦虑。此外，有关文化理论和维度的知识，对于你在某些教练过程中充当"文化翻译"会非常有用。运用这些技能，你可以针对团队成员对其他成员的文化解释，补充更多信息或情境以加深大家的理解。来自某些文化背景的成员可能会在描述自己时犹豫不决，或者可能期望教练过度友好。因此，你要灵活地改变方法，根据情况运用不同方式进行沟通。最后但其实也很重要的一点是，从文化研究中获得的文化知识对于教练过程会很有帮助。但是同时，这类知识也存在产生思维定式的危险。所以，采取平衡的方法非常重要；教练过程中你要促进讨论和对话，在文化知识和个体差异之间找到一种平衡。

4. 增进共同理解

进行信息共享的团队，更有可能就其工作任务和使命增进共同理解并在知识方面互相补充。为提升团队绩效，需要所有人都有一致的理解：每位成员都必须了解自己的工作任务和团队角色，而且要了解团队其他人的角色和工作任务，以便共同努力并进行有效协调。尽管团队认知有很多种类型，但最终都归结为对工作任务和团队的共同理解，这种共同理解会提升清晰度、促进团队合作。因此，增进团队的共同理解应该是团队或群体层面干预（例如教练）的重点目标。

鼓励沟通并消除沟通障碍，是加强知识共享、促进团队认知的必要条件，但这还不够。与同地工作的团队相比，GVT 在增进共同理解方面面临着更多障碍。例如，由于距离远、信息交流困难、沟通错误率和误解率高以及参与度低等原因，在理解以及思想上的一致性及融合程度方面，GVT 的可能较低。此外，与同地工作的团队相比，GVT对工作任务的理解达成一致的速度可能会较为迟缓（如果能够达成一致的话）。因此，对于GVT，需要运用独特的教练策略，以促进其共享知识并在团队、工作任务、目标等方面达成准确的共同理解。

当你想加强团队的信息或知识共享时，可以从组织团队讨论、促进团队合作开始。根据安德烈斯（Andres）的观点，可以通过以下教练干预方式帮助团队成员建立共识：营造环境，让所有团队成员都为成功做出贡献；让团队成员建立对自己的工作能力的信心；鼓励沟通和参与；使GVT保持共同的关注点。有各种不同的团队干预方法被认为是促进团队认知的有效手段。例如，有证据表明，交叉培训可以使团队成员了解各自的角色和职责，从而达到共同理解。因此，对于新组建的GVT，教练要给每位团队成员分配时间，让他们向其他成员描述自己的特定角色和专长。同样，团队成员要以一种数据验证或交叉验证的方式来讨论自己对任务的理解，接受并整合他人的看法。

有效的GVT教练必须努力轮换参加教练工作坊的时间，让所有团队成员都能够有平等的参与机会。你必须努力确保尽量多的人能够参加。全球性教练活动组织安排起来很有挑战性，简单地与那些能够轻松参与教练活动的团队成员会面看起来更容易一些。但是，那些无法参加会议的人，因为不在场，无法表达自己的观点、想法、目标和方向，所以可能会不太认同团队决定的目标和方向。显然，如果没有全员参与，那么针对GVT所面临的挑战的讨论和理解将是不完整的，不太可能挑战成功。最后，外部团队教练要鼓励团队领导者定期向团队成员介绍情况并听取他们的汇报，传播信息并提供指导原则和知识结构。

5．培养领导力

引领和领导GVT是领导者可能面对的最大挑战之一。全球团队合作固有的复杂性和障碍使得领导GVY失败的概率高于领导传统团队。有证据表明，将领导力视为团队的一种能力而不仅仅是天生或正式的角色，有助于克服这些障碍。领导力活动中全员参与的程度越高，团队的变通能力和适应性就越强。增强GVT的自我领导力可以提供额外的支持，帮助团队应对全球虚拟工作的挑战。有几种方式可以培养这种领导力。

比如，你要促进全体 GVT 成员针对如何分配领导力责任和角色进行公开对话。对于面对面一起工作的团队来说，领导力责任和角色就像文化一样，可能也是不够透明的。而当人们身处不同国家或地区交流时，他们要认识到彼此的期望和需求的差异，就会难上加难。此外，你还要与 GVT 成员一起制定一份全面、详细的领导力章程，列出团队中关于领导力的期望和角色。在此过程中，要帮助团队成员探索自己在承担领导力责任或与其他成员分享领导力角色方面的偏好和舒适程度，引导团队成员了解自己的喜好和期望。鼓励团队成员拓展自己并承担起领导他人以及支持他人发挥领导作用的责任，是提升团队领导能力的一个很好的方式。在这个成长阶段，经常安排一些签到及跟进活动对成功和失败进行探讨会很有帮助。

请注意，如果领导力章程不再符合 GVT 的需要，就可以随时进行修订。章程很可能会进行修改，修改后会提供一个清晰透明的空间，让新的应急性团队领导者能够与团队的正式领导者并肩工作。总而言之，教练过程中，在团队的领导力偏好和责任方面培养出的透明度越高，团队成员之间的协作就会越好。

结　论

本章重点介绍了教练 GVT 的几个关键挑战，并确定了一些最佳实践，这些最佳实践来源于团队和教练方面的科学文献以及具有实际应用经验的专家。团队教练是一种很新的教练方法，关于如何有效地进行团队教练仍有很多未知之处。但是，这些关键最佳实践是通过运用专家知识以及对 GVT 的研究确定的，会帮助我们对 GVT 进行高质量的教练。

在一些情况下，这些最佳实践一般与团队的具体情况相关。然而，教练进行过程引导以及运用这些最佳实践的方式，是教练成功的关键。考虑一下以上列出的几种最佳实践会如何相互影响，实施过程中要如何紧密结合应用。例如，如果你提出供了一些改善 GVT 知识管理的技巧，但是这些技巧并没有奏效，那么就要考虑一下这个 GVT 中所展现出的信任程度如何。如果信任程度比较低，那么也许你首先要把重点放在培养信任关系上，然后才能在改善知识管理方面获得成效。

团队中领导力的结构，对团队所能达成的整体最大绩效及项目结果有着重要的影响。增加团队中积极参与建设性领导力（例如共享领导力）的人数，可以减少正式的团队领导者管理 GVT 的工作量。大多数团队中，无论是 GVT 还是同地工作团队，都发现共享领导力是一个非常强大的绩效预测因素。对团队的领导力进行扩容，提供了一种结构性的支持，可以缩小团队成员间在时间、距离、文化上的差距，保证整个团队都能获得（并提供！）领导力支持。这种向共享领导力结构的转变被推荐为同地工作团队的最佳实践，并且有初步证据表明，这种方式也可以推动 GVT 的成功。但是，与传统的等级结构相比，不同的人（尤其是来自非西方背景的人）在相对更加模糊和应急的领导结构中可能会感觉不舒服。

多元化团队中共享领导力与团队绩效的关系更为密切，因此仍要强调在团队中培养共享领导力。整个教练项目中非常重要的是，构建人际关系并培养团队认同感和归属感（并将其转化到团队的日常工作中），帮助团队成员充分感觉到安全和舒适，从而愿意承受因分担团队领导力而带来的风险。

GVT 历经形成和发展，整个生命周期过程中难免会出现冲突。有充分的研究表明，团队成员的地域分布和多元化会给团队动力带来很多阻力。地域跨度、文化差距，都会导致团队成员之间缺乏共享的身份认同、降低团队归属感。此外，如果处理不当，技术媒体（更多地使用技术交流工具而不是面对面交流工具）也会使冲突性事件增加。

教练的作用是帮助引入减少冲突的流程和程序，并为成功地取得沟通成果提供工具。为了减少冲突，教练可以考虑引入一种协作式冲突管理风格，一些研究者认为这种风格对 GVT 想要实现的成果有积极的影响。鼓励频繁和自发的沟通似乎也能缓解 GVT 的冲突。自发的沟通似乎有助于提升人际关系和信任。

此外，在适当的时候，引入文化意识培训可以加强团队成员之间的相互理解，减少破坏性团队冲突的发生。

我们希望本章为未来的研究提供一些实践指引，以促进我们理解这些GVT最佳教练实践是如何在实际场景中应用的。表16.1是对我们建议的总结。对GVT和团队教练的交集进行的详细研究很少，这为进一步的研究留下了广阔的空间。

表 16.1　GVT 教练建议和最佳教练实践摘要

重视沟通的清晰有效	・协助制定沟通计划和团队章程 ・鼓励使用闭环沟通策略 ・鼓励使用信息丰富的沟通方式/富媒体方式
构建人际关系	・增强面对面沟通的机会 ・鼓励使用成员偏好的沟通技术 ・运用过去的团队合作经验
促进文化理解	・促进所有团队成员就工作相关的文化价值观、习惯和偏好进行学习并展开对话 ・帮助团队针对文化价值观、习惯和偏好进行坦率、好奇、有意义的对话时，不仅要针对那些明显可见的，还要针对那些依靠团队自己可能很难看到的 ・鼓励团队成员对不熟悉的文化价值观保持开放心态，避免采取评判态度 ・平衡文化知识和个体差异，避免产生思维定式 ・根据情况灵活改变教练方法并运用不同的沟通方式
增进共同理解	・通过为教练工作坊以及任务导向的常规团队会议制定沟通计划、日程以及大纲来精心设计团队讨论 ・运用数据验证或交叉验证的方式，安排时间让团队成员向其他成员描述自己的角色以及对任务的不同理解 ・鼓励团队领导者向团队成员介绍情况并听取他们的汇报，传播信息并提供指导原则和知识结构，以促进 GVT 成员心智模式上的融合
培养领导力	・围绕领导力的角色、责任、期望和需求，引导有针对性的讨论 ・协助制定一份领导力章程，透明地介绍团队内领导力的分配和执行方式，以及每个人在领导力系统中的角色和责任 ・鼓励团队成员通过慢慢增加对项目或举措的领导力责任来提升自己的领导力 ・确保每个人都明白，随着团队自我领导力的提高，领导力章程可以而且应该随着时间的推移进行修订

第 17 章 转动系统之轮：将"系统思考"的魔力转化为团队教练实用工具

理查德·波士顿

霍金斯将系统性团队教练与其他团队教练及引导方法区分开来，其基础主要是系统性团队教练更加关注把团队作为身处若干更广泛系统中的系统来看待。系统性团队教练还帮助团队提升其自身的系统思考能力，增强其与利益相关者互动及共创的能力。"教练合约"是与团队及其关键利益相关者共同签订的，而且教练会认为，一旦合作开始，他们自己也会成为系统的一部分，也就是说，即便他们想保持完全的独立或客观，但其实也做不到。因此，教练成为一种伙伴关系，是一种共同努力。①

"系统思考"指的是关注系统中各部分之间的复杂因果关系，这里的各个部分，包括个人、群体或团队，物理实体如公司总部或其他物质资源，抽象概念如组织战略、流程或政策。正如霍金斯所指出的那样，团队教练和引导往往倾向于（常常是完全）关注团队的内部工作方式和自我确定的目标。这种缺乏全面系统的方法，会在以下两个关键方面限制干预措施发挥作用。

首先，这会鼓励团队关注自身及团队成员而非所服务的利益相关者，进而降低教练活动的作用，这些作用包括提升团队与这些利益相关者之间的关系以及增强满足利益相关者需求的能力。

其次，这会忽略更广泛的系统对于团队当前的行为和绩效以及改变能力的影响，未能让团队更加受益于团队教练的干预。正如凯根（Kegan）和莱希（Lahey）所观察到的那样，个人和团队都拥有一种"免疫系统"，这种"免疫系统"会维持现有的运作方式，无论这些运作方式看起来多么功能失调以及对行为改变形成多大的心理障碍。如果团队教练干预未能解决团队之外（在更广泛的系统中或团队与之形成的关系中）的"免疫系统"问题，那么带来最多是团

---

① 更多关于系统性团队教练的内容，见霍金斯的《高绩效团队教练》一书。——译者注

队绩效的暂时提升。

然而，对于很多试图向系统性团队教练转型的团队教练来说，挑战在于，系统思维极其复杂，近乎神秘主义——这呼应了哈蒙德（Hammond）对《易经》和前苏格拉底哲学中系统思维的观察。对新手来说，像圣吉（Senge）这样的作者看起来可能就像是"系统魔术师"，能够促使系统发生改变，但似乎不太能说清楚如何做到。实际上，新手会认为很多文献中的核心信息是：系统过于复杂，无法真正理解，发挥作用的系统性力量只有在事后回顾中才会显现出来；从业者仅仅需要相信系统会自行呈现这些信息或自行找到解决方案。有这样的想法是可以理解的。

因此，系统之轮（Systems Wheel）应运而生，这是一种实用而且易于使用的工具，适用于较复杂的实践方式，无论是团队教练、一对一教练、组织发展还是督导，都可以使用。系统之轮可以与 GROW 或霍金斯的 CID-CLEAR 等教练和团队教练流程模型紧密结合使用，可以用于形成探询/诊断阶段的提问，设计系统性团队教练的活动和干预措施，以及评估教练干预措施对团队及其所在系统产生的作用。

系统之轮简介

系统之轮由一个中心部分和四个同心环组成（见图 17.1），本章将会对每个部分进行深入介绍。中心部分聚焦于领导力及团队绩效的三项核心原则：任何团队要想取得成功，都需要在自我、团队和组织层面做到三件事情，即确立方向、确保承诺和培养能力。外圈两个环，是在所有人类系统中起作用的两类"系统性力量"——这个内容稍后会详细介绍。黑色的内环，借鉴的是波士顿领导力研究的三大"ARC 品质"（真实、责任和勇敢），这三大品质帮助团队和教练在处理复杂系统时能够更加深入、更熟练、更高效、更具有变革性。（系统之轮的彩色电子版可直接向作者索取。）

图 17.1　系统之轮

资料来源：Richard Boston，2018。
注：彩色版本可向作者索取。

系统之轮的每个组成部分，其本身都是一种实用的、基于实证的工具。但是，系统之轮的整体作用大于各组成部分作用之和。四个环中的每个环，都可以向正反两个方向"旋转"，这样环上三个部分中的每个部分都能够与相邻环上的各部分对齐。每次旋转都会提供不同的概念组合，运用这些概念组合，可以向团队成员、团队领导者、利益相关者以及教练提出强有力的问题，帮助他们更好地理解并运用团队内部以及团队周围的系统。同样，每种组合都为教练提供了一些灵感，用来设计团队干预措施。一共有 4 000 多种"组合"。教练可以根据自己的意愿选择或去除轮子上的任意部分来形成组合。本章将会介绍一些示例，但绝非详尽无遗。

系统之轮的中心：领导力和团队绩效的三项核心原则

三项核心原则（见图17.2）模型植根于对领导力和团队绩效的研究。这个模型的简洁性及用语已被证明能够让客户印象深刻，但同时它又可以像洋葱一样层层剥开，激发更为深入和广泛的讨论和反思。经验表明，最有效的使用方法是询问团队"高绩效团队与低绩效团队的区别是什么？"，然后请大家运用方向、承诺和能力这三项核心原则进行总结汇报。

图17.2 三项核心原则

资料来源：Richard Boston，2018。
注：彩色版本可向作者索取。

"激励人心的方向"是瓦格曼等人提出的高绩效团队的三个基本条件之一。确立方向意味着确立并调整团队的个人和集体宗旨、目标及优先事项，并确保这些宗旨、目标和优先事项考虑了团队内部及外部利益相关者的需求。图17.1中的同心三角形之间缺乏一致性会产生张力，这种张力或者明显呈现出来，或者潜于表面之下。例如，在组织层面，黑莓公司未能使其发展方向与市场走向保持一致，因此在智能手机市场的份额从50%降至不到0.5%。

在方向上缺乏清晰性或一致性，还会使团队内部以及周围的人难以真正确保承诺。此外，确保承诺还需要有信任、建设性冲突和责任担当——这不限于团队内部，还包括团队与其利益相关者之间。

第三项核心原则为培养能力，要求团队询问自己，在团队内部和周围，是否拥有（并正在充分利用）必要的知识、技能、资源、数据、结构和流程，以实现自己的目标。"培养能力"这个词往往比"学习"或"发展"更适合团队，可能是因为它会让人感觉更加任务和结果导向，因此比学习更重要。当然，现实是，对很多团队来说，培养能力会包括个人和集体的学习和发展，通常是在"软技能"领域，例如情商。

大多数团队和组织都拥有丰富的管理信息，这些信息可以帮助我们洞察团队在这三项核心原则方面的表现。在探询数据时系统之轮提供了大量可供使用的问题。例如，仅使用系统之轮的中心部分可以提出以下问题：

- 我们的市场/生态系统在朝向什么方向发展？我们的方向与其有多少一致性？
- 为了使我们保持选择的方向，团队/组织的内部和周围需要做出什么承诺？
- 我们在多大程度上拥有/能够获得朝向该方向前进所需的（个人/集体）能力？
- 我们的集体方向在哪些方面与我们个人的职业抱负一致/不一致？

使用这三项核心原则时，一种简单的干预方法是，在地上贴出一个十字，创建两个坐标轴。一个坐标轴，代表人们相信所讨论的方向（愿景、战略或团队目标）是正确的、要做的事情（大家对这些有承诺），一端代表"100%确信是正确的"，另一端代表"100%确信是错误的"。另一个坐标轴，代表团队可以立即将其实现的能力（0~100%的能力）。然后，所有团队成员（可能还有选定的利益相关者）都站在这两个坐标轴的相应位置上。这使团队和教练能够立即了解人们对这个方向的态度，包括少数派的看法和"重要差异"。随后的分享侧重于理解和减轻人们的担忧，使团队能够完善方向方面的事宜并填补能力方面的任何空白，以确保所有相关人员都做出足够的承诺。

值得注意的是，三项核心原则还提供了评估团队教练干预作用的方法。例如，客户可能期望通过成功的干预来提高团队方向的清晰度，并使该方向与更广泛的组织及团队关键利益相关者期望的方向保持一致。他们可能还期望提升团队成员和利益相关者的承诺，以及切实提高团队的能力。

系统之轮的外环：提升或降低团队绩效的系统性力量

任何团队实现三项核心原则的能力，都会受到团队内部、所处系统内以及团队与周围系统之间关系中的各种力量的影响。

这些系统性力量是所有系统共有的五个特征之一，其中很多是由卡普拉（Capra）提出来的。本章没有足够篇幅详细介绍其他四个方面，仅在此简单介绍一下：

1. 系统的"边界"：进行真正的系统思考意味着接受系统之间实际上没有边界，但是对边界的认知却会对态度和行为产生非常真实的影响，所以边界的概念会对系统化团队教练产生影响。因此，在某种程度上，这些系统边界是由系统之轮中心的同心三角形之间的边界来表示的。
2. 系统内部和周围的"要素"：就是本章开头所提到的系统的"部分"（个人、群体、团队；物理实体如公司总部；抽象概念如战略、流程、政策等）。所有这些信息不可能在系统之轮中都明确地标示出来，但其实很多都隐含在系统之轮当中（例如，战略包含在方向当中，流程包含在能力当中）。
3. 系统性力量在边界内外作用于系统中的各种要素以及各要素之间的关系而产生的各种"模式"，即理想化、投射、寻找替罪羊、移情、反移情、悖论、平行过程等。
4. 这些模式和系统会体现整体的"稳定性"：稳定性本身并不具有积极性或消极性，但会影响团队成员的心理安全感，也会影响团队/系统发生改变或适应VUCA（易变性、不确定性、复杂性、模糊性）的环境的能力。

系统中出现的模式，以及这些模式和系统所体现的整体的稳定性，并没有在系统之轮中表现出来。可以说，系统之轮其实值得再增加一个环。但是，大多数团队教练已经在寻找模式并帮助客户团队去发现模式。在实践中，当旋转轮子产生关于系统的团队教练问题时，增加"模式"和"稳定性"所增加的价值要远低于轮子的其他部分。"是什么模式妨碍了我们确保承诺？"这个提问，比"是什么妨碍了我们确保承诺？"并没有增加多少价值，甚至可以说减少了价值。所以也许在运用系统之轮时，记住"模式"和"稳定性"的概念就足够了。

轮子的两个外环（图 17.3 中的浅灰色和深灰色部分），已被证明对团队教练以及团队教练督导都非常有用。这是在所有人类系统中发挥作用的两种不同类型的力量。最里面的浅灰色环，显示的是在系统内部和周围各种要素的内部和彼此之间起作用的"微观力量"："习惯、需求和心智模式"。

图 17.3　起作用的力量

方向的改变或能力的提升几乎总是需要行为发生改变，这可能意味着团队成员（可能还有利益相关者）要摒弃旧习惯、学习新习惯。知道这一点会使他们难以做出承诺。如果他们认为新方向（或向新方向过渡）会使他们暂时或永久性地降低满足其现有需求或关键利益相关者的需求的能力，那么他们将很难做出承诺。很少有团队意识到的一点是，无论团队内部及周围现有的模式看起来多么具有破坏性、多么荒谬或适得其反，这些模式其实都非常有效地满足着系统中的某些需求。有效的系统性团队教练的关键，通常是尊重这一点并对其保持好奇，而不是怀着批判的态度、笨手笨脚地试图去改变。

通常来说，不只是要改变习惯、要关注那些说出或未说出的需求，要想推动事情向前发展，需要在心智模式上有所改变。在系统之轮中，当我们说"心智模式"时，我们指的是信念、假设和期望的组合。

心理测量学是一种与团队一起探索习惯、需求和心智模式的方法。一些工具，如 MBTI 性格类型（迈尔斯-布里格斯性格类型）可以洞察所有这三种微观力量。其他一些工具则更擅长深入研究这三个领域中的某一个。例如，FIRO-B（人际基本关系导向行为测验）提供了一种简单易用的方法来探索需求，无论是否实际使用其心理测量方法，都可以带来一些真正的价值。例如，仅是提出我们都有三种核心需求（融入、控制和情感/开放），就足以激发出一些强有力的探究思路。关于这一点，可以查阅例如舒茨（Schutz）和波士顿的研究。

反馈也有助于揭示个人和集体的习惯。这些反馈可以来自同事、利益相关者和团队教练，也可以通过保密性的访谈、直接的口头反馈、在线问卷调查或者现场练习中使用便利贴收集的方式获得。

旋转系统之轮可以产生很多提问，来探究习惯、需求和心智模式带来的影响，例如：

- 当前团队内部以及周围的习惯对于我们履行集体承诺的能力有什么影响？

- 要确保利益相关者对新方向有所承诺，我们的新方向必须满足哪些需求？
- 我们当前的心智模式（信念、假设和期望）或利益相关者的心智模式，在哪些方面限制了我们探索其他方向的能力？

浅灰色的"习惯、需求和心智模式"环显示的是系统内部和周围要素之间的"微观力量"，而深灰色的"时间、位置和交换"环显示的则是施加在系统本身和整个系统上的"宏观力量"。如果说颜色较浅的内环是轻拂树叶的微风，那么颜色较深的外环则是地心引力，使树叶必然落向大地的怀抱。

时间、位置和交换这三种宏观力量是惠廷顿（Whittington）提出的概念。他借鉴了伯特·海林格（Bert Hellinger）的成果，指出个人、团队和组织都存在于时间之流当中。他们过往的经历会影响目前的习惯、需求和心智模式以及目前的方向、承诺和能力。同样，他们现在的经历也会对未来的信念、假设和期望产生影响。

个人、团队或组织在系统中的位置也会影响其习惯、需求、心智模式以及在三项核心原则方面的表现。很多人如果觉得自己离团队的边缘比离团队的中心更近，那么承诺度就不会很高，而处于组织高层、中层和基层的人往往都会形成可预测的习惯、需求和心智模式，这些习惯、需求和心智模式与这些人的职位的关系的密切程度要超过他们的个性与他们的职位的关系。例如，中层通常会在满足上层和下层的需求时左右为难，同时又会感觉与组织中同级的同事有距离，而同级的同事可能正是支持的来源。同样，常见的教练问题，如投射、移情、寻找替罪羊、"弹射座椅"角色和平行过程，都是"位置失调"引起的，即始于或属于系统内某个位置的特性、问题或责任，被有意识或无意识地转移到另一个位置。

最后，系统中发生的所有事情都可以描述为交换，也就是给出某种东西以得到另一种东西，或者某种东西从系统中某个位置移动到另一个位置。这里的"某种东西"，可以是人、物理资源，也可以是更抽象的东西，例如想法、善意、专注点或能量。重要的是，系统厌恶持续的交换不平衡，所以如果存在这种不平衡，那么往往它会成为产生持续性问题的根源。

在帮助教练和团队更好地了解自己以及系统、制定干预措施时，时间、位置和交换可以成为巨大的灵感来源，例如：

- 在房间里用物理方式来表现时间，把重要事件、时间段或发展阶段放在特定位置，可以创造出一种具身化、躯体化和情感化的体验，使团队超越认知，并揭示出（团队内部及团队周围）事物之所以如此的原因。例如，在某个团队当中运用这种方法时发现，在冲突方面普遍存在的厌恶、恐惧或失败，源于这家组织的一个特别痛苦的历史时期，而这个时期却很少有团队成员亲身经历过。
- 涉及对关键利益相关者或其他团队成员的态度时，鼓励团队成员在系统中占据与往常不同的位置，可以引发心智模式的转变。格式塔"空椅子"练习可以在个人层面上实现这一点。在团队层面上，让团队使用物体来代表系统的每个关键"要素"来创建一幅整个系统的"地图"，通常会很有帮助——在这个过程当中，只使用一个物体来代表团队本身。然后，每位团队成员花些时间触摸每个物体，从那个角度去看、去感受世界，并与其他团队成员分享自己的发现。
- 对团队内部以及团队与利益相关者之间的交换进行教练。可以做的是：第一，提高对这些交换的本质的认知——也许是通过过程咨询；运用饼图来显示对团队会议的相对贡献；从团队或利益相关者那里寻找词语、隐喻或图像；或者提出这样一个问题："关于我们与利益相关者甲之间交换的本质，是什么使他们很难对我们的提议做出承诺（反之亦然）？"第二，激发不同类型的交换，方式包括：发现/创造新的物理环境，或训练他们的倾听、提问以及教练技能。

系统之轮内环：真实、责任和勇敢（ARC）

> **情绪的作用**
>
> 系统之轮未明确提及情绪模型或霍金斯和史密斯所说的个人或集体的"情绪基础"。情绪显然在团队内部和团队之间的动力中发挥着巨大作用，并且以多种方式出现在系统之轮中（尽管不那么明显），例如，需求得到满足或未得到满足时出现的模式；习惯和心智模式的基础和表达；针对承诺的提问；在真实和勇敢方面的表达和抗拒；每次交换的潜在意图。

最后一环是真实、责任和勇敢（ARC），可以说是对系统的规定而非描述，所以可能不是对所有团队教练都有吸引力。没有这三大品质，系统之轮也还算是一个强大的工具，但是有充分的理由相信，这三大品质是团队、领导者和教练用来探索、理解并利用团队内部和周围系统力量的关键，能够让团队蓬勃发展并为整个系统做出贡献。这些理由和三大品质在其他书中有深入的探讨，所以从本章的目的出发，我们最好是将重点放在由这些词可以产生的提问上，用来对团队进行探询（见图 17.1）。

进行探询时，犹如探索冰山一角。以下是几个提问示例：

- 我觉得自己在这个团队中表现得有多真实 / 勇敢？
- 我们将责任分配给团队成员的有效性如何？
- 团队内部有哪些明显的冲突实际上是由责任冲突造成的？

针对更广泛的系统，使用系统之轮中的其他环，更复杂的提问包括：

- 哪些竞争性的责任使利益相关者难以承诺为我们提供成功所需的额外的能力？

- 如果我们挑战自己，让自己变得更加勇敢，那么作为一个团队，我们将朝哪个方向前进？为了实现这一点，我们需要改变（团队内部和周围的）哪些习惯和心智模式？

然而，真正更具有系统性的做法是，让团队回答诸如"我们要对更广泛的系统承担什么责任？"之类的问题，这可以防止团队产生将自己、自己的目标以及所领导的人置于更广泛的系统之中的想法。因此，就是这样的提问才能回应霍金斯的呼吁，进行真正的变革型系统性团队教练，"让团队能够（更好地）认识和应对更广泛的生态系统中的新兴需求和挑战"。

还有一点很重要，那就是在评估干预措施的有效性时，同样要有系统性。当然，教练可以问团队成员，他们对自己、彼此之间的互动以及与利益相关者之间的互动过程（交换）在多大程度上感觉真实。但是，教练必须关注自己对更广泛的系统的责任。因此，事实证明很有帮助的做法是，与团队的利益相关者探讨他们认为团队在多大程度上对更广泛的系统的健康和成功承担了更大的责任，并从外部寻求证据，证明团队在运作方式上更加勇敢。

系统之轮转动不息……

本章到这里就结束了。总结一下，系统之轮是对系统思考文献的深度和复杂性的一个回应，尝试设计一个可操作的系统性团队教练工具，为探询、干预以及评估提供一些灵感。同时，这个工具也可以用于督导，尽管本章中并未探讨如何在督导中应用。轮子上的每一环都植根于文献和实践，轮子的每次转动都会创造出不同因素的组合，为系统性团队教练的提问和干预带来不同的想法。有人会从每个环中都选取一个因素；有人会从一个环中选取多个因素；还有人会从整个系统之轮中选取多个因素。有些因素经过组合会产生全新的素材；有些组合会指向久经考验的做法。没有任何规则，只是邀请你转动轮子，以最具创造性和影响力的方式运用所出现的信息。

第18章　团队教练：优势导向方法

道格·麦凯

复杂的优势等级分类模型的发展，对组织内的领导力和团队发展产生了越来越多的积极影响。并且有令人信服的证据表明，相对于传统的缺失模型，优势等级分类在领导力发展领域的应用发挥了更大的作用。很多因素促使人们越来越关注个人、团队和组织发展领域的积极方法。首先，马丁·塞利格曼（Martin Seligman）任美国心理学会主席期间大力倡导积极心理学，这种方法聚焦于积极性的主观体验、性格优势和积极的组织，对传统的缺失模型提出了明确的挑战。其次，人才管理领域与之相关又相互独立的思维方式的转变，对这样的理念起到了支持作用，即人才的分布范围更加广泛并且人才资源是充足的。这一点对下面的理念也起到了支持作用：在团队内发展共享且分布式的领导力是一种建设性的做法。最后，有一种共识性的认知是：个人发展和团队发展中应用的缺失模型聚焦于冲突和挑战，但通常没说当这些缺失的问题被强调之后该怎么做（见第9章）。换句话说，解决团队的不足、差距和缺点等问题，对于如何使团队蓬勃发展、表现卓越和提升绩效并没有多大帮助。

优势导向团队教练方法的理性分析

优势领导力教练在个体层面的应用有效性的证据在不断增加。与传统的主要关注不足的缺失模式相比，这种基于优势的方法似乎有更明显的效果。在团队层面，可以表明这种基于优势的教练方法具有明显有效性的直接证据还比较少。但这并非意味着，相对于其他团队教练方法来说，这种方法显然是无效的，那只是团队教练研究范式成熟性的一个指标。所以，大多数关于优势导向团队教练的证据来源于对个体优势导向教练研究的类推和拓展。相对而言，现有的团队教练干预方法倾向于将干预措施聚焦于团队结构、团队流程和团队领导力，并没有试图将优势导向的视角结合起来进行具体应用。本章将回顾优势导向方法在三个层面上有效的证据，并确保以下这些原则包含了优势导向方法应用于团队教练的理论基础。首先，团队教练始于个体领导者的觉察和发展，优势导向方法论对此有明显的证据。其次，很多个体优势导向发展的原则很好地迁移到了团队和团体分析领域。例如，优势整合在团队层面和个体层面都可以有效实施。最后，团队领导力模型越来越倾向于具有共享性、分布性、集体性和包容性，为团队提供了基本的理论基础和启发式模型，可以应用优势导向的方法提升团队的集体领导力和绩效表现力。

共享领导与团队效能提升密切相关，它建立在这样的理念基础上：高胜任力的团队成员在授权式领导和伙伴间彼此积极影响的氛围中，根据他们的优势和技能将自己和自身的角色与别人进行区分。相对于传统的垂直领导，共享领导能产生放大效应，并且和优势导向管理法有很好的一致性。优势导向管理法的目的就是，在追求团队效能提升的过程中识别和提高个人能力。在高度复杂和成员相互依存的环境中，共享领导似乎特别有用，且受授权风格和团队领导者个人谦逊程度的影响。优势导向管理法在提升团队共享领导能力方面的作用是未来研究的一个富有成效的领域。

优势导向教练方法的证据是什么

越来越多的证据表明，基于优势导向管理法进行领导者培养是令人信服的。同时，有一些正在形成的证据表明，利用优势导向的方法进行干预后，包括敬业度在内的综合指标得以提高，并且个人特定的领导行为得到改善。一般来讲，优势导向教练方法有效性的证据建立在个人和团队教练有效性的证据基础之上。目前个人教练领域的一些分析研究证明，教练干预后的多个因变量都发生了显著变化。这些研究提供了有用的基准，我们可以参照它对优势导向方法的成果进行评估。但是，进行结果解读时需要注意的是，很多教练研究不是在工作场合进行的，会表现出过度依赖自我报告数据，使用的因变量缺乏可靠性和有效性，并且使用了多种多样的方法。因此，对运用特定的教练技术提升包括领导力和团队效能在内的组织能力的有效性，很难得出明确的结论。更公平的说法是，在证明团队教练有效性方面明显滞后于个人干预领域。尽管这方面的研究还处于早期阶段，还是有证据表明，团队教练可以提升绩效、改进团队流程和促进个人学习（参见本书第 7 章）。

因此，对于通用的个人和团队教练方法的有效性，有一些证据正在形成中。特定的优势导向方法论的证据是什么？目前有越来越多的证据表明，优势导向方法在提升幸福感和形成其他积极成果方面是有效的。在对 18 项实验研究的回顾中，加林（Ghielen）、范日新（van Woerkom）和迈耶斯（Meyers）找到了优势导向方法有效性的边界条件。他们的结论基于积极行动模型，该模型提出，通过增加积极的情绪、想法和行为促成优势导向的活动，可以提升幸福感和带来其他积极的结果。他们发现，发挥优势能直接地显著提升幸福感、工作绩效和创造力，并间接增强心理资本，例如希望。

我个人的研究主要是观察优势导向领导力教练在变革领导力方面的影响。在一个非营利行业的对照试验中，其结果证实了优势导向领导力教练中的一系列重要结论。首先，运用优势导向管理法，仅仅六次优势导向领导力教练约谈之后，变革领导力方面就取得了显著进步。重要的是，变革领导力的评估采用了多名评估员的方法，所以这些收获并非自我报告的结果。其次，教练流程是编制成册的，所有被教练者都有类似的体验，并且可以依据手册（以及优势导向方法）预测变革领导力的提升。最后，这些成果在后续行动中得到了保持和加强。这意味着，即使在教练结束后，这种方法仍会对领导力提升产生影响。这是首次在报告中清晰呈现优势导向领导力教练有效性的有形证据。

准确地说，优势究竟如何影响绩效，一直是研究中争论较多的话题。发挥优势能对结果产生多方面影响。首先，优势能带来直接的效果，通常表现为主观幸福感的提升。这在强调优势识别的干预方式中最为明显，即"识别并使用的方法"。其次，可以通过增加积极的情绪、想法和行为促成积极成果的产生，这是发挥优势的强化剂。最后，被教练者的思维模式会促成优势对绩效产生影响。有证据表明，个人或团队优势的识别与固有的思维模式有关，而识别并发展优势与心智成长有关。这一点非常重要，因为教练干预之前的思维模式可以预测结果的有效性和持续性。

优势导向方法在团队教练中应用的前提

对很多参与者来说，优势导向的心智模式并不易习得。消极偏见很强大且根深蒂固，会不断地分散参与者的注意力，使他们无法专注于审视和欣赏自身以及所在团队的优势。因此，谈到提高变革和发展的准备度，非常重要的是，不能只聚焦于团队成员对发展的总体看法，还要特别关注他们对优势导向方法是什么态度。这种方法符合广义的变革准备度的概念，即评估个人和团队的影响因素。解决优势导向方法如何与现有的领导力发展理念保持一致这个问题非常有帮助。此时需要向团队推广优势导向方法，并对此方法常见的偏见进行挑战。一个普遍的顾虑是，聚焦优势意味着忽略劣势和避免其中隐含的艰难对话。当然不是这样，尤其是团队中有掉队者会明显影响团队表现时。优势导向方法注重优势和劣势的平衡，通常把优势作为消除劣势的手段，或者将劣势重新定义为已被过度使用并需要进一步调节的优势。

新出现的证据表明，在评估和发展优势之前，需要先明确与优势可塑性相关的心智模式。心智模式通常被描述为是可发展的，这提供了一种可发展的视角。这个关于发展的内隐信念模型最近得到了延展，它包含了这样的问题：优势在人力资源体系中是稀缺的还是总体上是充足的？关于优势和人才的这些问题很重要，会影响要应用哪种评估和发展方法以及聘用哪家机构（见图18.1）。此外，目前越来越多的人认可团队教练的成果可以分解为任务、团队标准和个人标准。在进行优势导向的干预之前和团队讨论这些问题，能够让团队实现从个人优势导向发展到团队流程优化和团队效能提升的无缝转换。强调职位和心理角色与团队成员个人优势匹配的显著收益，也能增强上述效果。

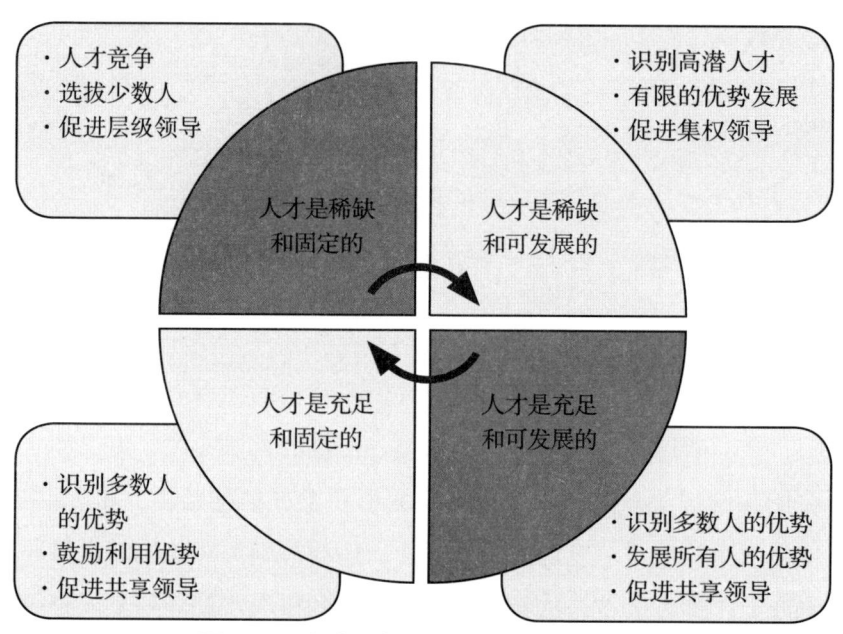

图 18.1 人才理念与团队优势发展的关系

优势导向的团队教练，像个人教练一样，是通过一些条理分明的步骤实现的。首先，需要对团队优势进行测评、评估和分类。这是通过个人评估和团队分析相结合的方式进行的。可以对团队成员的个人评估结果进行汇总，以显示团队中的优势分布和待发展领域。这种方法中使用的个人优势评估包括 Realise 2 Inventory 和盖洛普优势识别器。团队评估一般聚焦于团队领导方式、角色、结构和动能。识别出优势后，需要根据团队愿景和方向对其进行优先排序和调整。然后一般会运用觉察、对标、匹配和应用流程进行优势发展。然而，这种方法的精确性取决于优势是否被过度使用或使用不足，或在某些情况下被滥用。优势导向的目标会导入团队发展计划中，并融入团队的日常运作中，以确保团队保持聚焦并致力于自身的发展。优势导向的团队教练能够显著促进团队发展和提升团队效能，并正在发展成为可供团队教练从业者使用的一套连贯的实证方法论。

定义和识别团队的优势

有多种模型和方法可以帮助个人和团队识别自身的优势。这是一个必要的过程，因为有证据表明，很多领导者对自身的优势缺乏认识或洞察。各种模型和方法的不同主要体现于被评估的优势类型、评估过程中的提问方式以及优势评估影响领导者发展的方式不同。首先，根据优势的定义会分为不同的评估类型，例如是先天的特质还是后天的特点或能力。对优势的定义会影响到后续如何发展优势。例如，很多特质与性格优势模型，会把优势设定为非常固定的实体，那么因为预设了特质的有限拓展性，后续就会遵循识别和使用的方法，也就是强调增加这些优势应用的频率。然而，如果把优势看作一种状态或能力，就会更多地关注优势发展，而这些模型认为培养和成长是可能的。因此，开始进行优势识别之前，非常重要的是先评估团队成员的心智状态，因为这关系到他们作为个人或团队成员的发展能力。其次，关于个人或团队优势的问题，去问谁也很重要。有说服力的证据表明，收集自我评估报告之外的数据，能够减少个人偏见对自我评级的准确性的影响。最后，自我评估、多名评估员的反馈和访谈数据相结合能提供最可信的团队优势评估，就像在个人心理评估领域已经应用的那样。

定义优势所依据的基础模型和假设很重要，这影响着我们会选择怎样的方法去发展这些优势。基于特质的优势模型更认可固定的心智模式，认为发展空间是有限的。基于状态的优势模型支持了更具可塑性和可获得性的观点，这将发展优势推进到了一个新的领域。个人优势识别领域吸收了越来越丰富的词汇和分类方法。这些模型也越来越关注领导力和组织效能，所以在团队教练领域应用这些模型也更具相关性。在团队层面，现有的优势分类法中，可以利用的比较少，但现有的团队结构、流程和领导力方面的模型确实有助于识别优势。然而，这里需要说明的是，在团队中应用优势导向方法之前需要具备一些必要条件。例如，一个团队可能有令人瞩目的发展方向，这是一个优势，但是还没有合适的人去实施，所以去发挥这个优势并不能提升团队绩效。团队建设六要素模型可以作为优势导向的团队教练进行团队准备度评估的工具。

此外，有很多不同的方法可以用来识别团队和团队中个人的优势。正如上面所讨论的，目前有很多心理测验可以用来测量优势，其中有一些可以在团队中应用。这些心理测试已经在其他地方讨论过，这里就不再赘述，但这里会重点考虑的是，根据定义的描述方式考虑它的可拓展性。有些证据表明，特质性的优势定义支持发展优势的固定思维，这对于在某一领域获得更多能力可能会有适得其反的效果。同时，还可以通过巅峰体验访谈方式获得的访谈数据进行优势识别。这个方法通常应用于个人层面，但可以拓展到团队，让团队集体反思其在最好的状态时的表现，并识别这种表现背后的优势。最后，可以使用360度测评的方法评估团队的优势，即要求多个关键的利益相关者提供与核心优势和发展领域相关的信息。360度测评表格中会有很多基于优势和领导力的问卷，例如团队多因素领导行为问卷。

发展团队优势

发展团队优势有两种方式：既可以融合个人优势并将其应用到团队角色、挑战和绩效中，也可以识别在团队结构、流程和领导力方面的团队优势。个人优势识别有成熟的分类法，心理测验能识别诸如个性和环境优势等方面的个人特点，这通常可以形成一份综合性的团队概况报告。团队优势分类法尚处于初始阶段，目前只能从那些试图识别高绩效团队的结构、流程和领导力要素的模型中获得灵感。同时，在团队层面增加的复杂性是，在发挥优势之前要先确定团队的关键弱势，否则在团队设计或流程方面会出现致命缺陷。

在团队层面，目前优势导向方法论的证据多是案例性和轶事性的。论证过程也主要是对个人优势发展研究的类推，以及将个人优势发展的内容应用到团队中。然而，在团队教练中使用优势导向的思维方式在这方面提供了一些潜在的切入点。首先，高绩效团队的构成要素可以用来评估团队的教练准备度。阶段模型提供了一个有用的框架，它结合了要素理论的一些洞见，又将这些要素按逻辑顺序排列的方式列入团队发展的各个阶段。在团队被委任并明确了必须达成的目标之后，团队需要将内部资源与交付标准进行匹配，最重要的是将个人优势与他们在团队中的正式或非正式角色匹配。高绩效团队中会自发生成的非正式角色有一些趋同，包括领航员、工程师、社交整合者和联络人。这些角色与霍金斯的高绩效团队五象限中的委任、明确、共创和连接是匹配的。最后，团队领导力模型诸如分布式和共享领导，为优势导向的团队教练提供了多种机会，可以进行积极的团队教练。优势识别不但为优势角色定位方法提供了支持，也是分布式团队领导的天然助手。通过优势识别和优势发展提升共享领导力，能显著提高团队效能，放大变革领导行为的效果。

优势导向方法在团队教练中的实践应用

根据我的经验，将优势导向方法融入团队的日常活动中是成功实施这种方法的关键。团队成员通常很享受个人优势识别的过程，但将这种方法应用到团队中有些挑战。有很多练习和活动可以促进这种应用的成功，包括：

- 和团队中的同事分享个人优势和发展领域。可以提高对自己在团队中的优势的觉察，获得对优势进行反馈的机会，并知道如何在团队中更好地应用这些反馈。这样一来，团队就可以建立一个集中的优势库，将其应用于紧急的挑战时刻。
- 鼓励将具体的优势与团队挑战进行匹配。这可以提升个人责任感、每个成员的参与度，促进团队的共享领导。
- 鼓励同侪教练，识别和发展能够提升团队绩效的个人优势。尤其是针对巅峰表现的多人访谈有助于鼓励团队成员发现和利用同伴的优势。

- 鼓励团队对标那些被证实具有高绩效的团队，并描述那些支持团队更加高效的可能优势。
- 根据个人优势对团队角色进行重组实验。在已经建立的团队中进行正式的角色变换通常是不现实和不可行的，而这种方法的不同之处在于，更聚焦于成功团队采用的非正式角色，包括联络员、工程师、社交整合者和航海家。
- 个人与团队优势发展工作坊。这种个人与团队结合的方式能很好地向团队成员推广优势导向方法，促进他们进行优势识别，并鼓励以团队方式进行分享。
- 将团队共同的优势与团队结构中功能性很强的方面协调一致，包括制定团队规范，可以是生成式的、符合社会道德准则的并且与可持续发展相关联。
- 以洛萨达（Losada）沟通比例为非正式沟通的参照标准，建立积极的团队流程。关注积极与消极的比率，特别是支持与质疑的比率。
- 鼓励团队成员拓展结果的衡量标准，从只关注任务到关注任务、流程和个人发展。任务、流程和个人被称为"它""我们"和"我"，允许参与者通过检视优势发展和积极的团队流程来衡量团队教练干预的成果。

结　论

越来越多的证据表明，优势导向方法比传统的缺陷方法有效，它在提升组织内的领导力和团队能力方面有更好的效果。领导力和团队发展方面的积极方法，传统上被描述为关注对追随者和团队成员都有积极影响的那些优势，并且显示出对亲社会和自我超越目标的追求。这个定义可以并且应该进一步发展，让团队从关注积极的个人和团队利益拓展到社会和全球影响。团队至少可以利用三种优势导向方法：第一，团队范围内个人优势的自由发展，可以将其称为

"识别和使用"的方法;第二,在团队环境中识别优势并发展具有自我超越和亲社会性质的优势;第三,在团队层面识别具有社会变革性并且能证明共享的价值观的优势,即团队的使命、愿景和生产力,与更大范围内积极的和具有建设性的社会影响相一致并互相补充。遵守道德规范并具有社会责任感的团队教练,可以将共享价值的概念与优势导向的团队教练相结合,从而拓展和巩固积极团队教练的概念,而这必然能创造出令人瞩目的案例。

第19章 由外而内的视角：团队教练中应用情境驱动法的案例

克里希·艾耶

了解构成团队运转环境的各种要素并对其进行诠释和拓展，能显著提升团队教练项目的价值；相反，如果忽略这些要素，项目产生的影响和效果会大打折扣。本章将概括性地介绍一种结合情景分析进行团队教练的方法，重点关注团队情境的三个主要方面：

1. 在团队教练中考虑情境的原因与意义（"为什么"）。
2. 团队教练项目中需要考虑的外部情境的关键要素（"什么"）。
3. 提出一个统一的框架，团队教练可以用它来评估、分析和应对外部情境对其工作的影响（"如何"）。

为什么

我们生活在VUCA（易变性、不确定性、复杂性和模糊性）世界的事实已经成为一种老生常谈。世界各地的组织、团队和个人都在付出前所未有的巨大努力，忙于应对自己周围持续出现的各种变化。全球性咨询公司德勤在2015年的白皮书中写道：

> VUCA世界中，企业面临着不断增长的需求（这些需求来自那些企业此前未曾服务过的客户，他们有一些并非必须满足的需求），面临着低成本竞争者带来的不间断生产的压力，以及新兴领域后起之秀带来的商业模式的威胁。宏观层面的发展趋势包括地缘政治格局的变化；社交、互联网和

云技术的快速应用；客户和员工统计特征的持续变化。欢迎来到 VUCA 时代，这是一个全新的竞技场……今天组织面临的挑战是如何在 VUCA 世界根据需要预测、适应、应对、决策和改变路线。

系统性团队教练的出现，响应了组织和团队应对无处不在的 VUCA 所需的敏捷和弹性的需求。彼得·霍金斯在他开创性的著作《高绩效团队教练》中如此定义：

> 系统性团队教练是一个过程，在这个过程中，无论团队成员是否在一起，团队教练都与整个团队一起工作，帮助团队提升大家的集体绩效，优化彼此合作的方式，并帮助大家提升集体领导力，更有效地调动所有重要的利益相关者，共同进行更广泛的业务转型。

团队教练本身是一门新兴学科，与其他任何新兴学科一样，不同的学者和从业者对于如何下定义存在微妙的差异。例如，克拉特巴克对团队教练的定义是："通过反思和对话，帮助团队提升绩效并改善达成绩效的过程。"桑顿在她的定义中有对个人和团体的双重关注："教练一个团队实现共同的目标，既注重个人绩效，又注重团队协作和团队绩效。"

在所有团队教练的定义中，突显出来的两方面内容是：首先，团队教练的目标是提升团队现有绩效水平和效能。所有定义对这一点都达成了一致。其次，绩效不是在真空中产生的，团队绩效和动能存在于一个明确的外部情境中。

为了说明团队教练和团体教练之间的区别，布里顿提出了一个重要观点：

> 团队教练和团体教练的一个关键区别是教练情境不同。团队教练项目是在组织或集体机构情境中进行的，这些主体有其运营的目的和存在的原因。它们有目标、愿景和价值观，并且所有团队成员在不同程度上共享这些内容。在团队教练情境中，教练会把对话和焦点，与个人、团队和组织

三个层次的影响联系起来。团队教练在支持团队时，要把团队既视作一个完整的系统，也将其看成是由个体成员组成的整体。

在持续变化的 VUCA 世界中选择团队教练方法时，需要团队教练考虑任务、流程、利益相关者和环境的互动关系。如今的团队教练比以往任何时候都更需要适应情境。

什么是"情境"，尤其是在团队教练领域使用这个词时是什么意思？《牛津英语词典》对"情境"这个词的定义是："构成某个事件、陈述或想法的背景情况，通过这些情况，可以对这个事件、陈述或想法有全面的理解。"由此，从本章的目的出发，关于应用于团队教练领域的"情境"，我提出以下定义："团队的情境，指的是更广泛的外部环境中所产生的系统性因素动态而持续的相互作用，这些相互作用直接或间接地影响到组织以及团队的绩效。"下文将提供一个结构性框架，帮助团队教练在项目中启动、分析和有目的地考虑情境因素。

从由内而外转向由外而内

大多数团队教练项目典型的启动方式是，团队领导者、主管或高层管理者感知到组织现状和理想状态之间的差距或张力。有时候，这样的感知会在团队必须交付的结果和成功的成果中显现。通常团队教练被邀请去解决与绩效不佳有关的各种问题。另一些情况下，具有前瞻性的团队或业务领导者看到了潜在的问题，就会选择用团队教练的方式提升团队的协作能力，以便预测、识别和解决团队在完成任务过程中可能出现的问题。

无论哪种情境，与关键利益相关者的谈话都是必要的，这有助于从多个视角看清目前的情况，更重要的是理解成功的画面是什么样的。这些最初的谈话有两个主要目的：首先，理解团队教练作为一种干预方式，需要处理的问题有哪些（需求分析）；其次，理解团队运作所处的情境以及该情境对于待解决问题的影响（情境分析）。团队教练通常都能很好地开展全面的需求评估对话，这是教练活动的关键起点，通常会为团队、职能部门和组织提供一种"内部"的视角。然而，经验丰富又老道的团队教练会保证对"外部"和"内部"的情境给予足够的关注。但一些关键又常见的错误假设通常会导致上述内容被忽略。以下三种常见的假设可能会误导团队教练和团队：

假设1：情境被看作是团队工作的外围因素，并不直接影响团队问题和团队挑战的结果。警告：外部因素通常是团队压力背后的主要原因——理解情境的影响可以让团队的能量从聚焦于"内部冲突"转向聚焦于"为压力找到创造性的解决方案"。学习处理情境因素能帮助团队更加敏捷和灵活地处理VUCA时代需要应对的压力。例如：在最近的一次团队教练中，在一家大型工业品供应商的销售团队内部，压力和冲突逐步增加到了让成员们不适的程度。我被邀请作为团队教练帮助其建立内部团队联盟。在一次与团队早期的互动中，我使用力场分析法（本章后面会有相关探讨）做了一个练习。一个重要的外部因素就此浮现出来，这个因素之前并未引起足够的重视：一个线上竞争者快速入侵了他们的核心业务，并且吸引走了相当一部分客户。由于客户和渠道需求的不断变化，团队难以应对这些变化，导致团队中产生摩擦。

假设2：团队每天都处在情境当中，所以团队成员已经能很好地理解自身的情境了。警告：某些团队可能是这样；但大多数团队对情境的体验就像鱼对水的体验——鱼经常在水里游，它们并没有把水作为独立的影响因素。或者更糟糕的情况是像盲人摸象，每个团队成员可能对情境的影响有不同的体验。对情境进行检查是团队教练活动中谈话的一部分，能产生内容丰富的、可共享的、赋能的和激励性的洞察，帮助团队向前发展。例如：一家业务遍及全球的大型发展性组织的高层管理者希望创建跨职能团队，来完成其称为"前沿项目"的跨部门协作。这需要进行一次大的文化转变，也就是改变组织设立的方式和过去几十年一直使用的KPI。

我被邀请作为团队教练协助推进这个过程。在开始情境分析的讨论中，很清晰的一点是：跨职能团队的每一个人体验的"世界"是不同的，这是一个共识性的顿悟。参与这个练习的一名团队成员声情并茂地说出了另一个关键的洞见："我们可能站在不同的土地上，但显然我们所有人脚下的土地都在移动，我们确实需要快速团结起来，以免掉入深渊。"

假设3：情境在不同情况下，在不同组织中是不同的，所以很难解构。警告：虽然这个假设在某种程度上是对的，但另一个方面是——我们是否能承受忽略情境所带来的不良后果？我们如何考虑团队教练活动中情境的特殊性？从实用的角度说，令人头疼的是，需要把处理情境因素作为团队教练项目的一部分。例如：一家全球金融服务巨头的区域运营单位正在进行并行的、冲突的和相互重叠的变革项目，包括并购实体的整合，现有角色和关系的再定义，以及即将进行的裁员。项目团队推动了整体变革项目中具体的一个方面，就是努力在重组的痛苦挣扎过程中避免产生受害者心态，并试图达成一个共识性的愿景以推动各种变革举措的实施。作为情境检查练习的一部分，我们使用了本章所描述的一个框架——PESTLE，使得团队能够对驱动变革的外部技术和社会因素达成一致性的理解和共识。然后团队选择和相关行业中各机构的同级人员进行系统性的连接，共同理解、收集并分享作为一个团队应对这些变化的最佳实践。当团队成员改变了由内而外的视角，采用新的从外向内看的视角后，受害者心态转变成了更加赋能的"共创未来"心态。

嵌套式多层情境分析框架

团队教练需要一个统一的框架，用来分析团队情境和团队教练的重点。商业管理文献中充斥着各种战略工具和分析框架（例如 BCG 矩阵、波特的五力模型、PESTLE 等），这些是和团队教练相对独立的框架，所以团队教练可能会困惑于在既定的情况下使用哪种工具和分析框架最合适。在这个部分我们会提出一个嵌套式的、多层级的、由外而内的框架，以帮助团队教练应对与团队职能所处的外部情境相关的各种因素。这个框架由相互关联的四种情境组成，从最广泛/外部的环境开始，逐层聚焦到团队挑战，这是团队教练活动的核心。产生团队挑战的四个由外而内的（外部）情境是宏观情境、行业情境、组织情境和团队情境，详见图19.1。

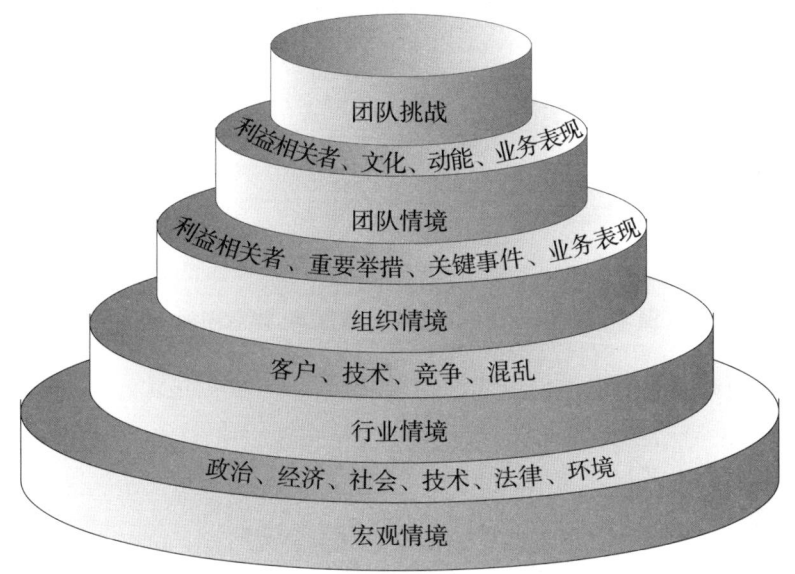

图 19.1　嵌套式多层情境分析框架

相互关联的层级可以看作多层的洋葱圈（见图19.2）。高效的团队教练应该能和团队一起顺着谈话的脉络逐层去剥洋葱，从最外层的宏观情境开始，到行业情境、组织情境、团队情境，最后的落脚点是，对于团队想要解决的团队挑战，这些情境是如何单独以及共同产生影响的。这四个层级的情境与团队面临的难题相关并最终导致了这些难题的产生，这就是从团队的外部情境逐层移动到团队挑战的过程。

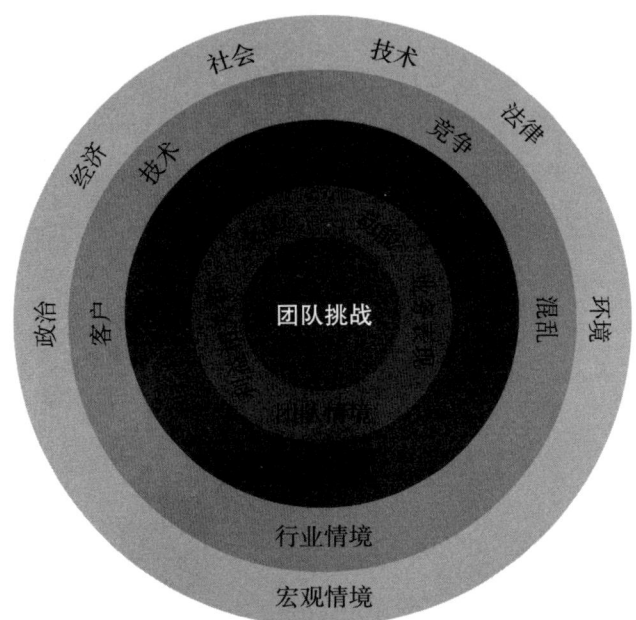

图 19.2　嵌套式多层情境分析框架：洋葱圈视角

下面我们对每层情境进行更详细的讨论。

第一层：宏观情境

宏观情境指组织和行业运营所处的广泛的条件和情况，是一些典型的外部因素并且通常是不可控的，会影响组织的决策以及组织绩效和战略。宏观情境分析需要考虑经济因素、人口特征、法律条件、政治条件、社会条件、技术变革、自然因素和环境因素。宏观情境影响的具体例子包括：汇率变化、文化的变化、灾难性天气、政府的相关政策、人口结构的变化。

PESTLE 框架是一个简洁的工具，可以帮助解构宏观情境并评估它对宏观层面其他方面的影响。PESTLE 是"政治、经济、社会、技术、法律和环境"这几个词的英文首字母的缩写，首出于哈佛教授弗朗西斯·阿桂拉（Francis Aguilar）1967 年的著作《商业环境扫描》。

评估宏观情境及其变化可以在团队教练项目的各个阶段进行，包括：

1. 准备阶段。典型的情况是将这些谈话作为需求分析或确认的一部分，通过与重要的利益相关者面谈的方式进行，包括发起人、团队领导者、团队内部或马上和团队产生连接的主要成员，包括外部受众，例如该组织提供的产品或服务的终端消费者。
2. 项目进行期间。和团队一起围绕 PESTLE 进行一次工作坊是团队热身的有效方法。团队教练带领大家进行一个小时的头脑风暴，共同讨论"影响我们组织和行业的主要政治、经济、社会、技术、法律和环境因素有哪些？"。这个过程不但可以让团队成员对他们确认的宏观情境因素产生洞见，而且可以让团队教练对团队内的人际互动以及可能存在的非正式联盟有所洞察。这些洞察为团队教练提供了丰富的信息，能够运用到后面其他层级上，特别是第四层的团队情境。
3. 后续项目进行期间。通过提问"自从我们上次见面之后，发生了哪些变化？"，对在研究中的 PESTLE 因素进行核查。无论团队教练活动何时进行，都建议把这个活动作为一个持续的练习。这有助于不仅关注组织和团队内部发生了什么，还可以对可能出现的影响团队绩效的外部环境变化产生有用的觉察。

第二层：行业情境

行业情境指满足类似或相关客户需求的组织的外部生态环境，会带来同行、竞争者、合作伙伴和供应商之间的互动。VUCA 会对行业情境产生直接影响，企业需要考虑诸如新技术、突破性变化、客户因素及竞争性活动等因素。

千禧年之前，行业和商业情境的分类与分级相对比较简单，代表性的分类方法包括 SIC（产业标准分类 1937）和 Hoover 分类（www.hoovers.com）系统。行业分析的经典方法是迈克尔·波特的五力分析模型，它一直都是全球 MBA 课程的基础。迈克尔·波特的理论框架通过他称为"五力"分析的方法来检查一个具体的行业细分领域以及企业运营所在领域的吸引力，这五种力量包括：同业竞争；客户的议价能力；供应商的议价能力；新进入者的威胁；替代品的威胁。尽管波特的框架在20世纪八九十年代和世纪之交都被证明是非常好用的，但对于如今在团队教练范围内进行更加实用的行业分析有一定的局限性。本章写作之时，随着电子商务、社交媒体、虚拟货币和其他大量颠覆性事件无处不在地创造了很多客户价值的新来源，行业界定和区分的界线变得越来越模糊。在这个颠覆性变革的时代，各个行业重组和调整的方式对团队绩效有直接和实时的影响。在这样的情况下，团队教练需要意识到变革的趋势、商业模式的颠覆、企业合并或股权稀释的动力、竞争力、顾客偏好的变化，这些都可能影响团队绩效和团队效能。

所以，建议团队教练们将目光从五力模型进一步转向到价值链分析（也是迈克尔·波特开发的）等模型。价值系统和价值链理念的基础是基于组织和产业过程的视角，将组织视为一个系统，包括输入、转化过程、输出三个子系统。输入、转化过程和输出包括资源的获取和消耗，涉及资金、劳动力、原材料、设备、建筑物、土地、行政和管理。价值链活动的开展方式决定了成本并影响着利润。图19.3给出了农业生产价值链示例。

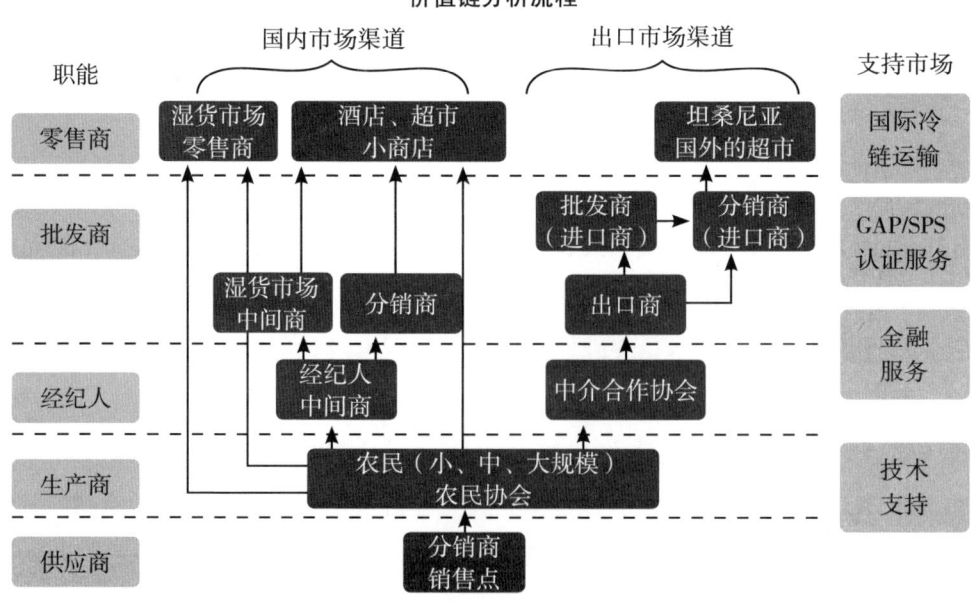

图 19.3　农业生产价值链示例

产业价值链研究能让团队教练和团队成员初步熟悉行业的关键环节和参与者，同时了解客户所在组织在产业链上的位置，并且能让团队教练初步了解行业词汇、行业参与者使用的关键术语和普遍使用的衡量标准。例如，航空公司特有的衡量指标是RASM（每里程每座收入）和CASM（每里程每座成本），和这个行业的客户一起工作的团队教练在与项目团队成员谈话时很可能遇到这些缩写词。这些分析对于现任团队教练的另一个重要价值是，可以将上述这些内容融入团队教练活动中，去挑战假设，允许产生新的视角，从而提高对团队教练的信任度。

大多数全球领先的咨询公司都有具体行业的实践经验并且会定期发布项目所在行业的现状和产业结构方面的更新资料（例如，德勤Bersin，www.bersin.com；麦肯锡，www.mckinsey.com/industries；德勤行业展望，www2.deloitte.com/us/en/pages/outlooks/industry-outlooks.html 等等）。建议团队教练通过互联网使用大量可用的资源，熟悉特定的行业价值链和商业环境。

像宏观情境分析一样，团队教练可以在调查/准备阶段以及团队教练项目进行中的各个阶段运用自己对行业情境的理解。行业情境研讨的一个有效方法是，围绕四个关键主题展开结构化对话，无论行业或商业情境如何，这些主题都适用。可以用来阐明行业情境的四个主题和问题包括：

1. 颠覆

（1）在我们这个行业中，有哪些颠覆性力量在起作用？

（2）最近我们在这个行业看到的颠覆性案例有哪些？可以是兼并、合并、破产、跨界（某个行业的从业者发展新业务进入邻近行业）的案例，也可以是新的商业模式、新技术。

（3）这些颠覆对我们组织和团队有什么影响？

2. 竞争

（1）谁是我们的竞争对手？我们认为谁是直接竞争者、谁提供可替代的产品或解决方案？

（2）我们看到竞争者为了适应宏观环境变化在做什么？

（3）竞争格局的变化对我们组织和团队产生了怎样的影响？

3. 技术

（1）正在影响我们这个行业技术发展的主要推动力有哪些？

（2）我们应该跟踪哪些新兴的技术或技术趋势？这些新兴的技术或技术趋势是如何影响我们的客户和竞争者的？

（3）技术领域的这些变化对我们组织和团队产生了哪些影响？

4. 客户

（1）从行业角度，我们看到了客户偏好有什么趋势或变化？（例如，航空公司可能把"高效、不提供非必要服务"看作新出现的客户偏好。）

（2）过去3~5年出现了哪些新的客户群体？行业内是否为这些新的客户群体提供了充足的服务？

（3）客户领域的这些变化对我们组织和团队的影响有哪些？

第三级：组织情境

组织情境指内部生态系统，包括公司实体及其内部的各事业单元、业务部门、职能部门和地区性的实体，这些构成了项目团队"生存"在其中的"有机体"。组织情境层面是外部世界（宏观和行业情境）与团队的连接点，也是能明显感受到与外部世界有所关联和相互影响的地方。在这个情境层级中需要被检查的主题包括：组织关注的主要利益相关者、关键性的组织事件、重要举措和业务结果。从团队教练的角度理解组织情境能够让团队教练在项目发起者、利益相关者和团队参与之前由外而内地了解组织。并且，在团队教练活动中，始终保持组织情境的视角可以帮助团队教练澄清话题并让其浮现出来。最后，团队教练活动结束后，始终关注组织情境有助于将团队教练活动中的决定和学习成果转化到现实世界里（例如，基于我们的讨论，会有什么不一样的做法？）。

迈克尔·波特的价值链分析可以用非常经典的形式很好地解构组织情境，并理解各种组织内的流程与接口关系。图19.4显示了迈克尔·波特的通用价值链模型，实际应用中可能因组织不同而有很大不同。

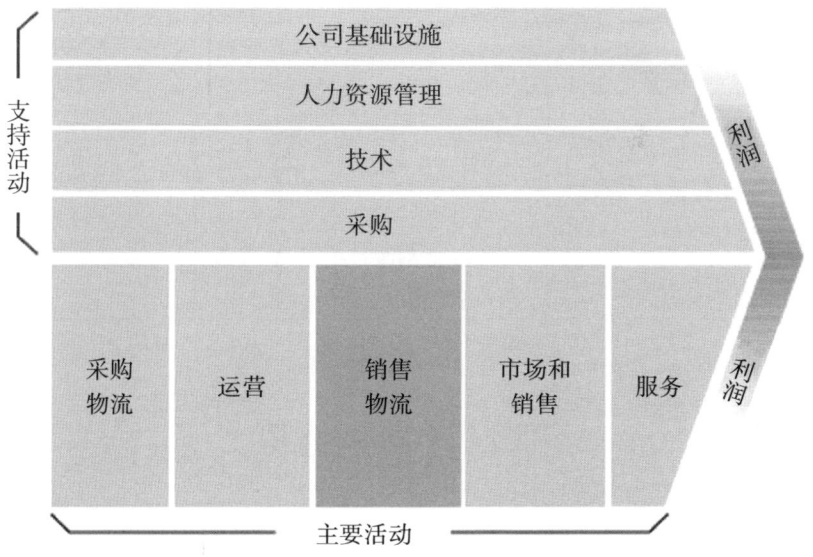

图 19.4 迈克尔·波特的通用价值链模型

表 19.1 中的组织情境分析问题可以帮助团队教练更好地理解组织情境。

表 19.1 组织情境分析问题

公司概览	业务战略	业绩和同行分析
1. 公司简介：公司的业务领域是什么？公司发展/历史上的关键事件有哪些？如何清晰描述公司存在的理由、愿景和使命？关于公司本身，有哪些令人信服的宣言？是否认为在公司范围内有共享的愿景和员工达成了一致的目标？ 2. 公司业务：公司用什么样的词汇或语言描述自己的业务？ 3. 地理布局：公司是否在某一区域内占主导，而没有涉足其他区域？	1. 客户价值链分析：公司如何为客户传递价值？公司擅长什么？ 2. 战略概览：公司计划如何赢得竞争？公司战略有哪些核心内容？哪些是有效的？哪些无效？ 3. 重大发展或公告：需要记录下来的近期事件、成就、公告有哪些？这些对团队会有哪些影响？ 4. 重要投资：公司希望投资的主要领域有哪些？公司未来3~5年最重要的资源、项目、举措有哪些？这些会对团队产生哪些影响？	1. 业绩分析：公司和团队用来评估自己的主要财务指标和非财务指标是什么？这些指标的发展趋势是怎样的？公司和团队如何衡量客户的感知，尤其是客户的响应度、满意度和忠诚度？他们过得怎么样？

续表

公司概览	业务战略	业绩和同行分析
4. 组织结构：主导的组织结构是怎样的？决策过程是集权式的还是分权式的？组织内的矩阵化程度是怎样的？不同职能之间是如何连接的？ 5. 管理画像：主要的管理者是哪些人？他们的背景如何？	5. 社交媒体关注点：在主流网站和社交媒体网页（例如 Google、LinkedIn 或 YouTube）上搜索公司名称会出现什么信息？最近公司高管在哪些论坛上有发言？他们发言的主要内容是什么？	2. 同行分析：谁是我们的同行？比较而言，他们的表现如何？我们可以向哪些同行学习？应该学习他们的什么？

第四层：团队情境

在这个层级，外部情境将开始呈现为内部内容。我们现在处于剥洋葱的关键一层，非常接近团队挑战的内在核心。然而从分析的角度看，我们需要检查的情境要素包括利益相关者、业务表现、文化的关键元素以及对团队产生的影响。

管理学之父彼得·德鲁克有一句名言是"文化会把战略当早餐"。文化在组织中一出现就引起了组织科学领域学者们的兴趣，他们从多个角度对此进行了研究。但只有埃德加·沙因在他的开创性著作《组织文化与领导力》提出的组织文化的定义被广泛接受：

> 团体文化现在可以定义为一种模式，是团体在解决外部适应性和内部整合问题过程中习得的共识性基本假设，因为一直都很有用，所以被认为是有效的，因此也会把它作为预测、思考和感知这些问题的正确方法教给新成员。

沙因在这个定义中用"团体"表示运营实体；我们可以把团体扩展为组织或缩小为团队，这样就能更广泛地应用。他进一步阐述了文化的存在可以帮助解决任何团体中都存在的两个主要议题："……任何规模的团体都必须面对的问题是生存、增长和适应环境；内部整合能够对日常职能和能力进行灵活调整和学习。"以沙因团体文化概念为基础并与团队教练的内容结合，现在的团队教练有必要理解组织文化以及它与个人和集体需求、利益相关者的目的及目标的联系。团队文化的讨论将清楚地呈现组织内部，尤其是团队内部真实人际动力的重要方面，在这个时点上团队教练的关注点要从情境因素转移到团队挑战的核心，然后到团队教练的内容。在多数团队教练情境中，团队教练被邀请帮助团队应对挑战，而团队动能是这些挑战的核心驱动力和产生的根本原因。哈克曼和瓦格曼提出，很多团队教练被邀请去解决的人际互动问题本质上是结构性的。他们开发了一个给团队教练使用的诊断工具——团队诊断调查（TDS），它"提供了一种定量测评的方式，让团队能够看到影响自己的主要结构性因素"。团队教练将发现 TDS 在评估和发现团队动力、深入与团队相关的核心问题方面是一个很有用的诊断工具。

随着团队教练从情境转向团队的争论点，能够促进团队教练谈话的一个简单但非常有效的框架是库尔特·勒温（Kurt Lewin）的力场分析。勒温认为人的行为受到周围环境或场域中各种动力的影响，并且需要不断去适应环境的变化。他开发的力场分析模型是一个可以理解组织、团体和团队变革影响因素的框架。力场分析会使用驱动力和制约力的概念。驱动力促进变革，而制约力阻碍变革。动力并非指物理压力，而是指当时的、更大范围的内部和外部影响。驱动力指那些驱动人们走向或远离某些事物的野心、目标、需求或恐惧。制约力在本质上与驱动力有所不同。勒温使用他的力场技术问了两个问题：

- 在目前的情况下，为什么一个流程会继续处于当前的水平？
- 改变这些情况需要哪些条件？

力场分析模型通常用在变革管理中。如果团队教练要开展的工作实际上是帮助一个团队从现在所处的位置到想去的地方，也可以马上将这个模型用于团队教练。

在项目的这个阶段，团队教练已经完成了由外而内的剥洋葱工作，通常也对各层内容如何创造了团队文化要素有了深入的系统性理解。

结　论

总之，在我们这个高度互联的 VUCA 时代，外部情境通常是无形的或隐藏的齿轮，是团队挑战的主要驱动力。

如图 19.5 所示，用结构化的方式由外而内地从宏观到组织分析这些要素，对有效指引团队跨越挑战非常重要。在当今持续变化的世界中，情境在团队教练中已经从非核心任务转变成了关键任务。本章建议团队教练利用情境分析的四个层级和相关的分析模型驱动团队教练项目。通过聚焦于情境并将其带入实践中，团队教练将真正地、更好地走在彼得·霍金斯所说的"生态系统性团队教练"的路上，并将对任何规模和形式的组织，以及更广的范围里所需的变革做出巨大贡献。

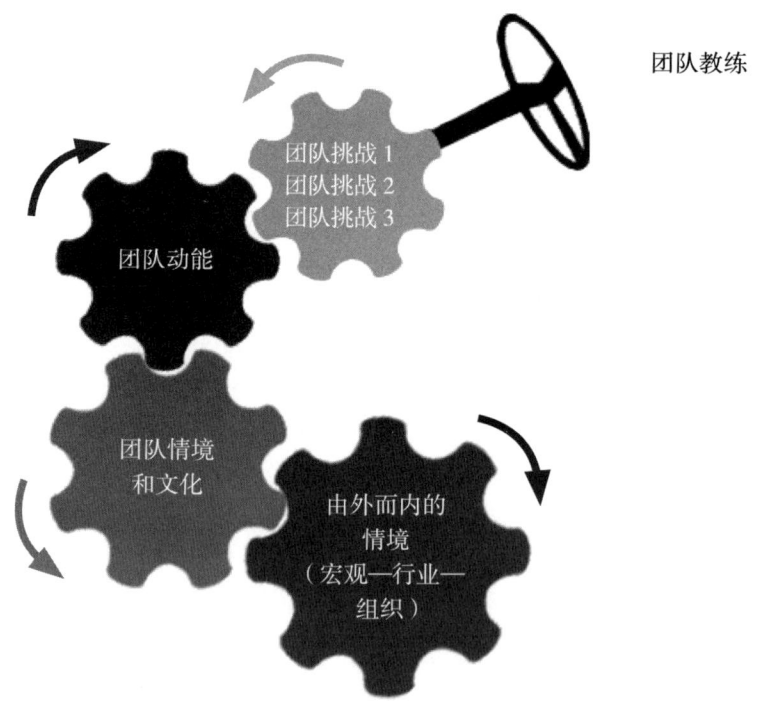

图 19.5　由外而内的情境团队教练模型

第 20 章　对话式团队教练

保罗·劳伦斯，莎拉·希尔，安德里斯·普里斯特兰，塞西莉亚·福雷斯特尔，弗洛里斯·罗默茨，伊斯拉·希斯洛普，莫妮卡·曼宁

团队教练方法的发展可能明显落后于个人教练，尽管如此，仍然涌现出各种各样的团队教练方法和模型。本章以威廉·艾萨克（Isaacs）的开创性研究为基础，介绍了一种对话式的团队教练方法。这种方法看起来与通用的团队教练体系相吻合，并且与当代组织发展和变革的理论相一致。对话式的团队教练方法考虑了教练与团队面对面交流之前和之后必须考虑的任务。此模型的核心是"场域"（container），场域的创建和保持是团队教练重要的、持续的任务。在详细说明模型本身之前，首先我们要明确"对话"一词的含义。

对　话

艾萨克认为对话区别于其他形式的交谈（见图 20.1）。他提出，准备交谈时，我们总是会面临两种选择，是要"悬挂"（suspend）还是要"防御"（defend）。如果选择防御，我们会带着固定的立场开始交谈。如果选择悬挂，我们就会放下固守的姿态，允许自己去考虑那些原本我们不会接纳的可能。如果我们选择悬挂，其他人也做出相同的选择，那么我们就选择了参与对话。同样是独白，艾萨克把"技巧性讨论"（skilled discussion）和"辩论"（debate）进行了区分：技巧性讨论是指我们做好了协商的准备，改变我们所偏爱的立场中的一些决定性因素；而辩论的主要目的是击败其他人的立场。

艾萨克认为悬挂并不是压制我们的想法；相反，它是轻松地拥有我们的想法，承认并重视它，而且没有感觉是被迫采取行动。这意味着这样一个过程，即退后一步，看清我们的真实想法是什么，并与他人不同的思想和观点共存。

悬挂这个词来源于印欧语系的单词"spen"，意思是旋转，就像"谷仓里两根横梁之间的蜘蛛网"。悬挂意味着放慢思考和退后一步，能够更清楚地看见何时我们可能在捍卫一个特定的观点。例如，我非常重视守时，对我而言任何人开会迟到显然都是错误的。我能在多大程度上认识到，我守时的价值观是与个人或文化有关，而不是人人都应该拥有的普遍价值观？以这种方式定义的对话是当代组织发展和变革理论的核心。

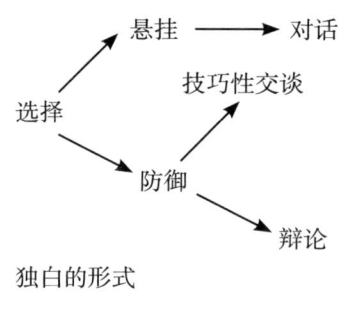

图 20.1　独白和对话

资料来源：Adapted from Isaacs（1999）。

对话和团队教练

团队教练的最终目标是帮助团队变得更加高效。交谈是团队成员之间进行交流的主要方式。如今，越来越多的交谈可以通过电子邮件或其他互联网技术来实现。即使可以通过视频技术交流，大多数团队仍然进行各种形式的面对面互动。对话型教练的基本前提是谈话的质量越好，团队的效率就会越高。这并不意味着对话型教练将团队的注意力完全集中在谈话的质量上。举个例子，团队可以决定要具体讨论的目标，以及团队成员在实现该目标的过程中所承担的角色。然而，对话型教练通常通过讨论这些问题来关注谈话的质量，并能够在适当的时候对谈话的质量进行反馈，供团队成员反思。

艾萨克认为，参与对话就是创造一个空间，让参与者能够探索潜在的假设，并找出隐藏在棘手的问题背后的一些更大的问题。对话促进了新的洞见和可能的出现，否则就不可能激发出团队的创造力和创新能力。相比之下，独白关注主张，力图说服他人接受我们的观点。在各说各话式的交谈中，我们很可能带着"我意已决"的心态，这就意味着我们对自己的观点和他人的观点缺乏好奇心。即使是进行技巧性交谈，也不太可能产生新的可能和更深刻的洞见。技巧性交谈更像是协商，是一个在已有的基础上创造出新的综合性结果的合成过程。因此，对话型教练的作用是创造一个空间，帮助团队实现深度探索并产生新的见解。

场 域

参与对话是对他人的想法和观点保持好奇，并且敢于表达自己的看法和观点。倾听和表达是领导力的基本特质。社会对短期绩效和交付成果的关注，创造了一个高度重视快速决策和个人责任的环境。这种环境可能会助长表达主张多于倾听，更容易助长闲谈而不是披露不确定性和脆弱性。因此，对话型团队教练的作用是营造出一个足以让团队成员感觉安全的空间，倾听而不是表达主张，公开自己的想法而不是影响他人。艾萨克将这种空间称为"场域"，一个强大到足以容纳不同的观点、可以让每个团队成员充分地表达自己情感的环境；一个可以发生创造性转变的环境。

因此，对话型团队教练的主要任务是促进完成以下要做的工作：准备；创造场域；管理场域；退出（见图 20.2）。下面我们会详细地描述每项任务。

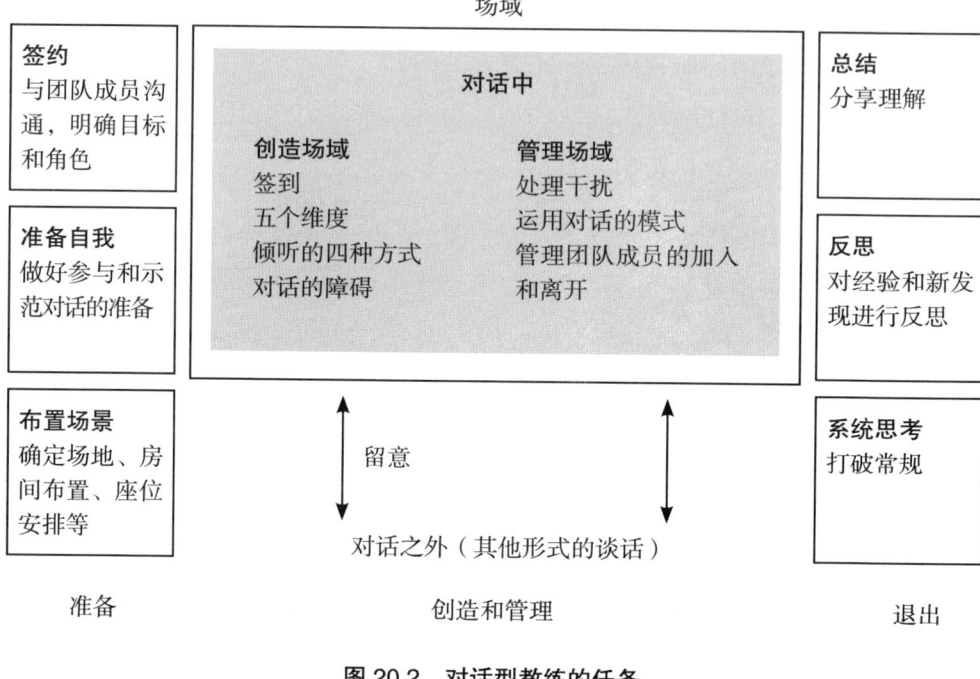

图 20.2　对话型教练的任务

1. 准备

签约

大多数团队教练的作者都认为，团队的首要任务之一是明确集体目标。因此，与其他团队教练一样，对话型团队教练聚焦于确定团队希望参与的对话的目的。签约可能不是一个简单的过程，因为对于团队教练的目标，团队领导者和团队成员有着不同的看法。不同的教练对签约时间点的看法也可能不同。我们的观点是：

- 签约是一个持续的过程。随着对话的深入，新的洞察和想法会被引发出来，新的意图和目标也可能出现。对话型团队教练要关注对话的模式和目标的持续发展。
- 创造场域是需要时间的。需要创建的程度取决于当时的状况。对话型团队教练关注当前的目标以及浮现出来的潜在目标。
- 作为一个团队，在召开会议之前启动签约流程，团队成员便能够在场域创造之前公开表达他们的观点。这个过程能够帮助教练早期发现任何系统问题，这些问题可以决定对话方式的团队教练是否是最有效的干预措施。

准备自我

对话型团队教练不是局外的观察者，而是与团队成员一起参与对话。同时，教练要专注于营造和管理对话的空间。这是一个对能力要求很高的角色，需要对话型团队教练做好充分的准备，通常还需要其他人的支持，如副教练或教练督导。

布置场景

在有玻璃墙的房间、在办公室的中间位置或围坐在会议桌旁，都不太容易成功地营造出对话的氛围。这样的环境很容易让大家分心，有人可能会溜出去处理一些紧急问题，员工可能会来向领导请示工作，也可能有人会难以抑制查看手机的诱惑。对话型团队教练将与团队共同布置对话场景作为签约的一部分。一些教练喜欢不用桌子，而是让团队成员坐在椅子上围成一个圆圈，中间没有任何障碍。这是一个非常利于对话的场景。围坐成一圈，每个人都可以看到对方，就更容易注意别人在说什么，有人看自己的电子设备时也就更显眼。当然，突然面对团队中每位成员的注视，可能也是一种对抗性的体验，一种堪比心理治疗或社区歌唱的体验！无论选择哪种布置，明智的做法都是向参与者解释一下选择这种布置的原因，与练习的目的联系起来。

2. 创造场域

场域的创造没有公式可循，某种程度上，场域是凭直觉创造的。随着时间的推移，团队教练创造场域的能力将更强。在本小节，我们分享一些想法和观点，同时鼓励从业者互相学习和分享所使用的方法。

签到

参与对话就是活在当下。注意力分散的原因并不局限于周围的事物。举个例子，如果我知道今天上午 11 点我女儿会拿到她的考试成绩，这件事情会影响我参与对话的专注力。但是如果没有人了解有关我女儿考试成绩的事情，注意到我心不在焉，他们就会编一个故事来解释我分心的原因，比如说："他看起来很无聊，可能没有兴趣在这个团队工作。"在每次会议开始时签到，可以帮助团队关注更广泛的系统中正在发生的事情。再次强调一下，向团队解释签到的目的尤为重要，否则大家按惯例不会透露太多的信息。例如，"我很好，准备好了"这句话并没有提到我坐立不安，正在焦急等待着能否获得一笔大生意的消息。

五个维度

为了创造合适的对话条件，艾萨克提出与此相关的五个维度供从业者参考：

- 唤起理想。对话是有目的的。帮助团队进一步阐明对话中可能产生的结果，有助于营造对话的空间。
- 鼓励大声说出梦想。对话不仅是倾听，更是表达。我们在一定程度上都自我编辑，因此，鼓励说出自己的想法可能会让人们承担更多的风险。
- 加深倾听程度。人们说出自己的梦想后会发生什么？倾听者是对此产生好奇还是不屑一顾？对话型团队教练鼓励团队成员专心聆听，带着更多的好奇心和更少的评判去倾听。

- 为意见相反者营造安全空间。如果只专注于倾听，不鼓励适当的评判，通常会使团队成员拒绝接受挑战。对话型教练鼓励大家相互尊重地挑战对方。这种情况下，尊重表示所有的观点都是有意义的。
- 让人敢于悬挂。人们如何应对挑战？他们是直接反驳挑战，还是寻求探索挑战的真正意义？

倾听的四种方式

像"深度倾听"和"积极倾听"这样的做法，并非总能引起他人的共鸣。我可以做一个真实的尝试，认真地聆听别人在说什么，但仍然不能成功地与对方试图传递的信息建立连接。我可能听得特别认真，甚至可以背出你说的每一个字，但由于我没有询问你潜在的意图，所以我会错误地解读这些字原本想表达的意思。在工作中，我们发现讨论不同的倾听方式将有助于找到适合我们自己的倾听模式（见图20.3）。倾听噪声意味着留意房间里是否有或者没有另外一种声音的存在。当我所有的精力都聚焦在提出主张时，可能这就是我的倾听方式。我在倾听谈话中的停顿，在不打断别人的情况下主张自己的观点。如果留意听文字，我会关注你所表述的内容，并且会对这些文字做自我诠释。倾听潜在的意图可能需要澄清问题和重述问题。最后，如果我在倾听身份，那就代表我不仅对你说的话感兴趣，而且对你为什么这么说更感兴趣。我试图理解你所说的内容与你的价值观、信仰和生活经历之间的关系。因此，与团队分享这种倾听模式可以帮助团队成员了解不同的倾听方式，避免在相同的倾听模式上投入太多的精力。

图20.3 倾听的四种方式

资料来源：Southern（2015）。

对话的障碍

艾萨克提出了对话的四大障碍，它们会阻碍场域的创造：

- 抽象化。我们试图通过简化来理解复杂性。从模型的角度思考是简化的一种策略。我们在头脑中建立模型，通过它来理解世界。如果缺乏觉察，我们可能会认为这些模型构成了"现实"。打个比方，你是市场部的，我是销售部的。这种心理结构（mental construct）对我来说可能是真实的，尽管它只是一个抽象概念、一个模型。如果双方的抽象概念发生了冲突，我们的对话很可能变成各说各话。
- 回忆往事。当我们面对一个问题时，我们自然而然会去寻找过去那些行之有效的实例。如果我们过度依赖于过去的成功经验，那么我们双方过去的经验可能会发生碰撞，最终对话在各说各话中结束。
- 确定性。我们很多人都喜欢确定性，即认为每个问题都有一个唯一的最佳答案。我们通常希望为经营公司的执行团队和董事会提供确定的结果，而对确定性的追求往往会阻碍对话的高效进行。
- 评判。我们习惯于评判，并且发现很难不去判断对错。如果我们对这些判断没有觉察，可能会陷入"评判冲突"中。

3. 管理场域

处理干扰

当人们进行对话时，分歧就会浮现出来，这可能会让团队成员产生紧张的情绪。因此，场域要足够强大才能承受这种压力。萨瑟恩介绍了一个简单的金字塔模型，在影响场域的要素发生变化时，该模型可以帮助我们系统地思考发生了什么事情（见图20.4）。

- 团队可能会首先关注事件。举个例子，苏珊对戴维大声吼叫，怒气冲冲地离开了房间。如果团队只关注事情本身，很可能会陷入带着评判的各说各话式交流。
- 团队可以选择深层次的思考，关注支持结构而非事件本身，例如强化行为模式的政策、规则和系统。如果苏珊在试图讨论一个不可讨论的问题时，感觉没有得到支持，她可能会变得非常沮丧。
- 进行更深层次的思考。团队可以关注行为和对话的模式。如果苏珊的行为被视为团队成员间交谈方式的一种表现，其意义将截然不同。我们在下一章将对此做进一步的阐述。
- 行为模式的底层是信念和假设。一些团队成员可能会觉得苏珊的举止不太合适，苏珊却认为公开表达情感是沟通的重要手段。团队的互动方式反映了团队内存在不同的信念和假设。

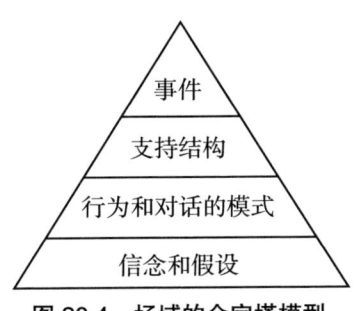

图 20.4　场域的金字塔模型

运用对话的模式

对话型教练通过提供一种语言，让团队注意到交谈的模式并对该模式进行讨论。"结构动力模型"（structural dynamics）就是这种语言的一个示例，它是由戴维·坎特（Kantor）提出的一个多层模型。结构动力模型的一个组成部分是"四角色互动模型"（four-player model），这个框架结构将团队成员的一言一行归为四种角色中的一种。这四种角色的行为分别是启动、追随、反对和旁观：启动是发起行动；追随是确认并完成行动；反对是挑战并修正行动；旁观是提供对话或情境的全部视角。四角色互动模型有助于团队识别一些停滞的模式，并且从这些困境中摆脱出来。停滞模式的一个例子是礼貌地服从（courteous compliance），这种模式下缺少反对者和旁观者，团队追随者同意团队领导者提出的每一个建议。另一个例子是唱反调（point-counterpoint），这种模式下缺少追随者和旁观者，团队成员将进入反复辩论的困局中。团队往往会回到特定的对话模式中，实际上，对话模式是由团队中的所有成员共同创造的。因此团队教练的作用是帮助团队在管理互动模式时变得更加敏捷。

管理团队成员的加入和离开

团队是一个动态的组织，团队成员之间、团队成员和团队外部人员之间的动力是不断变化的。人们来来往往，这些情况并不总是反映在我们的思维模式中。曾经合作过的一个团队，其成员将教练活动推迟了几个月，等待绩效不佳的员工离开和新员工加入。然后，团队教练启动了，员工意外地离开，或者外部影响迫使团队进行重组。团队教练的作用是，帮助团队应对变化的同时，不会失去对场域的完整性的关注。团队可能需要创建新的仪式来欢迎和送别团队成员，并接受团队不断变化的观点。

4. 退出

总结

总结和签到是相反的。团队成员退出对话，带着对那段经历的理解离开。如果在团队成员离开前，教练没有邀请他们互相分享自己对事件的理解，当他们回到工作场所后，对事件的理解可能是相互冲突的。总结是一种仪式，标志着一场丰富对话的完成。人们可以公开表达自己的经历，并倾听别人的经历。同样，解释总结的目的也是不可缺少的，否则团队会出现常规性操作，说一些"我很好"之类的话，而不是"我仍在反思苏珊离开房间的原因"。

反思

从定义上讲，对话式团队教练和其他形式的团队教练相比，结构比较松散。如果我们认同变化是紧急的和不可预测的，那么我们很可能会感到惊讶，不仅是对事件本身，还有我们应对这些事件的反应。自我反思常常是原地兜圈子，因此对话型团队教练通过监督等方式和他人一起反思。根据团队教练与团队签订的合约，教练也可以在促进他人反思方面发挥作用，例如团队领导者的反思。

系统思考

对话型教练的另一个任务是鼓励团队在更广泛的系统中思考其运作方式。询问教练过程中发生了什么事情是一种探寻方式，但根据一些研究人员的定义，这不是一个真正的系统视角。教练也要仔细思考团队内部发生的事情会如何反映团队外部发生的事情。正如个人仅仅是整个组织系统的一个组成部分，团队也是它的一个组成部分，而且是一个更复杂且更具有活力的组成部分。

结　论

本章结合对话和变革的理论，介绍了一种独特的团队教练方法。我们的核心目的是介绍对话的原则，以及这些原则如何以一种具体的方式表现出来。对话型团队教练的核心是"场域"。场域是一个有目的的空间，在这里人们可以安全地接受新的观点、说出需要说的话和参与对话，并且通过对话萌生新的洞察和更深层次的理解。如果有兴趣深入探索这种教练方式，建议进一步阅读对话领域的书籍，深入了解组织变革的对话方法。我们也建议教练逐步地将此方法运用到自己的实践中，最好与其他对对话式教练方法感兴趣的团队教练合作，并得到经验丰富的团队教练督导的支持。

国际团队教练

下 权威指南

The Practitioner's Handbook of Team Coaching

第三部分 培训和教育 281

第21章 282 虚拟团队教练
从研究中学到的技能

第22章 305 造就团队教练

第23章 316 督导团队教练
保持距离地与复杂性共舞

第24章 328 团队教练中的行动、反思和学习

第25章 337 高效团队教练的核心素质和技能

第26章 352 成为团队教练

第四部分 新兴视角 367

第27章 368 团队领导者如何支持团队教练和团队发展

第28章 380 教练虚拟和远程团队

第29章 395 大规模团队教练
为调适性领导文化的产生创造条件

第30章 409 用 CDAI 和 GLP 进行团队教练

第31章 422 运用戏剧疗法促进团队教练

第32章 432 团队教练
短暂潮流还是组织必需品

第33章 444 自治发展型组织中的团队
同侪教练的需求

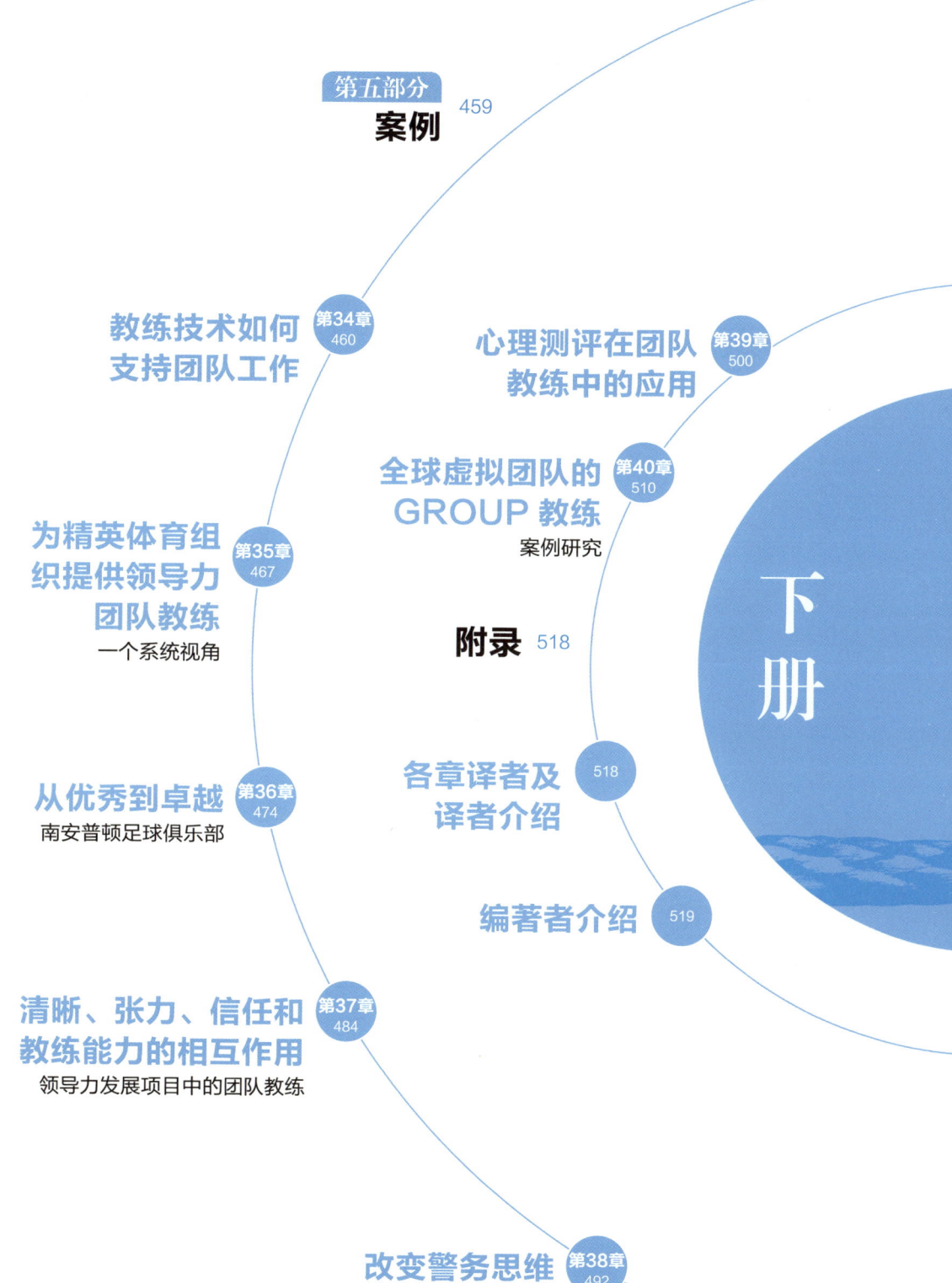

第五部分 案例 459

- 第34章 460 教练技术如何支持团队工作
- 第35章 467 为精英体育组织提供领导力团队教练 ——一个系统视角
- 第36章 474 从优秀到卓越 ——南安普顿足球俱乐部
- 第37章 484 清晰、张力、信任和教练能力的相互作用 ——领导力发展项目中的团队教练
- 第38章 492 改变警务思维 ——协作与团队教练活动在循证警务实践中的作用
- 第39章 500 心理测评在团队教练中的应用
- 第40章 510 全球虚拟团队的 GROUP 教练 ——案例研究

附录 518

- 各章译者及译者介绍 518
- 编著者介绍 519

下册

第三部分

培训和教育

第21章　虚拟团队教练：从研究中学到的技能

帕姆·范·戴克

　　教练是一个新兴且不断演进的领域，复杂且不断发展变化。它融合了古往今来许多理论家和研究人员的思想、理论和方法。几十年来，人们一直通过寻求教练来帮助自身提升绩效。虽然教练最初出现在体育界，但经过多年的发展，教练现已被应用于多个领域，帮助个人在音乐、语言和戏剧等领域取得进步，而所有这些都是以提升绩效为目的的。商业人士也不例外，他们也已开始寻找并聘请教练来帮助自己提升绩效。

　　全球范围内的组织已经变得越来越错综复杂，提升个人绩效和领导效能也变得越来越艰难。组织用来提升领导效能的一种方式就是高管教练的干预。教练作为提升绩效的策略，越来越多地被组织广泛地接受和应用，因此，研究人员的兴趣也与日俱增。尽管在过去10年中，随着教练领域的发展，与教练相关的研究文献显著增加，但是仍旧缺乏足够的实证，对团体教练的研究也是如此。在教练被视为一个独立的职业之前，仍然有许多工作要做。

　　无论在哪个领域，提升个人绩效的第一步就是认知并识别哪里需要提升。但当局者迷，仅凭一己之力是较难获得自我认知的。通常，我们需要通过他人的帮助来提升自我洞察。一对一教练显然非常有效，而运用团体技术往往可以让个体有更高的承诺度和更强的责任心。个体所属的团体是个体感知、感受和行动的基础。通过参与团体练习，个体可以取得难以独自实现的进步和成果。

　　领导者如果不能认清他们需要改进的领域并采取相应的措施，就会使自己身处险境。"高层管理者如果对自己的问题视而不见，他们的工作效能和职业发展就会出现危机。"哈佛大学教授罗伯特·卡普兰认为，导致这些高层管理者频频面临危机的主要原因不是他们自身有弱点，而是他们无法承认自己的弱点，并从自身的经验中汲取教训。领导者需要明白，他所面临的最基本的挑战之一，就是对自己进行精准的自我评估。

团体是有助于提升自我认知的一种方式。相较于一对一的体验，团体通常可以更快速地帮助个体达到一个更深刻、更富有意义的层面。无论是正式的还是非正式的，团体都是能引发个体改变的强大载体。正式团体、非正式团体、家庭团体、组织团体、任务团体、生存团体、治疗团体等，都能给身处其中的人们带来转变性的有效体验。成为团体中的一员，给人一种比自己一个人实际上更强大、更卓越、更美好的感觉。团体成员身份是实现理想自我的一种方式。团体改变了人们的生活，推动了个人和组织生产力的变革。相比之下，一对一干预无法产生同等程度的影响。

这项研究恰恰处于教练和团体体验的交汇点。该研究是与一组正在接受专业高管教练的个体探讨其教练过程，助其实现个人目标。研究并了解商业人士如何体验虚拟团队教练过程，不仅可以探索有利于领导力发展和团体动力领域的见解，还可以提供有关成年人如何在虚拟社区学习的洞见。这些洞见有助于深化教练和团体动力领域的理论研究，具有可能随之培养出更高效的领导者。

背 景

玛丽·贝丝·奥尼尔在其著作《有决心和意志的高管教练》的开篇就写道："我本没打算成为一名高管教练。我是不断进化成教练的。"这句话说明了成人教育、商业和管理领域的变革推动者们是如何对教练产生兴趣、在教练领域不断精进乃至成为专业教练的。

教练仍处于从一个研究领域发展到一门包含促进变革与成长的有效方法的可信学科的过程之中。

将教练实践与现有的、适用的科学和实践基础知识联系起来是提高可信度的重要一步，也是从注重技术和技能转向对教练培育的相关知识有更广泛和更深入的理解的重要一步。

与此同时，那些购买教练服务的人力资源从业者和商业组织对教练服务以及为组织聘请教练的要求越来越高。他们会提出一系列的挑战性问题，问题涉及的范围从教练们实施的各种测评到他们持有的教练认证。5年前或者10年前可完全不是这番景象。此外，无论个人客户还是公司客户，都会在正式确立教练关系之前更多地询问与教练的投资回报、实证相关的信息。这就催生了另外一种针对教练有效性的对话。

为了回应这些询问，在过去10年里，教练的"科学家—实践者"模式不断发展，与教练相关的研究也层出不穷。自1993年以来，实证研究的文章数量增加了4倍。

第一篇关于教练的同行评议的论文发表于1937年。从1937年到2009年5月1日，有总共518篇有关教练的论文发表，而从1937年到1999年的62年间，发表的文章、博士论文和实证研究总计也不过93项。相比之下，从2000年到2009年5月1日，发表的文章、博士论文和实证研究共计425项。自1980年以来，已经发表了156项成果研究，案例研究104个，学科内研究36个，学科间研究16个。在16个学科间研究中，只有12个是随机研究。为了进一步朝着坚实的循证式教练方法迈进，还需要更多的学科间研究，特别是随机成果研究。

尽管教练领域的经验数据已经大大增加，但是具体到如何定义团队教练和团体教练的权威研究仍是空白。当我进行更深入的探究时，参考文献中提到的同侪教练、团队教练和团体教练并非是我的研究重点。例如，团体教练一词在当前的文献中经常和团队教练或者同侪教练互换使用。这在教练界内部造成了很大的混乱，并且在某些情况下，也使得对这些教练方法的必要澄清相对滞后。

这也表明，尽管人们普遍对教练越来越感兴趣，但是对商业人士进行团体教练的概念及其范围仍然缺乏清晰的理论解释。定义不清晰这一事实在专业教练中也造成了混淆，教练们都在交替使用这些术语。此外，尽管人们经常提到教练是一种职业，但在专业教练中，对职业的基本界定仍然缺乏共识。而标准的基本界定要素包括：进入的壁垒，一套共享的理论和知识体系，正式的大学学历，严格而有意义的成员准入方式，一套道德准则，以及公认的国家标准证书或认证管理规范。

职业（profession）一词本身来源于宣称（profess）一词，最初是一个宗教术语，指的是承认或声明。基于神学、医学和法律这三个既定学科的规定，一个职业或学科应具备以下内容：

- 界定职业目的和目标的明确范围；
- 教育、经验和职业发展资格；
- 指导在特定情况下应该或不应该做什么的职业行为准则；
- 不断更新的权威认证；
- 与其他相关团体一致的标准。

对照这份清单，不难看出，教练领域仍有一些工作有待完成。只有各项工作完成了，教练才能充分确立自己作为一个职业，以及一门在教练圈内外都获得认可的学科的地位。虽然教练在某些领域已经确定了成员的行为准则、范围和标准，但还有很多领域尚待完善，比如服务的交付依然存在着很大的差异，又比如有助于为教练从业者提供明确指导的实证研究相对较少。

人们对教练的兴趣，使得与教练相关的出版物数量与日俱增，这总体上有助于充实教练领域的理论基础。随着更多研究的开展，越来越多的同行评议文章出现，人们对教练领域的理解也得到了深化。然而，团体教练的相关文献明显还远远不够。

随着一个领域的逐步发展，它应该寻求建立具有循证知识体系的坚实基础，有严格的同行评议的出版过程，以及一致认可的共同语言。任何新领域的初始阶段都是历经挣扎的，因为没有一致的定义、实践或边界。正是基于这一点，这项关于团体教练的研究才应运而生。我期待着这项研究能为教练实证研究做出贡献。

虚拟工作场所

对于当今工作场所中的许多组织来说，学习远程运作已经成为新的现实。我们的工作地点、工作时间和工作方式已经被赋予了全新的意义。网络时代已经演变成数字时代。事态的发展是如此之快，以至于只消一周，就会出现一种新的电子或数字媒体来争夺我们的注意力。

毫无疑问，技术改变了当今的商业运作方式。日益增多的技术应用改变了员工在多个层面上的互动模式。无论是完成任务、完成项目还是促进个人发展，个体不再局限于面对面的接触。这些变化和技术的进步影响着劳动大军，改变了员工的生活和员工完成日常任务的方式。此外，在全球化的冲击下，组织已经从传统的企业实体办公扩展到了虚拟办公。

如今，很难想象哪一个工作场所没有数字互动和整合的介入。接受调查的超过34%的首席执行官认为，到2020年，超过50%的员工将远程工作。我们创造的虚拟世界和数字世界不再是局部的，它充满力量，也会持续盛行。

技术变革已经影响到商业世界的所有领域，包括如何提供包含教练在内的领导力发展选项。教练们通过互联网和/或电话与客户进行虚拟教练的能力正在与日俱增，在某些情况下，这种能力也可以说是一种偏好。目前我自己85%的教练项目，包括一对一教练、团队教练和团体教练，都是以虚拟形式进行的。随着这种偏好的增加，在持续学习和了解这种方法的同时，我们必须进行研究，以彰显虚拟教练的有效性。

虚拟团队

随着全球化时代的到来以及通信技术的进步，组建和利用虚拟团队完成工作的现象日益普遍。它正在成为一种新的工作方式，在许多情况下，甚至是首选的工作方式。一开始，它只是在某些情况下的必要选择，而现在，它已然成为完成工作的首选方式。"突然间，在进化的一瞬间，人们不再需要身处同一个地方才能一起工作。现在很多人都在虚拟团队中工作，超越了距离、时区和组织的边界。"最近，基思·费拉齐（Keith Ferrazzi）在他的文章《让虚拟团队走上正轨》中披露，他调查了1 700多名员工，其中79%的人经常在远程或分散的团队中工作。

组织开始意识到，无论员工身处何地，充分运用员工这个资源可以为组织带来诸多好处。在某些情况下，这意味着团队成员可以从来自组织不同部分以及世界上的不同地方的同事们的想法和观点中获益。在某些方面，它已然在行动层面呈现出多样性。现在，组织可以战略性地让具有不同观点、背景、文化以及来自不同地域的员工组成团队。它为组织以可操作的方式展示其对多样性的承诺提供了一个机会。这样一来，所有人的经历都变得更加丰富了。

虚拟团队的定义

很多不同的技术媒介，如可链接上网的平板电脑、智能手机和可视电话，可以让一个人随时随地开展工作。

人们开始越来越多地运用数字媒体，再加上千禧一代大量涌入工作场所，使得在虚拟团队中工作成为一种必然。一些组织实际上已经虚拟运作了很多年，而另一些则在努力适应这种新的工作方式。组织开始意识到团队跨职能、跨地域、跨文化和跨时区虚拟工作的好处。当团队成员在这种多样性中工作时，他们的思维模式会被拓展，他们会带来新的发现，最终组织也会因此而受益。

在我与虚拟团队工作的过程中，我发现了许多虚拟团队的定义，下面是其中几个。

- 它是"一个分散的团体，人们通过技术远程协作，实现共同目标"。
- 虚拟团队是一个成员所处的地域分散，但通过电子邮件、电话、视频会议和其他互联网沟通方式联系在一起的团队。

- 虚拟团队是指由处于不同地理位置的人组成的团队。
- 虚拟团队是指两个以上身处不同物理空间，为了同一成果而协同工作的人。

虚拟团队教练

过去的 10 年间，教练已经成为一种可行的、备受追捧的绩效提升和职业发展选择。越来越多的组织聘请教练来解决他们的领导者以及团队中存在的绩效问题。根据组织发展的相关研究，只有五分之一的团队被认为是高绩效团队（https://coachfederation.org/blog/index.php/1565/）。这一研究结果有其重要意义，因为这意味着组织在那些表现不佳和没有效率的团队上浪费了大量的时间和金钱。

企业正在寻找多种多样的创新方法来开发员工的潜能，帮助他们学习，而不是简单地教给他们新的概念。团队教练已然成为提升绩效的前沿性工具。国际教练联合会进行的研究表明，企业为了提升绩效，迫切地在整个组织内拓展教练应用（www.Coaching performance.com）。

随着越来越多的高层管理人员亲身体验到教练带来的好处以及高投资回报率，为员工和团队提供教练已成为受追捧的提升绩效和生产力的手段。通常是在高层管理者的要求或坚持下，团队才得以配备团队教练。教练作为一种可行的干预或方法，已经从高层管理人员逐层扩展到高层管理人员下属的团队。

方法的可行性

企业界和教练界都曾质疑团队教练作为一种可行的教练方法的有效性。很多时候，组织在寻求针对团队运作的支持时，会混淆团队建设、团队引导和团队教练，错误地认为它们都是一样的。这恰恰说明了与关键利益相关者对接的教练实践者的重要性，他自己首先得清楚这几种方法的异同。

虽然存在着一些混乱，但这也是任何一个领域发展初期的普遍现象，个人教练发展的早期也同样存在着混乱。组织发展领域对团队和领导力发展领域，特别是对团队教练领域做出了很大的贡献。这有助于组织了解在过去的20年间，与团队发展相关的各种手段和方法所取得的重大发展。

关于团队和团体教练的文献也有所增加，这有助于进一步阐明与团队教练相关的各种方法和手段。事实上，我自己在团队和团体教练领域进行的实证研究证实了团队教练的可行性，这将在后文进行讨论。

图21.1描述了团队教练在组织环境中发生的情境。它发生在教练、团队动力和组织环境的交汇处。

在团队教练过程中，教练活动主要是由团队领导者驱动的，所以，教练通常关注的是领导者的目标，而非团队中每个人的目标。实际上，教练活动的目的通常是提升团队整体的效能或绩效。

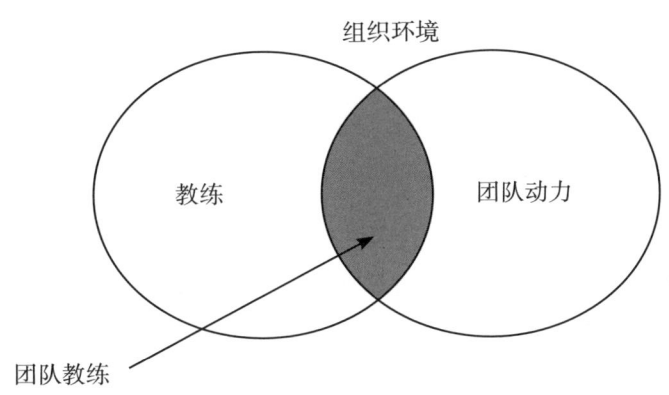

图21.1　团队教练交集

我将这种教练方法称为纵向教练法，也就是说，教练首先与领导者、团队负责人或高层发起人签订合约（见图21.2）。初始目标和目的是在与团队签约之前就确定的。实际上，在某些情况下，教练可能同时与每位团队成员签约。作为一名团队教练，你必须知道什么最符合你的客户的利益，并且要非常清楚你的客户是谁，也就是说，领导者加上团队，或者干脆整个团队就是你的客户。

团队教练适用于团队建设、发展新建团队、提高团队生产力、解决团队冲突等。有时，团队教练也可以运用同侪教练来帮助团队提升效能。

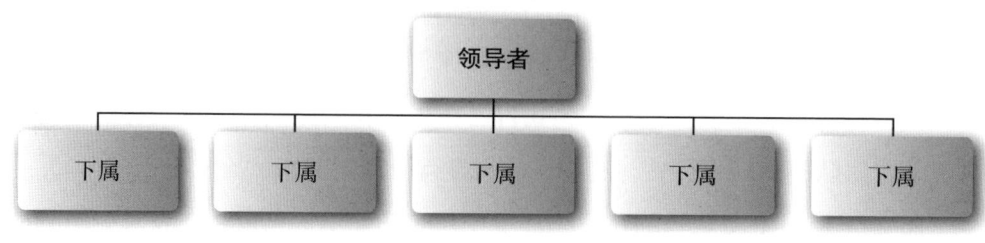

图 21.2　团队教练定义

面对面教练

　　总体而言，面对面教练这一领域比研究中的任何其他部分都更注重运用访谈工具获得信息。由于数据量庞大，回应的范围也很广，审查和分析这些反馈的信息就很有意思。研究参与者的回应可能是积极的，比如"我真的很喜欢虚拟体验"（参与者 3），也可能是消极的，比如"我在面对面的环境中感觉好多了"（参与者 5）。对于这 21 名参与者来说，在虚拟教练或面对面教练的偏好方面似乎没有中间立场。从他们的评论中可以很清楚地看到，有些人喜欢参与虚拟的团体教练过程，有些人则更喜欢面对面教练。数据显示，大多数人明显更喜欢面对面教练，而不是虚拟教练。在 39 条评论中，约 64% 的评论对虚拟的团体体验持否定态度，其余的约 36% 持肯定态度。然而，需要注意的是，这些参与者通常是在澄清他们对面对面教练与没有教练的偏好。数据显示，如果有机会，时间和环境允许的话，人们仍然偏好面对面教练。但对于这些特定的参与者来说，17 人（81%）虽然更喜欢面对面教练，但他们最终发现虚拟的团体教练过程也是可以接受的。

教练的胜任能力

胜任能力是技能、能力和知识的结合。要想成为一名有效的虚拟团队教练，教练从业者需要具备哪些胜任能力？这是我在研究虚拟团体和团队教练时提出的一个问题。本章将讨论这个问题的一些结果，并将探讨与虚拟团队教练有关的两种主要能力：专门针对教练的胜任能力；专门针对虚拟教练的胜任能力，即虚拟智力。

我曾经采访过的或者接受过我的团队教练和团体教练课程教育的大多数教练，对他们进行团队教练的技能感到相对自信。然而，当被问及如何进行团队教练时，他们说的都是个人教练的方法。尽管我们大多数人都倾向于运用自己熟悉和舒适的方式，这是可以理解的，但客观情况是，在教练团队时需要一些特定的技能，而在教练虚拟团队时则更需要额外的技能。好消息是，本章重点提及的技能和胜任能力都是可以通过积累知识和实践来发展的。这些技能是可以培养的！

需要注意的是，虚拟团队教练与虚拟个人教练所需的胜任能力部分是相同的，比如积极倾听、建立信任和亲和关系、强有力地发问等。正是这些技能的通用性，使得有些教练以为在进行团队教练时也运用和做一对一教练时同样的技能，就足够了。可事实并非如此。虽然我也同意有必要运用这些教练技能，但研究表明，虚拟团队教练是需要一些特定的技能的。我们接下来将对此加以讨论。

胜任能力：商业敏锐度

商业敏锐度的定义

简而言之，商业敏锐度是对一个组织如何在商业环境中运作的基本理解：

- 在商业环境中具有敏锐性和敏捷性；

- 对实体商业模式保持敏感，理解战略方向和目标。

教练技巧

- 能够识别影响组织的业务趋势和问题；
- 能够基于团队目标识别组织中的政治、实践和趋势；
- 能够清楚地说明组织是如何赚钱和完成任务的；
- 能够识别组织内正式和非正式的关系网。

技能开发技巧

作为一个自身也必须要发展这项技能的人，我可以与大家分享一些第一手的简单方法来发展这项能力：

- 阅读商业期刊；
- 参加商业会议，比如管理学院组织的会议；
- 订阅商业信息资源，如 www.hbr.org、www.aom.org 的资源。

有效的个人教练必须了解个人的工作环境，但在组织环境中与团队合作时，个人教练技能是不足以有效应对的。鉴于教练领域吸引了各行各业的人，有些人可能没有在商业环境中工作的经历，所以，他们的个人教练技能就更有局限性了。

胜任能力：团体过程

我和教练们一起对团体过程进行了研究，并且有这方面的教学经验。我发现，教练们大多并不熟悉团体过程的概念，比如对在教练情境中如何识别团体过程，以及如何有效地利用团体过程来帮助个人、团队和团体实现他们的目标等并不熟悉。教练有时候能够描述出与团体过程相关的行动、感受和行为，但缺乏把这些体验有效地界定为团体过程的能力，更重要的是，缺乏将其作为影响行为改变的工具的能力。

虽然研究者们针对团体过程有深入的研究，但是几乎没有专门针对虚拟团队或团体教练经验的研究。我在这一领域进行的实证研究既有助于深化自己的实践，也有助于增进教练界关于虚拟团队和团体教练的对话。在以团体过程为主题的研究数据中，两个子范畴形成了，即团体动力学、团体凝聚力。本节将逐一讨论它们以进一步定义团体过程。

埃德加·沙因（Edgar Schein）在他的著作《过程咨询》中提供了过程咨询的定义，这为理解团体过程奠定了良好的基础，并且该定义同样适用于团队教练。

> 过程咨询是咨询顾问帮助客户感知、理解客户所处环境中发生的事件，并据此采取行动，以改善客户的境况的一系列活动。过程顾问试图让客户了解其所处的环境、自身内在以及和他人之间正在发生什么事情。基于这些洞察，过程顾问就可以帮助客户厘清其应该如何应对。

定义团体动力

卡特莱特和赞德被认为是团体动力学领域最多产的两位研究者，他们对这个术语给出了正式的定义。团体动力学是一个"致力增进对团体的性质、发展规律及其与个人、其他团体乃至更大的机构的互动关系的认知的研究领域"。库尔特·勒温被一些人认为是团体动力学的创始人，他简单地把团体动力描述为团体和个体对不断变化的环境采取行动和做出反应的过程。在这些研究人员之前，法国心理学家古斯塔夫·勒本在其著作《人群》中描述了个体加入一个团体后是如何改变的。在我进行的研究中，参与者讨论了他们是如何在团队中学会了展现自我的，他们也认识到了团队的力量，同时，在他们的团体或团队中形成了一定程度的团结一致。

尽管勒本是在 120 多年前进行的这项研究，但他所说的个体加入团体后会发生改变这一观点，在现在许多参与虚拟团队教练过程的商业人士身上依然得到了验证。研究的参与者在讨论团体过程对他们的影响时变得非常活跃。

教练技巧

- 能够准确识别团队的氛围和情绪。
- 能够识别团队中可能对团队造成影响的表面和潜在的沟通模式和行为。
- 能够识别和提升团队系统内外的能量。

增强技能的方法

那些从未接触过团体过程的教练，可能比他们想象的更为熟悉团体过程。然而，对于那些已经有过一定实践经验的教练来说，发展这种技能反而可能会更难，但也不是不可能，比如可以：

- 成为某个团队或团体的成员。
- 在团体中更敏锐地观察。
- 观察其他团体成员的肢体语言、语音语调、动作和行为。
- 学习沟通的模式、模型和理论，比如意义的协调沟通理论（Coordinated Communication of Meaning）。

我所了解到的他人增强这项技能的最好方法，就是首先承认自己需要进一步发展这项技能。如前所述，有些人以为自己懂，但其实他们并不懂。也可以通过在团体中细致地观察其他人的行为来发展这项技能。通过实践，教练会了解如何识别他人的各种行为和行动，然后迅速地与同伴交流彼此的观察所得。这有助于提供新的反馈，以印证他们是否准确地识别了团队的情绪、行动和行为。

团体凝聚力的定义

简而言之，团体凝聚力是指团队成员希望成为团队的一分子，或者愿意留在团队中的程度。它指的是团队成员之间的亲密感和紧密度。具有高度团体凝聚力的团队成员往往关心其成员资格，并为实现团队的目的和目标努力做出贡献。组织会面临提升成员不定期见面的虚拟团队凝聚力的挑战。因此，有意识地培养凝聚力就变得尤其重要。如果团队成员被调离、解雇或者没有接触足够长的时间以发展出超越浅表层面的关系，他们就无法建立互信的关系，而这会影响团队的凝聚力。凝聚力有助于团队成员保持对彼此的兴趣，并且相互贡献价值。团队成员可以为团队目标做出更多贡献，并将保持更长时间的积极参与。

在不同的组织中，人们可能出于不同的原因和目的组建团队。项目团队、短期团队、长期团队、自组织工作团队和特殊团队等这些团队中的成员有着不同的动力水平和参与程度。无论团队组建的时间长短以及目的如何，成员在既定的时间内聚在一起的兴趣和意愿反映出他们打造凝聚力的能力。成员之间的亲密度将直接影响教练是否能够打造团队的凝聚力。

技能发展技巧

- 利用基本人际关系导向行为™（FIRO-B®），了解自己作为一名教练，对于亲近感的舒适程度。测评结果能够显示你打造凝聚力的意愿度。
- 寻求朋友和家人对于你创造安全和开放的环境的能力的反馈。
- 录制自己与个人和团队进行教练的过程，以了解自己适时建立信任的能力。

胜任能力：引导

教练领域的从业者包括来自不同行业的专业人士，因此，他们的教练和引导技能处于职业发展的不同阶段。研究数据显示，教练和引导技能对于团队教练活动的参与者来说相当重要，它直接决定了教练活动是否能够顺利而有效地进行，抑或是让团队成员感到混乱或者疏离。

引导技能的重要性

团体动力学关注的是个体在团体或团队中的情绪、行为和行动；而引导更关注团队有效决策和达成目标所需的过程。两者在信息呈现、教学内容和引导过程方面都有着明显的差异。人们常常把团体干预与引导混为一谈，其实引导是为团队、团体、组织、网络和社区设计的。它关注的是过程，而不是团体讨论的内容。教练是在中立的位置进行引导，包括帮助团队或团体中的个体从 A 点转向 B 点，朝着共同的目标迈进。"引导能促使一群人达成一致，实现目标。"

引导的定义

引导的核心，是帮助团队中的每个人参与到对自己产生影响的决策制定之中。引导的前提是团队中的每个人都有平等的发言权和参与权，立场相同，决策由团队成员集体做出。引导与教练相辅相成，因为在教练过程中，也是客户/被教练者创建并推动议程。引导的基础是合作、共识和集体智慧，以及每个人的内在价值。

引导技能发展

- 阅读引导技能的相关资料，有很多可供选择。
- 参加引导技能培训课程，例如 www.interactionassociates.com 提供的课程。

- 向你引导的团队和团体寻求反馈，以了解你的优势和劣势。

这里所列出的一些引导概念你可能很熟悉，甚至不用多说，你都清楚它们的含义。但是，当你将这些概念放到虚拟空间中时，有些东西可能就会变得不一样了。

胜任能力：虚拟引导

我所了解的教练犯的最大错误之一，就是他们认为自己拥有基本的引导技能，而这些技能足以进行虚拟引导，但事实并非如此。虚拟引导需要引导者具备基本的引导技能及其他一些独特的技能，才能更有效。

虚拟引导的定义

虚拟引导是通过各种数字媒体，如电话会议、Web-Ex、Zoom、Skype 或 Go-To-Meeting 等来进行引导的。每年新的选择都层出不穷。这些先进的媒体技术提供了多种连接，以及保持连接的方式。你所面临的挑战是要与时俱进，为你和你所教练的团队选择合适的媒体。作为一名教练，如果你计划定期进行虚拟的团队教练，那么就要对最新的虚拟媒体保持足够的关注和了解。新的虚拟媒体将为最终用户提供更具创造性的选择和功能。

技能发展：虚拟引导

虚拟团队的教练需要具备在团队教练过程中持续参与和互动的技能。创造一个引人入胜的虚拟场域，既是一种艺术，也是一门科学，这需要当事人有相当程度的投入，从反馈、评估和实践中学习，从而让自己获得成长。你收到的最好的反馈，可能就是回听自己的教练录音。此外，虚拟团队教练还需要拥有相当程度的虚拟智力。从我的经验和研究来看，要创建一个虚拟的场域，在教练过程开始之前，教练就要深入地了解团队中都有些什么样的成员，以及他们对于虚拟教练感觉舒适的程度如何。我从研究中得到的最大教训之一就是，并不是每个人都对虚拟环境感兴趣、感觉舒适或者感觉有效能。我将在下一节中对虚拟教练技能进行深入探讨。

胜任能力：虚拟智力

丹尼尔·戈尔曼（Daniel Goleman，1997）就情商这一话题撰写了大量文章，并帮助美国企业界认识到情商在工作场所中的重要性。有关情商的信息是如此之多，以至于在过去的10年里，有大量的书籍和文章比较情商和智商的重要性和相关性。这些讨论有助于我们在与他人交往时更加关注自己的人际交往能力。如今的数字时代又为我们如何与他人交往赋予了新的内容。虚拟智力成为必需。

发展虚拟智力的方法清单可能很长，我从研究总结中选出了一些最重要的技能。我将相关技能分为两大类：沟通和连接。以下的归类包括了电子邮件、电话会议和视频通话等几种形式。虽然越来越多的人用发短信来代替发邮件，但我的研究并未涉及发短信，而是聚焦在发邮件上。

技能开发：虚拟沟通

关于语言和非语言沟通的最常见也是最具争议的研究，是由洛杉矶加利福尼亚大学教授阿尔伯特·迈赫拉比安进行的。他在20世纪70年代进行的沟通研究声称：通过语言文字，人们只能理解沟通内容的7%；通过语音语调，人们能理解38%；55%的沟通内容是通过肢体语言和视觉来表达的。尽管传播学学者对这一结论存在争议，但他们都认同大量的沟通是通过非语言进行的。因此，虚拟团队教练必须敏锐地意识到虚拟交流中非语言的细微差别。以下列举的内容，可以为你的虚拟沟通助力。

简洁

曾经有一次，老板和我说，我提供给她的信息要像简洁清晰的《今日美国》，而不是冗长沉闷的《华尔街日报》。当时，我感觉挺不爽的，然而，当我反思她所说的话时，我意识到她是对的。作为一个很外向的人，我在交流中有一种絮叨的倾向，大多数时候这种絮叨根本是不必要的。这促使我学会了干净利落的表达艺术。对某些人来说，这可能是再容易不过的，但在虚拟环境中进行沟通时，还是要注意以下几点：

- 实践、实践、再实践；
- 学会用尽可能少的语言进行信息量丰富的交流；
- 向诚实的人寻求反馈。

清晰

- 使用平实的语言。智慧的展现往往不是因为你能让事情多复杂，而是你能让事情多简单。
- 按地点、时间、方式等来组织语言，不赘述。
- 邀请他人提问。

一致

- 建立虚拟信任的最佳方式是让自己的言行具有可预测性。
- 言出必行：说出行动事项，并且说到做到。

技能发展：虚拟连接

在我的团队教练认证课程中，我经常对教练以及我所教练的团队进行基本人际关系导向行为™（FIRO-B®）的评估，这项评估是威廉·舒尔茨在第二次世界大战期间开发的，旨在了解和预测高绩效军事团队是如何合作的。他发展出了一种人际关系理论，并进而开发了相应的FIRO-B测评工具。这个测评工具有助于确定个体的人际需求以及个体对某些行为（如包容、控制和情感）的适应程度。我发现这个工具有助于教练识别自己在建立人际连接方面的舒适程度。我从研究中发现，并非所有教练都对某些行为（如情感）感到舒适，因此难以有效地创建安全舒适的虚拟场域。对于教练来说，重要的是要有自我意识，创建一种虚拟团队教练所必需的富有成效的环境。有助于营造虚拟连接氛围的行为包括积极倾听、保持一定的开放性和具备足够的亲和力等。

积极倾听

积极倾听是每一位教练必备的基础技能，在进行虚拟教练时必须予以格外关注。我们的学习有大约85%是通过听来完成的，然而，我们只理解了我们听到的25%的内容，而且只有2%的人参加过关于倾听的课程（http://interactionassociates.com/insights/blog/power-listening）。积极倾听意味着运用你的整个自我来倾听，不仅仅是听到对方所说的话，而且要倾听和观察对方正在表达什么。在电子产品分散我们的注意力的时代，这说起来容易做起来难，但教练有责任成为团队成员的榜样示范，确保口头表达的内容是你真正听到的和体验到的内容，确保意图与其产生的影响是相匹配的。

开放性与亲和力

展现开放性与亲和力的最佳技巧之一是掌握倾听的艺术。通过多听少说，我们为他人进入对话创造了空间。神经语言程序学（NLP）是一种沟通方法，它认为人的大脑、身体和语言之间存在着相互作用。当人们觉得你理解他们时，你和他们就会培养出一种信任感，而这种信任感又会随之带来安全感。

胜任能力：保持技术敏锐

正如本章之前所提到的，技术的进步正以各种方式影响着我们的社会。无论我们拥抱还是抗拒变化，我们都不得不进行虚拟沟通。如果我们不努力跟上时代的步伐，技术将持续进步，很快将我们甩开。与时代脱节的最快方式就是你无法跟上技术的发展。

我在研究中发现，有些人对虚拟教练的技术层面唯恐避之不及，有些人认为这是一种干扰，而有些人则欣然接受。教练要能够从一开始就高效地组建团队以获得成功，从而保证虚拟团队教练活动的顺利进展。技术上的混乱和挑战很容易干扰团队专注于当下议题的能力，也直接影响了团队成员的学习意愿度。对某些人来说，从过程中学习以及相互间的学习是促使他们参与到教练中来的重要原因。

技能开发：虚拟技术

我见过的大多数教练都没有计算机科学、信息技术的学位，也远不是什么"极客"，这意味着如果他们打算做虚拟团队教练，就需要持续精进，及时了解各种可用的媒体。教练所需的技术知识应与其客户的成熟程度成正比。以下建议有助于我们保持技术敏锐：

- 关注客户熟悉的各种媒体，如 Zoom、Skype、Slack 等。
- 持续关注教练协会，如国际教练联合会（在美国）或国际教练协会（在英国）。它们经常在网站上介绍新的媒体。
- 经常分享教练专用的最新技术信息的教练和商业期刊。
- 利用各种免费在线研讨会，这些研讨会由宣传不同平台的不同供应商主办。
- 观看 LinkedIn 等网站上的虚拟通信广告。

不管你用哪种途径，最重要的是保持与时俱进。

弥补技能差距

教练的培育者

时至今日，我已经开展虚拟团队教练和团体教练工作好几年了，但我发现教练、教练的培育者、研究人员以及教练课程对多人虚拟教练的关注仍然不够。这是可以理解的，因为团队教练和团体教练这两个术语在教练圈中才刚刚开始浮出水面。然而，随着科技的进步以及数字时代的到来，在某些情况下，人们期待，同时也要求有更多的虚拟选择。教练的培育者需要帮助教练掌握必要的技能，以便他们无论在面对面还是在虚拟情境下都能够教练团队。

我于2003年参加的教练课程提供了一系列的基础教练内容，但没有专门针对团队教练和团体教练的课程，也没有任何虚拟教练的内容。这也是普遍现象，大多数教练课程重点关注教练的核心要素。因为团队教练和团体教练没有被视为"核心"，自然也就不会总是出现在课程当中。作为一个教练团体，我们有必要创造机会让更多人意识到团队教练和虚拟教练技能的重要性。

对未来研究的启示

21位学习过虚拟团队教练和团体教练过程的受访者所提供的信息有助于我们理解商业人士为什么会选择学习虚拟团队教练和团体教练课程。这些信息有可能影响：

- 高管教练如何构建其虚拟团队教练课程；
- 商业人士如何利用虚拟团队教练来设定和实现与拓展业务相关的目标；
- 考虑到全球化的影响，引导师如何武装自己以具备能力引导虚拟团队；
- 个体的人际需求与团体归属如何影响个人成果；

- 个体的学习风格如何影响其在团队中学习的舒适程度。

这项研究有助于针对虚拟团队教练展开对话，同时也有助于明确成为一名有效的团队教练所需的特定胜任能力。

研究参与者当中有三名来自美国境外，他们在自己的国家学习了虚拟团队教练和团体教练课程。这项研究的范围可以扩展到包括与这些参与者的同事进行讨论，以获得他们对虚拟团队教练过程如何影响整体业务运营的看法。来自研究参与者的下属和/或重要他人的直接回应可以提供更多关于虚拟团队教练价值的见解。参与者是否因为参加了虚拟团队教练而改变了运作流程，他们是否变得更有洞察力，并因此对同事更具亲和力？

未来的另一项研究是研究人员将会在虚拟团队教练过程结束之后，与参与者保持较长一段时间的联系。这样做的目的是观察团队责任这一要素对维持行为改变起到了多大的作用。换言之，这样做的目的是看参与者是否恪守了自己的决策实践，特别是在周目标设定和取得成果方面。

其中11名参与者（52%）从未参加过虚拟团体教练。可以针对这些人开展一项纵向研究，以确定他们对教练的看法是否有任何变化，或者观察他们是否参加了另外一个教练过程，从而为他们未来需要改进的领域提供帮助。这一卓有成效的研究将为教练界提供更多有价值的信息。

还有另外一个研究方向，就是采用现象学的研究方法，更深入地观察这21名参与者的生活经验，具体而言，包括他们的生活空间（空间性）、身体（身体性）、人际关系（关系性）和时间（时间性）。所有这些都被考虑在内，因为人们在不同的情况下的"所见"是不同的。显然，在我进行的采访中，有些参与者不仅改变了他们的经营方式，而且改变了他们的生活方式。

1. 是否有任何参与者因为参加虚拟团体教练而改变了他们的决策过程（如设定每周业务目标）？
2. 在虚拟团体教练过程中，同侪问责对他们能够取得的成果有什么影响？

3. 如果这些参与者面对面参加了这个团体教练过程，结果和体验是否是相同的？

随着教练领域的发展，越来越多的学者希望研究教练。以上这些问题需要得到解答，以帮助一个新兴领域演变成为一个职业。

结　论

随着教练领域的蓬勃发展，最佳实践已经融入了实践标准之中。这些不断积累的知识有助于指导世界范围内的从业者，然而，我们仍有很多工作要做，还有很多研究要开展，在诸如虚拟团队教练等细分领域尤其如此。

在本章中，我们讨论了有效教练虚拟团队的必要胜任能力，包括知识、技能和能力几个不同的组成部分。随着我们针对教练有效性的必要条件和重要条件不断展开对话，教练领域将不断成熟和发展。与此同时，作为一门学科，教练以及相关的教练培训项目也将会得到加强。

第 22 章　造就团队教练

克里斯廷·桑顿

　　学习如何教练团队是一个潜移默化的过程。它不能被简化成一次性的培训体验，甚至也不是长期培训。当然，它也不能被视为能力认证的组成部分。我们学习运用自我，像演员入戏一般去思考和感受；即便在不利于思考的情况下，也依然有反思能力。

　　这个学习过程有两个阶段。在有效地与团队合作之前，我们首先必须学会基本技能，比如为团队创建支持性的场域。而介入团队的生命周期则更为复杂，还需要更多的能力。

　　本章的重点是学习如何成为一个高效能的团体实践者，包括以下内容：

- 与团体一起回顾学习和发展的主要过程。
- 讨论个人和专业发展的边界。
- 探讨如何创建场域这一重要技能。
- 团队实践所需的其他要素（本书第13章对此也有所提及）。

　　我们自身的学习过程都会反映在我们所教练的团队的学习过程中。阅读时请记住这一点，以便加深对复杂性的理解。

学习、差异与交流

　　生命伊始，当父母和婴儿"交谈"时，学习就已经在亲子关系中发生了。在我们的一生中，大部分的学习都是无师自通的、情感体验式的以及非语言式的，就和我们尚未学会说话时的学习方式一样。通过游戏，基于差异性的体验，归属感和接纳度会同时得到提升。我们周遭的事物都是经由语言来建构的，语言本身固然是非常重要的，但语言是后天习得的。

许多人天生合群。我们能很好地理解无意识沟通、非语言沟通。神经科学的发现表明，我们的大脑能够对他人做出反应，所以丹尼尔·戈尔曼（Daniel Goleman）将"情绪智力"扩展为"社会智力"。他认为，影响他人情绪和体验的能力对于杰出的领导者而言至关重要。

发展心理学家和精神分析师丹尼尔·斯特恩（Daniel Stern）谈到了"内隐认知"，也就是我们的"非符号、非语言的程序意识"：

> 我们一起用身体和心灵去感知。你可以理解一个团体正在经历着什么。我们的神经系统可以捕获他人的神经系统……我们感知彼此，体验着对方的世界，并且产生共鸣。团体成员的多维视角"放大"了这些未被注意到的信息的交流。

学习源于差异，因为差异承载着新的信息。"交流"是指在一个人的经历里，他遇到了新的、不同的或前所未知的事物。没有差异，就没有变化，也就没有发展。一旦我们接受了差异，惊喜也会随之而来。我们必须重新建构我们的世界以适应新的信息，否则就会把学习的机会拒之门外。

在团体中进行交流可以比一对一交流学到更多。在团体中可以有更多的学习机会；团体成员之间相互引发的思考比从教练那里所得到的更容易让人信服，并且基于多维角度进行现场碰撞也增强了精准反馈的可能性。

交流不仅是偶然的"啊哈"顿悟时刻："啊哈"顿悟时刻是一种以新的方式重组信息的体验，但这种体验不常有。交流是一个不断迭代的过程，人们在这个过程中获取新的信息、不同的观点，以及这些信息和观点的内涵；这个过程是持续性的，也是无形的。

团体能很好地支持学习，是因为随着时间的推移，成员之间加深了了解，并能迅速发现彼此不一致或矛盾之处；彼此都有着良好的愿望，并愿意承担风险：

这是一种接纳和给予，是的，有人助你一臂之力，你可能觉得有点尴尬，但实际上却挺有意思的。是的，这样挺好的。

更多的是作为团体的一分子，让我在本来可以轻易离开时选择坚持下去……更多的是体验成为这个团体一部分的过程，而非某个特定的时刻。

人们互相看着对方，每个人都咯咯地笑，但实际上这很有用，因为这才是你以后会回想起的情景。

语言固然重要，但重要的信息是通过前言语学习过程和情感协调来表达，从而丰富团体生活的。语言通常会经历一个漫长的过程，人们通过"内隐认知"来确认已经以非言语方式进行传递的反馈。

诺贝尔奖获得者丹尼尔·卡尼曼（Daniel Kahneman）认为，获得一项技能要有两个基本条件：

- 有规律的、可预测的环境；
- 有机会通过长期练习来学习这些规律。

提升实践者的直觉力取决于反馈的质量和即时性，以及有无足够的实践机会。成为团体的一员可以提升实践者的直觉力。

因此，成为贴心的团体成员并不是学习如何与团体合作的一种方法。可选择的方法包括团体分析培训计划、反思性个人发展小组和督导小组。成为团体的一员会使我们感觉良好。随着时间的推移，我们会增强信心并增强能力。个人教练只提供一个人的反馈，但是团体学习可以获得更广泛的认知和回应，可以通过更多媒体去了解问题的方方面面。每位成员对当下的情况都可以保留和反映不同的看法。这种"镜像"包括：发言者的无意识反应；他人在"故事"中的感受或反应；"正常"反应；情境反应。通过反思过程，不同的团体成员以一种现场式的、彼此感知的方式反映出情景的不同部分，情景在场域中变得生动起来。我们强调想法和感受，而我们一次又一次的对情感的感知蕴含着最深刻的学习。

培养专业技能的专家意见

唐纳德·舍恩（Donald Schön）提出了"反思性实践者"的概念。他说："当实践者展现他的专业技能时，他的直觉认知异常丰富，那是无法用语言来完整描述的。"我们很难分析经验丰富的实践者所运用的复杂技能组合，但是我们一见即知。

舍恩说我们最有可能在思维停滞时或是对自己的表现不满意的情况下进行反思，而这种反思有助于我们理解新的或不确定的情况。这种观点与以下观点相吻合：学习源于一种无法用过往经验预测的新体验。这恰好与比昂（Bion）的观点一致：思考与挫折息息相关。

塔蒂亚娜·巴克基洛娃（Tatiana Bachkirova）将教练的自我定位为实现教练成果的核心，并指出这"承认了教练过程的复杂性和不可预测性，并与教练的复杂适应性系统观点不谋而合"。

许多人天生就合群。如果我们"善于与团体打交道"，那么，我们是如何理解团体合作，又是如何以此为基础与团队进行创造性互动的呢？如果我们在与团体合作时感到焦虑，那么我们在与团队合作时如何才能更自信，并感觉轻松自如呢？和个人教练一样，答案在于运用自我，即与团队相协调的自我。

许多理论家都证明了学习的社会环境是不可或缺的。我们天生就是团体的组成部分，一个运作良好的团体可以给人一份深厚的安全感和幸福感。相反地，我们也非常担心不良的团体体验。我们在团体中的大多数反应都是自动化的，大多数时候都是下意识的。

学会与团体合作包括忘掉那些抑制我们的焦虑和防御。所有学习都是在社会环境中进行的，因此，学习在团体中自然而然地发生。事实上，赫芬顿（Huffington）认为，一对一教练的爆炸式增长源于在充满敌意的组织环境中与他人合作的复杂性和困难度。相比一对一教练，针对团队的实际情况，应对真实挑战的团队教练活动，对组织的帮助更加明显和直接。

与舍恩共事数十年的克里斯·阿吉里斯（Chris Argyris）为组织学习的研究

做出了巨大的贡献。他的论述之一就是提出了"信奉理论"与"运用理论"之间的差距，即我们所说的和所做的之间的差距，这一概念使得潜意识和无意识冲突这一提法得到了广泛接受。阿吉里斯的学生彼得·圣吉是这样描述阿吉里斯的：

> 在几分钟之内，我看到整个团队的敏感度和当下状态上升了10个等级——很大程度上不是因为阿吉里斯的个人魅力，而是由于他熟练地促进大家畅所欲言，然后进行总结归纳。所有人都关注到他们行为背后的模式，以及这些模式如何让他们不断陷入困境。

对比"信奉理论"，阿吉里斯强调"运用理论"的能力是他工作中学习和改变的动力，这本身也大致展现了什么是"运用理论"。学习的有效性源于缩小两者之间的差距。

像舍恩一样，拉尔夫·斯泰西（Ralph Stacey）对如何培养专业技能很感兴趣，他认为"遵循规则、程序和模型可以带来胜任的表现，但是熟练、专业的表现则需要超越规则、程序和模型"。斯泰西将复杂的专家实践者技能描述为"实际判断"："实际判断不是遵循规则的活动，而是模式识别的活动。"

斯泰西提出了"自反性实践者"的概念，认为自反性实践者超越了反思性实践者。作为一名团体分析师，对他而言，自反是不可避免的社会活动。

> 自反指出了我们不可能作为一个局外人来观察自身的经历，简单地说，因为我们总是和他人一起参与并创造体验……由于我们是相互依存的个体，因此，自反必须包括我们如何与其他参与者互动的思考，也需要关注和思考我们共同的经历，以及更广泛地了解我们所属的更大社群的经历……自反性实践不只是反思性实践，因为人们不仅仅是一起反思他们在做什么，更多的是探究他们如何看待他们当下所做的事情。

请注意，斯泰西不仅关注与在场的人互动，而且关注随着时间的推移在他们所处的更广泛的社群中的互动。不仅仅是个人的立场和责任，还有个体所处的环境，都是他的自反性概念不可或缺的一部分。

在成为团体分析师之前，斯泰西曾是一位复杂性理论家，而复杂性思维对于培养与团体合作的专业技能至关重要。福克斯认为，团体分析训练的关键在于让我们在一个团体中充分展现自我，并对丰富的可用数据持开放态度。

我们如何区分个人发展和专业发展

边界是复杂且相互渗透的。我们个人生活中的挑战也可能成为专业上的挑战。各种经历重叠交织。以下是一位实践者反思如何解决客户由于健康问题而导致缺勤的问题：

> 团体成员很快让我的注意力重新聚焦在自己身上，让我明白我真正焦虑的是对他人的依赖，哪怕只是很短的一段时间，也会让我感到气馁。对我来说，即使只是把这个问题说出来，我都觉得很"自私"。
>
> 一个半小时后，我可以从不同维度去理解——从家人和朋友的角度去理解，理解如果他们提供帮助而被"拒绝"会有什么感受。虽然有时候我不想要别人的帮助，但在那些日子里，我能够心怀感激地接受别人给予的帮助。我学会了说"是的，请"，而不是"别担心，我能搞定"。

如果你认为这个例子纯属个性化问题，那就大错特错了。教练的思维转变将扩展其可以为客户服务的范畴。

学习、创建场域和情感

个人或团体学习的基本条件是创建场域和促进交流，也可以理解为提供兼具安全性和挑战性的场域。我们大多数人都曾有过这样的经历，我们感觉足够安全，可以去尝试冒险，在任何学习过程的开端，关键任务就是建立一种接纳、信任和安全的氛围。这样可以更好地管理学习过程中固有的脆弱。为了安全有效地与团体合作，我们必须通过体验式学习和理论学习强化我们的内在能力。

场域是所有团体运转良好的基本条件，它在团体运转的一开始尤其重要。你现在的感觉怎么样？

> 你一开始管理团体时就要保持边界清晰……我能想到的最恰当的比喻就是像婴儿在母亲怀中——婴儿可以自由地活动身体，他知道母亲在保护他。因此，在某种程度上，你是在保护一个团体，让团体成员在清晰的边界内自如互动。
>
> 具体来讲，就是我了解了管理成员进出团队的重要性，也学会了识别团体内部发生的一些无意识互动。
>
> 我到现在仍然在消化我在周末所学到的东西并将其付诸实践。祝大家好运，谢谢你的专业、热情和友善。

优秀的场域构建是怎样的呢？首先，明确的边界与友好的欢迎和信心同样重要——这就像"安全的双手"。它包括：互相问候、有明确的任务指示、示范行为、参与团队的一切互动、表达情感，并鼓励将情感所蕴含的重要信息用言语表达出来。作为边界的守护者，为团体创建互动的良好场域会特别注重：

- 专注于运用自我；

- 妥善管理个人连接；
- 向成员们传达所有的情绪都是被允许和接纳的。

处理情绪问题时要保持中立，包括鼓励表达情绪和对情绪进行探索，要强调情绪与行动之间的区别，以及帮助成员将情绪与问题、新的信息及行动相关联。有些人错误地认为，在工作中我们必须保持冷静，不受我们的经历的影响："职业化"就意味着保持冷静。这会导致人们刻意忽略大量关于工作的有用信息，从而使他们自己无法找到创造性的方法来突破困境。大部分被隔离的情绪都是让人感觉不舒服的。因此，创建场域包括"容纳负面情绪"，让团体成员开始觉察，并且消化和整合这些情绪，从而使得团体成员能在他们的工作中运用更广泛的信息。

正是这种让情绪流动的情感体验使得人们能够"继续前行"。情感在团体中被放大，更容易显化，从而使事物发生转变，也能将工作中产生的情绪与因个人问题而产生的情绪加以区分。于是，我们就可以基于更全面的理解来决定是否采取行动。

> 我曾一直遵循一个想法：更好地利用我的个人技能和潜在的伙伴关系来开展更大的项目，也就是团队项目，于是我就有了当前的工作量，一个大项目（和三个合作伙伴一起运作）。我真的没想过能够成功……如果没有得到团体过程的支持并关注了成员的反馈，我不敢相信我居然可以去投标，因为我的直觉告诉我，我没有充分利用我所能获得的资源。这并不是什么新奇的事情，但是正是在这样的情况下，人们可以表达自己的想法，并让团体成员对其进行反思和评论，才使得这些想法得以被关注并实现。

成员们开始更加充分地了解他们的工作状况，并整合他们对工作挑战的感受和想法，从而使他们更自由地采取行动；他们说这个过程是让他们变得更自信和更高效的关键。

创建场域不是一个侵入性的过程。它需要自我约束，静观团队能够做什么，而不是太快地跳进去为其提供帮助。以下是三个人分别谈论他们从团体教练中学到的：

在提问之前，我默数到二，因为我知道我的思维太快了……慢下来很重要，这样其他人才有机会。

我能更好地控制自己，避免不假思索地直接介入。虽然结果没有我预期的那么好，但已经好多了。

少说话、少指挥。在静默中变得更自在。

自我约束至关重要。它能让团体成员变得更加活跃、更有信心并且感觉"安全"。"接纳是关键。"因此，团体满足成员需求和接纳成员情绪的能力不断得到提升。为了能够提供这种安全感，我们必须亲自体验。

我们在团体中才能成为最真实的自己，这似乎是一个悖论。我们觉察到他人对我们有不同的感受，他们会嘲笑不同的事情，但这没有好坏对错。正是我们的差异定义了我们的个性。在一个接纳包容的团体中，个体敢于自我暴露，不怕面对打击，也能主动选择改变。

得到关于我是如何向世界展现自己的反馈，以及听到别人说我现在已经完全变了个人，让我觉得有趣又惊讶。

我肯定我已经被同化太多了，但是被同化得太好了，以至于很难列举具体的例子。团体成员们告诉我他们如何看我，这非常有帮助。总体而言，我学会了更自主地反思，在事情的进展不如预期时花时间进行反思。我能更好地在主观立场和客观立场之间做出选择，并从不同的角度看待事物。技能不断提升也与我广泛阅读以及持续进修有关。总之，我正在尝试与情绪和思想建立更多连接，并对此少做一些干预。

与团体合作并将团体专业知识应用于团队

与团体合作时，我们必须能够忍受焦虑，迅速行动，调节压力。必要时，要勇敢地干预，而在团体可以自运转时要避免采取行动。我们要看到并接受我们自己和团体的局限性。这涉及心理反应以及对他人的好奇心和热情，这两者都是最容易在团体中培养的。

创建团体场域意味着容纳比一对一教练更激烈的观点以及更复杂的情感。与团队合作时，这些压力会倍增，因为我们也决定着更广泛的系统对团队的影响，包括组织成员承受的所有压力和"运用理论"，尤其是潜意识部分。

要与团队合作，我们需要丰富的团体经验，掌握相关理论以及具备更多的能力：了解并融入团队的环境；灵活应变，与团队领导者建立有效的工作联盟；包容领导者、团队、组织、任务以及职位的角色模糊性，并创造性地与之工作。要想与团队有效地合作，就必须具备团体技能和商业智慧。

与团队合作需要教练融入团队的情境，而团队的情境涉及了一系列组织、行业和社会因素。了解系统理论和复杂性理论，以及理解并谈论潜意识过程的方式是必不可少的，例如阿吉里斯所说的"秘而不宣事项"。为了能够与团队合作，我们还必须在团队里体验我们是如何感受这些过程的。尽管团队"工具"可能有用，但是它们都不能充分体现任何错综复杂的团队情境。

我们要有职业道德，要对干预措施的广泛影响深思熟虑。没有教练可以与所有类型的组织合作：我们需要与客户在价值观上保持一致，让我们能够暂时融入客户的世界里，支持变革过程，同时具备挑战的能力。我们总是致力于管理组织的"边界"，做到进退有度、收放自如。

最后，我们要谦卑

我们不可能拥有全部的答案。即使是经验丰富的团队教练也会"犯错"。

卡尼曼将主观信心与实际表现进行了对比："人们的主观信心无法成为其有效性的可靠指南。"这也提醒我们，真正的专家是知道自己的局限性的。

在许多组织中，组织环境"不利于思考"，因此我们必须和经验丰富的同事一起思考。督导是关键，尤其是在团体教练中。任何有经验的团队教练实践者都会告诉你，工作环境对成功有着很大的影响，甚至影响到如何定义成功。专业技能是可以培养的，但我们应该记住，我们的影响是有限的。最终，为了持续精通团队教练和获得"全方位"视角，我们需要不断积累团体经验。

第23章　督导团队教练：保持距离地与复杂性共舞

艾莉森·霍奇，大卫·克拉特巴克

一对一教练转型成为团队教练需要大幅度增进教练技能、提升信心以及增强处理动态复杂性的能力。因此，和督导一对一支持客户的教练相比，督导团队教练需要相应地提升督导师的技能和知识水平。然而，除了我们专门为了支持本章内容对团队教练及其督导师进行的一项调查研究，我们几乎没有实证来支持这一假设。

在本章中，我们将从背景、过程、角色、方法、模型、内容（教练带进督导会谈的问题）和督导能力等方面来探讨团队教练督导。我们也开始将这一新兴主题领域的研究提上议事日程。

背　景

本书的其他章节探讨了团队教练与其他干预措施之间的细微差别（通常它们是有部分重叠的），例如团队建设和过程咨询之间的细微差别。就我们的目的而言，我们将以下干预视为团队教练：采用教练式对话，目的是提高团队对其内部动力和周围环境的觉察；与整个团队一起工作，而不是单独教练每个人；由外部教练（或多个教练一起合作）进行干预，而不是由直线经理试图教练自己所领导的团队。我们不希望以任何方式低估不符合这一定义的方法，以上陈述仅仅是为接下来的讨论确立一些明确的定义。

我们在自己的督导实践中注意到，经验丰富的教练带进督导会谈的议题越来越多地包括了与他们合作的团队相关的案例。一些教练开始有意识地将他们的业务范围从一对一教练扩展到团队教练；另一些教练则发现自己是无意之中转型的，因为高管客户对他们所接受的个人教练感到满意时，就会希望将部分教练过程应用于他们的团队。

对于能够自我觉察的新手团队教练来说，这就好比从玩两个球转变为玩六个球。一对一教练的督导会针对教练的需求在一定程度上主导会谈过程。督导师帮助他们学会接纳，允许对话自然地发生，不期望总是能找到解决方案。在团队教练过程中，事情失控的可能性要大得多，因为团队作为一个社会系统是复杂的，而教练试图维护控制权（基本上是不可能的，而且会严重伤害教练这个角色）的本能相应地变得强烈起来。毫不夸张地说，我们在督导实践中遇到的每位团队教练，都在早期的团队教练实践中摸爬滚打，以致伤痕累累过。所有教练带进督导会谈的案例都需要形成性对话（我如何更快地了解我需要知道的东西？）、规范性对话（我有可能造成什么损害？）和恢复性对话（我能胜任这个要求很高的角色吗？当团队抵制变革时，我如何恢复自己的信心？）。

过　程

团队教练过程有几种模型，但是这些模型并不总是能够很清楚地区分教练任务和教练对话。作为团队教练督导师，我们发现只要稍加区分，通常就足以解决教练带来的一些问题。为了简单起见，我们选择了一个整合了两者的模型，如表 23.1 所示。督导师可以处理这些过程中的任何一个步骤以及任何步骤组合。让我们依次介绍一下。

表 23.1　团队教练过程和团队教练对话

团队教练过程	团队教练对话
1. 前期准备：了解团队和团队所处的环境 2. 确定范围和合约：确定合理的工作范围以及如何开展工作 3. 过程技能发展：帮助团队学会如何被教练 4. 教练对话 5. 过程复盘：回顾期望和合约 6. 过程迁移：团队学会自我教练 7. 成果复盘：团队教练过后有什么发生了改变	1. 合约：我们对彼此负有什么责任 2. 中心目标 3. 定义问题：为什么它现在很重要 4. 背景：了解系统 5. 重新定义问题 6. 寻求个人和集体的思维转变 7. 未来可替代的方法 8. 决策，包括决定不做决策 9. 重新确定合约

大多数团队教练都可以讲述一两个故事，这些故事是关于他们了解到最初的团队画像是如何暗藏着对教练任务不利的因素的。一条经验法则就是，在探索性访谈中，了解团队及其背景所花的时间至少应该与团队教练交付所花费的时间是一样的。教练应该与他们的督导师讨论，以确认是否要坚持做好这些准备工作，以及如何收集他们需要的信息。

合约显然是教练任务和教练对话的基石。从我们自己的经验来看，团队教练所带来的需要督导的绝大多数问题在某种程度上都是由于合约失败而导致的。部分问题是因为团队教练有多个合约，其中包括：

- 与发起人确定的合约（如果有合约的话）；
- 与团队成员个人以及团队集体确定的合约；
- 与团队领导者确定的合约；
- 与合作教练的合约，因为两个教练一起进行团队教练的情况越来越多了；
- 教练给自己订立的合约——教练需要清楚自己准备付出多少、为团队的进步应该承担多大责任、如何照顾好自己等。

当以上合约中的任何一个被忽视或者与另一个合约发生冲突时，我们就很容易掉进陷阱。

更为复杂的是，还存在着显性或隐性合约（或两者同时存在）：

- 在团队领导者和团队之间；
- 在团队领导者和发起人之间；
- 团队成员彼此之间（包括团队中正式的和非正式的小团体）。

在团队中创建预定目标，督促团队对自己的学习和教练过程负责，这是合约的一部分。但是，让团队最大限度地利用教练机会掌握所需的技能，通常需要教练付出额外的努力。习惯于引导角色的教练会在这种关系的早期权力转移中挣扎。

有效的教练对话可以平衡结构（广泛而有目的的框架）和过程（当问题、想法、洞见出现时予以干预）。当会议有多个议程时，在不加以控制的情况下进行对话是一个重大的挑战，这是团队教练和督导师需要重点检视的部分。

对于团队教练来说，知道何时重新签订合约似乎是一项核心能力，管理好将教练过程向团队本身的逐步移交也是一项核心能力。两者都会给团队教练带来许多难题，团队教练会与督导师一起探索这些难题。

最后，在成果复盘阶段，督导的常见问题包括如何接受那些预期之外的成果，以及如何确定更重要、更长期的成果。虽然发起人可能倾向于将重点放在有形的、可衡量的短期成果上，但团队能力提升和团队关系的长期改善可能是衡量团队教练有效性的更确切的指标。

角 色

团队教练督导中有三个重要角色——督导师、教练和督导过程本身。正如我们的调查所显示的，团队教练会出于各种原因来寻求督导。团队教练致力寻找挑战和机会，以获得如何与系统共舞的新觉察和新想法。同时，团队教练希望督导师提供洞见，使他们能够厘清在实际教练任务层面，以及团队动力和团队关系的心理层面可能发生的事情。督导师在这方面也扮演着同样重要的角色，他们能够帮助教练识别在教练和团队之间，以及团队成员之间可能出现的平行过程。

我们已经明确的是，鉴于团队教练任务中不断涌现的需求和挑战，教练需要寻求督导来建立信心，以应对教练工作中持续出现的问题。同样地，团队教练也会发现督导空间为他们提供了一个容器，他们可以下载、反思以及更新自己在团队教练过程中运用的方法。这就可能包括从具有专业资质的督导师那里获得反馈，而不仅仅是向系统内的客户寻求反馈。

督导师的基本职责是为教练的这些需求提供支持，以及拓展教练的视野，这样，他们就能解决连他们自己都不知道的问题。因此，督导师需要满足督导的形成性、规范性和恢复性意图。

教练或被督导者要在教练对话之前、对话过程中以及对话之后进行反思，这样，他们就能获得更深刻的见解。他们要清楚地知道自己想要从督导师那里获得什么、为什么想获得那些以及自我觉察和自我挑战的意愿。教练也要管理他们自己与督导师之间的关系系统。督导关系还能替代其他什么角色？

模型和方法

到目前为止，督导团队教练还没有一个明确的模型。督导师倾向于套用督导一对一教练的现有模型来督导团队教练。在本节中，我们将探讨一些最常用的模型，以及它们如何应用于督导团队教练，或是为了适应团队情境，对模型进行了哪些调整。

团队教练的复杂环境为我们打开了几个关键视角，其中三个尤为突出：团队的内部系统；团队成员个人与教练之间的关系；领导者与教练的关系（见表23.2）。

表 23.2　团队教练中共存的多种关系

团队的内部系统	团队的绩效在很大程度上取决于成员之间的互动方式。沟通过程、完成任务的过程和关系都会对此产生影响。非正式的系统和过程可能比正式的更为重要
团队成员个人与教练之间的关系	各团队成员与团队教练之间存在着多种相互矛盾的关系，诸如保密性之类的问题可能难以管理
领导者与教练之间的关系	与团队领导者的特殊关系会破坏团队教练的过程；然而，获得团队领导者的支持很重要

当团队成员本身也是层级式或矩阵式组织中其他团队的成员时，千变万化的情境就更加复杂了。

克拉特巴克的七种对话模型可以让我们反思一对一教练中的公开对话和秘密对话：

- 教练会谈之前的客户内在对话；
- 教练会谈之前的教练内在对话；
- 教练会谈过程中的客户内在对话；
- 教练会谈的内容（公开的）；
- 教练会谈过程中的教练内在对话；
- 客户的后续反思；
- 教练的后续反思。

在这里我们可以看到，大多数问题可能不会出现在会谈内容中，而是隐藏在未说出口的内在对话当中，从而影响了双方的心理契约和人际关系。

在团队教练情境中，所有的一切又一次变得更加复杂。团体过程证实了那些团队没有谈及的内容可能比他们已经谈论到的内容对团队绩效和氛围有着更大的影响。在团队教练之前，各团队成员之间的私人内在对话可能与团体过程和自我暴露的广泛恐惧有关。"让我们保持理智和抽离"这样的话是很少能大声说出来的！可能只要有一个人说出几个团队成员的心里话，就会有利于或者不利于在情绪和语气上产生突然和彻底的转变。

七眼模型是教练督导中最常用的一种模型。该模型使督导师和被督导者可以通过七个不同的视角，对一对一教练任务中的教练、客户和干预措施进行探索，同时也关注到教练过程中大环境的影响，以及所有这些因素可能对教练任务产生的影响。

在教练督导中会采用的、能够有效支持督导的、来自更广泛领域的其他模型包括：

- 六步模型，为团队教练任务管理过程中的步骤提供了明确的指南。它反过来又可以为教练和督导师提供一个共享的过滤器。
- 全谱模型，其核心是关系、能量和"无意识"平行过程的运用。这一模型使教练和督导师都可以考虑和探索团队教练情境中共存的多层关系。该模型使得督导师更有必要熟练掌握心理学、能量管理和平行过程，并关注成人学习所需的条件。全谱模型的核心方法是动态的、系统的、认知的和省思的。
- 系统排列督导，帮助教练了解超越团队成员个体的更大的画面，以及更广泛的系统和多个利益相关者如何影响团队中正在发生的事情。
- 督导三支柱，帮助督导师创造核心条件和安全空间。教练可以将客户系统中可能发生的事情的复杂性、时而产生的混乱性和不可预测性带入其中。这有助于教练通过反思自己和督导工作来学习和发展。
- 系统模型，强调了督导任务，例如在组织和社会环境里签订的合约和教学内容，以实现督导的总体目的，使教练得以发展和改变。

根据我们的研究，关于督导方法，团队教练们正在调用各种资源，没有哪一种特定的方法是占据主导地位的。有些人进行一对一的督导，而另一些人则发现，团体督导（包括与同侪一起督导）更为有效，因为它不仅能让教练从多个角度受益，而且可以探索他们自己在团体中的存在过程。通过在督导过程中获得的洞见，他们发展了在客户的组织环境中有效运作的能力和潜力。

鉴于团队教练这项工作的复杂性和高要求，团队教练们可能需要考虑其他形式的专业支持，例如团体治疗、行动学习或团体分析。这些专业支持都提供了一个让团队教练得以探索自己在团体中的各种关系，从而意识到自己在团体环境中的模式和反应的场合。

内　容

团队教练们发现，督导在支持他们开展团队教练工作方面起着至关重要的作用。这可以从团队教练带进督导会谈的一系列问题中看出来，这些问题在调查中得到了确认。我们也从自己的实践经验中补充了一些案例来加以说明。

- 教练因客户系统中正在发生或尚未发生的事情，以及团队似乎没有做出改变而感到困扰或者有压力；
- 对于已经宣告和/或预期的变革，被教练团队中的个人和集体承诺以及能力；
- 项目的不可预测性，特别是团队内部的关系，和/或团队成员、发起人（通常是首席执行官）之间的关系，以及教练团成员之间的关系；
- 在适当的条件下共创一种微妙的平衡，使团队成员能够进行自我暴露，并使参与者在此过程中通过持续的干预而确切地看到更好的结果和变化；
- 团队所处的更广泛的系统（例如大型组织通常遍布全球，具有不同的文化，涉及国际经济或政治）的影响，可能会抑制或破坏被教练团队正在寻求的变革；
- 某些可能导致需要回顾项目目标和/或设计的合约问题；
- 考虑到系统的复杂性，对可能发生的事情的各种可能的诠释进行探索，从而确定合理的干预措施，而不是拘泥于一种方法；
- 探索并化解团队中任何有害或"功能失调"的关系，特别是在可能会导致彻底失去团队信任的情况下；
- 当教练试图影响团队，或为团队和工作做出贡献和增加价值时，随之而产生的无力感、挫败感。

除此之外，还有一种现象，被称为"平行过程"。督导师与被督导者的督导过程和关系在两个层面上提供了重要信息：督导关系本身可以对客户系统中正在发生的事情提供洞察，从而使教练能够计划如何对他们的客户进行干预；通过对督导关系的观察、效仿和反馈，教练将这种觉察和这些行为融入他们的客户关系中，这反过来又会影响客户与教练的互动方式。

教练对这些行为以及教练状态的效仿能力，对于团体的安全感、投入度和参与度极其重要，可以促使团队成员之间建立更好的关系，开展生成性对话，以确保完成任务。

督导能力

一些专业教练机构已经在致力研究团队教练所需的具体能力，而且专业高管教练和督导协会（APECS）已经建立了有关的标准。

根据我们的研究、团队教练的反馈意见以及我们自己的经验，显而易见的是，督导师需要广泛的知识和经验，包括：

- 一对一教练和团队教练方面的经验和专业知识；
- 较强的学术或心理学背景；
- 督导的专业资格（不一定是教练督导）；
- 很强的团体过程和团体引导方面的专业基础；
- 在团队中工作以及领导团队的实际经验；
- 理解组织结构，包括理解跨文化组织结构和远程组织结构；
- 了解团队教练的范围以及如何将其扩展到人力资源、财务、信息技术、学习与发展、组织发展和任何其他企业核心职能。

桑顿探讨了督导师的一些关键优势以及所面临的陷阱，对团队教练的团体督导以及后续所需的技能和资源有着促进的作用。她的论述也支持了我们的发现。

在我们的研究中，督导师承认他们面临着一些和团队教练相同的挑战，例如客户系统的复杂性、客户团队的心理动力以及教练本身不要陷入平行过程。

他们认识到处在客户系统之外的必要性和重要性，这样可以帮助教练获得新的洞察和视角，从而使他们能够从团队动力（例如投射和移情）中解脱出来。

考虑到这些因素，督导师面临的一些挑战包括：

1. 就督导的现实期望达成一致：
- 懂得督导对教练的重要性和意义。
- 为督导分配足够的时间。有时，教练期望在45分钟或一个小时内探讨这些复杂的案例，但这往往不足以探究和揭示教练任务在不同阶段可能发生的情况。
- 确保督导师拥有足够的经验和/或理解团队教练本身。
- 清晰定义团队教练能力，以支持团队教练的持续成长。
- 理解系统和团体动力学。

2. 理解复杂性以及不同层次的有意识和无意识偏见：
- 保持临在，以应对所呈现的复杂情况。
- 亲身经历过在不同环境下与团队或团体（例如政府部门、非营利机构、商业组织、企业等）合作所面临的各种挑战。
- 在团队发展的各个阶段，平衡教练的自我意识和对经验的需求。

3. 把握督导边界：
- 督导团队教练，而不是"教练团队"。
- 对整个系统保持足够广泛的了解。
- 不偏离教练督导的目的，而是转向更广泛的视角，例如项目管理。
- 全然关注当下，不陷入团队系统的复杂性。
- 把注意力集中在整个团队上，而不是集中在任何一个特定的团队成员身上。

- 当承接团队教练任务的教练不具备丰富的团体经验时，为他们提供指导。
- 确保有足够的时间进行有效督导。
- 表达同理心时，不介入客户的故事。
- 当他们怀疑自己的能力时，提供持续的支持和鼓励，并辅导他们达到更高的水平。

我们在调查中最常见到的主题是，与一对一的教练关系相比，团队教练要复杂得多。督导师必须能够以全系统视角（而不是体系化的视角）来看待多重关系和复杂的团体动力。即使已经邀请了相关人员介入，团体对善意的"干扰"仍然会产生非常敏感的免疫反应。督导师需要能够感知熟悉的模式，例如当团队无意识地期望教练成为权威人物时，他们就可以把责任推给教练。集体行为理论的基础知识在这里是很有价值的，但根据我们的调查对象反馈，最重要的是具备团队教练或团队引导的丰富经验。

研究议程

我们将最初的调查描述为四元研究，因为它采用了非常广泛和浅显的视角。这项调查采用在线调查的形式，这样就可以沉淀一些基础信息，未来可以在此基础上进行更具体的研究。

这项调查通过不同的网络在全球范围内进行了传播，既有一般性的教练网络和教练督导网络，也有特定的网络，包括教练督导协会（Association of Coaching Supervisors）和团队教练地带（Team Coaching Zone）。共有 55 位受访者，包括 32 位团队教练、23 位团队教练督导师，其中有 20 人在不同情境下具有双重身份。该调查包括两部分：一部分针对团队教练，另一部分针对团队教练督导师。我们使用主题分析对统计数据进行整理和分析。

此类研究的重点在于确定进行更深层次的探索主题，所采用的研究方法能够支持对特定主题进行更高水平的定性和定量研究。我们建议的主题如下：

- 团队教练的核心能力是什么？这些能力是否会随环境的变化而变化？如果是，环境如何影响所需的能力？
- 对于个人教练督导师和/或想要成为团队教练督导师的团队教练来说，持续而有效的发展阶梯是什么？
- 当团队教练督导比一对一教练的督导离行动层面更远时，团队教练督导师如何发展对多个系统的充分认知？
- 与一对一教练的督导相比，团队教练督导的结构和过程有什么不同（如果有的话）？二者之间的差异又会产生什么实际影响？
- 团队教练如何决定将哪些问题带进督导会谈？如果有的话，分析工具的作用是什么？
- 团队教练过程中会出现哪些道德问题？督导师在这方面的作用是什么？
- 团队教练督导的模型是什么样的？如何才能最好地发展这种模型？

结　论

鉴于近来团队教练已经成为教练领域公认的学科，而相关的循证研究相对匮乏，团队教练督导会被视为新兴而非成熟的事物，这一点也就不足为奇了。督导团队教练的复杂性大大增加，这既是挑战，也是一个重大机遇。当教练踏上了学习督导的旅程，教练也就为自己打开了一扇理解更为复杂的世界的大门，这种对于复杂性的理解可以提升他们自身的教练实践水平。同样地，我们推断（根据我们自己的经验和非正式访谈），当习惯于与一对一教练一起工作的督导师学成后去督导团队教练时，也会发生类似的转变。随着我们更深入地理解复杂性，我们的意识得以扩展，我们也会因此变得更加接纳我们此前所不知道的！

第 24 章　团队教练中的行动、反思和学习

钱丹娜·桑亚尔，戴维·E. 格雷

本章的目的是检验教练在支持团队或团体进行反思、学习以及采取行动的过程中所发挥的作用。本章将首先探讨教练或顾问在学习团体中的作用，例如在行动学习场景中，教练的作用是提出问题，鼓励团队对当下的场景进行思考并反思。而团队教练与团队合作，以绩效和过程相结合的方式实现共同的团队目标，这与行动学习教练所起的作用相比还是有些不同的。本章还将探讨以上两种干预措施都将学习视为一种社会过程这一观念，以及教练在支持反思和对话以获得新的见解这一过程中的作用。因此，本章的目的之一是加深理解行动学习与团队教练两者之间的区别和共同之处。需要注意的是，由于行动学习引导者通常被称为"教练"，这一术语在这里与团队教练互换使用。本章稍后将介绍这两种干预措施之间的区别。

团体学习

关于团体促进个人学习和改变的过程，人们虽然开展了广泛的讨论，但仍知之甚少。团体学习的原因和方式可以追溯到人类生命的起源，人类为了生存、安全和福祉而成为团体的一部分才能得以存活。因此，我们能够很好地理解团体中的非意识、非语言交流，而且我们的大多数反应都是自动发生的。斯特恩将"非符号、非语言的程序性意识"定义为内隐认知，这使得我们能够"同时在身体中感受，在头脑中感知"。他认为我们的"神经系统的构造就是为了被其他人的神经系统所捕获……我们对彼此的经历产生共鸣，并参与到彼此的经历当中"。

当个体成员的多元观点在团体中得以分享，之前未被察觉到的知识被注入

意识领域，这为团体成员提供了更深入地学习体验的机会。因此，在人际交往领域，团体学习比其他职业发展方式都更为重要。从这个角度来看，可以确定的是，诸如团队教练活动这样的团体学习机会，通过支持团队最大限度地利用集体才智和资源来完成团队任务，还有行动学习，能够支持个人反思自己的工作，从而解决问题并获得新的见解，为团体成员提供更大的感知和回应空间。

不过，为确保在团队教练和行动学习场景中开展有效的团体学习，需要有一位资深的团队教练或引导师。在这些团体交流中，个体的看法总是会受到个体过往经历的影响，有时甚至会被曲解。此外，信息内容还可能包含关于此人及其感受的某些提示。有时候，个体会投射出自己积极的一面，而在另外一些时候，投射会成为一种防御机制，人们会无意识地将自己不喜欢的部分归因于他人。无论是正面的还是负面的投射，它都会降低自我觉察。当这些投射出现的时候，引导师和团队教练就可以予以干预，从而实现团体学习最大化。然而，并非所有团体过程都是一样的，团队教练或引导师在其中的作用也不尽相同。接下来，在讨论团队教练这一新事物之前，我们先探讨一下行动学习的团体过程，以及教练 / 引导师在其中发挥的作用。

行动学习与教练的作用

行动学习是一种由个体组成的小团体通过持续会面解决实际问题，实现个人和组织发展的方法。行动学习最初是由雷文斯（Revans）为培养管理者而特别开发的一种方法。它把学习视为一种社会过程，在这个过程中，面临复杂问题的管理者通过与他人一起学习、向他人学习，获得最好的学习效果。行动学习也是一个在同伴既支持又挑战的环境下，反思自己的工作以获得新的洞见以及解决实际业务问题的过程。学习和行动兼顾是行动学习文献中经常讨论的挑战之一。对雷文斯而言，两者密不可分，正如他所指出的："没有学习就没有行动，没有行动也就不会有学习。"奥尼尔（O'Neil）和马斯克（Marsick）以及佩德勒（Pedler）等人也同样强调了这种平衡性，认为行动学习能够让参与者从工作项目或解决组织实际问题的经历中有所收获。

最近，伦纳德（Leonard）在说明行动学习中行动、学习与解决方案之间的关系时，主张行动学习的首要目的应该是为复杂、关键和紧迫的问题寻求有效和创造性的解决方案。索福（Sofo）、约（Yeo）和维拉芬（Villafane）也证实了行动学习旨在通过劣构的和复杂的问题来促进双环学习。这种问题在组织环境中很常见，随之产生的学习方式通常是一种行动的先兆，该行动对学习者及其环境都会产生影响。

传统的行动学习模型描述的是引导师在支持团体过程中的作用，现代的版本则讨论了教练的作用。行动学习教练帮助团体成员更好更快地完成任务。教练还敏锐且明确地确定了教练活动的结构、规则和节奏。奥尼尔和马斯克大力宣扬行动学习教练的作用，从而促使参与者挑战自己的思维和行为的假设及模式，并质疑自己的实践方法。

因此，行动学习教练首要关注的不是教学或提供专家观点，而是创造条件，使参与者可以通过他们的项目或从彼此身上加以学习。在与团体合作的过程中，教练主要是提出问题，而不是给出答案。教练在以下这些方面也发挥着重要作用：创造从批判性反思中学习的机会，鼓励其他行动学习者并为其赋能，让他们参与社交学习过程以解决问题。例如，当行动学习被用作领导力发展的一种方式时，因为行动学习教练并非团体中的一员，而是来自组织之外，所以他不会受制于组织规范，也不受办公室政治问题的约束，可以更从容地从局外人的角度提出问题。凯西强调教练需要挑战团体成员，以帮助他们改变思维方式。因此，教练为艰难对话创建场域是促进被教练者学习的不可或缺的能力。

但是，参与者需要有足够的信任度，才会觉得自己可以去冒险，例如暴露个人信息，质疑自己和团体中的其他人，进行反思并挑战组织，如此，学习才会发生。行动学习教练确保成员之间平等，遵循兼顾过程和结果的效率与问责机制。教练不是提供课堂式问题解决或干预方式的老师或培训经理，也不是对产能和效率负责的工作主管。相反，理想的教练人选是独立的，他能够指引团体成员学习、倾听、运用同理心、识别和挑战假设、批判性地反思、重构问题、有效地接受和提供反馈。

行动学习教练还需要帮助成员专注于他们所取得的成就、遇到的困难，以及正在进行的团体过程及其背后的含义。没有教练的帮助，所有这些都只能依赖于团体成员偶然或意外地应用过程技能。索福、约和维拉芬认为，行动学习教练应该对内外部环境保持敏感，并留出时间让团体成员也了解内外部环境。由此，教练帮助团体成员反思他们作为个人、团队和组织可能达到的绩效和解决问题的水平。

总体而言，行动学习教练与团体的互动，是为了将思维拓展到更深层次，通过自身的体验和批判性反思获得自我发现。里格（Rigg）提出了她所说的引导师的"双语能力"，并主张在过程引导与专家引导之间取得转换平衡是很有价值的："从某种意义上说，引导师，特别是在其身处公共部门时，既要讲公共政策语言，又要讲学习发展语言。"对里格而言，作为一名引导师或教练，其终极价值是能够熟练地综合运用这两种相伴相生的能力，尽可能地"获得对与其合作的组织或系统的更广泛的认知"。因此，在实践中，对复杂情绪、无意识过程的质疑性洞察，挑战现有权力并发挥积极的引导作用，是批判性行动学习的一个基本要求。雷诺兹（Reynolds）还通过关注质疑假设，关注社会过程而非个人，特别关注对权力关系的分析，以及摆脱束缚，将批判性反思与其他形式的反思加以区分。所以，引导所发挥的作用是区别的关键之所在，特别是对批判性行动学习而言，它更加重视专家型引导师或教练的作用。

教练在团队教练活动中的作用

团队教练是当今教练领域中一种日益增长的服务，也是发展趋势。它被定义为支持团队最大限度地利用其集体才智和资源，以有效地完成团队工作的一种全面而系统的方法。正如格雷、贾维（Garvey）和兰斯（Lance）所述，组织中的团队教练通常能解决以下问题：

- 就组织战略达成共识并获得承诺；
- 增进团队内和团队间的沟通；
- 解决冲突；
- 向上、横向和向下管理沟通、信息和期望。

一如行动学习，教练在团队教练活动中的作用是至关重要的。雷迪（Reddy）将此作用定义为"帮助团队有效地实现议定的目标，对团队正在进行的事件和动力进行合理且有目的的干预"。哈克曼和瓦格曼也将重点放在团队任务上，并认为团队教练能够实现与团队的直接互动，帮助成员在完成团队工作的过程中协调地、适当地运用他们的集体资源。霍金斯赞同这一观点，他认为团队教练与整个团队合作，通过与关键利益相关者群体的互动，提升了集体绩效。

另外，克拉特巴克将团队教练定义为"通过反思和对话，帮助团队提升绩效以及实现绩效的过程"。基于这一观点，团队教练在团队中的作用尤为突出，有助于提升团队思考的质量，而非带领团队实现某一具体目标。教练帮助团队培养技能和能力，以利用自有资源应对新的挑战。他指出了团队教练和引导两者之间的一个明显差异：引导为团队创造一个对话的空间（如在行动学习中），而团队教练则需要额外的评估、反馈、咨询性指导，并且聚焦于团队绩效。克拉特巴克以一种包容和平衡的方式，解决了团队教练应该专注于关系还是结构的冲突，并认为在为绩效目标服务时运用关系因素，是团队教练应该遵循的一个明智的宗旨。

这些定义表明，团队教练活动的目的是持续地支持和帮助团队成员。因此，团队教练活动需要获得机会延续与巩固过往的学习。这里的独特之处在于关系是多重的。每位团队成员可以与教练、其他团队成员或整个团队建立联系。这增加了学习的选择、机会和可能性。

但是，这些定义也强调了团队教练的重点可能会有所不同，例如利用团队的集体资源完成团队任务，通过反思和对话提升个人和团队的绩效，学习与发展新技能和能力。由于教练的目的可能会有所不同，教练的作用和任务亦不尽相同。

团队教练与行动学习：比较分析

总体而言，团队教练和行动学习都是基于关系的发展性过程。通常，两者都长达数月，以支持学习在实践中的巩固与整合。所以，行动学习和团队教练有一些相同的核心主题。

行动学习与团队教练的相似之处

1. 建立学习环境与信任关系。在这两种干预措施中，教练的作用是与团队成员以及在成员之间建立和保持信任关系，建立一种相互尊重、相互信任、自由表达的理想环境。为了实现以上目标，教练需要保持政治中立，以无条件地积极对待成员，通过提问和反思促使他们发现自己的假设、识别自己的模式并创造新的回应方式。因此，在两种干预措施中，教练的个人素质、知识、经验和技能对于创造学习环境至关重要。当然，在团队教练和行动学习过程中，与团队其他成员的关系也非常重要。

2. 促进学习与行动。在这两种干预措施中，教练主要关注的是通过提问、反思和行动创建一个支持学习的过程。瓦阿特斯（Vaartjes）提到"刻意的行动"：为实现特定目的或结果而确定并采取的可靠的行动。格兰特（Grant）强调了行动取向，将其作为教练心理学的基础之一。惠特沃斯（Withworth）等人主张持续的变化源于"行动和学习的持续循环"，而行动是教练目的的核心，因为这是客户为获得预期成果而持续努力的机制。在行动学习中，只有采取行动，真正的学习才有可能发生。教练必须通过对质、挑战、质疑和赞扬来干预参与者的学习。提问的目的不是寻找答案，而是通过一个有意识的连接和意义建构的过程来鼓励更深入的反思，以提高对内隐假设的觉察，并让隐性知识外显。

3. 培养改变的能力。瓦阿特斯（Vaartjes）认为，教练和行动学习在底层模式上有相似之处，因为两者都是基于人类有能力自我改变这样一种信念。这意味着在团队教练和行动学习过程中，个体拥有与生俱来的改变的能力，而个体探究自身的成长历程和社会认知的过程，以及支持个体去体验不同成长经历的过程，可以促进这种改变。教练显然对过程的有效性负责，但是，取得成果的责任是行动学习团体的成员或团队成员的。通过这种方式，个体可以积极地去创造不一样的（个人偏好的）现实。教练通过增强团队实现预期成果的能力、承诺以及让团队更多地采取有目的的行动来支持改变的发生。

因此，团队教练和行动学习在基本特征、范式和实践方法方面有着很强的相似性。两种干预措施都可以应用于个人和组织的发展，都是为了在支持性关系环境中提升人的才能和能力。但是，这两种干预措施之间也存在着一些关键差异，从而导致了明显的区别。

行动学习与团队教练之间的差异

1. 个人问题，还是团体或团队的问题。在行动学习中，团体成员将他们遇到的议题或问题带到团体过程中。行动学习力求"从体验中获得意义"，重点在于个体参与者对他们当下处境的诚实担当，以促进个体和社会的发展。在团队教练中，团体就是团队，他们就团队问题展开合作。个人问题可能在此过程中暴露出来，但最终的焦点是解决团队所面临的集体性问题。奥康纳（O'Connor）和卡瓦纳（Cavanagh）认为，当聚焦于内部（在技能层面）时，团队教练才真正发生，并且只关注那些与实现团队目标有关的团队内部动力。

2. 由内而外还是由外而内。行动学习的理论框架是基于"知识是社会建构的，是由内而外创建的"这一假设，这是对行动进行质疑性洞察和反思的一个"由内而外"的引导促进过程。但是，在团队教练中，教练对话可能是特别务实的，目的在于让正确的事情在正确的时间有效地浮出水面，可能包含反馈过程。教练对话主要由教练发起，通常使用预设的模型和工具来获取信息。如果实施得当，甚至可以获得洞察。瓦阿特斯认为，这是教练主动引导的"由外而内"的过程。因此，在行动学习中，个人问题是在行动学习场景中提出的，然后在团体中得到解决。相反，在团队教练中，可以在干预开始时，预先定义或概述想要获得或达成的结果，尽管潜在的问题可能在后续的教练过程中才浮现出来。所以，团队教练"是对团体中正在发生的事件和动力所采取的一种合理且有目的的干预"，教练支持团体实现其议定目标。

3. 质疑性洞察和批判性反思。强调质疑性洞察和批判性反思是行动学习的显著特征。奥尼尔和马斯克提出，行动学习教练会在过程层面促进团体的参与，然后力求活跃思维，进行更深层次的探询。奥尼尔还认为："不同的是，作为一名过程顾问，过程中要顺势而为，帮助人们置身其中，体验并感知正在发生的事情。而作为学习教练，你工作的层面会更多。"相反，在团队教练活动中，经常使用工具和模型进行团队分析（尽管经验丰富的团队教练会避免过度依赖此类工具），应对艰难的团队对话。因此，在团队教练活动中，只关注对团队目标达成有重要影响的团队内部对话，所以，至少有这样的可能：反思的层面和深度仅限于实现集体目标。

结　论

通过研究教练在诸如行动学习这样的支持团队或团体反思、学习并采取行动的过程中所发挥的作用,我们很容易便会发现,这些干预措施既有相似之处,也有不同之处。将教练和行动学习加以整合更能够相得益彰。对于两种干预措施而言,教练在创建团体内部关系、培养学习环境方面的作用至关重要。强调"有目的的行动"将确保个人和团体取得成果,并促进所有参与者的学习和发展。最后,由于行动学习在质疑性洞察和批判性反思方面更具优势,因此,可以在团队教练过程中融合行动学习元素,以实现更为深入的洞察和学习。这些实践是体验式学习的基础,也使得体验式学习更具严谨性,更注重结构和重点,从而提升团队教练和行动学习的效果。

第 25 章　高效团队教练的核心素质和技能

比尔·杰克斯

根据团队专家理查德·哈克曼（J. Richard Hackman）的观点，团队可以比个人成就更多，因为相比个人贡献者，团队拥有更多的才能和经验，更加多样的资源，以及更高的操作灵活性。角色职责不清（"在这里谁负责做什么？"）和沟通不畅（"我以为你在处理这个！"）会妨碍团队实现更高的绩效。在个人层面上，高管教练已经有效地促进了高管们的学习和发展，据此推论，在团队层面，训练有素且称职的团队教练很可能也可以帮助团队消除一些内在的障碍，并且大大增强其能力，产出远超预期的成果。随着在美国与国际上，主流的领导力范式持续从传统的指挥和控制模式转向更具协作性的团队模式，团队力量的重要性日益提升。团队教练将在向这种模式的成功转变中发挥越来越重要的作用。

为什么需要团队教练

团队教练是一种成长迅速的新兴专业实践，其发展主要得益于团队教练实践者的经验积累。团队教练工作复杂且充满变化，在某种程度上，很难定义什么是团队教练，也不容易将其与其他与之类似但又不同的专业实践区别开来，例如咨询、引导和培训。

作为领导力领域一个引人注目的现象，团队教练的概念从何而来？为什么团队教练现在开始得到认可？这反映出一种迅速变化的组织格局，一种基于包容、投入和参与的新型管理文化，其倡导以员工赋能、学习和发展为重点的引导促进性行为，而不是传统的命令、控制和服从。传统培训是获得新技能或新知识的有效途径，而教练是培养引导促进性行为的最好方法。团队教练的领导力范式专注于教练团队，并为团队的自我管理赋能。最初只有曼茨（Manz）和西姆斯（Sims）对其进行了研究，后来其他学者也参与了进来。鉴于团队领导者有时候处于团队外部，并不参与团队的日常工作任务和活动，团队的自我管理就显得尤为重要了。

曼茨和西姆斯发现，鼓励和教练团队通过自我观察、自我评估和自我提升以实现自我管理的团队领导者，相比那些没这么做的领导者，效率高出20%。另外一些学者也发现，团队领导者以教练的方式支持团队，可以产生更有效的团体过程，例如学习和调适，并最终实现更高的团队绩效。这些领导者运用教练的方式，鼓励团队成员承担责任、齐心协力，以培养团队履行关键职责的能力。教练型领导者或内部团队教练帮助团队成员根据任务的需要恰当地协调和利用团队的集体资源，帮助他们解决可能出现的各种问题。他们避免主动干预团队成员的日常任务，也避免替团队成员承担已经分配给他们的日常工作。

谁会是最有效的团队教练

人们普遍认为，教练是日常管理和领导工作中的一项基本核心活动，管理者和领导者要想在当今竞争激烈、瞬息万变的世界中取得真正的成功，就必须充分胜任积极主动的教练角色。然而，这一观点大多基于个人信念和既定逻辑，而非基于实证，更多是源于实践而不是源于数据。对于管理者和领导者需要展现包括教练行为在内的哪些具体行为，才会被视为、判定为有效的管理者或领导者，我们知之甚少，也很少有这方面的研究。

笔者进行了一项研究，目的是就有效的团队教练的关键素质和技能达成共识，以便更好地理解那些可能有助于现有的团队教练及有志于成为团队教练的人在工作中更加有效的关键成功因素，无论他们是想要更有效地教练自己的内部团队，还是以外部教练的身份为团队提供服务。研究结果可以作为一种基准或参考标准，帮助团队教练和那些寻求团队教练服务的人员，让他们在选择团队的合作对象时做出更明智的决策。研究结果还可以用于现有和未来的团队教练培训项目的课程开发。

研究方法

研究采用德尔菲法①来收集和整合具有与主题相关的专业知识和经验的主题专家小组的不同意见。该过程给予所有参与者平等的发言权。在三次独立的数据收集迭代过程中，参与者就高效团队教练需要具备哪些关键素质和技能达成共识。

研究的主题是："一名高效团队教练需要具备哪些关键素质和技能？"研究的总体目标是形成高效团队教练的画像，以了解哪些内在素质和可习得的技能最有可能产出最成功的团队教练成果。参与本次研究的20位团队教练（8位女性和12位男性），分别来自美国的7个州以及其他3个国家，平均拥有17年的团队教练经验。

德尔菲法的实施过程基本如下：给参与者一张白纸，要求他们列出与团队教练有效性相关的任何元素，并特别考虑团队教练需要具备什么样的素质和技能，在此，素质被定义为"个人所拥有的与众不同的特征、属性或特点"，而技能则被定义为"通过训练、体验或实践而获得的某种做事的能力"。研究的第一轮要求参与者描述他们认为有效的团队教练应该具备的任何关键素质、技能或其他关键成功因素。第一轮调研得出了25种素质和25种技能。在第二轮调研中，对第一轮调研结果采用了李克特量表，只有那些达到80%共识的素质和技能才会被选入第三轮。在第三轮中，将入选的素质和技能按重要性排序。以下是调研的最终结果。

素质

- 对自己有觉察，也能觉察到自己对他人的影响。

---

① 也称专家调查法，1946年由美国兰德公司提出，其本质上是一种反馈匿名函询法，其大致流程是在针对所要预测的问题征得专家的意见之后，进行整理、归纳、统计，再匿名反馈给各专家，再次征求意见，再集中，再反馈，直至得到一致的意见。——译者注

- 能融入环境、调适自我。
- 欣赏团队成员之间的差异且能促进所有团队成员投入教练活动。
- 不妄下结论。
- 善于包容情绪张力。
- 不惧怕提出挑战性问题。
- 善于解读他人与环境。
- 从他人的角度看待事物。
- 公平对待每位团队成员，尊重每位团队成员。
- 平易近人。
- 言行一致。
- 保持客观。
- 从容应对富有挑战的情境。
- 有效地发现模式以及过程的复杂性。

技能

- 有效引导各种团体。
- 对团体动力有清晰而深刻的理解。
- 聆听显性和隐性的信息。
- 与不同个性的人连接并建立信任。
- 吸引他人，并使他们投入到团队教练过程当中。
- 运用强大的工具包，其中包括框架、概念、方法和技术。
- 知道何时要退居幕后。
- 寻求反馈，也提供反馈。
- 与团队订立清晰明确的合约。
- 庆祝成功。
- 首先，要做到无害。

高效团队教练需要具备什么素质

素质

该项研究的参与者达成共识，确定了14项他们认为造就团队教练有效性的素质，在此，素质被定义为一个人拥有的显著特征、属性或特点。接下来会重点讨论排名靠前的五项素质。

对自己有觉察，也能觉察到自己对他人的影响

鉴于团队教练的主要任务是服务于一系列复杂的任务，包括解读、影响、指导、建议、引导、守候、回应或是凝聚一群人，他们的自我觉察和影响至关重要。缺乏这种觉察的人，很可能要么因为无法有效影响团队而手足无措，要么表现出另一种极端，就像一台推土机，使团队屈从于自己的个人议程。在相关的调查反馈中，一位调研的参与者说：

> 教练必须知道什么时候该"闭嘴"，而不是不加思索，想到什么就说什么。他们必须有耐心，并且深入思考。当他们决定向某个团队成员或向整个团队提供建设性反馈时，他们要考虑到自己对团队或团队成员的了解程度，应该仔细思考他们打算说什么和如何说。……当然，教练需要有足够的自我觉察，知道他们的个人议程何时会妨碍团队教练工作，并努力减少或消除这样的偏见。

也有参与者提出了"以自我为工具"，并表示，重要的是了解自己，懂得在恰当的时候以自我为工具，给他人最好的帮助，并且知道何时需要缓用甚至暂停"以自我为工具"。还有一些人提到盲点，当教练不断地严格检视自己的盲点和偏见时，他就会意识到什么可能是无意识的，以免将他的个人议程嵌入团队过程之中……以及觉察到自己对他人的影响——通常是无意识层面的，比如权力、性别、文化。

能融入环境、调适自我

在某种程度上，这项素质与前一项素质紧密相关，因为调适自我类似于对自我有觉察，并且上述的大部分内容在此也都同样适用，也更加凸显了该品质的重要性。但是，正如我接下来要讨论的，融入自己所处的环境，与察觉到自己对他人的影响还是有所不同的。

团队教练通常来自团队及其所属组织的外部，他们必须尽快了解在某种程度上是"空降"进入的文化。通过查看组织网站的书面信息，团队教练可以对团队文化有一些了解，在与团队第一次会面之前，通过与管理者和相关人员进行访谈，也可以对团队的文化有进一步的了解。尽管这些信息会很有帮助，但并不能代替现场解读环境，即了解团队中实际发生的情况（其中一个重要的部分是对团体动力有清晰而深刻的理解，这是高居第二的团队教练技能，稍后将详细讨论），以及在更大的组织环境下实际发生的情况。调研的参与者将此描述为"快速发现状况的能力"，"解读情境，并灵活运用方法以达成目标"，以及"能够灵活应对团队教练过程中来自团队中每个人（以及整个团队）的各种显性或隐性能量"；也有参与者将此描述为"多维解读各种不同的情境"，"将团队视为一个复杂的关系网络中的一部分，并以此来获得洞察，看清推动团体发展的更大力量和过程是什么"；另一种观点是："对教练来说，了解团队的运作环境非常重要，因为个人和团队的行为会随着环境的变化而变化"。

欣赏团队成员之间的差异且能促进所有团队成员投入教练活动

团队能够如此强大地为复杂问题创造解决方案，原因之一就是利用了团队成员们不同的视角、经历、才华、知识和技能。当团队无法充分利用个体成员的优势，超越个体成员能力的总和时，通常会引入团队教练，以找出释放这种潜力的方法。因此，欣赏团队成员之间的差异，并能促进所有团队成员投入教练活动，对一个有效的团队教练而言至关重要。

一位参与者将此描述为，知晓对团队个体成员的身份有影响的各种因素，并且了解如果这种影响身份的因素的多样性得到了尊重与肯定，而不是受到了压制或排斥，那么，身份之间的相互作用将为团队带来极其巨大的创造力和生产力。

另一位参与者则将其描述为"不仅能够聆听不同观点，为不同观点的生发创建场域，而且能够积极邀请和引导人们分享这些不同观点的能力"。还有一位参与者则描述了"感谢不同意见和观点"的重要性，"即使它可能引发冲突，但这总会有助于建立更紧密的连接（如果予以有效而成功的干预）、达成更高的绩效（或有更全面的解决方案）"。

不妄下结论

团队教练所面临的挑战之一就是要忍耐，不急于介入，不匆忙提供意见和建议，而是要组织有效的过程，允许团队自行找到结果。这对于团队教练新手而言，尤其具有挑战性。一位参加调研的人说："我看到的那些团队教练在实践中踩的坑，几乎总是因为他们主导得太多。"

我认为，团队教练成功的关键，在于与自己和他人建立关系，以及让一群人参与到团队教练过程中的能力，他们才是团队教练过程的主人。这是一个对团体过程进行引导、提问、探索和揭示的过程。我见过许多有着良好意图的引导师和团队教练在一个问题上犹豫不决：到底是谁对工作负责？是引导师还是团队？

还有受访者将其描述为"能够观察并控制自己"，并"坚信教练是团队获得任何解决方案、结果或目标的催化剂，而不是原因；始终把焦点放在团队的过程和团队的成功上面，而不是放在教练的小我上面"。另一位参与者表示"无须相信你一开始听到的关于团队的那些传闻，只需等待不同的见解浮现出来"。

善于包容情绪张力

鉴于团体动力的复杂性和不确定性，特别是在团队教练介入一个功能失调的团队过程，并被要求对团队进行"修理"的这种非常普遍的情况下，能够很好地包容情绪张力是至关重要的。

一位调研参与者认为"大多数非常重要的素质都可以归于情商的范畴"。一些参与者对此表示赞同，有好几个参与者甚至不约而同地描述其为"建设性地处理情绪、参与艰难的讨论并以支持的方式挑战他人的能力"，以及"不被团队的问题困扰，而是'创建场域'，并且能够识别、监控与管理自己以及团队的情绪"。

技能

该研究的参与者一致认定，一位高效的团队教练需要具备 11 项技能，其中技能被定义为通过培训、体验或实践所获得的某种做事的能力。接下来会重点讨论排名最靠前的四项技能。

有效引导各种团体

这项技能加上"对团体动力有清晰而深刻的理解"，是教练个人与教练团队之间最大的区别之一。

许多参与者的讨论都集中在这一首要技能上：

> 它让我想起有效引导各种团体这项首要技能……以及追踪团体动力，还有这么做的重要性……当我和一群人在一起时，我会追踪所有的团体动力，追踪每个人是如何与其他人互动的，他们是如何与我共处的。我所追踪的是如此之多！我感觉自己眼观六路、耳听八方。……谈到有效引导各种团体，这项技能背后可能还有五六项技能（甚至更多），会有助于你有效地引导不同的团体。它是教练的必备技能。

另一位参与者说：

> 我同意。我认为团体引导更像是一种现象、一个结果，而非一项技能。如果你有效地引导了不同的团体，那是因为你做了这样或那样的事情。当

然，你做的还远不止这些。

有效地引导不同的团体这项技能是一种"元"技能，当中还包含了几项特定技能，对于成功的团队教练活动而言都非常重要。例如追踪团体动力，与团队教练一样，这项技能可能很难定义，但当这件事情做对了，人们会感知到。一位参与者说，在有效引导不同团体这个复杂过程中，有一种"魔法"：

> 当他们突然提出问题时，我必须对团体做出反应，就像我在对个人做教练一样。例如，团体可能去意想不到的地方，我需要准备好帮助他们，那些意想不到的地方常常会有纠结、失调或某种没人喜欢的疯狂想法。我还要帮助他们从彼此的互动过程中发生的那些并不总是有意义的事情中寻找意义。我们开展团队教练时，最糟糕的做法就是让控制狂去控制对话，而最好的做法，就是随时响应、及时指引。在这个过程中，就好像有魔法一样，团体能够到达他们不曾预想可以到达的领域，而这个领域是如此的出人意料。我必须做好准备迎接未知。

对团体动力有清晰而深刻的理解

这是一种处理复杂系统的技能，因此与复杂性领导力理论密切相关。这一技能，连同"有效引导各种团体"那项技能，对于那些已经很善于对个人进行教练而希望成功转型为团队教练的人来说，是至关重要的。

参与者将此描述为对群体思维和想法的自我强化性质的觉察，以及辨别和指出团队动力的能力；当团队经历影响其互动的动力变化时，帮助揭示一些团队的谜团并为团队赋能。（他们是否建立了团队的基本规则？他们是否察觉到他们处于风暴期？他们是否意识到他们自己或集体正进入心流状态？等等。）

另一位参与者说，这项技能是对团体动力的一种了解，特别是了解显性和隐性的团体动力，团队角色（正式和非正式）和角色清晰度，边界以及对边界的识别,还有权威、自我授权、权力、主动性以及团队效能的不同阶段。

聆听显性和隐性的信息

这项技能同样与情商有关,因为不仅是对每个人,而且是对整个团体做到积极聆听、充满同理心地聆听,需要聆听者具备高水平的情商。

一位调研参与者将这项技能描述为"一个积极倾听的过程,目的是理解听到的那些话语的表层意思以及背后隐含的意思。一种积极而深刻地倾听的能力,能听见人们试图传递的隐性信息和显性信息"。另一位参与者说,这是"暂停所有先入为主的意见 / 想法,既要听见言语所传递的信息,也要听出非语言信息"。

与不同个性的人连接并建立信任

这项技能同样与情商有关,因为建立信任的基础是在情感层面建立某种连接。

正如一位调研参与者所言,一位团队教练如果能够与不同个性的人连接并建立信任,他就"不会偏袒团队内的任何人,也不会疏远任何人,而是专注于对集体目标最有帮助的事情"。

关于这项技能的另一种说法是与团队建立融洽关系的能力。一位调研参与者认为这种能力有助于在团队内部培养信任、舒适、安全和在适当的时间 / 场合下幽默 / 诙谐的氛围。无论教练本人是内向的人还是外向的人,如果教练有这样一些品质,比如平易近人、充满活力并真正享受与他人合作共事,教练就能够更好地与团队建立融洽的关系。

团队教练与个人教练有什么不同的特点

鉴于团队教练是一种新兴的专业实践,经验丰富的团队教练很可能也有着丰富的个人教练经验,因此,在整个调研过程中,我们认识到教练个人与教练团队所需的素质和技能之间可能存在着大量交集，所以参与者被要求尽力说明当中的某些差别。一位参与者这样描述："即使成为一名优秀教练所需的某些技能和素质都是一样的，但由于团队具有社会系统特征（和团体动力），团队教练与个人教练并不相同。"

那么，团队教练与个人教练之间的一个主要区别，是否仅仅在于与个人教练相比，团队教练更加复杂多样，需要追踪的动态变化的部分更多？一位参与者描述两者之间的差异时，提出团队教练要"退后一步"，而个人教练要"向前一步"：

> 和团体在一起的时候，我很清楚是团体在真正驱动教练的过程；给个人做教练时，当然也是客户驱动过程。但我认为，这里说的"向前一步"，可能更多发生在个人教练情境中，而在团体教练情境中，为了创造更多的空间，让团队真正担负起创建场域的责任，我作为教练，更多的是"退后一步"。我会给予支持，但在给个人做教练时，我的支持会更多一点。

因此，团队教练和个人教练之间的主要区别，似乎在于教练如何处理团队教练环境中固有的日益增加的复杂性。换言之，在团队教练情境下，教练不能像在一对一教练情境中那样"向前一步"。团队教练不应该像激光那样只是狭隘地关注某一个人，而必须扩大关注范围，以便能够看到整个团队的大局，考虑到团队的复杂性。

教练应如何为团队教练任务做准备

可能比在团队中运用包含特定技能、模型或知识的工具包更重要的是，在团队教练情境下，教练要有首先进入团队教练思维状态的能力。如上所述，团队教练是一个独特的挑战，它需要考虑许多不同的因素，而且这些因素还在不停地相互影响。当团队教练已经在思想上开始预期团队教练过程中一定会不断发生变化时，接下来他要做的，就是尽可能收集与团队有关的信息。做完这些工作，团队教练就可以开始整理自己的"工具箱"了。因为如果没有进入正确的思维状态，或者没有掌握团队的一些信息，那么框架、概念、方法和技巧这些强大的工具箱往好了说效果会打折扣，往坏了说是基本毫无用处。一位参与者称之为先战略，后战术。

因此，在我看来，总的来说要从大局出发，了解"我是谁""他们是谁"这一类的策略，然后再采取更多的战术步骤……最后再落到"我可能做"或"我可能不会做"的行为层面。

当被问及如何为团队教练情境做好最佳准备时，这位参与者引用了一个开车的隐喻进一步解释了他的观点：

我认为这取决于这个团体想实现什么。对个人进行教练的时候，有点像我们两个人都把手放在方向盘上，就像是两个人手握方向盘共舞。当我教练一个团体时，实际上团体是在与自己进行互动，而且非常复杂，人们无法知道它可能会去向哪里，所以就回到我刚才的说法——一切取决于他们想实现什么。

把这个开车的隐喻引申到个人教练情境里，教练必须准备与被教练者共享驾驶员的座位，让双方都可以把手放在方向盘上。但是，在团队教练过程中，教练是坐在后座的，但要做好准备，以便在汽车偏离正确的路线的时候，教练可以出手向前抓住方向盘，或者教练可以在后座问大家，汽车是否行驶在正确的路线上。在团队教练活动中，团队教练必须做好准备，少坐在前排直接控制方向盘，尽量在后座，提供间接指引。

是否有某些天赋能够让人们更容易成为成功的团队教练

立志成为团队教练的人们必须明白，很重要的一点是，有效的团队教练是一项吃力不讨好的工作。因此，好的团队教练需要比较谦逊，工作的动力主要来自自己的内在。一位参与者对此有如下的描述：

> 以前一位引导师曾告诉我，最好的引导师是那些团队不会记住的人。他们不会记得引导师。他们记得他们自己（团队）所做的工作。个人教练也是如此，但我认为这是团队教练的显著特征。如果他们对我印象很深，那么我就是过多介入他们的过程了。他们需要记得的是他们自己完成的工作。

对于那些需要他人认可而获得工作满足感的教练而言，令其个人难以接受的事情，除了缺乏认可，还有来自其他利益相关者对工作完成方式的质疑，因为"团队引导师就像风一样，难以衡量其存在……由此导致的唯一不利之处就是，有时候难以证明……例如，'为什么我们要付钱给这个人？'"。

与某种程度的谦逊这一品质相关的一项技能就是，当团队向你寻求答案的时候，你要有能力把他们的问题巧妙地交还给团队：

> 团队教练活动的一部分是创造机会，使他们不得不向彼此寻求答案（而不是问团队教练要答案）。全员参与、互相学习，甚至颠覆他们在房间里总是会先看向教练、引导师或老师的文化规范和本能倾向。我认为所有这些都是团队教练需要具备或培养的技能，以使参与者真正投入到团队教练过程中，使之成为一个团体过程。

团队教练活动的魔力

在这项研究中,一群团队教练利用各自的专业实践经验,对有效的团队教练需要具备哪些关键素质和技能达成了共识。许多参与者认为,在一个包括教练自己在内的复杂系统内,正是这些素质和技能的相互作用,才创造出团队教练活动的魔力。

> 这一切都是关于所有上述素质和技能的统合综效,体现在教练如何展示自我,如何与团体成员互动和合作,以及他们如何承担起为团队绩效而努力的责任上。这当中有一个可变的因素,在教练身上。与我合作过的教练里,有些非常优秀,也有一些没那么出彩,但那些优秀的教练,简而言之,都是伟大的人,他们热情、正派、诚实、直率(不粗鲁/鲁莽),并坚定地致力帮助个人从与他人合作中得到最大的收获。

由于大多数团队教练也对个人进行教练,整个研究的主题是不断地将对团队教练的要求与对个人教练的要求进行比较。举个例子:

> 总而言之,相比个人教练而言,由于团队教练的性质,团队教练更需要有能力与不同的人建立信任、包容各方,以及拥有多种方法和工具,表现得可信可靠(通过做到言出必行)、博学多才、有商业实用性,并有很好的自我觉察。作为团体的一名常客,教练成为一个焦点,这意味着"作为工具的自我"得到了强化。对团体动力的觉察也很关键,因为它有助于教练掌握何时披露公开/秘密的行动以及洞见,以帮助团队了解"他们做得怎样"或典型的团体动力是怎样的。

团队教练处于一个独特而重要的地位,可以产生巨大的影响。给有志成为团队教练的伙伴最后一个忠告,永远不要忘记,团队教练这个过程,重点不是你，而是团队：

我总是试着向上追溯，去了解团队需要什么，然后再顺流而下，从团队的需求这个角度出发做出回应。这是团队教练活动的核心。如果我知道一个团队需要什么，我的反应会很自然。换言之，它不是我做的事情，也不是我研究的事情，而更多的是"哦，这就是团队需要的，而我恰好能满足团队的需求"。

第 26 章　成为团队教练

玛丽·哈托格

本章旨在运用组织学习与发展、系统性思考与实践、心理动力学与行动研究等理论，探讨成为团队教练意味着什么。本章讨论了一对一教练和团队教练之间的区别，强调了团队教练需要拥有的广泛的、额外的技能及知识基础。延续克拉特巴克的研究，本章认为，在支持绩效提升方面，团队教练起着独特的作用。

本章首先从团队教练的定义开始，对团体和团队进行了区分，以提醒读者为什么团队很重要，然后借鉴彼得·圣吉的研究，思考"学习型组织"模型可以如何为团队教练所用。首先，它可以界定并理解工作可能涉及的内容。其次，它可以作为团队教练合约的基础。圣吉的组织学习方法为团体和团队动力，以及团队教练在提升对话和探询技巧这些工作领域的后续探讨奠定了基础。然后，本章讨论了在运用系统理论与实践以及开展行动研究的过程中，实施团队教练的指导方针和框架。最后，本章总结了成为一名团队教练的学习历程。

定义团队教练

克拉特巴克认为，团队教练的职责是帮助团队提升绩效。他对团队教练和学习引导师的角色进行了区分。在引导一个学习性团体时，人们带着各自的学习计划而来；而在团队中，除了个人的学习之旅，人们可能还共处于同一段学习旅程之中。根据桑顿的说法，他们是"为团队而战"，致力帮助团队更有效地实现一个共同目标。桑顿的观点进一步证实了，在团队教练活动中，学习和改变的目的是同时提升个人和组织的绩效。她还提到，教练任务可以从团队建设和"离岗日"活动开始，不过，这些只是一个切入点，让教练有机会观察团队成员是如何在一起工作的。

团体和团队

桑顿指出，组织是由团体组成的，并认为团体与组织的核心宗旨和目标保持一致，对实现卓越的绩效至关重要。在区分团体和团队时，桑顿指出，虽然所有团队都是团体，但并非所有团体都是团队。这是一个很重要的差异，因为团体和团队之间的界线很容易显得模糊不清。而且，在教练活动介入之前，团队通常已经建立了沟通、交往和关系的模式。无论如何，对于团队教练来说，清楚地了解和关注是什么造就了一个团队是很重要的。

关于团队，韦斯特（West）提供了一个很有用的定义。他指出，团队就是一个小团体，致力完成一个具体而有挑战性的任务。这个任务需要团体成员一起完成，而不是团队成员各自为政。他们密切合作且相互依赖，努力实现具有挑战性的共同目标。在他针对医疗保健组织的研究报告中，韦斯特告诉我们，虽然许多医疗保健专业人员说他们是以团队的形式工作的，但并不是所有人都能确定他们有共同的目标、在工作中相互依赖或者定期会面来回顾目标和绩效。首先，这表明，对于什么是团队，人们的理解大相径庭。其次，以韦斯特建议的方式工作的团体，在降低病人死亡率、减少工作人员和病人受伤、避免霸凌、减少生病的情况、降低缺勤率方面，往往会取得更好的成效。韦斯特将那些不以这种方式工作的团体称为"伪团队"。

桑顿和韦斯特都谈到了团体的力量，以及团体为实现个人无法完成的事情而表现出来的协作能力与适应能力。合作是人类成就的基础，这解释了为什么在商业环境中、在组织里，就对成功所做贡献的有效性而言，再聪明的个体也比不上"真正的团队"。在团体中，个体还通过与他人的互动来获得自我意识。身份和归属感无疑是有效工作的重要组成部分。然而，更根本的是，关系对于人类活动是至关重要的，它给人们提供了学习和成长的机会，正是在这一点上，关系比个人更重要。

团队的形成与团队绩效

在团队能够产生绩效之前，团队会经历几个明显的阶段，先是组建期、激荡期，然后（理想情况下）是规范期。在这个过程中，成员可能会为任务的控制权、各自的角色以及他们在团队中要如何工作而争吵不休。如果我们认同桑顿的叮嘱，认为不是所有的团体都是团队，在我们说某个团体已经成为一个团队之前，我们需要更充分地理解团队形成过程的重要性。赫尔辛基（Huczynski）和布坎南（Buchanan）指出了团体心理的重要性。在一个团体里，成员为实现绩效目标而密切互动，非常依赖彼此，相互之间在心理上很敏感，旁人几乎从直觉上强烈地将他们这群人视为一个整体，比如一个足球队。

"这个团体是一个团队吗？"探究这一问题，为任何一位团队教练提供了一个很实际的切入点，也为团队教练的发展提供了一个有用的切入点。

团队教练的范畴与契约

克莱恩（Kline）认为，教练的主要作用是创造一个有效的"思考环境"，且不妨碍团队成员的思考。教练如何在团队教练活动中实现这一点，与一对一教练时的场景有着很大的差异，这说明团队教练任务的范畴有着明显的不同。

在一对一的教练会谈中，"思考环境"是在教练和被教练者个人之间创造的。相比之下，团队教练必须为一群不同的个体创造一个"思考环境"。以一种安全的方式创造和维护这种环境，要求团队教练系统地思考团队的"动力"，以及他们所从事的与组织相关以及与其他利益相关者相关的工作（绩效任务）。这就要求教练关注个人在团队中的言行举止、团队成员之间如何互动、他们是否在一起思考以及如何共同思考。例如，团队教练必须寻找能够表明这群人作为一个团队和睦共处、通力合作的证据，或者相反，团队中存在张力和冲突的证据。团队教练需要关注团队成员之间的关系，留意针对工作任务，团队成员在什么情况下会结成联盟、达成共识，或者在看待、谈论和思考任务方面，团队成员之间是否存在着明显且至关重要的差异。团队教练的作用就是基于团队多样性，以积极的方式利用这些差异（塔克曼所指的激荡期），从而拓展他们的思维能力（塔克曼所指的规范期），从而进入执行期。

了解组织的学习、发展和变化情况，是团队教练发展的关键知识和技能组成部分。还有模型，比如圣吉的组织学习的五项修炼模型，为着手设定工作范围提供了一幅有用的地图，从而使团队教练能够探索可能有利于或阻碍团队有效协作的工作领域。圣吉提出的五项修炼之间存在着密不可分的联系：

1. 共同愿景，是指帮助团队对任务及其优先事项达成共识。这是一个典型的组织发展活动，团队教练帮助团队诠释和澄清组织愿景，以及组织愿景与团队工作之间如何链接。
2. 心智模式，关注的是帮助团队成员看见彼此的差异，并利用这些差异，使之成为提升绩效的机会，而不是障碍。对于团队教练来说，这可能是最具挑战性的工作，因为团队成员之间存在的差异，通常会表现为冲突，可能会妨碍任务绩效的达成。要处理好团队成员之间的差异，团队教练需要运用一些技能和工具来支持团队增强包容差异的能力。这将有助于团队共同反思，让团队成员开始反思自己以及其他成员的想法，以及针对团队如何工作，他们各自持有的不同立场。
3. 自我超越，与个人的发展相关。重要的是，团队教练要认可每个人都有适合自己的学习过程，支持团队成员增强他们的思考和学习能力，认识到个人发展与团队的发展及其有效性密切相关。团队教练需要具备相当纯熟的技巧以及高度的敏锐性，方能平衡个人和团队的需求。
4. 团队学习，是团队教练工作中最不同于一对一教练的一环。正如圣吉所言，团队可以对组织的绩效产生最大的影响，让团队和组织发挥出超越其各部分简单加总之和的能力。团队需要学习的最重要的技能是对话和探询技能。为了帮助团队学习这些技能，教练必须为团队学习创造一个支持和挑战并存的安全空间。

5. 系统思考，是这一模型的关键，因为它识别出各项修炼之间是如何紧密地联系在一起并相辅相成的。系统思考关注的是部分与整体的关系，能够让人看清团队成员之间的关系，以及团队与更大的组织之间的关系。系统思考还可以帮助团队教练为团队工作所处的动态环境、社会环境和政治环境创建一个丰富的画面。部分和整体之间的关系连接并支撑着团队的五项修炼，以及团队执行组织战略的能力。理解这一点，有助于团队教练思考，并与团队和其他利益相关者协定教练合约。

订立团队教练合约

在确保教练工作符合道德伦理以及管理组织系统中存在的多重关系方面，教练关系和教练合约起着关键作用。

团队教练需要注意"房间里的声音"以及这些声音如何影响对任务的理解和教练干预的实施。这会影响到问题的呈现方式及团队成员的看法。沙因从过程咨询的角度对"客户"概念的研究，为订立教练合约的过程提供了有用的指引。在过程咨询环境中，咨询师，或者说教练，并不是房间里唯一的专家。正如克莱恩提醒我们的那样，客户是知道答案的。团队教练的工作就是提供帮助，让答案得以浮现。

在为教练任务订立合约方面，西尔斯（Sills）提供了一个综合性的框架，该框架既可用于处理事务性教练合约，也可以用于针对教练关系本身订立合约，后者也是在后续教练过程中进行检视的一个过程。在团队教练过程中，尤其是在订立教练合约的阶段，培养"在实践中"反思的能力，而不仅仅是"针对实践"进行反思的能力，对团队教练的意识水平要求更高。如果合约关系足够透明且团队需要支持以有效达成绩效目标，那么明确"工作"是什么、组织的利益相关者期待什么以及团队如何理解教练干预活动的目的，这些都是至关重要的。正如所有教练关系一样，当团队教练和团队成员以及团队成员之间，都认真地建立起工作关系，并融洽相处、相互信任时，团队教练活动就能取得最佳成效。

那些希望成为团队的团体，通常是自带文化底蕴的，也就是"我们在这里做事的方式"，他们的工作风格和工作态度通常体现和展示出一种独特的亚文化。他们把这个"故事"带到教练环境中。有时这会表现为未被化解的情感和伤害，以及团队生活中一些"不能谈论"的事情，所有这些都可能阻碍学习和改变。因此，团队不只是一群人在一个地方一起工作，也不只是一起完成一个任务。每个团队都有自己独特的动力，这些动力是由其所处的组织内部政治环境决定的，而这一环境会影响人们对教练干预的"真正"目的的看法和期望。

关系式教练方式更容易取得成功，即在教练和团队之间建立融洽的关系和信任。要认识到，组织本质上显然就是一个关系网络。对教练合约的范畴和性质的理解水平高低，是团队教练获得成功的关键，也是团队教练有效发展的一个关键因素。

团体动力与对话：任务与目的

团队教练的基本目的是支持团队有效地运作，从而使团队为业务增值。目的的明确性，共享目标和团队成员的身份，合适的团队规模和构成，团队成员的相对稳定性，以及需要团队合作完成的任务，这些都是团队的基本要素。一个团队必须由合适的人组成，这些人需具备必要的技能，担任适当的角色，他们会确保团队有效运作，而不是运转不良。如果团队教练要帮助团队有效运作并完成任务，那么最好是一开始就让这些基本条件落实到位。

任务自省

韦斯特指出了团队发展"任务自省"的重要性。这涉及团队为实现其目标如何协同工作，以及如何监控和检视其工作方法。这意味着团队教练的一个作用，就是帮助团队增强他们个人以及集体的反思能力，并了解在他们的团队工作关系中可能存在的有利或不利因素。因此，团队教练与绩效提升的一个切实的任务，就是针对团队的共同目标及其实现方式的。值得注意的是，桑顿重申了沙因和圣吉的早期观点，提到团体生活的"无意识"或隐性的一面，也就是促进或者阻碍了团体动力的提升。因此，团队教练的首要作用，就是有能力与团队里的各种动力共舞，在对团体动力进行干预的过程中支持团队完成工作。由此可见，了解这些团体动力以及各自的角色职责，是团队教练发展的核心之所在。

例如，如果一个人加入了团队，希望成为团队中有价值的一员，那么包容、归属和情感这些问题就会随之而来。史密斯和贝尔格（Berg）认为团体倾向于两极分化，这就建立起了递归的①、自我参照的和自相矛盾的团体动力。如果团队的目的不清晰且缺乏共识，团队很可能就会陷入拜昂（Bion）所说的回归动力（regressive dynamics）中。这时候，团体以各种防御的形式倒退、脱离任务，在倒退和进步之间循环往复。通常，当一个团队卡在塔克曼所说的团队发展激荡期时，这一现象就会发生。

这就需要团队自省。团队自省是指团队能够在多大程度上，对其工作方式和运转状况进行反思和调整，以便在极具挑战性的工作环境中创新。席佩斯（Schippers）等人通过研究 73 个学生团队发现，在团队表现不佳的情况下，团队自省增强了团队的效能；这表明当事情进展不顺利时，反思尤其有价值。

在某些情况下，团队可能会分裂，这表现为成员选择退出任务或者工作时不投入。团队教练需要关注团队成员是否专注于眼前的工作以及专注程度如何，或者他们是否表现出"战斗或是逃跑"的行为，例如他们之间发生争吵或者有人不参加团队教练活动。团队成员与另一个团队成员结成联盟，也会导致团队成员不能专注工作。拜昂把这一现象称为"配对"（pairing）。拜昂发现的另一个团体动力是依赖。团队避免承担继续完成任务的责任，等着团队领导者或教

---

① 递归是程序设计语言中广泛应用的一种算法，是一个过程或函数在其定义或说明中直接或间接调用自身的一种方法。它通常把一个大型复杂的问题层层转化为一个与原问题相似的规模较小的问题来求解。——译者注

练告诉他们该做什么。在这些情况下，团队教练有责任帮助团队重新聚焦于绩效任务，并向团队成员了解他们对于手头的工作和团队合作有什么基本假设；也就是说，需要重新审视团队的心智模式。

惠塔克（Whittaker）和利伯曼（Lieberman）提出了团体动力学的另一个方面。他们认为，一个人或一个子团体被推出来，代表整个团体和更大的系统难以承认或苦于承认的某个极端，这种情况可能并不少见。格朗克（Glunk）和佛利尼（Follini）在这一领域的最新研究讨论了"极性"，也谈到了领导者经常需要同时接纳复杂性和悖论，例如，能够控制的同时又能够授权。培养这种极性，是团队教练要承担的能力建设任务之一，目的是帮助团队包容和整合差异。对实际绩效任务的意见分歧可能会演变成恶意攻击，团队成员彼此之间存在强烈分歧，会闹翻天，并阻碍任务的进行。格朗克和佛利尼认为，教练空间必须能够容纳这些对立的因素；他们提倡开展极性教练实践。这有赖于罗杰斯（Rogerian）的人本主义心理学（humanistic psychology）原则，即将无条件的积极关注、同理心和一致性作为团队教练实践和价值观的核心，认识到每一个对立的立场的利弊。威尔伯（Wilbur）的"无边界"（No Boundary）哲学在这一点上对团队教练的工作也有启发。威尔伯认为，承认这些差异有助于拓展团队成员一起思考和学习的能力，并且帮助团队成员放下对立的观点和固有的成见。实际上，当主要任务本身受到质疑的时候，这些团体动力很可能就会产生。高等教育领域有一个这方面的例子，即团队可能难以就一个学术团体的首要任务到底是教学还是研究而达成一致。

团队教练的目标是消除导致故步自封的边界，帮助团队成员探索和拥抱各种截然不同的意见，并为开展变革性对话创造空间。对于团队教练来说，这项工作需要高度的自我反省意识和好奇心。这些都是复杂的技能，需要团队教练不断地发展自我和自己的专业技能。持续的个人发展和专业发展还需要通过提升反思能力（包括接受督导）才能获得最佳成效。

对话

在为开展变革性对话创造集体思考的环境和空间时，与团队合作，培养团队的对话和探询技能，是团队教练工作的一个关键部分。

与辩论不同，对话需要深入倾听，并学会不要打断别人。团队教练的工作之一，就是把对话作为团队学习工具引入团队。对话的规则包括确保每个人都有机会表达自己的意见，这样就会让人们关注到各种不同的、丰富多样的想法。对话放缓了思考的过程，从而扩展了思考的空间。构建和保持这一动态过程，是团队教练与一对一教练的显著不同之处，并将获得最大的回报。

欣赏和探询是重要的对话技巧。克莱恩提出的"思考时间委员会"为团队教练提供了一个有用的概念。克莱恩提倡使用圆圈，并将其描绘为一个神奇的圆圈，以强调这项工作是很重要的。这个圆圈建立在传统社群故事的基础之上，这些社群成功地利用圆圈进行对话、达成和平愿望。使用发言棒等工具可以支持人们倾听并温和地执行规则，从而帮助团队学习对话的纪律。

通过对话，教练为团队的学习交流创造了安全的空间。这要求教练首先要让团队成员放松下来，以缓解团队成员对教练关系和教练任务的焦虑。此外，它有助于教练与团队建立积极的合作关系。在开始教练关系和团队教练活动了以后，教练可以邀请团队中的每个成员"签到"，包括分享他们的感受，明确他们是否还在为家庭或工作中的事分心，来参加这个会议之前他们经历了什么，以及他们对教练活动的期待是什么等。这样的"签到"活动，可以让团队成员在团队中安顿下来。这种对团体和团队过程的关注，有助于团队成员在开始更艰巨的工作之前，先建立起在关系和情感层面上的连接。基于同样的理由，要避免问"这个团体有什么问题？"，而是以更积极的方式发问，比如"这个团队在哪些地方做得好？"。积极正向的提问为良好的教练关系打下了基础，有助于在团队内部以及在团队与教练之间建立信任，并使教练能够在后续的团队教练活动中探索更具挑战性的问题。

要通过对话与团队动力共舞，就要求教练认识到他们自身的阴影可能会妨碍工作。这在处理极端对立问题时尤其重要。罗恩（Rowan）将这描述为"对立的相互依存"。他说："当我允许自己真正理解自己的恨后，我才懂得了什么是爱。"因此，对于团队教练来说，反思和自省的关键，是注意和感知这种情况何时正在发生或可能发生。舍恩（Schön）认为，这是通过"在行动中反思"来实现的；而塞尔维尼（Selvini）认为，这关系到在与团队合作时保持"中立"，在同一时间，既与每一个人保持一致，又不会和任何一个人保持一致。如前所述，这些更高水平的技能需要团队教练持续不断地专业化发展。

对团队学习的影响

毫无疑问，团队有效学习的能力以及有效产出绩效的能力都是很复杂的能力。学习的潜力会受到来自团队建立无冲突关系的过程中所产生的焦虑和困难的干扰。因此，斯科特·派克（Scott Peck）认为，人类有这样一种倾向，即羞于在团体中建立真正的深层次关系，而是保持一种肤浅的关系。他认为，个人放下自己的固有观点，开放地接受其他观点的能力会影响团队学习的成效，这就是对话、倡导和探询对团队教练工作如此重要的原因。

学习也可以通过系统内的反馈发生。洛萨达（Losada）和海菲（Heaphy）告诉我们，从数学角度而言，非线性动力学中的连接强度，与团队中的正/负面反馈的比率相关。值得注意的是，这表明反馈对团队绩效有着直接的影响，负面反馈的发生频率越高，绩效越差，反之亦然。洛萨达的早期研究运用三个两极维度（正面和负面，询问和倡导，以及自我和他人），对正开展年度战略工作的团队的口头交流内容进行编码，每一个维度都会产生不同的情感空间，从而影响团队有效产出高绩效的能力。他认为，正面反馈过程和负面反馈过程的相互作用，决定了一个组织适应变化、应对复杂环境的能力。正如洛萨达和海菲所指出的，挑战会帮助团队建立一个新的秩序，而这个新秩序的诞生，源于激发了人人贡献的积极力量。

人际行为和团队动力

舒茨（Schutz）提出了人际动力学理论，支持教练探索团队成员之间的包容、控制和情感的相互作用。这些因素代表了团队教练需要了解的人类的本能需求。对于团队成员个体而言，包容引出的问题是："我是加入还是退出？"对于团队教练来说，了解个人对包容的感受以及他们在团队中的地位，有助于解释他们对任务的投入程度（或投入不够的程度），并有助于解释为什么有些人可能在团体边缘，甚至在团体之外工作。此外，发现谁在团队和更大的系统中对任务有控制权，也有助于教练更全面地了解团队动力；关注团队成员如何交流或抑制情感，有助于理解不同团队成员的个人感受及其行为表现。

情绪和情感在有效的团队合作中扮演着重要的角色，尽管它们难以察觉，但它们能磨炼我们作为社会性存在的生存和进化能力。斯特恩（Stern）认为，处于社会团体中的这种生存能力使人类神经系统发展出一种共同的"存在感"。团队教练的一个显著特征是当团队成员把他们有深切感受的问题表达出来时，作为回应，在团队动力中就会出现共同的感受。我们对这些信息的深刻觉察，为团队教练的实践提供了有力的工具。

团队教练遇到的挑战，是要对团体有把控，平衡成员的安全和风险，以使这些问题得到探讨。桑顿认为，平衡风险和安全是所有教练活动的根基所在。重要的是，要想有效地支持安全和包容的学习空间，团队教练的学习和发展必须包括情感领域的工作。

团队教练活动的框架

理论框架及指导方针可以让团队教练的实践更具严谨性。其中的两个框架是系统理论和行动研究。

系统理论与系统实践

系统理论在教练中的应用，是受家庭治疗师的工作启发。人们认为家庭是团队的一种形式，是一种能够以自组织方式运行的"生命系统"。系统理论关注的是系统，以及系统中人与人之间的关系。系统理论认为，试图孤立地改变一个人或改变系统的一部分，"问题"是不会得到解决的，因为系统中的所有元素都是相互关联的；需要考虑的是，可以如何调整这些元素，才会有助于变革，而不是阻碍变革的发生。在存在"责备文化"的组织中，当某些个体被视为"问题"的时候，系统中关系的动力性质就被忽略了。为了实现改变，人们需要相信或认同这样一种设想：一个更广泛的系统视角会是最好的。

塞尔维尼为家庭治疗的执行师提供了三个指导方针：假设；循环性；中立性。这三个指导方针也能为团队教练的实践提供一个框架。

1. 假设首先涉及发现问题（所有问题），然后理解和领会关系及其动力。假设是一种试探性的工具，用来测试或检验团队成员对系统中正在发生的事情的想法或解释是否有任何事实依据。
2. 循环性与系统中的反馈有关，起源于学习控制理论。循环提问技术有助于开展探询，并在系统中创造思考和学习的空间，例如反思家人或团队成员所说的话。另一个例子是假如问句，即"假如某人在这里，针对这个问题，他会说些什么？"。
3. 中立性涉及团队教练如何与团队成员和系统互动。中立并不是说没有自己的观点，也不仅仅是保持客观，而更多的是指执行师如何与家庭（团队）成员以及更大的系统保持一致，更类似于塞尔维尼的告诫：在同一时间，既与每一个人保持一致，又不会和任何一个人保持一致。

行动研究

行动研究框架也同样适用于团队教练活动。行动研究与组织发展相伴相生，而团队发展是组织发展的核心任务。行动研究为干预组织系统以促进变革提供了一个系统的框架。它的特点是可以支持不同发展和变化阶段的行动与反思循环。

"参与原则"是行动研究的关键。这与沙因的过程咨询方法一脉相承，即顾问承认自己并非专家，团队和组织中的成员才是专家。沙因所倡导的过程方法与团队教练的职责和重点是一致的。通过协作和探询，团队教练确保团队对绩效任务承担责任。

从设置环境开始，"一般的经验性方法"就为团队教练开展工作提供了一个组织性框架。这对于制定教练方案以及了解团队教练干预所处的组织环境，是非常重要的。

很明显，一旦环境建立起来，循环的第一步就是团队教练干预活动的构建或计划。利用参与性原则，团队教练会鼓励团队在这一过程中发挥领导作用，邀请其他关键利益相关者提供反馈，从而促进整个系统拥有一个共同的目标。这一阶段也为强化和澄清团队教练合约提供了一个机会。

接下来是有计划的干预，这就是团队教练的工作。团队负责完成绩效任务（改进或者变革），团队教练负责与团队动力相关的过程。该循环的最后一部分是回顾和评估过程，这个过程让各参与方有机会反思进展，为后续的干预（行动）迭代寻找改进的空间。对于团队教练而言，评估是一个在项目目标和过程干预之间循环往复的持续过程。在这一过程中，团队教练将进展情况予以记录，同时进入下一个行动研究循环、下一个工作阶段。

伯恩斯在评价勒温对计划性变革理论的贡献时，认为勒温试图把场论、团体动力学、行动研究和计划性变革的三阶段模型视作一种统一的方法。他认为，对变革三部曲的批评，比如说它对于组织今天所处环境的复杂性来说过于简单化，忽略了这一重要事实。简言之，场论让我们认识到，团队中既有促进变革的驱动力，也有抵制变革的阻力，这两种力量都会影响团队所处的环境。在商业领域，外部商业环境的变化，例如英国脱欧，可能预示着工作的组织方式需要改变，而在团队层面，团队也需要有不同的工作方式和行为方式。然而，行为改变往往是一个缓慢的过程，而且，团队成员可能不愿意改变（抗拒）。勒温用"准稳态平衡"这一术语来描述团体生活的节奏。勒温的变革三部曲的第一步，是发现这种暂时冻结的均衡状态。然后，当改变打乱了这些节奏和惯例后，旧的惯例和行为需要"解冻"。最后，一旦期望的改变得以实现，就需要建立新的惯例和行为。这一步在勒温的模型中被描述为"重新冻结"。理解勒温在计划性变革方面的广泛贡献，可以帮助团队教练描述需要完成的工作。该模型可以用于解释变革的过程，并帮助团队了解，为了在经常快速变化的运营环境中有效地完成绩效任务，哪些行为或工作方式需要改变，以及如何改变。

从根本上说，系统理论和行动研究都是人类的探询过程。它们为团队朝着商定的最终目标，踏上探询、学习和转变的旅程提供了框架结构。系统理论和行动研究的方法框架有利于增加团队教练干预活动的目的及过程的透明度，包括邀请系统中的所有成员针对工作的构建和评估提供反馈，从而使变革更有可能发生，也更可持续。

结论：成为团队教练的学习之旅

团队教练需要培训、学习和发展，以更有效地投身于本章中确定为关键和重点的实践和专业知识领域。

成为一名团队教练，需要追本溯源，重新审视是什么构成了团队的基石，什么使团队行之有效，以及团队成员会有怎样的感受。学习过程中的关键是了解团队动力以及如何与之共舞，以取得良好的效果。投身于团队教练的体验式学习，有助于正在学习团队教练的学员回想起，身为团队的一员是一种什么样的感觉。与成为一对一教练相比，成为一名团队教练需要一种不同的心理发展历程。在这一心理发展历程中，咨询小组、同侪督导、导师督导、反思性实践和写作，都可以为教练学员提供有效的支持。此外，一系列理论与实践相结合的综合性发展方法（既包含组织学习，也包含教练心理学、系统思考和实践），对于培养和成为一名有效的团队教练至关重要。就我个人而言，我成为团队教练的过程得益于终生学习，以及我所从事的组织学习和变革工作，而近期参与的一个带有体验式学习元素的团队教练项目，增强了我的团队教练能力。

除了知识和技能，团队教练必须学会不断反思和自省，从而拓展自我意识、提高情商。这就需要一个罗恩称之为发展"成熟自我"的心理过程，在这个过程中，教练能够意识到，同时也能够放下自己的防御模式，还需要提高自己的复原力，以应对团队成员可能传导到教练身上的任何棘手的情绪，以避免团队教练的任务偏离方向。

最后，系统实践和行动研究的方法框架可以为团队教练实践的开展提供指导，并为组织和反思工作提供结构。

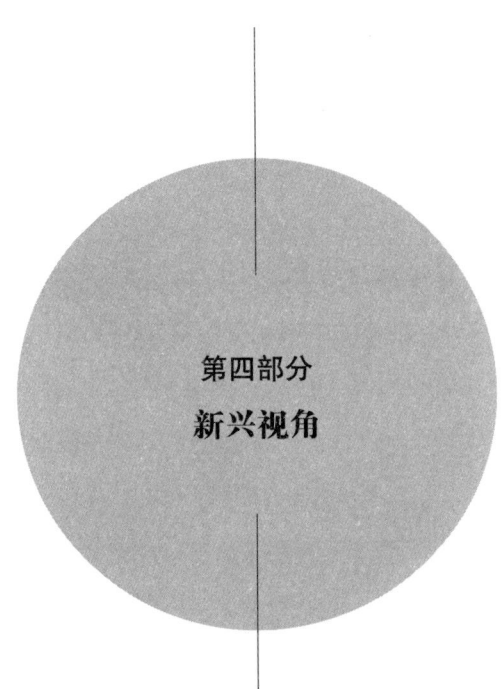

第四部分
新兴视角

第 27 章 团队领导者如何支持团队教练和团队发展

苏·丰塔纳兹

简　介

　　本章的目的是探讨在支持团队教练过程和团队发展中团队领导者所起的作用。本章的内容，来源于我过去 28 年从事团队领导和教练的经验，以及我最近在写的博士论文，该论文研究教练在支持团队领导力发展中的作用。在本章中，团队领导者被视为团队的一分子，向组织的高管层汇报。因此，团队领导者应与组织内的利益相关者／教练项目的赞助人互动，以支持教练活动，同时也要参与团队的日常活动。我提供了一些背景信息，阐述团队和团队领导力之间日益增强的关联性，有助于大家了解本章的讨论发生于怎样的场景当中，并阐述了团队领导者与团队教练活动的关联性。后面的内容介绍了团队领导者可以扮演哪些不同的角色，包括在平衡团队的健康、发展团队和提升团队绩效方面所扮演的角色，就像走钢丝的人。团队领导者还可以支持教练，并成为团队教练在组织里的向导，帮助教练应对团队的各种复杂状况。这里的复杂状况既与团队的动态变化有关，也和更大范围的组织文化相关。本章还探讨了团队领导者在创建教练文化中所扮演的角色。

　　众所周知，团队领导者也可以担任团队教练，而且，在学习和发展领域，人们发现，这是增长最快的一个角色。英国特许人事发展协会（CIPD）认为有三种学习和发展方法是最重要的，其中之一就是接受上司或同侪的教练辅导，65% 的受访机构预计未来两年会更多地应用这样的方法。国际教练联合会（ICF）2016 年发布的全球教练研究报告也指出，团队领导者开始担任教练的角色。在该研究报告中，教练从业者的定义首次被扩展，把在工作场所应用教练技巧和方法的管理者和领导者也纳入其中，形成了教练共同体。这份研究显示，有 53 300 名专业教练实践者，还有 10 900 名管理者／领导者在运用教练技巧。

虽然学者们认为教练技术是一项关键的领导能力，但把教练技术与团队领导力整合起来还存在很多挑战。瓦格曼、哈克曼和莱曼（Lehman）于2004年发现，给整个团队提供教练辅导，排在团队领导力活动的最后一项。证据表明，与团队领导力的其他方面相比，领导者较少关注到给团队提供教练。这可能是由于团队领导者低估了团队教练的潜在好处，或者团队领导者没有掌握团队教练的技能。还有一种可能性是，面对纷至沓来的各种优先事项，团队领导者的时间根本不够用，这限制了他们发挥教练团队的能力。贝蒂（Beatie）、金（Kim）、哈根（Hagen）、埃甘（Egan）、埃灵格（Ellinger）和哈姆林（Hamlin）在2014年提出，团队教练对直线经理而言可能是最有挑战性的工作，因为直线经理必须管理团队成员之间复杂多变的关系。人们正在展开一场辩论，质疑管理者担任教练的可行性，因为管理者担任教练可能引发利益冲突和保密问题。因此，本章的讨论聚焦于团队领导者如何支持外部教练开展团队教练工作。

聚焦于团队和团队领导力

在世界范围内，工作领域正在发生一个根本性的转变，即以团队为中心的敏捷模式正在取代传统的层级式组织架构。2017年，140个国家的超过10 000名人力资源（HR）从业者和业务领导者参与了一项全球调研，调研结果显示，人力资源面临的最大挑战是如何转向基于团队的组织设计。这项挑战连续两年排名第一，并且98%的组织认为敏捷性是"重要的"或"非常重要的"。"基于团队进行组织设计"这一转变表明，需要更加重视团队领导力。然而，团队领导模式是多样化的，有以个人领导者为中心的结构，也有更分散的共享领导力结构，后者开始在团队中以非正式的形式出现。皮尔斯（Pearce）和康格（Conger）于2003年将共享领导力定义为"个体之间不断相互影响的一个过程，目的是相互引导，以实现团体或组织的目标，或同时实现两方面的目标"。基于这一观点,费尔赫斯特(Fairhurst)和格兰特(Grant)提出,领导力是共同构建的,是"行使领导权利的人们之间发生复杂的互动、持续地协商而形成的,无论这些行使领导权利的人是被指派的领导者还是工作中自然涌现的领导者"。巴内特(Barnett)和魏登菲勒(Weidenfeller)发现,随着组织开始基于团队进行组织设计,人们对共享领导力的兴趣也越来越大。

虽然以团队为中心的模式是趋势,但团队的有效工作还是需要正式的组织结构来保证。2016年,斯沃茨(Swartz)、博达尔(Bohdal)、斯皮格霍夫(Spiegelhoff)、格列茨科(Gretczko)和斯隆(Sloan)指出,89%(高于2015年的87%)的公司认为正式的领导力是"重要的"或"非常重要的"。还有越来越多的组织研究强调领导者的行为对团队绩效的重要性。层级式领导力和共享式领导力这两种模式的并存,显示了对团队进行教练辅导的复杂性。这种复杂性突出了一点,即在接触团队之前,团队教练需要和团队领导者深入沟通,了解团队环境中领导力的状况,而这和团队教练工作有很大关系。此外,虽然在组织环境中,人们认为团队领导者的角色是很有影响力的,但关于团队教练的研究,基本上都忽视了团队领导者这个角色。团队教练书籍的作者们已经认识到团队领导者的角色对团队教练工作是有影响的,但是对于团队领导者如何影响团队教练或更广泛的团队发展过程,并没有明确的说法。本章借鉴了实践经验和当前的博士研究成果,介绍了团队领导者的不同角色,研究发现,这些角色是能够支持团队教练工作的。

本章借鉴了一个工具性的案例研究,从解释主义(interpretivist)、建构主义(constructionist)的理论视角出发,考虑了环境背景和多个不同的视角,为团队教练工作提供了证据基础。一场全球帆船赛为研究教练和团队领导力发展提供了一个新颖的背景。黛(Day)、戈登(Gordon)和芬克(Fink)认为体育环境可以为研究复杂的组织现象提供一个相关的视角。案例研究既简化又放大了社会动态环境。领导力教练和团队教练都可以培养团队领导力,提升团队绩效。案例中,50名不同层级的参与者接受了半结构式访谈,其中有船长、船员、外部教练团队的成员及竞赛主办方的团队成员。数据分析包括分析访谈主题,并浏览比赛开始和结束时实时发布的每日队长博客。从博客的内容中我们了解到，在比赛过程中，随着时间的推移，团队领导力从队长手里转移到更多团队成员手中。在这种情况下，我们发现，队长可以影响团队的基调。进而，随着比赛的进行，团队领导力逐渐表现为共享式领导力。这种共享式领导力在高绩效团队当中展现得更为明显。在高绩效团队中，队长会鼓励团队内形成一种教练文化。基于这个研究，我们可以从多维视角看到团队领导者既可以支持团队教练过程，也可以支持整个团队的领导力发展。这些观点说明，团队领导者在支持团队教练和团队发展中扮演着复杂的角色。这些角色也和自主管理的团队及领导团队相关，在这样的团队环境里，这些角色可能由不同的团队成员分担。本章的目的是激发进一步的辩论和研究，探索团队领导者在支持团队教练方面具体可能起到什么作用。

作为走钢丝的人的团队领导者

团队领导者的位置介于其下属团队和更大范畴的组织之间。因此，团队领导者必须要在其团队的健康和发展以及组织的成长与可持续性之间求得平衡。案例研究强调了将发展与绩效挂钩的重要性。高绩效团队持续不断地保持这种平衡，以持续获得高绩效。格兰特曾有过这样的提醒：不考虑团队发展的需求或团队的整体健康，只关注短期的绩效，可能将人们"从痛苦但仍然发挥功能的状态推入痛苦、功能失调和身心崩溃的状态——这是当代组织再熟悉不过的意外结果"。一名参加了帆船赛的队员分享了一件事，说的就是这个问题。他解释了过度强调赢得比赛给团队造成的影响："队长开始执着于赢得比赛，并说要加倍努力，于是，情况开始变糟。"

一位赛事总监则提供了另一个视角，他评价一位之前赢得比赛的船长："我和很多船长交流过，但只有这么一位船长，他说要以正确的方式赢得比赛，并很好地平衡了三个方面，即让队员快乐、给队员一个好的体验和获得成功。"

如果过于注重团队健康/发展和团队绩效这两者中的任何一个，教练活动和团队发展都将受到影响。团队成员可能会认为管理层给团队做教练其实是为了压榨团队获得更高的绩效，而高管层也可能会把教练活动看作是对组织获得高绩效的一种干扰。团队健康和团队绩效之间的这种矛盾张力会体现在团队的领导方式上，与团队领导力有关。这种张力也会体现在教练的不同成果上，即教练更关注团队发展、团队健康，还是更关注绩效。追求团队健康、团队发展需要关注人，而追求团队绩效需要关注任务，这两个方面需要平衡。在团队教练活动中，这种张力也显而易见，不同的学者，或关注关系，或关注过程。团队领导者可以像走钢丝的人那样加以平衡，专注于平衡团队健康和团队绩效这两种互相竞争的需求。让大家关注团队教练活动，视其为协调团队发展、团队健康和团队绩效的有效过程，由此，团队领导者消除了这种平衡行为的内在张力，并确保教练活动契合组织的战略。

作为教练活动倡导者的团队领导者

通过与外部利益相关者和团队内部成员交流团队教练活动的好处，团队领导者可以成为教练活动的倡导者。参加帆船赛的一支高水平团队的队长强调了在团队中推广教练活动的必要性："当然，我在队员中做了很多推动的工作，我一直说，是的，不管是为了现在或未来让你自己得到好处，还是为了团队，教练活动都是一件好事。"

在团队以及更大范围的组织环境中，团队领导者都是有影响力的人。澳大利亚开展了一项以实验为基础的调查研究，36名团队教练参加了这个调研，调研发现，大多数教练都会采用一种全面而系统的教练方法，而团队管理者的影响与教练活动的效果密切相关。教练们的方法会考虑到团队外部发生的事情，包括团队运作的环境，以及团队成员与组织中其他人的关系。在这种情况下，无论是向关键利益相关者倡导团队教练活动，还是支持教练与其他利益相关者互动，团队领导者都能发挥重要的作用。

人们认同教练活动是有价值的，但还是会质疑某些教练实践。在有些情况下，人们可能对教练活动的了解不够到位，特别是如果教练活动与其成本高昂这样的观点发生关联时，人们可能还会用怀疑的眼光看待教练活动。在案例研究中，一位赛事总监的表达证明了这种现象确实存在：

> 我一直担心教练活动会涉及复杂的成本……我不确定你是不是直到教练活动发生了，才真正了解你从教练活动中收获了什么，也可能教练活动完成后过了很长一段时间，你才能真正了解你的收获。一般都认为，教练活动解决了问题……我认为，关于教练活动，人们会担心不知道它有什么好处，但教练活动可能又是非常昂贵的。

密西奥提思（Mihiotis）和阿吉鲁（Argirou）承认了这种怀疑主义的存在，并建议教练们要以一种建设性的方式定位教练活动，即"避免多虑和误解"，从而鼓励人们积极参与教练活动。在鼓励团队积极参与教练活动方面，通过管理团队对教练活动的期望，团队领导者可以发挥类似的作用。具体来说，团队领导者可以通过向团队介绍外部教练，帮助团队明确对教练活动的期望，并将教练活动定位为一个提升绩效、发展团队的过程，鼓励团队积极参与教练活动。在帮助团队了解教练活动可能给团队健康、团队发展和团队绩效带来什么好处这件事情上，团队领导者能起到重要的作用。格兰特将团队健康定义为一种平稳均衡的状态，即"个人可获得充足的资源应对挑战"。这表明，通过以技能和能力提升的形式获得更多的资源，教练活动能够促进个人的身心健康。通过将团队发展、团队健康与组织绩效结合起来，团队领导者可以影响外部利益相关者，并提供充裕的资源支持团队教练活动。特别是，团队领导者可以与高管层沟通教练活动的好处，从而为教练活动赢得足够的时间。需要优先考虑为教练活动留够时间，以便在绩效竞争的压力环境中，团队能够专注于团队发展。如果没有高管层的投入，就会有只关注团队绩效的风险。通过向高管层宣传团队教练的好处，团队领导者既支持了团队，又支持了教练。团队领导者在团队里倡导教练活动，鼓励大家积极参与团队教练活动，以此来支持团队发展。

作为领航员的团队领导者

在团队教练过程中，团队领导者可以充当外部教练和团队的领航员。通过分享他对团队在特定情境下遭遇到的挑战的看法，团队领导者可以引导团队教练应对更大范围的组织环境的复杂性。团队领导者还可以提供他对影响团队内部关系的社会动态的洞察，从而影响团队与教练的互动方式。例如，在案例研究中，教练在团队教练环节发现了一些张力："冲突和关键对话的经典主题——处理特别有个性的人及其对整个团队的影响；处理不合群或被孤立的个体及其对团队其他伙伴的影响。"

凯茨·德·弗里斯（Kets de Vries）、佛罗伦特·特雷西（Florent Treacy）和科罗托夫（Korotov）确定了团队领导者和团队之间存在着不同的关系模式（分别是依赖、独立、互相依赖的模式），进一步说明了团队教练活动的复杂性。团队领导者可以就这些关系模式和团队的发展阶段与团队教练分享。团队领导者还可以提醒教练，帮助教练了解当下团队对教练活动的了解程度以及团队成员的期待，并可以讨论过去发生过的任何可能影响教练活动参与度的教练体验。有一位赛事总监描述了对教练活动没有明确预期造成的影响："他们认为教练活动会是某种包治百病的方法……将解决他们所有的问题，但教练活动并不是这样的，所以，下次他们更不愿意参与教练活动了。"

团队内部缺乏明确的期望可能导致大家不愿参与以后的团队发展活动。团队领导者还可以从日常体验中发现学习的机会，为团队充当领航员的角色。体验是对人的发展有关键影响的因素。库伯（Kolb）认识到，人们的各种想法，不是"固定不变的思想要素"，而是通过不断地体验和反思形成的，由此形成体验式的学习循环（experiential learning cycle）。通过将过去的体验重塑为学习机会，团队领导者可以确保教练活动与团队工作的环境发生关联，并与团队教练一起，利用教练的支持，来应对团队发展遇到的挑战。这一观点与劳伦斯和怀特（Whyte）的结论是一致的，他们两位也认为，经验丰富的团队教练，会在挑战和支持之间保持平衡，从而协调团队的发展和团队的健康。

在团队教练过程中，人们需要把更多的注意力放在对共同目标的假设上面，这是团队领导力文献中经常提到的一个观点。德鲁（DeRue）借鉴了华莱士（Wallace）的研究成果，对共同目标的假设提出了质疑。华莱士认为，随着人们意识到必须团结起来，致力实现有互相依赖关系的目标，社会结构逐渐形成。案例研究中有社会动力学方面的表现，也证明团队中存在相互冲突的议程，正如一位队员所说："我们需要它（教练活动），因为我们的团队一团糟。团队里有很多纷争，大家都很心烦……每个人的想法都不一样。"

通过影响社会动力并将相互依存的目标与组织的战略保持一致，团队领导者协调团队发展与团队绩效，并鼓励团队成员做出承诺，积极参与到团队教练活动中。此外，团队领导者可以通过与团队成员持续对话，来识别平衡团队发展和团队绩效可能遇到的潜在挑战，从而指明前进的道路。团队领导者也可以从传统的绩效管理流程转向将教练活动作为一种提升组织绩效的策略。一位管理参赛团队负责人的赛事总监参与了内部教练活动，他的评价如下：

> 对他们进行绩效管理，和对他们进行教练辅导，这两者的区别是……我不知道……去管理那些队长的绩效更难，特别是当他们在如此遥不可及的地方时……在绩效管理方面，对他们进行教练，是我更愿意关注的方面。

这段话突出了平衡绩效管理和教练辅导的挑战，反映了团队领导者做教练的复杂性。格兰特呼吁，第三代教练活动要培养领导者的教练敏捷性，以创建"一种优质对话的文化，在这种文化里，针对绩效和发展进行对话是每日常态"，而不是强制性的、僵化的、有时间限制的绩效评估对话模式。根据格兰特的说法，教练活动和发展性活动可以发生在"人们日常需要的非正式协作谈话中，以便在公司每日的快节奏工作环境中进行有效沟通"。这一观点表明，团队领导者持续开展教练活动带来的好处可能超过传统的绩效管理评估方法；因为传统的绩效管理评估可能脱离日常的工作体验。通过将教练辅导和绩效管理进行有机整合，团队领导者消除了团队发展与团队绩效之间可能存在的内在张力。此外，团队领导者可以衡量团队教练活动的影响，这对团队教练和团队本身都是有价值的。

作为教练文化缔造者的团队领导者

人们越来越倾向于创造一种更具协作性和社会性的学习型文化。2006年，哈姆林、埃灵格和贝蒂对管理辅导行为的一系列实证研究进行了元分析，分析发现："有效的管理者和领导者是那些将有效的教练辅导活动作为其核心管理实践的人。"霍金斯也认同这一观点，他描述了"教练基础设施"的需求，其中包括在组织内整合教练干预措施，并评估这些措施的影响。安德森（Anderson）也呼吁将教练活动与管理或领导风格结合起来，认为团队领导者可以在创建教练文化、支持团队学习方面发挥重要作用。林宝（Lindbom）强调了领导层在创建教练文化方面的关键作用，他说："教练文化需要领导层的专注、承诺和言行一致。"本章作者认为，一个人们普遍接受的创建教练文化的方法是对管理者进行教练技巧的培训。伊万斯（Evans）也注意到将教练活动融入组织的复杂性，描述了把教练活动置于"有各种关联、各种场景的混乱而复杂的社会系统"中所面临的挑战。他的研究强调了领导层在管理变革和整合教练活动方面的核心作用。范·尼沃伯格（Van Nieuwerburgh）和帕斯莫尔（Passmore）探讨了如何创建教练文化以支持团队的学习，并提出通过共同创建安全的学习环境培养信任的基本要素，打造支持学习的教练文化。伯森（Bersin）联合有限公司还指出，创造一个有利于教练活动蓬勃开展的环境，是培养高绩效教练文化的关键因素。这些研究认识到在组织图景中嵌入教练的复杂性，并承认团队领导者在支持教练文化创建方面是有作用的。

团队教练活动为团队领导者发展在工作场所的教练辅导技能提供了可能性，而团队领导者的教练辅导技能又有助于在团队内创建教练文化。团队领导者可以树立榜样，坚定地致力发展自己的能力，并运用教练式领导风格，鼓励大家从日常体验中学习。霍金斯认为团队领导者的角色具有双重性，并提出了团队教练的5C模型。该模型强调团队领导力随着团队发展到不同阶段而发生相应的变化。随着团队的发展，团队领导者的角色也在向团队教练转变。在案例研究中，针对教练活动如何鼓励团队领导者在团队内共享领导力，有教练这样说："下放权力和影响力——让团队成员获得更多的控制权，且不会让他们感到领导者在推卸责任。"

团队领导者可以通过采用教练式领导风格，在提升团队幸福感和绩效方面发挥核心作用。案例研究表明，这种领导风格可以鼓励团队中出现共享领导力，并在团队中创建一种教练文化，支持共享领导力的过程。

作为集体学习培育者的团队领导者

学习和发展需要时间。赫斯特（Hirst）、曼恩（Mann）、贝恩（Bain）、皮罗拉（Pirola）、梅洛（Merlo）和里希弗（Richver）在2004年就发现，领导者从学习领导力到他表现出引导式的领导行为，需要4到8个月时间。由于能力发展需要时间，团队领导者可以在教练活动进行期间和结束之后来支持团队的发展。基于这一观点，戴（Day）、弗莱诺（Fleenor）、阿特沃特（Atwater）、斯特姆（Sturm）和麦凯认识到，"通过日常领导活动持续地实践是发展能力的关键所在"。团队领导者可以鼓励大家将从团队教练活动中获得的集体学习经验迁移到组织的环境中。坦能鲍姆（Tannenbaum）、比尔德（Beard）、麦克纳尔（McNall）和萨拉斯（Salas）也认同这一迁移的关联性，并且提醒，团队必须利用非正式学习的机会，更加熟练地从经验中学习。这些学者还认为，这种迁移需要有意识地学习、收集反馈并对经验进行反思。然而，这些学者还没有探索团队如何提升这种学习敏锐度。团队领导者可以充当培育者，来支持团队，鼓励团队基于日常体验进行集体学习和反思，并鼓励团队实践新的运作方式。本书案例研究部分提供了一个例子，其中一位运动队的队长讲述了这个过程是如何逐渐发生的。

> 我们开展了大量的训练，投入了很多时间。我想，在需要领导力的岗位上，我有一些好人选，大多数情况下，他们也确实是好领导。他们最终会和新人一起完成大部分的训练。训练工作并不都是我提供的。我把领导权下放给队员，让他们互相训练。

以上这段话说明了在高绩效团队中发展起来的教练网络里，队长充当团队教练，在团队中培养了集体学习和发展的氛围。团队领导者可以发挥关键的作用，鼓励团队成员彼此教练，支持整个团队内部形成教练活动的网络。

结　论

我最近的博士论文研究强调了教练活动如何通过关注团队领导者的发展以及团队内部的领导力发展，来支持团队领导力的发展和团队绩效的提升。这项研究明确了团队领导者在教练活动中的五个不同角色。第一，团队领导者在团队教练活动中扮演着核心的角色。通过平衡团队里的个体需求和组织层面利益相关者的绩效期待，团队领导者在团队健康/发展和团队绩效之间，扮演走钢丝的人的角色。第二，在团队教练过程中，团队领导者向团队内外的多个利益相关者倡导教练活动，扮演倡导者的角色，确保支持和承诺在整个团队中发展团队领导力，从而有助于增强组织内部的领导力。第三，通过澄清期望，并使教练活动与团队的目标保持一致，团队领导者为外部教练和团队扮演领航员角色。第四，团队领导者以身作则，用开放的心态学习，鼓励团队从日常体验中学习，以此创建一种教练文化。第五，团队领导者倡导团队内部进行集体学习，作为集体学习的培育者，支持团队的发展。通过发挥这五种角色的作用，团队领导者拓展了团队教练活动，并将学习迁移到工作场所。尽管确定了这些有影响力的角色，但团队领导者在团队教练活动中的角色研究依然是不够的，因此，需要更多的研究来了解团队领导者支持团队发展的不同方式。

第 28 章　教练虚拟和远程团队

詹妮弗·布里顿

随着技术的不断发展，越来越多的团队教练应邀教练虚拟和远程团队，也会为整个团队提供远程教练服务。尽管像 IBM 这样的组织又恢复了在同一地点工作的模式，但许多组织本质上具有虚拟化和全球化属性，还有一些组织由于各种原因也开始表现出这样的特点。技术、文化、复杂性、矩阵式架构等诸多因素产生了微妙的变化，需要团队教练在工作中予以重点考虑。

本章将探讨教练虚拟和远程团队这个领域，并聚焦于一些常见问题，包括：

- 当前虚拟和远程团队工作的大环境
- 团队教练发现的三个领域的不同之处
- 远程团队教练：技术层面
- 从文化层面进行干预：可见的和不可见的
- 教练虚拟团队时需要探索的领域
- 教练虚拟和远程团队的六个要素
- 在虚拟空间中建立信任和连接的技术手段

当前虚拟和远程团队工作的大环境

团队教练们可能会发现，他们之所以要在虚拟空间提供教练服务，是出于以下几个原因。首先，教练可能会与一个远程团队（该团队的成员分别在不同的地点工作）合作，这个团队可能有一个实体办公室，也可能没有。如今，远程团队成员的工作地点，可能分散在一个城市的各处，也可能分散在一个国家的不同地方，甚至可能分散在六个不同的时区，还有可能是一个全球性的团队，成员来自三四个不同的大洲。教练也可能和这样一个虚拟团队合作：团队由若干个体组合而成，这些人可能不是向同一个经理汇报，只是为了完成同一个项目而在一起工作。

菲拉齐·格林莱特（Ferrazzi Greenlight）的一项研究发现，79%的受访者经常或总是参与至少一个分布式团队或虚拟团队的工作。文化向导（Culture Wizard）2016年的一项研究发现，只有22%的人参加过关于虚拟团队的培训。

本章聚焦于那些正在支持虚拟或远程团队的教练。无论是全球性的团队，还是分散在某个主要的城市或区域中心各地的团队，虚拟和远程团队都有一些独特之处，比如：

- 每个团队成员的自主程度和独立程度不同
- 有时区差异
- 有文化差异
- 团队成员有可能身处一个或多个矩阵关系之中
- 团队成员间的亲密程度不同
- 信任和连接度较低

索贝尔·洛耶斯基（Sobel Lojeski）和瑞利（Reilly）在2008年曾指出了"物理距离"和"虚拟距离"的差别。物理距离是指团队和团体的成员不在同一地点或不会同时在同一地点工作，他们借助像电话、网络、电子邮件这样的媒体进行沟通。虚拟距离是指由工作职能、文化和汇报关系造成的分离。在物理距离和虚拟距离的特征发生变化时，团队会有不同的表现。他们在研究中注意到，"当虚拟距离相对较远时，以下关键成功因素显著减少"：

- 创新下降超过90%，竞争优势受到严重影响
- 按时/按预算执行的项目绩效会有超过50%的折损，可能使公司损失数百万美元

- 信任度下降超过 80%
- 工作满意度下降超过 80%
- 目标和角色清晰度下降超过 60%
- 良好的公民行为下降 70% 以上

这些都可能是团队教练受邀支持团队的首要原因——支持团队建立信任，改变行为，明确目标和行动。考虑到这一点，团队教练在与虚拟团队或远程团队合作时，可能会发现哪些不同之处？哪些领域是他们希望进一步探索的？

团队教练发现的三个领域的不同之处

与其他类型的团队一样，当团队领导者积极参与而且团队也已具备可教练性，也就是说，大家认为团队教练是目前对团队而言最好的方式，所有团队成员都准备好参与团队教练活动时，虚拟和远程团队的团队教练过程才能真正发挥作用。

与其他类型的团队不同的是，教练虚拟和远程团队时，需要关注以下三个方面的差异：

1. 弄清楚"教练对象是一个什么样的实体？"。
2. 团队成员之间相互了解甚少。
3. 团队的集体关注点与个人贡献之间的平衡是怎样的？

弄清楚"教练对象是一个什么样的实体？"

在当今的数字化虚拟世界中，虚拟团队和远程团队这两个术语正在被赋予新的含义，在许多组织中，这两个术语会被相互替代使用，但它们的含义可能有所不同。教练首先需要与项目发起方探讨，即将接受教练的是一个怎样的实体——是一个远程团队、虚拟团队,还是一个工作小组?

虽然答案不一定总是很清楚,但这个答案会影响教练决定采用哪个"视角"来开展教练活动,也会关系到谁会参与教练活动。这也明确了教练是要关注整个团队,还是要关注团体中的成员个体及其个人行动。

团队成员之间相互了解甚少

鉴于团队成员之间接触的机会较少,虚拟团队成员可能对其他团队伙伴做什么以及他们偏好什么都知之甚少。团队成员除了电子邮件往来,从未见过面也是很常见的。如果能够预先规划并系统安排成员之间的相互接触,整个虚拟团队都会受益。在同一地点工作的团队可能会"在餐厅偶遇某人",但虚拟团队通常享受不到这个好处,除非借助技术的支持(如利用一些即时聊天软件和视频直播平台)。

除了制定基本规则和工作方式外,团队教练还可以主动地让团队成员了解彼此,探索各自的偏好。这样做能将每个人的文化背景结合起来,帮助团队成员了解到以下内容:

- 如果遇到某些问题(如技术问题),我可以去找谁;
- 人们在沟通方面的偏好是什么:偏好简短、直截了当的电子邮件,还是更喜欢详细的、内容丰富的电话交流;
- 工作风格方面的偏好(偏好协作还是更喜欢独立工作)。

团队的集体关注点与个人贡献之间的平衡是怎样的

与成员在不同地点工作的团队合作时,团队教练将介入各种不同的工作关系。有的团队可能在三个办公地点各有一些团队成员,而有的团队甚至可能没有一个实体办公室,所有成员都在不同的地点工作。很重要的一点是,要尽早弄清楚如何在整个团队的关注点和团队成员的个人发展之间保持平衡,并围绕团队的共享目标达成共识。

远程团队教练：技术层面

在对一个全球性团队或分布在一个大洲范围内的虚拟团队进行教练时，时区可能会给团队造成阻碍。当一个团队成员为了参加团队会议，总是得延后收工或者提前开工时，这种时区壁垒的存在就会引发各种怨恨情绪。疏离感会在团队成员之间普遍存在。技术是让远程教练工作成为可能的一个重要因素。为了避免在整个团队中造成更高程度的不平等，团队教练会选择确保能实现以下功能的技术和虚拟平台开展教练活动：

- 操作简单便捷；
- 每个人的声音都能被听到；
- 能够支持团队开展不同类型的沟通对话，比如分组讨论、投票表决、互动交流；
- 能够让成员之间产生尽可能多的连接，能够给团队成员提供尽可能多的视觉信号；
- 有视觉锚点。

针对最后一点，团队教练需要与团队合作，一起选择能够提供尽可能多的视觉信号的平台，同时要注意到，在团队成员之间，分歧或差异是如何产生的。

与其他团队教练活动一样，这项工作并不是在团队教练的对话中才"刚好展开"的。当团队开始将这些对话整合到日常工作中时，团队教练的力量就会在触点之间产生。在团队教练活动之外，针对团队如何继续沟通交流这一点展开对话非常重要。因此，团队教练可能是虚拟团队尝试新技术的推动者。

从文化层面进行干预：可见的和不可见的

在虚拟空间里，团队教练会体验到的一点是，团队成员参与塑造的最重要的因素之一，就是文化。文化是"我们做事的方式"，受许多因素的影响，包括地理、职业或性别。

即便一个团队的成员身处同一个国家的不同地点，其成员也会有不同的文化偏好。想一想，加拿大和美国的西部、东部、中部，都有不同的文化。包括霍夫斯泰德（Hofstede）和罗辛斯基（Rosinski）在内的多个研究人员对此进行了探索。正如杜阿尔特（Duarte）和斯奈德（Snyder）所述，"文化可以影响成员如何履行其对团队的义务"。

在团队教练活动中，文化会影响团队成员执行以下任务的方式：

- 选择让冲突浮现并予以解决。
- 对一项任务说"是"还是说"不"。
- 深入探究以解决问题。
- 挑明正在面临的各种挑战。
- 就他们是偏重个人导向还是集体（团队）导向做出决策。
- 服从正式和非正式的领导力。
- 选择与他人协作还是自己独立工作。

正如霍夫斯泰德所说，我们的文化会影响一些因素，例如我们如何沟通（直接的还是间接的），我们在独自工作或作为团队的一员工作时，会体现怎样的价值观（个人主义还是集体主义），以及我们如何理解和渴望等级和平等。这个主题需要教练们和所有团体工作者在虚拟领域展开更多的学习。

虽然称不上全面的概览，但团队教练应该了解并帮助团队了解霍夫斯泰德确定的不同领域的团队构成：

- 个人主义与集体主义
- 回避不确定性
- 权力距离（探索社会等级）
- 男性气质与女性气质（对应任务导向与人际导向）
- 长期导向
- 放任与自我约束

探索这些文化元素的前四个，会对团队教练有帮助。

- 个人主义与集体主义：团队成员在多大程度上是"以我为尊"，还是以"团队"或"集体利益"为重？在虚拟团队中，个人主义或集体主义会影响到团队成员是关注整个团队的任务，还是关注自己的优先事项。
- 回避不确定性，指的是对不确定性和模糊性的容忍度：有些团队成员可能习惯于"临场发挥"，而另外一些团队成员可能希望有一个事先安排好的流程。团队教练可以开展对话，帮助团队了解，团队（和个人）在应对不确定性方面处于什么样的状况。
- 权力距离（探索社会等级）：权力距离高的文化里，等级分化明显，老板与下属之间有很大的区别。权力距离低的文化将领导者和团队成员视为相互依存的。考虑到虚拟团队的现实，人们工作的地方相距很远，有些团队成员和领导者可能会觉得这个距离"有些挑战"，认为团队成员身处不同时区时难以进行微观管理。
- 男性气质与女性气质（对应任务导向与人际导向）：这个文化维度探索了任务导向与人际导向的偏好。不同的文化让人对于自己独立完成工作还是与他人共同完成工作的重视程度是不同的。作为团队成员，他们对任务与关系的重视程度是怎样的？对于"活着就是为了工作"的男性动力与"工作是为了生活"的女性文化，团队成员间可能存在认知偏差。这个文化维度将影响到团队中存在哪些角色，使用强力还是协商谈判，以及什么需要优先处理。

探索文化的不同层面，可以成为展开教练对话的重要途径。经验丰富的团队教练深知，多了解与其合作的团队有着怎样的文化是有好处的。文化会影响沟通，影响人际关系的变化，也会影响团队成员的参与、交往及互动方式。

教练虚拟团队时需要探索的领域

除了每个团队带来的需要聚焦处理的具体问题，团队教练还会与虚拟团队和远程团队一起探索其他的常见要素，包括：

- 发展我们的团队身份
- 共创团队协议和工作方式
- 命名与核查假设
- 创建视觉锚点

发展我们的团队身份：在自己的团队里我们如何行事

团队教练项目的一个重要聚焦点，可能是支持团队发展自己独特的身份或自己的工作方式。

实际上，团队教练需要与团队合作，迭代发展出团队自己的文化框架，并知道何时要把团队文化（可能不同于该团队中表现出来的所有其他文化）置于个人文化（地域文化、职业偏好）之上。

支持团队创建自己的行为规范，特别是明确哪些行为代表团队的工作方式，让团队可以持续做高绩效文化的定义者。与其他类型的团队一样，帮助虚拟团队定义自己的团队协议/工作方式或基本规则，是所有团队教练活动的基础。

许多虚拟团队成员，甚至可以说是所有虚拟团队成员，都可能是矩阵管理关系的一部分。以南美洲的一个团队成员为例，该团队成员向当地办事处汇报，但同时也是一个区域团队的成员。为了在日常工作中获得各种支持，该成员可以向当地办事处汇报。那么，这个团队成员的身份是如何界定的呢？哪个团队具有优先权，或者说他会优先向哪个团队汇报呢？

团队教练会支持团队探索一些问题，如团队如何执行以下任务：

- 处理和解决冲突
- 提出会让团队成员感觉不舒服的问题或团队没有达成共识的问题
- 给问题确定优先级
- 汇报团队的工作成果
- 履行团队的承诺

其他值得探讨的问题包括：

- 何时需要把团队文化置于团队成员的个人文化之上？
- 当地办事处的需求、优先事项和工作方式，何时可以优先于区域团队？
- 团队成员如何在其所属的其他团队中推广这些做法？

共创团队协议和工作方式

花时间共同设计团队教练活动的基本规则，对于虚拟和远程团队是大有裨益的，这也可能成为团队成员日常工作的一部分。事先明确这些内容，有助于解决后续可能出现的相关问题。共同的基本规则可能包括：

- 持续关注团队发展
- 融入团队工作的其他领域
- 有意识地在团队里持续展开对话
- 有其他矩阵管理者的参与

- 具保密性
- 团队将团队文化推广至其他层面

除了创建基本规则之外，在团队教练过程中，帮助一个虚拟团队或远程团队获得成功，还涉及以下工作：

- 可以布置一些教练活动开始前需要完成的作业，以便为促进团队的沟通做好准备。
- 努力达到最低的共同标准，或选择每个人都能参与的平台。
- 有意识地布置教练活动后的作业，来帮助团队成员学以致用，巩固学习成果。
- 采用技术手段在虚拟空间建立信任和连接。

以上这些工作，对团队教练活动的设计、关系的建立和支持，既提出了挑战，也带来了机遇。

命名与核查假设

核查我们自己的假设，会在虚拟场域里打开一个新局面。探索团队带来的文化偏见和假设，对于打算给虚拟团队提供更多支持的教练们而言，好处多多。这些偏见和假设都是团队成员分别带到团队中来的，相互之间可能一致，也可能不一致。更多地了解自己在社会和文化方面的身份与偏见，也是团队教练的一个重要成长领域。我们的偏见塑造了我们的语言（词语的选择、隐喻的表达），也决定了我们的节奏和方法。

创建视觉锚点

我们越能在视觉上吸引虚拟团队的参与，效果就越好。3M/UM 在 20 世纪 80 年代进行的一项研究表明，大脑处理视觉信号的速度是处理文本信号的

60 000多倍。

在全球性团队中，团队成员通常使用第二、第三或第四语言工作。鉴于许多教练模型的重点主要是通过语言来表达的，团队教练运用视觉锚点来扩展教练对话对团队来说是非常有帮助的。你可以想象一个刚加入团队的新成员，他的英语书写能力很强，但是要能听懂对话，听明白词语的细微差别，还是蛮吃力的。那么，一些让他可以在屏幕上阅读的书面说明，或让他使用图片来分享自己的见解并以此为基础创建自己的语言，就可以很好地支持到这个团队成员。

教练虚拟和远程团队的六个要素

团队教练可能会激发和促进重要对话的发生。团队可以从对话中获益的六个要素包括：

1. 汇报关系的清晰度——团队成员要向谁汇报哪些问题？什么时候需要汇报？如果存在矩阵汇报关系，那么团队成员向谁汇报，汇报什么？哪些问题需要汇报给所有的上司？
2. 工作期待的清晰度——包括工作时长、工作方法、休息时间、如何记录工作和如何分享等等。这些小事情在虚拟和远程空间中常常会成为大问题。
3. 与团队及至整个组织里的其他人连接的技术和能力。远程工作可能是一项孤独的工作，正如社交时间对于线下一起工作的团队成员很重要一样，面对面的时间对于虚拟团队来说也很重要。
4. 定期签到和反馈。可能要围绕这些问题进行定期签到和反馈：
   - 情况怎么样？
   - 什么是奏效的？什么不奏效？

- 你需要什么支持？
- 你目前的工作重点是什么？
- 你需要什么资源来得到想要的结果？

5. 让团队成员可以相互看见并连接的平台。团队可以发挥创造力，多花一些时间相互了解，而不该减少每季度或定期线下见面的时间。可以采用的手段包括视频直播系统或虚拟工作会议，从而让人们即便身处各地，也可以在一起实时做项目。

6. 澄清如何提出问题。什么问题需要提出来？何时提出？团队成员应该向谁提出问题？相关人员什么时候有空？如何找到他们？

在虚拟空间中建立信任和连接的技术手段

我们的核心教练能力之一，是与客户建立信任和亲和（ICF 核心能力第 3 项）。与团队成员建立信任和连接，并帮助团队成员建立彼此之间的互信和互联，对于促进教练对话的"深潜"至关重要。

越来越多的研究着眼于信任在团队和团体过程中的重要作用。艾米·埃德蒙森（Amy Edmondson）提出了心理安全感的概念，其定义是"一种共享的信念，人们相信在这个团队里尝试人际交往的冒险是安全的"。

通过分享对立的观点、不同的观点和优先事项，为团队成员创造一个可以冒险的安全空间，这对虚拟团队来说至关重要。在虚拟团队中，接纳差异是常态。

我们可以使用如下几种方式来建立虚拟的连接：

- 分组交流
- 视频直播
- 事前沟通

- 分配搭档
- 各种介绍

想想还有哪些因素可以帮助团队在关系和目标层面建立连接。

在虚拟空间建立安全感

安全感对于团体在对话空间中的深入交流至关重要。以下方式有助于在虚拟空间建立安全感：

- 共创团体或团队的共享协议或工作方式——团队成员会如何在一起工作？如何把团队成员达成共识的这些行为体现在团队成员的日常工作当中？
- 虚拟团队通话开始时，团队成员要共创对通话的期待，包括澄清通话的目的、目标、要产出什么结果及对团队的期待（需要哪些输入、如何互动等等）。
- 与虚拟团队共创一张路线图，以便每个人都知道要去哪里。
- 为参与者创造一个彼此连接的机会。
- 给所有小组成员说出自己的疑虑的机会。
- 使用适合当下对话空间的语言、用词和方法。
- 使用适合当下环境的平台并提供使用说明。
- 提供材料（比如一页纸的指南或团队可能用到的备注说明），支持团队向前推进。
- 将学习和会谈与个人所处的环境及专业环境联系起来（视情况而定）。

建立信任

在当今的商业世界里，信任即金钱，许多团队发展模型都以信任为基础或核心。虚拟团队的信任有更多层面的复杂性，其中包括权力差异，团队成员会通过很多因素感知到这一点，比如选择什么工作语言、在一天之中的什么时间召开团队会议等。举例说明，会议是否总是在一天之中的某个时段内举行，而这个时段总是会给团队的一部分人带来好处，而给另一部分人带来不便呢？

与信任相提并论的就是埃德蒙森提出的心理安全感。在虚拟团队里，信任和心理安全感将对以下方面产生影响：

- 关于自己和自己异于他人的信息，我要分享多少
- 权力的动态变化
- 在提出问题或挑战团队时，我要承担多少风险
- 我有多大的意愿在我的领域或所在地推动问题的解决

作为教练，我们希望在两个层面上与虚拟团队一起工作：团队成员之间建立信任，以及团队成员与团队本身建立信任。

如《有效的虚拟对话》中所言，有几种活动有助于建立信任，包括：

- 秉持公平——让人们感受到公平公正，这是团队教练对话真正产生的一个主要条件。作为团队教练，要注意自己在公平方面给人们留下什么印象，确保听到所有的声音，而且始终关注集体的议程。
- 进行清晰的沟通交流——虚拟空间的清晰交流，不仅体现在说了什么话，也可以考虑还可以用别的什么方式展开沟通。如果你的语言不是团队每个成员的母语，那么是否可以采用书面形式对你所说的内容进行补充？语言是如何被解释的？我们是否在回避被教练者？我们是否在澄清自己使用的术语？
- 建立共享的期待——建立大家对参与度的共享的期待。
- 发挥优势——哪些优势是团队成员可以发挥利用的？
- 为奏效的与不奏效的事情承担责任——承担责任是展示脆弱和锲而不舍的特性的一个重要组成部分。当事情不奏效时，要承认不奏效并承担责任。当事情进展顺利时，确保相关人员得到嘉奖。

- 在视觉上把整个团队连接在一起——以视频直播方式建立连接，起初可能会让某些人觉得不舒服，但这非常有助于建立连接与构建关系。通过小组活动来随机配对，这样可以连接那些本来可能不会产生连接的人。
- 保密性——保密性是任何教练过程的基石。让成员们知道教练会谈的场域是一个安全的空间，可以在此建立连接，可以针对哪些是可行的、哪些是不可行的、哪些是有可能的来分享自己的看法，而不必担心会遭到报复，也不必担心让在不同办公地点的其他团队知道，这一点是很重要的。
- 澄清过程——在虚拟空间中，对过程的特别关注有助于促进对话。团队教练要让人们知道他们可以期待什么来创造安全感，并邀请他们更深入地参与进来。与团队确认对话的边界和范畴，确认哪些是需要重点关注的话题，哪些不是。

结　论

考虑到当今的全球环境，虚拟团队和远程团队的数量可能会持续增长。作为教练，下一步您将如何发展自己的技能和实践，以便与远程团队或虚拟团队展开更有效的合作？

第 29 章　大规模团队教练：为调适性领导文化的产生创造条件

凯伦·C. 叶因门，玛丽·史黛西

本章将探讨大规模领导力团队教练过程成功的关键因素，旨在支持调适性领导文化在复杂的全球性组织中的出现。本章内容为那些需要在组织系统的不同层面——个人、团队、文化，设计"规模化"领导力团队教练的资深教练提供了指引。大规模领导力团队教练可以实现能力建设与变革转型的动态交织，同时在不断发展的进程中保持这些转变的领先优势。本章首先简要概述了当今领导团队运作的复杂环境，然后探讨了教练大规模领导团队的关键考虑因素；因为调适性领导文化能够催生各种对当今全球性组织和系统至关重要的学习和领导力实践，所以本章最后强调了支持更具调适性的领导文化出现所需的大规模团队教练设计特征。

全球性领导团队：复杂环境带来适应性挑战

组织文化可以被简单地定义为"我们在这里做事的方式"。然而，如今的"这里"与工业时代相比有着天壤之别。工业时代的管理和领导几乎没有区别，管理者和领导者都专注于规模化地高效执行已知的、可重复的过程，这样至少可以制造出稳定的、可预测的和可控的假象。对于当今的全球性领导团队来说，"这里"是指一个多背景、多层次的环境，在这样的背景和环境里，变化快速发生，未来无法精准预测。对于在系统中重要背景关系下出现的全新挑战，人们可以有多种解释。

现在 VUCA（易变性、不确定性、复杂性、模糊性）这个缩略语已为大众熟知，它突显了当今领导团队日常工作的特征（参考图 29.1）。

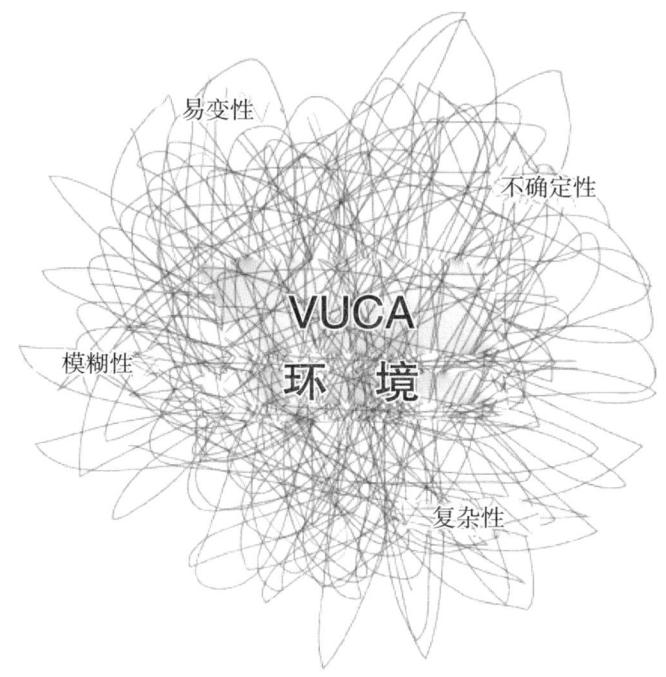

图 29.1　VUCA 环境的格式塔

资料来源：Context 咨询，2017 年。

然而，团队仍然面临着许多操作性和技术性的难题，这些难题必须通过权威、专家和程序来解决；团队还面临着日益增长的适应性挑战，这些复杂的挑战让人感到非常困惑，需要新方法和拓展性的解决方案来应对。与技术问题不同的是，适应性挑战盘根错节，人们很难了解全面和真实的情况，也没有已知的解决方案，只能通过团体学习来解决，而团体学习适用于不太可见的领域的变化，如思维习惯、假设和对可能发生的事情的设想。

所以，"这里"已经发生了改变，但在大多数情况下，领导团队塑造文化的方式并没有改变。尽管在全球利益相关者关系网络里，领导团队正以更快的速度做着更多的事情，但是要比以前更有效率的话，就需要用不同的方式来理解正在发生的事情：做决策，管理边界，相互交流，行使权力，处理冲突，以及在不确定的情况下开展工作。一位客户分享了他的觉察："我们必须适应。因为信息量太大，我们需要学习的太多了，我们必须换一种思路。"

什么样的领导者在当前的环境中工作成效最佳

当今的领导者和领导团队不仅需要跳出框框，有不同的想法，还需要更具扩展性和适应性的思维。始终如一地驱动着他们决策和行动的，是基本原则和实践，即他们的重心行动逻辑，重心行动逻辑需要变得更加复杂和完整，这样领导者和领导团队才能够扩大控制范围，并更有效地适应复杂的和不断变化的环境。例如，要定义一条新的、与众不同的战略路径，可以运用"非此即彼"的分析将新变量考虑进来，然而，从"非此即彼"转向"兼而有之"的思维范式来设想具有战略可能性的新领域，视野则更为广阔。研究表明，领导者扩展自己的重心行动逻辑可以提升学习质量，更多地运用协作领导力，并在复杂的条件下领导组织变革，取得更大的成功。简言之，他们变得更具适应性了。

在当今的 VUCA 环境中，领导者和团队不断发展并持续运用最广泛的行动逻辑，即后传统行动逻辑，这使得他们最有可能发挥促进组织蓬勃发展所需的调适性领导力。但是，行动探询协会（Action Inquiry Associates）的调查结果显示，大约只有三分之一的高层领导者发展了这种能力，中层领导者的比例则更少（只有 15%）。其结果是，对于当今的大多数领导团队来说，其集体思维的扩展性与所处环境的复杂性并不匹配。因此，当面临复杂环境的挑战时，大多数领导团队发现自己像应对技术问题一样来应对适应性挑战。在这种习惯性的模式下，团队会加速尝试做更多的事情，随之而来的是团队变得精疲力竭、不堪重负并且失去信心，团队无意中创造了胡加德（Hougaard）声称的 PAID 环境：压力大（pressured）、持续工作不休息（always on）、信息过载（information overload）、注意力分散（distraction）。对团队教练来说，即使是帮助一个小的领导团队摆脱这种模式也是一个重大的挑战。将横向能力发展与纵向能力建设相结合的大规模团队教练，可以帮助组织中的领导者转变这种无休止的模式，利用行动逻辑的提升来提高学习质量，为个人、团队和组织带来更高的绩效。

设计有效的大规模团队教练

在一个复杂的全球性组织中，大规模领导团队是一个完整但有点儿抽象化的团队。成员之间可能没有见过面，也没有一起工作过，关系可能很淡，而且可能很少意识到其他人的策略、挑战、需求和贡献。大规模领导团队极具多样性：不同的职能视角，再加上地理分布、文化观点，以及职业生涯和领导经验的多样性。团队成员行动逻辑发展阶段的多样性就更是如此，但是这却没有得到足够的重视。必须承认团队成员为了解情况和确定行动方案而采用的行动逻辑存在着广泛的差异。

以上描述了以发展的视角来开展大规模团队教练，可以使领导团队形成真正的团队关系，在这种关系中，必要的能力、结构和实践能得以呈现和发展。教练们可以将大规模团队（对我们来说，这通常意味着与100人的团队合作）分成若干个小组，小组由精心匹配的团队成员组成，他们聚在一起学习如何相互教练，同时通过反思和探究他们所面对的适应性挑战来发展能力。同时，用大规模团队的全员活动作为小组体验的补充，有助于让小组体验中出现的新实践成为规模化实践，从而让新的实践更好地融入文化中。

在一次团队教练活动中，我们和一个由12人组成的领导团队合作，他们邀请了来自全球组织（12个国家）的60名领导者参加我们为期10个月的集体领导力影响计划（Collective Leadership Impact Programme，CLIP）[1]。CLIP在支持以技术见长的领导者实时开展领导工作的同时，为他们发展适应性能力搭建了一座桥梁，并形成了一种更具弹性的文化，在这种文化中，人们擅长预见并能够适应计划性变革和突发性变革。我们还教练了另外一个颇具规模的领导团队（75人），促进了一家全球性生物制药公司在危机中成长，塑造出了更具调适性的领导文化。通过我们在这些活动以及类似活动中积累的经验，我们确定了一些大规模团队教练的设计原则，这些原则能够支持高水平的教练交付，支持能力建设并产生与战略匹配的结果。

---

[1] Context 咨询，2017年。

为成长创造条件的设计原则

多维容器和成熟的教练团队

大规模领导力团队教练需要一个发展成熟的教练团队，团队成员能够相互协作，共同创造一个动态的教练环境。这个环境可以成为一个多维容器，为适应性工作服务。所谓容器，指的是成员们开展工作的无形而又真实的空间，团体的潜力和可能性将在这个空间中展现。这些容器可以被理解为一组嵌套的空间，探询、学习和意义建构在这些空间中发生。我们所指的发展成熟的教练，是那些能够运用扩展性行动逻辑的教练，他们能够有效地管理本地和全球学习目标之间，既定的和突发的学习重点之间，以及短期学习和长期学习过程之间的张力。

团队教练容器是具有强大边界的工作和学习环境，可以协助"控制"完成适应性工作所需的不平衡的产出水平。它们是"支持性的环境"，能够很好地支持你发挥当前的能力，帮助你提升自身的能力，同时能确保有充足的时间来帮助你渡过转型期。最后，它们是"解放性结构"，将每个成员连接在一起，邀请他们进入一个过程，在这个过程中，利用旨在扩展他们行动逻辑的练习，他们将从当前的思维和行为方式中被"解放"出来。

对于大规模项目，有效的团队教练环境包含了多个不同规模的独立容器，旨在支持不同的但相互交织的学习目标。表 29.1 提供了此类容器的示例。

图 29.2 展示了我们如何将这些不同的元素整合到一个多维的教练容器中，为前面提到的 75 名成员组成的扩展领导团队进行教练。

表 29.1 多维团队教练环境中的容器类型

容器类型	描述和学习支持功能
大规模团队容器	这是来自全球领导者的集体空间。教练团队可以通过组织特定的活动（例如全体研讨会）或者一系列的持续接触，来支持扩展的团队或领导网络
小组容器	在小组容器里，教练或者教练团队与团队的不同小组开展工作，比如培养特定的、与战略匹配的技能和能力，或深化跨越职能以及其他边界的关系

续表

容器类型	描述和学习支持功能
团体引导师容器	吸引有兴趣且有能力在所在小组中担当额外责任的领导者的空间，这些领导者与教练团队合作，及时将整个教练过程的责任移交给组织本身
项目发起人/战略容器	与战略匹配的能力建设和文化变革议程得以在过程中持续建构和重构的空间
团队教练容器	教练有能力区分并运用其多重角色（如教练、导师、引导师、战略伙伴和探询社区成员）完成个人和集体工作的空间

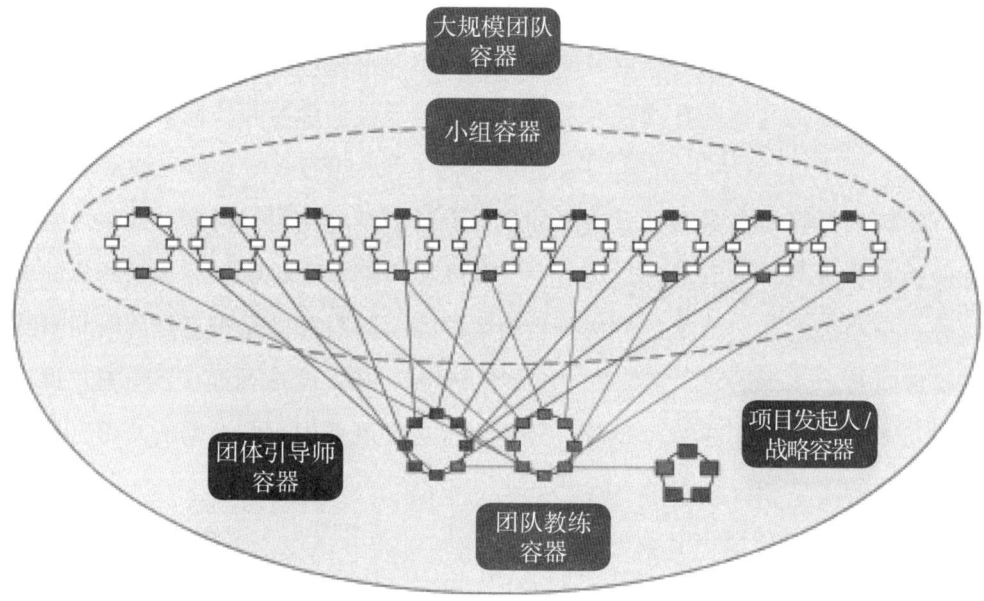

图 29.2　支持大规模团队教练的多维容器示例

注：在这个设计中，不同规模的容器对应不同的关系，不同容器中的参与者相互交叉交流，从而创建一个动态的团队教练系统。
资料来源：Context 咨询，2017 年。经许可改编。

在这些不同的容器内部以及容器之间，教练塑造了不同形式的权力，并在不同场合分享学习。例如，在团队教练容器中，教练先对工作坊进行设计，然后邀请参与者对该设计提出问题和改进意见。他们在一个单独的空间里辅导团队引导师，当这些引导师回到小组里时，就实现了可见形式的权力分享。在教练团队空间中建立起来的工作坊基本原则得以在小组容器里持续践行并落地，这些基本原则提供了一个安全的空间，在这个空间里，大规模团队容器里的参与者可以体验新的权力形式。在每一个空间，都安排了签到和签出，这样，在所有容器里都能进行不同的目标设定和任务汇报。这种权力分享与相互学习实践的交织，支持了文化的演进，也促进了在 VUCA 环境中茁壮成长所需的领导力的发展。

动态反馈回路

一个多维容器需要不断地进行自我重塑，以使教练过程保持在能力建设和文化变革的前沿。这在大规模团队教练时尤为重要，也极具挑战性，因为受任何特定变化影响的参与者和教练过程数量更多，分布也更广。

通过公开邀请和开放反馈，教练团队在全球规模一致性和当地小组差异性之间保持了动态平衡。教练团队成员所采用的教练实践（例如，常见的教练方法和小组会议结构）被整合在小组会议过程中，目的是给团队教练和小组成员赋能（例如，让当地小组定义会议内容，在小组内安排权力共享）。这些实践鼓励和支持教练与参与者在教练过程中和在教练工作坊中进行实时学习和能力建设。

理想情况下，教练团队的工作会有多个动态的反馈循环以及强化过程：定性和定量评估，从全体会议的小组分享中学习，同侪教练，数月多次的小组会议，教练团队的准备和成果复盘电话会议，与参与者和发起人的持续对话。这些能让教练团队发现团队中正在形成的新的能力，从而改进教练环境和实践，不断创造新的文化领先优势。无论行动逻辑如何，以让所有团队成员有心理安全感的方式进行反馈，就会产生能量，这种能量会转化为对教练过程的信任和投入。例如，小组会议后从教练那里收集到的见解将以主题的形式与发起人分享，在促进整个系统的学习的同时，确保其保密性。

图 29.3 描述的是在一个持续多年的教练项目中，系统接收到的反馈有领导者在行动场域（他们的工作场所）中的实验反馈，以及团队教练在小组会议

上的反思，这些反馈和反思为接下来几个月的小组会议设计和学习目标提供了信息。

针对从反馈回路收集的数据，以及从中期调查问卷和客户战略讨论中收集的意见所进行的分析，有助于教练团队及时调整优先等级和参与者的参与程度。在实施这个项目的第二年，通过这些渠道收集的反馈，促使团队教练项目从一个基于行动学习的能力建设系统，转变为一个实验性的集体影响力举措。从这一实验中获得的经验对于评估客户的学习转化很有帮助，并为教练团队提供了深刻的见解，也从根本上改变了设计的重点。

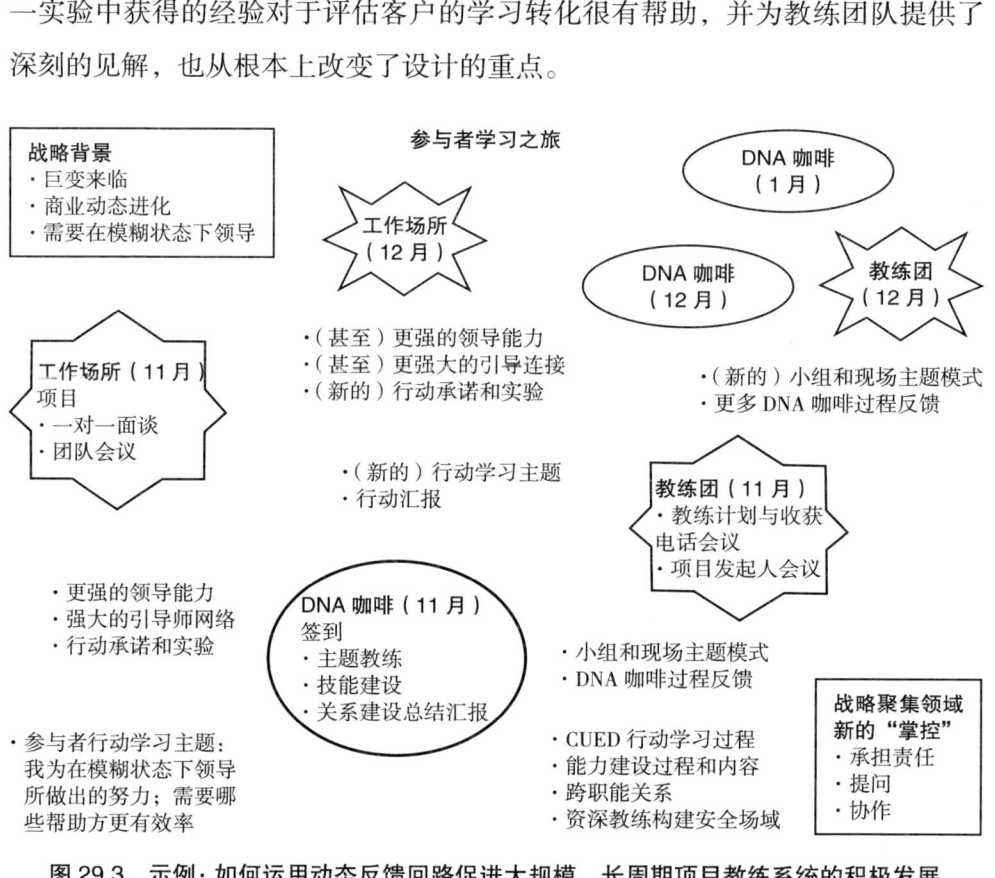

图 29.3　示例：如何运用动态反馈回路促进大规模、长周期项目教练系统的积极发展

资料来源：Context 咨询，2017 年。经许可编辑。

为促进发展搭建桥梁

多维容器为参与者创建了多个切入点，搭建了发展的桥梁。随着时间的推移，它通过一系列可实现的发展活动来支持个人和集体潜能的展现。教练在小组容器中与参与者合作，通过示范、鼓励或在某些情况下指导某些行动逻辑的行为和假设，来促进特定行动逻辑的整合，和/或向扩展行动逻辑过渡。为了支持行动逻辑的扩展，教练可以充实并支持基于后续行动逻辑的行动。例如，鼓励小组中的一名成员担当团体引导师，这是一种职责扩展，它包括了导师指导和致力将"支持"团队的责任及时移交给组织自身，这对于有能力的人来说是很有吸引力的。

无论是哪里的参与者，也无论参与者在哪里，团队教练实践、练习和干预都可以让他们彼此连接，并帮助他们找到方法更有效地发挥他们所具备的技能和能力，包括他们最可信的内在行动逻辑，同时邀请和吸引他们来测试这些惯用方法的局限性，让他们的能力得到更广泛、更灵活的扩展。此类教练实践的示例包括：

- 示范并考虑运用可视化工具和其他技术，使复杂环境中的对立现象变得可见。我们发现，高级领导团队经常努力解决的对立现象包括：知者和探询者、层级结构和网状结构、计划过程和应急过程、技术问题和适应性挑战、职能专家和协作学习者。对领导团队进行教练，让他们重新共同构建对这些对立现象的看法，有助于促进领导者、他们所带领的团队以及团队文化向敏锐的行动探询转变，在转变过程中，对立的两极不再是非此即彼的选项，彼此间也不再是矛盾冲突的关系，而是作为更全面地理解整个系统和共创混合式行动方案的切入点。图 29.4 说明了我们运用可视化工具的一种方式，它能帮助领导团队将"对立"重新定义为一个更大、更具包容性的整体中相互依存的元素。

图 29.4　示例：团队教练如何使用可视化工具帮助参与者重塑对立面

注：在这种情况下，层级结构和网状结构被描述为一个更大、更具包容性的整体中相互依存的元素。

资料来源：Context 咨询，2017 年。经许可使用。

- 引入具有发展性的同侪教练过程，比如 CUED 行动法①，目的是创建一个安全而有力的切入点和容器，帮助领导者在探索情境、假设、价值、潜力以及应对他们所面临的困境所需的不同方法时相互支持。在领导团队中引入这些过程的同时，这还为团队成员提供了一种共同的语言和可靠的方法，帮助他们提出自己的最佳想法，从而帮助领导团队确定最佳的前进道路。随着特定的同侪教练实践在领导文化中变得规范化，全新的、相互支持的互动习惯就会形成，这有助于共同探究实践的制度化，并将团队教练能力转移到组织本身。例如，我们经常听到与我们共事的领导者分享这样的故事：他们在大规模团队中的同事运用 CUED 行动法和他们对话，由此产生的那种更加协调和专注的状态震撼了他们。
- 提供以反思方法为基础的技能培养练习，这个练习有多个切入点，适应所有的能力水平。

它让团队成员在一个安全的环境中，对体验进行结构性反思，反思他们自己和他们的团队成员的潜在动机和心智模式（比如区分适应性挑战和技术挑战；从问题解决框架转向欣赏式探询框架）。

---

① CUED 行动法，2014 年版权归属 Context 咨询。经许可使用。

这些做法和其他一些做法创造了一种特殊形式的心理安全感，尊重了发展的多样性，并随着时间的推移培养了团队成员的能力，以应对出现在当地和全球影响范围内的适应性挑战。

大规模团队教练：发展体系

在当今的 VUCA 环境中，构建有效行动所需的各种社会系统——协作团队、全球同侪网络，是由后传统行动逻辑所导引的社会实践。然而，这样的社会系统在现实中却很少存在。一个原因是，当今的团队和组织所嵌入的更大的系统和范式（比如利润驱动的企业文化、以成就为导向的社会文化、注重结果的团队文化）本身就具有传统行动逻辑的特征，而传统的行动逻辑无法促进或模拟更复杂的组织可能性。换言之，那些试图通过提升自身应对复杂性的能力来提升其领导有效性的领导者，是在逆流而上。

如今，很少有团队和组织能够超越传统形式和传统行动逻辑进行发展的另一个原因是，很少有领导者能够克服困难并具备适应性能力，他们很难找到具有复杂的思维能力，而且能够提供最有用的支持和能够挑战他们以促进其持续成长的同侪。事实上，后传统型领导者普遍的一个抱怨是，他们缺少能够与其一起思考的同事或管理者，他们感到被忽视、被误解或陷入困境。这对于适应性能力比较缺乏的组织中层领导者来说是一个特别的挑战。

鉴于全球性领导团队所拥有的一系列个人能力和他们所持有的主要假设，上述动态造成了他们被要求做什么和他们能够集体做什么之间的巨大鸿沟。在大规模领导团队的战略背景下工作的教练，需要更好地支持那些想要持续提升适应性能力的领导者，让他们在缺乏自然支持的情况下能有效地应用这些能力，同时培养更多的团队成员具备这些能力。

大规模团队教练是一种强有力的方式，它既可以培养领导者满足复杂需求的能力，也可以培养系统能力，以更好地支持和识别更加复杂和更为整合式的成长，例如网络化领导团队和调适性领导文化。图 29.5 描述了如何将这些不同的成长路径视为单一的、规模化的发展系统的元素，该系统旨在发展系统能力及其成员应对复杂性的领导能力。

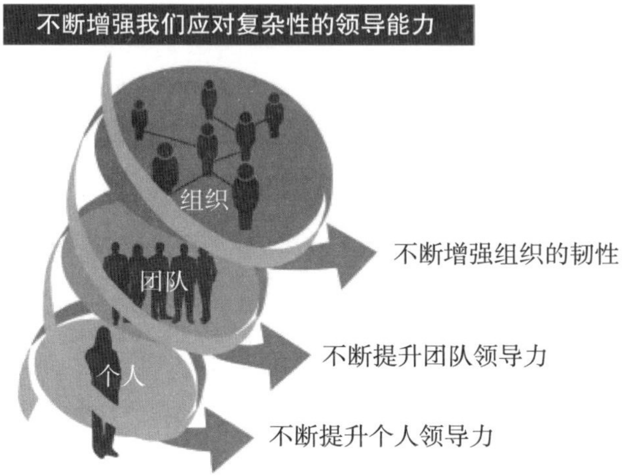

图 29.5 大规模团队教练是一个多层次的发展体系

资料来源：版权归属 Context 咨询。经许可使用。

发展调适性领导文化

大规模团队教练结合了上述原则和实践，它帮助团队创建了让调适性领导文化得以涌现的环境。当发展中的领导者越来越多地实践，共同创造一种现实时，这种文化就逐渐形成了。在这里，我们做事的方式包括以下实践：

- 决策是由多股力量共同制定出来的，包括单边力量、后勤力量和改变力量。
- 语言可用于倡导、探询和建构/重构。
- 会谈包括讨论、对话和发现。

- 通过导师指导、教练和学习社区促进成长。
- 冲突被视为具有生成性的事物，是超越的杠杆。
- 错误被视为自然涌现的脆弱。
- 互动包括协调、合作和协作。

值得注意的是，调适性领导文化不仅与众不同，而且比控制文化和授权文化等传统的文化形式更具延展性和包容性，更为复杂，也更为整合（见图29.6）。

随着文化的延展，领导者和其他人能够并且真正理解并参与关键社会动态的方式也随之扩展。例如，表29.2中展示了在我们服务的一个大规模团队教练项目里，参与其中的领导者分享了自己在项目进程中的反思。

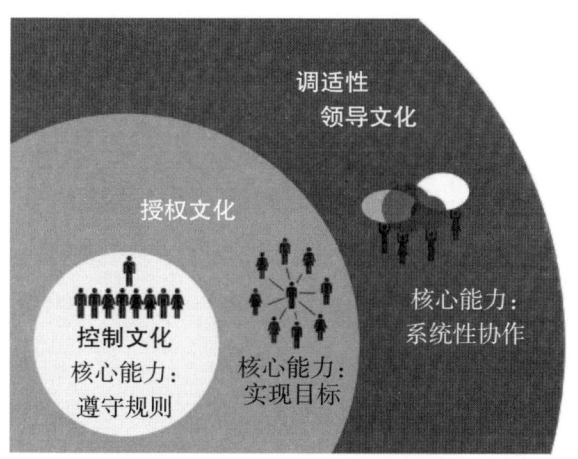

图29.6　调适性领导文化的延展性

资料来源：Context 咨询，2013年，经许可使用；受德拉斯和帕鲁斯（1994）启发。

表29.2　参与大规模团队教练的领导者在项目进程中的反思

在我看来，世界的边界正在拓展
我能够在一个非常快节奏的环境中放慢脚步，反思并做出更好的决策。我提出问题，以多维视角看待问题，并帮助别人得到他们自己的答案

续表

它帮助我更好地识别很多对立的驱动因素之间的张力
我可以更好地理解和管理分歧
我不太关心是否有正确的答案,更愿意在没有确定的答案的情况下解决问题
建立关系和欣赏他人营造一个真正协作的环境

当整个组织的领导者都经历了这样的成长时,这种成长就意味着,同时也推动着调适性领导文化的出现。调适性领导文化需要更有效的决策和行动,同时也为更有效的决策和行动提供支持,以应对VUCA环境和规模化经营。

第 30 章 用 CDAI 和 GLP 进行团队教练

卡拉·米勒，比尔·托伯特，南希·沃利斯，凯伦·C. 叶因门

本章阐述了如何应用协作发展性行动探询（Collaborative Developmental Action Inquiry，CDAI）的理论、方法与实践，通过非程式化的教练和咨询过程，既对领导者、团队和组织进行评估，也促使他们发生转变，而且，随着教练和咨询的展开，这个过程本身的自变性和协作性也越来越强。本章先简要介绍理论，然后讨论两个案例。在案例中，团队教练运用 CDAI 以及一个名为全球领导力画像（Global Leadership Profile，GLP）的心理测量工具，促进团队及其成员实现学习目标与绩效目标。

与 CDAI 相关的理论、方法和实践指的是个人、实践团队或社群以及大型组织和机构在日常实践中交织开展第一人称、第二人称、第三人称研究（研究我自己，研究我们自己，研究他人）的能力。现代科学提供了一种针对"调查对象"（有讽刺意味的是，调查对象被物化了）开展第三人称研究的模型，目的是便于科学出版，并建立一个通用的知识库（而不是提升参与者的研究和实践能力）。相比之下，CDAI 是一个研究自己和他人的模型，目的是更及时地采取行动（以及建立一个通用的知识库），这需要参与者非常愿意投入其中。如果要发展变革所需的信任，还需要增强参与者之间的互赖性和协作性。

CDAI 的第二个鲜明特点是，CDAI 不把"外部现实"视为其开展研究的"领域"，也不把科学当成该领域的"地图"。CDAI 强调目前有四个不同的"经验领域"是人们需要聆听与探索的，并且在任何特定时刻或任何特定的时间周期里，这些经验领域可能协调一致，也可能相互矛盾。对于个人来说，这四个经验领域可以被认为是：外部世界；自己感知到的个人行为；一个人的思想/情感；一个人的注意力/意图。例如，现在同时聆听所有四个领域，这意味着你，我们的读者，不仅会意识到你对这些词语的思考，而且会注意到眼前存在的这张书页，同时能感觉到自己的呼吸，并且你也体会到自己的注意力正在被

扩展。对于一个组织来说，这四个领域可以被认为是：组织的有形投入、产出和环境；组织的业绩；支持组织的战略、架构及其倡导的规范；组织的愿景和使命。

CDAI 的第三个显著特征是，进步不仅可以通过递增式的单环假设检验来实现，还可以通过双环和三环学习与变革来实现。在我们的行动和探询过程中，当发现四个领域存在矛盾时（例如出人意料的结果、无效的表现、感觉有悖于个人身心合一的策略），在第一人称、第二人称或第三人称的人类系统里，行动探询就会逐渐生成三种不同的改变能力。首先，我们可以掌握（相对而言）可靠的单环变革的能力，通过运用这种能力，任何出人意料的结果都会引领我们尝试提升绩效，以实现我们的目标。接下来，我们可以发展偶尔进行双环变革的能力。当人类系统的行动策略或行动逻辑发生转变时（目标、绩效选择和结果也会相应发生变化），双环变革就会发生。最后，当人类系统改变其"参与"方式时，三环变革就会发生。基于对全面实现个人或者组织的使命、战略、绩效和结果的持续承诺，人们的注意力会积极地识别出实践中那四个领域出现矛盾的地方，而不会对其视而不见，或者用防御来抗拒。

CDAI 的第四个鲜明特征（CDAI 中的 D）是表 30.1 中概述的发展性理论。该理论假设有一个行动逻辑的特定序列，通过这个序列，任何人类系统都能够逐渐有能力监控其在四个领域内的所有活动，也有能力在四个领域中发展出更强的一致性和完整性，由此，任何人类系统都能够（但可能做不到）发生转变。浏览一下表 30.1，你会发现，根据该理论，人类系统首先在成就者/系统生产力（Achiever/Systematic Productivity）的行动逻辑层面发展出可靠的单环学习能力；然后在转化/协作探询（Transforming/Collaborative Inquiry）的行动逻辑层面发展出有意识的双环学习能力；最后在炼金术士/基本社群（Alchemist/Foundational Community）的行动逻辑层面进行三环学习。每次向下一个发展性行动逻辑的转变，都是一个战略/结构/行为模式的双环变革。

发展性行动逻辑的第三人称心理测量工具，即全球领导力画像（GLP），在预测哪些首席执行官、顾问或教练已经发展到能够可靠地投入自己的双环转化式学习，以支持他人的双环"纵向"学习、成功地领导组织转型方面，显示出的效度和信度都很高。越来越多的实证研究表明，只有少数达到转化/协作探询的行动逻辑层面的领导者和组织，能够切实地为自己和他人的转化创造条件。

表30.1 个人发展性行动逻辑和组织发展性行动逻辑对比

个人发展	组织发展
1 冲动型 冲动支配行为	1 构想阶段 梦想创建一个新的组织
2 机会主义者型 需求支配冲动	2 投入阶段 精神、社交和资金的投入
3 外交官型 规范支配需求	3 组建阶段 实际提供的产品或者服务
4 专家型 技艺逻辑支配规范	4 试验阶段 可替代的战略和经验证的架构
5 成就者型 系统效能支配技艺逻辑	5 系统化产出阶段 制度化的单一架构/战略
6 再定义型 反思性觉察是决定因素	6 社交网络阶段 独特的组织架构效能的组合
7 转化型 自我修正的原则支配反思性觉察	7 协作探询阶段 自我修正的结构匹配梦想/使命
8 炼金术士型 双向过程（社群结构的相互作用失效，以精神力量支持着更广义的原则和行动）	8 基本探询社群 规范的原则
9 讽刺家 代际的发展制约着双向过程	9 解除纪律的约束 各种架构会激发生产力和转化性学习的发生

资料来源：改编自托伯特咨询（Torbert & Associates, 2004）。

GLP测评需要参加者完成一些句子，其中既有定量评分，也有定性分析，会生成一份长达35页的报告。报告中包含了对核心行动逻辑和备选行动逻辑的诊断，还针对参与者的回答给出了一份400字的点评，后面还有基于CDAI研究对参与者提出的领导力发展的具体目标。另外，要求参与者在收到测试反馈和教练的点评之前先进行自评。要应用 GLP 测评，教练必须参加一个行动探询和全球领导力画像工作坊，在督导的支持下多次解读报告，然后才可能获得 GLP 测评师的认证。

接下来，我们提供两个小案例，说明如何在团队教练环境中应用 CDAI 和 GLP，制定可落地执行的教练干预措施，以支持个人和团队的成长，实现在变革/协作方面表现更好的团队运作方式。第一个案例是彼得·希尔（Peter Hill）在 GLP 认证过程中，在督导的支持下解读报告期间撰写的。第二个案例是由南希·沃利斯基于亲身经验撰写的，她的教练对象是一位技术精湛但脾气暴躁的公司高管，教练目标是使其成为更高效的团队领导者和教练。这位高管在一家生物制药跨国公司的工厂担任质量团队负责人。这两个案例纳入本书，都获得了当事人的允许，案例之后还有本章作者的反思。

应用 CDAI/GLP 开展个人、团队和组织教练的第一个案例

> 最近，一家知名抵押贷款经纪公司的老板兼首席执行官邀请我到他们公司做 GLP 测评，并给他的高管团队做教练。他很快要出发去参加一项为期四个月的慈善活动，也是一次有公关效应的探险之旅。他要拿着卫星电话，骑着摩托车，从加利福尼亚出发，目的地是拉丁美洲的七个孤儿院。他不在公司期间，其手下两位最资深的高管会管理公司的业务，其中一位负责管理公司的运营，另一位负责管理贷款业务。结果是，他把主要的管理权限交给了年纪较轻的运营总监。我的观察是，这位运营总监与首席执行官的观点和风格相似，而贷款部总监则比较安静，明显更保守一些、思虑更多。

GLP测评结果表明，这三个人都与成就者型的行动逻辑产生了强烈的共鸣，但在具体指标方面有着明显的差别。公司老板的分数显示他是个"再定义型"，也有一些"转化型"的能力特征。他的典型备选行动逻辑是"专家型"。被任命为临时领导人的那位年轻一些的女士，"成就者型"的得分很高，同时也有"专家型"的备选行动逻辑。而贷款部总监的得分显示他处在"再定义型"的早期阶段，在"成就者型"部分的成绩出色，还有"外交官型"（Diplomat）作为备选行动逻辑。针对各自的备选行动逻辑，他们也进行了自评。

当我与他们会面时，他们对测评结果以及后续的教练环节的回应都很好。与贷款部总监会面时，我们讨论了他已经展现出来的"再定义型"行动逻辑，当时他兴奋地回应："终于有人看见我了。"当我们讨论这些特点、机遇和挑战时，他在对话中看到了一个发展机会，那可以让他更充分地发挥领导力。在家庭和教会的社区里，他显然是一位领导者。而在工作中，很多情况下，他表现得很被动。在比较年轻、充满活力又才华横溢的同事面前，他感到相形见绌，觉得自己不会被视为领导者。

运营总监也很喜欢GLP测评。GLP的测评结果几乎完全符合她对自己的看法，也打消了她的一些疑虑。实际上，她一直在默默地问自己，为什么贷款部总监没有力争上游。她非常尊敬他，很愿意和他交流对话，鼓励他力争上游。她看到自己在按时完成任务、搞定工作方面有优势，对此她也深信不疑。GLP测评也在提醒她，要注意对他人表现出深切的关怀。她以前之所以没有关注这一点，是因为这样做可能会让她付出太高的时间成本和无法"搞定工作"的代价。

令公司老板感到欣慰的是，他在"转化型"行动逻辑方面的潜能正显现出来，而他的这次重大旅程，证明了他有勇气"走出去"并有所作为。看到自己的备选行动逻辑是"专家型"，他笑出声来，并微笑着表示认同

> 这个评价，说他感到自己"被看穿了"，并看到了一个发展自我的机会。我对他如何看待同事提出了挑战，并建议他考虑审视自己心里对贷款部总监的偏见。他欣然接受了我的建议。
>
> 三个人都同意结合他们的个人测评结果共同开展一次教练对话。在随后开展的对话过程中，我发现公司老板没采取任何行动向公司全体员工沟通其领导权移交的事情。我建议他退后一步，让两位总监有机会管理与这个变化有关的对话、公告和流程。公司老板将此视为一次机会，看看两位总监如何在以下方面进行协作：处理一个比较重要的领导力问题；应对未来影响整个公司福祉的挑战。
>
> 在几周之后的一次教练对话中，公司老板已经退居幕后，两位总监开始了交接过程，他们现在被视为公司的领导人。公司老板已经动身上路。此外，因为这次权力转移的处理方式，老板被认为是豁达大度的人。那位正表现出"再定义型"行动逻辑的贷款部总监，与另一位总监共同领导公司。在一起担任这个比较引人注目的角色的过程中，贷款部总监也显得热情洋溢、从容自在。老板将这次交接过程带来的改变和成功，以及他的领导者后来获得的荣誉都归功于 GLP 的应用和后续的教练活动。

反 思

至此，我们可以相信这个团队教练案例描述的真实性，本书的作者们之所以相信这个案例的描述，是因为其中一位作者督导了该过程，并发现案例描述与我们的实际体验相符。该案例展示了一次成功的干预，这次干预不仅对三个团队成员的自我认知、他们改变行为的意愿都产生了重大影响，而且使他们三个人第一次成为一个团队，携手决策。

为什么这次教练/咨询的干预能获得成功？首先，毫无疑问，因为教练本人是一位经验丰富的专业人士（根据GLP测评对其"转化行动逻辑"的衡量），他熟练地询问高管们的自我认知以及他们对GLP测评提供的诊断报告的理解，并邀请高管接受挑战，在个人和团体层面做出新的尝试。其次，GLP的自我评估功能——不仅评估一个人的核心行动逻辑，而且评估领先行动逻辑和备选行动逻辑——使诊断过程更像是一场对话，互动性更强，对参与者的启发更大。自我评估和GLP诊断高度吻合又不完全一致，这为以后的实验提供了更多的素材。再次，三位高管的GLP得分比较接近（在整体发展光谱里都位于"成就者型"/"再定义型"弧度里），而且其中两人表现出"再定义型"的特质，鉴于"成就者"和"再定义型"这两种行动逻辑对反馈的态度都比较开放，小组讨论无疑变得比较容易；如果小组成员表现为"外交官型""专家型""成就者型"，小组讨论就没那么容易展开了。最后，尽管我们没有关于这家公司的规模、年龄或总体组织结构的信息，但从我们已知的信息来看，咨询的介入至少让组织开启了变革转型的第一步，如CDAI定义的那样，也许是从组建到实验的阶段。

应用 CDAI/GLP 开展个人、团队和组织教练的第二个案例

今年早些时候，我被选为哈罗德（Harold）的教练。哈罗德是一位出色的企业高管，很敬业，也很强硬，甚至可以说脾气暴躁。他在一家市值300亿美元的生物制药跨国公司负责生产质量。该公司设计和生产用于治疗癌症和血液病的药物。在公司工作的20年中，哈罗德历经公司的几次重大变革，涉及公司所有权、公司战略和文化、高层管理人员变动等。多

年来，因为在解决技术和监管难题方面战绩卓越，他被公认为专家级科学家。如今，每当发生超越任何一个部门或职能范畴的复杂问题，以及可能危及公司声誉或者重要资产安全这样的问题，人们都会来咨询他。

公司为哈罗德聘请外部领导力教练有好几个原因。尽管哈罗德的经验和见识正是公司需要和寻求的，但他有时很刻薄地回应公司的行动和倡议，让他的同事感到非常头疼。整个地区的人都知道，尽管哈罗德总是知道该做什么，可他经常很难相处。比如，在当地，他经常在会议期间说一些措辞强硬、直截了当、有时甚至是愤世嫉俗的话，恐吓同事。

他坚定不移地力挺自己的团队，不会轻易被糊弄。他可能会很强硬，就像他对自己的下属一样的强硬，他希望同事们能不断表现出自己能够胜任工作、能够按时完成任务、能够达成目标并在各自的工作领域不断学习。有些向他汇报的同事开始欣赏哈罗德及其强烈的自我意识，而另一些同事偶尔会因为受他的影响而感到灰心丧气。

哈罗德的GLP测评结果表明，他是以"成就者型"的行动逻辑来回应他人的，偶尔也会运用一些"再定义型"的行动逻辑框架。他专注于把事情做好，尽己所能地让公司获得成功；作为高管，他强烈倡导核心原则与道德准则。他看起来似乎抑制了自己的阴影部分和盲点，以应对公司日常运营中的各种困难。尽管在必要时他可以把跨地区、跨部门的工作做得很好，但他所背负的包袱限制了他的工作效能，有时也会让他的团队有挫败感。

GLP测评结果显示哈罗德的潜能有：他的能力和自我意识足以支持他更具建设性地应对那些让他有挫败感的挑战。他在从"成就者型"到"转化型"的发展弧度内运作，这是有道理的。如果他了解领导者行动逻辑的发展地图——知道自己当前的核心行动逻辑是什么，还可以拥有什么不同的选择，他就可以尝试与"转化型"行动逻辑相关的行为。在教练过程中，我们的讨论聚焦于发展潜能。我了解到，对于自己的领导方式（类似于"成就者型")和其他可能的选择(类似于"转化型")之间的区别,他已经看得够清楚了。这简直是易如反掌!就好像把地图拿给他看,和他谈转化型领导者会做什么,认识到公司越来越重视他对团队成员的领导力技能的培养,这就足以让他真心想要展现这些能力,并支持其团队成员和组织里的其他同事发展领导力。请注意,发展的路径很少是线性的。图30.1描绘了发展的混乱性。

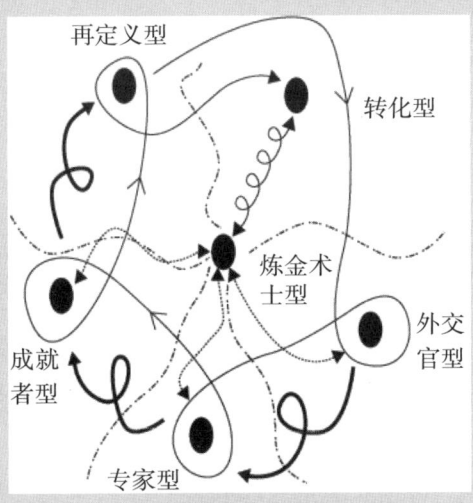

图30.1 对发展的混乱性的描绘

资料来源:Torbert。

需要特别注意的是,"成就者型"的行动逻辑与暴躁易怒并没有相关性。"成就者型"的行动逻辑乐于接受与目标相关的单环反馈,但不接受涉及目标、战略和阴影的挑战性反馈。看看哈罗德的行为,你会觉得这些结论似乎已经足够真实,而且看起来,他的行为举止与态度,与其在团队和组织中所造成的影响之间的相关性已成为一种发展的动力,促使他在更高层级的行动逻辑中探索更灵活、更有效的领导力。他承诺他会提出发展性问题,而在此之前,他会大喊大叫地给出答案,并且他承诺会以不同的方式满足每个团队成员的独特需求,支持他们发展领导力。

哈罗德决定要以不同的方式来领导,于是他采用了"转化型"的行动逻辑,好像他的内在一直拥有这些特点。态度的转变通常是教练任务中最难的部分,在他这里发生得却比较快。他对自己的行为负责,承认其行为造成的影响,并有兴趣采用更好的领导力。他起草了一份发展计划,确定了需要转变的场合,包括他何时需要更多地体现包容性,何时需要促进他本人及其团队成员不断学习,以及何时需要提出真正的好问题来要求他的团队成员发挥各自的潜能,而不是因为他们不知道答案或因为他们冒险尝试却以失败告终而痛斥他们。他正在学习如何更有效地管理悖论,例如,当公司的倡议本来意图很好,但在地区办事处落实得不是很好时,这种情况就会出现。对于那些以前常会激怒他而且他也会表现出愤怒的情况,他现在越来越泰然处之,因为他已经准备好了其他工具,例如用探询的方法了解情况,或者指导他人、授权、提供教练辅导(而以前他会认为在完成关键任务的过程中这么做,风险太大),以及针对他的领导力效能寻求反馈、给予反馈。

哈罗德意识到,他并不希望自己的任何直接下属"成长为他过去的样子",因此他非常热衷于以身作则,并与他的团队讨论在充满竞争、快节奏、高风险的环境中,什么样的领导行为是有效的。他带领一个由9名同事组成的团队,他们制定并推动实施旨在提高产品质量、增加生产效能、缩短生产周期的行动计划。团队成员都很钦佩他,不断向他学习,并为自己在最先进的实验室工作而感到自豪。然而,对于效仿哈罗德以前的领导风格,他们的心态一直很矛盾;因为以前见识过哈罗德偏好的干预方式,遇到需要寻求哈罗德指导的情况,他们就会犹豫。他们看到了自己所在地区受到的不良影响,尤其是对高管层的领导力所造成的影响。我们的教练项目带来的结果之一是,哈罗德已开始使用更加开放和友善的语气,并与他的团队更多地分享权力（见图30.2）。这让大家感觉到团队给了他们更多支持，支持他们去探索如何更好地理解自己在发展过程中遇到的挑战，以及如何尝试一些行为以产生更大的积极影响。

	早期（前习俗期）		后期（后习俗期）
反馈：	不感兴趣	→	三环反馈
力量：	单方面的	→	相互的，可以引发改变的
盲点：	那是什么	→	引发反思
幽默：	刻薄的	→	独特的
语气：	关注自我的	→	开放的、谦逊的、友善的
时间：	现在	→	未来的不同时代
灵性探询：	可选择的	→	融入其中

图30.2　随着发展而变化的行动逻辑的七个方面

资料来源：Wallis。

我请哈罗德把卡片排成三个序列：从童年到大学时期（见图30.3）；从职业生涯初期到中期（见图30.4）；从职业生涯中期到现在以及未来几年（见图30.5）。这时他不知道卡片背面的行动逻辑代码。第一个序列显示，他选择了从"外交官型"到"转化型"的卡片；他的第二套卡片涵盖"机会主义者型"到"转化型"；第三套卡片是从"外交官型"到"炼金术士型"。"转化型"卡片在这三个序列中都出现过，这很可能反映出哈罗德在凭借他当下的一流感知能力，对过去的各种经历进行新的反思。这可能是一种强大的方式，让他在各种新的意义层面审视过去的体验，从而突出和重塑对他现在的行动有指导作用的假设和心智模式。

在选择并讨论了卡片之后，我指出了卡片背面的行动逻辑代码，帮助哈罗德了解到他在整个职业生涯中是如何成长起来的，尤其是理解他在今年发生的转变。卡片启发他想到的故事和引发的思考，让他在自己的现实情况的基础上，更加生动地感知迄今为止自己从"成就者型"到"转化型"这一发展弧度内的成长，以后他就可以带着这些感知来教练自己的团队。

图 30.3　哈罗德从童年到大学的生命线

图 30.4　哈罗德从职业生涯初期到中期的生命线

图 30.5　哈罗德从职业生涯中期到现在以及未来几年的生命线

反 思

这个案例说明，在从"成就者型"到"转化型"的发展弧度内，团队领导者对于纵向和横向领导力发展的混乱性的掌控程度，会对其教练更大的团队、实现更高绩效的能力产生深远影响。具体来说，通过以身作则，表现出更有效的项目领导力和团队领导力，哈罗德的影响力更大了，这让他有机会与他的团队成员讨论他们在领导力方面做出的改善。从 GLP 的报告和分析中，哈罗德得到了启发，与团队展开了讨论。在和教练沟通时，哈罗德提到了自己和团队进行的讨论，这表明单环、双环、三环反馈和学习正在发生。GLP 的个性化报告，他与教练、同事之间坦诚的讨论，以及他所处的支持性氛围，这些都让他愿意以开放的心态展开学习。这形成了一种协作式的探究精神，这种精神使得相关的声音都被听见、被尊重，并且成为持续支持性结构的一部分。这使得哈罗德能够更安全地表达自己的感受，表达自己对以更协作的方式来领导团队的担忧。这似乎是领导者个人和团队共同发展的一个关键要素。

在这个案例里，教练设计了自己的干预措施，让哈罗德在接受 GLP 测评之前，先接受另外两个测评，即 MBTI 和一份既有定量反馈也有定性反馈的 360 度评估。这个教练项目的总体设计、流程和时间安排也支持了团队成员的相关成长，因为他们观察到哈罗德在这个过程当中很投入，而且在领导团队成员的过程中，通过获得反馈和实施个人变革过程，哈罗德发生了蜕变。

第 31 章 运用戏剧疗法促进团队教练

克里斯廷·伊奥丹努

团队教练在职场中还是一个比较新的概念，它被定义为一种"应用辅助性反思、分析和改变动机等教练指导原则，提升一个团体或团队的整体能力和绩效的学习干预活动"。团队教练活动就是让一群人聚集在一起，共同解决阻碍他们实现绩效和运作团队的问题。通过团队合作，他们需要找出阻碍他们实现目标的各种障碍，制定一个适当的计划来克服障碍，并找到让计划成功落地所需的动机和内在资源。团队教练活动通常关注由所有团队成员共享的具体目标。教练的任务是作为一个鼓舞人心的引导师，鼓励成员就工作场所中那些巩固或者阻碍积极变革和发展的具体行为，进行深入和有意义的讨论，从而支持团队实现他们的共享目标。

到目前为止，对于如何实施团队教练活动，业界还没有达成共识。随着团队教练作为一门学科在不断发展，最佳实践仍在不断涌现，团队教练的工具包变得越来越充实。为了尽可能提高有效性，团队教练活动借鉴了各种心理学的技术方法，如精神动力学和认知行为疗法、积极心理学、焦点解决疗法、家庭和团体治疗方法以及发展性教练。一种较少人研究的方法——戏剧疗法，可能有助于团队教练活动。本章将讨论什么是戏剧疗法，以及如何将其融入团队教练，以强化团队中新生的、更健康的行为和思维方式。本章的侧重点是如何运用戏剧疗法关注对团队协作和绩效产生负面影响的无意识团体过程。最后，本章还会探讨团队教练在无意识团体过程中的角色，特别是会探讨在促进团队参与和积极变革方面团队教练需要具备的才能。本章将通过各种例子和案例场景，帮助读者更深入地了解戏剧疗法将会如何助力团队教练活动。

戏剧疗法

戏剧疗法是一种系统的心理学方法，它运用戏剧来探索一个人或一群人在生活中面临的各种挑战。在古希腊，剧院是公共教育的一个渠道，人们在那里开展关于道德的辩论，而戏剧被用作一种治疗方法。当我们参与到戏剧当中时，我们会充分运用自己的身体（动作）和头脑（融入一个新的角色）。通过这个过程，我们可以体验一种新的场景，并运用我们的想象力，找出适合这种场景的解决办法。戏剧疗法运用一系列戏剧和艺术方法，让我们更深刻地理解自己在日常生活中扮演的多种角色，如父亲、女儿、姐妹、丈夫、同事、经理、团队成员等，从而促进疗愈，培养一个人的社交技能和创造力。戏剧疗法使用的一些工具和媒介，包括哑剧、身体运动、游戏疗法、诗歌、沙盘游戏、角色扮演、即兴表演、意象引导、音乐、舞蹈、讲故事和创作故事、声音、玩偶和木偶、服装、化妆、面具和绘画。这是戏剧疗法的一大优势，它结合各种艺术形式，并以一种结构化的方式融入团队教练过程中，为教练提供一系列既有利于团队也可以安全使用的策略。

虽然这些工具是促进变革如期而至的手段，但运用这些艺术形式的过程本身，才是变革的核心之所在。这个过程让一个团体的成员走出他们的日常生活，走进一个戏剧性的生活场景，在这里，他们可以用各种新颖而有创意的方式创造和重塑自己的体验。为了进一步理解这一点，让我们看看戏剧疗法中的"角色扮演"是如何促进变革的。两个团队成员进行角色扮演，场景是两个同事在争论应该如何接洽某一客户，两人都进入"同事"的角色，并体验现实的各个面向。首先，他们通过身体、感觉和思想来表演。通过重新演绎这些虚构的人物，他们可以从一个全新的视角，在更深的层面上体验自己的思想和情感。在这个过程中，团队成员可以观察到"演员们"呈现的不同姿势、动作、声音和词汇。随着角色扮演活动的剧情发展，这两位"同事"最终可能会相互辱骂、达成协议或者决定暂时叫停，换个时间再来处理这个问题。他们也可能表现出愤怒和沮丧的情感。通过观察一个人的姿势、语言或行为的变化，我们可以掌控自己的行动，提升与他人相处的能力，并与他人更高效地沟通。

通过这样一个有趣的体验，团队成员可以评估支撑团队的价值观和关系，并迅速改变无效的思维和行为模式。不管结果是什么，这种活动允许进行角色扮演的成员（以及在现场观察的其他团队成员）探索在相似的情况下他们会如何反应、如何感受。通过扮演一个新的角色，他们可能表达出原本无法体验的想法和情感，并从远处观察自己，就像在戏剧表演中的观众那样。这就是戏剧疗法的最大悖论：运用方法的实际过程（在这个案例中，方法是角色扮演）在角色和自己之间营造了一个戏剧性的距离，使自己能够识别、接触、理解，并最终接受自己隐藏的和/或受创的一面，否则，这些方面不会被人察觉。在这个过程中，团队成员充当盟友，针对演绎过程中他们的感受和想法，提供深刻的反馈，使其成为一种带来疗愈和成长的协作方式。

工作场所中的戏剧疗法

近来，以培养创造力以及促进协作和创新为目的而采用艺术性手法的实践，显示出巨大的潜力。例子包括在商界开展基于艺术的学习，以及在团队教练活动中创造团队内部的心理安全感。近几年，戏剧方法及技巧也找到了进入工作场所的方式，主要用于促进同事之间的良好沟通与合作。然而，戏剧化方法应用于团队教练的相关文献很少，现有文献仅就如何将该技术整合到团队教练活动中提供了几条简单的指导原则。

在团队教练中运用戏剧疗法的好处之一是，有助于建立信任和增强团队凝聚力。事实上，建立信任是戏剧疗法的首要目标。缺乏信任，就不会发生积极的变革。此外，团队教练活动要取得成功，就需要在团队内部建立信任。信任是至关重要的，原因有很多。首先，它直接影响到团队有效工作必需的心理安全感，进而有助于进一步提升绩效。其次，信任是组织中团队建设及满意度提升的重要组成部分。每个组织都涉及形形色色的关系，包括同事之间的关系，雇主与雇员的关系，雇主与客户的关系等等。信任是建立有效关系的基本要素，也是组织取得成功的先决条件。

戏剧疗法提供了各种不同的技术，帮助团队成员建立信任，并且学习信任自己、信任团队教练、信任队友。更确切地说，戏剧疗法运用身体性的、充满创造力的、有趣的方法来实现期望的成果。把戏剧疗法融入团队教练活动的最大好处是，它运用不同的方法和活动，以一种有趣的方式，让参与者的身体、直觉和情感投入其中。在特别重视认知能力的组织中，这些元素的作用往往会被低估。然而，正如我们将进一步了解到的，这些方法可以成为巨大的灵感源泉。为了探索上述方法如何有助于团队教练，接下来我将更详细地讨论每一种方法。

身体性

在戏剧疗法中，身体成为一个主要的工具，用于探索团队教练活动所关注的各种主题和问题。在特定情况下，对自己的身体有所觉察是非常重要的，因为这有助于让那些难以仅仅通过交谈或思考而察觉到的情感显露出来。因此，让身体参与到团队教练活动当中，不仅可以支持自我探索，还可以鼓励一个人对自己和周围的人更加开放。除此之外，它还能够激发个人的内在资源，例如情感、想象和直觉。为了更好地理解如何让身体参与到团队教练活动当中，请想象一下，组织内有一位经理需要管理某一个部门。她可能每天利用她的认知能力来按时完成各项工作，管理工作量，以及满足团队成员的需求。在团队教练活动中，她告诉她的团队成员，她最近觉得压力太大，这常常影响到她的工作效率，并让她感到沮丧和不安。团队决定利用这次团队教练活动，通过肢体练习来探索工作场所中的压力问题。教练询问所有成员，通常他们会在身体的"哪个部位"感受到压力。对于习惯于主要运用认知能力的职业人士来说，他们一开始可能难以回答这个问题。这时候，团队教练可以运用戏剧疗法，包括让大家在房间里走来走去，并从头到脚密切关注自己的身体。这种简单的方法可以帮助人们提高对身体的觉察。在参与这个活动一段时间后，有些成员可能会意识到，当自己感受到压力时，自己的胃会收缩或疼痛，还有些成员可能会察觉到胸口有一种紧张的感觉，而另一些成员可能会意识到，当他们经受压力时，他们的双手会颤抖。他们只需以一种温和而专注的方式感受自己的身体，就可以获得这些觉察，无须思考或说话，且不费吹灰之力。一旦发现有这些感觉，团队成员就可以开始寻找一种更有建设性的新方式，来表达他们在工作场所中的压力水平，并着手应对压力，而他们的工作绩效以及生活质量也终将随之而改变。

上述例子清晰地表明，在团队教练活动中，关注自己的身体并做些身体方面的活动，可能在影响个人绩效的行为模式、想法和情绪方面，获得深刻的洞见。戏剧疗法可以在短时间内让这样的问题暴露出来，为成员提供一个自我反思的机会，从而采取更理想的行为模式。身体活动有助于成员在更深的层面了解自我，了解自己的需求，感觉和团队成员更亲近，并在应对各种挫折时变得更有创造力，而这正是接下来要探讨的话题。

创造力

人们发现，创造力可以强化人们所从事的活动，并让活动变得更有价值，这些活动既包括职业活动，也包括生活中的各种活动。人们认为，创造力是一个成功的组织最重要的资产之一，而在组织中发展和培养创造力是一个长期的过程。因此，在团队教练活动中培养创造力是至关重要的，因为它进一步调动了团队成员的许多内在资源，如开放性、自主性、自我探索、底蕴学识和提出新想法的能力，这些都是组织发展所需的重要技能。戏剧疗法有助于培养创造力。各种戏剧练习可以让人们更好地理解并接纳自己和同事，增强自信，提升自我意识和自我效能。从长远来看，它还有可能提高个人生产力。

团队教练要运用戏剧疗法培养团队的创造力，有很多方法可用。其中一种方法是即兴表演。即兴表演是指首次自发的创作。在团队教练活动中，有一种可以提升创造力的即兴表演的简单方法，就是运用一些自动自发的手势和各种身体的姿势。所有队员围坐成一圈，其中一人做出了一个自然的动作或手势，或呈现了一个身体的姿势，坐在他旁边的人会放大他的那个动作、手势或姿势，下一个人继续放大，一直持续到最后一个人，以夸张的动作或情绪结束活动。进行这个练习的目的是，在没有任何想法干扰的情况下，让所有成员熟悉和接受"留白"，然后运用他们自己的创造力和自发性来填补这一空间。活动结束后，邀请成员进行反思。他们可以分享自己的感受，说说他们是否喜欢这个活动，或者是否难以根据上一个成员的动作或手势创造新的动作或手势，并将他们的艺术作品提供给下一个人去改变和呈现。这个活动是一种隐喻，比喻一个需要协作才能完成的项目，并帮助成员扩展他们的舒适区。因此，团队成员可以利用这个体验来探索，当他们作为一个团体去完成一个项目时，可以如何进行互动。审视这个活动的一种方法，是将采用这个技术的活动过程，与他们在工作中分担责任的方式做比较。反思他们如何处理从其他人那里得到的素材/输入，以及他们是否能够从同事那里获取到一些东西，并将其提升到另一个层次。这样的反思，会揭示如何在组织内更高效地获取理想的集体成果。

上述简单的活动能够帮助参与者相互建立连接，并创造性地、高效地应对可能出现的困难，探索各种问题的解决方案。此外，活动本身的趣味性让参加者释放了压力，并突出了一点，那就是当团队成员愿意发挥自己的想象力和直觉，提供和接收建设性的反馈，并相互信任以实现一个共同的目标时，他们就可以找到问题的解决方案。

趣味性

戏剧疗法的另一个重要特点是，它为个体提供了玩耍的机会，使他们进入一种似是而非的状态，即"我是我，又非我"的状态。温尼科特（Winnicott）认为，使用戏剧疗法，会让人们逐渐产生玩耍的、快乐的感觉，这很像孩子们通过玩耍的方式来学习如何适应周围的世界。玩耍为我们提供了一种安全可行的方法来应对危险的情况，而不会让我们被这些情况引发的各种情绪所淹没，同时还能提高情商。重要的是，它让团队成员开始意识到每个人在组织中的角色，并在实现共享目标的过程中欣赏彼此的贡献。

镜像练习是一个很有趣的活动，可以提高自己对他人的觉察。成员们分成两人一组，面对面站着。在每一组中，一个人扮演领导者，另一个人扮演追随者。领导者开始做缓慢的动作，而追随者试图同步模仿他，就好像他是领导者的真实镜像。一段时间后，他们互换角色，追随者成为领导者，继续进行这个活动。在活动后期，他们就能够以非常和谐的方式同步做出各种动作，以至于很难区分谁在领导、谁在跟随。练习结束后，再次鼓励成员们反思这个活动，特别是在活动中他们的情感体验如何。这样的讨论有助于澄清调整自己去适应伙伴的动作的难易程度如何以及他们更适应哪个角色，是领导者的角色还是追随者的角色。他们还可以进一步表达最终结果让他们感觉怎么样。团队教练可以帮助成员将这个活动看作是一个模拟活动，模拟他们在公司如何扮演各自的角色，特别是当他们面临需要协作完成的任务时如何进行责任分工。在这里，成员们可以集思广益，讨论什么有助于创造出最佳的集体绩效。这些要素可能是创新的想法、团队协作、幽默感、开放的对话、适应他人工作节奏的灵活性等等。一旦解决了这些问题，团队成员就可以思考，如何将从活动中获得的洞见应用到自己的工作实践当中，从而实现个人绩效和团队绩效的最大化。

工作场所中的团体动力

当人们在团队中工作时，可能会有一些不利于个人和团队绩效的无意识过程和互动方式，这些过程包括某些行为模式，也包括一些会导致功能失调的团体动力，这样的团体动力会阻碍一个团队顺畅而有效地运作。有一种方法可以识别出这种导致功能失调的团体动力，那就是注意倾听团队和组织中常见的说法，比如"我不敢说出自己的想法""我们总是光说不做""再开一次会议有什么意义"。重要的是要记住，在大多数情况下，人们没有意识到这种动力的存在，也没有意识到这种动力对团队绩效造成的影响。此外，大多数时候，这种团体动力难以用语言表达，因此很难改变，这是因为群体受到一种无意识集体防御机制的影响，这种防御机制其实是一种已成定势的应对策略，让人不用去面对或表达种种负面的情绪。这种行为模式的例子包括：为了避免对同事发火，某位同事会说有讽刺意味的笑话；为了避免面对自己的匮乏感，某位经理会放大某个团队成员的缺点。团队成员有时也习惯了这种行为模式，忘记了最初采用这种防御机制是出于什么原因。

戏剧疗法可以打破这种阻碍团队提升绩效的防御机制。戏剧疗法可以作为无意识团体动力的一剂良方，并为重大变革创造氛围。到目前为止，为了阐述戏剧疗法如何促进团队教练活动，本章已经介绍了一些具有身体性、创造性和趣味性的方法。为了帮助读者更好地理解戏剧疗法如何进一步处理那些隐藏在表象之下的问题，我会采用一个假想的团队教练场景，在这个场景里，一家电信公司雇了许多员工给潜在客户打电话，推销公司的电信产品。在一次团队教练会议上，一位团队成员表示她感到很沮丧，因为她的潜在客户在电话里往往表现得很无礼。团队教练邀请几位成员进行即兴表演，重新演绎当时的场景。一个成员扮演那位受挫的员工（演员1），她坐在自己的小隔间里，正在与一位出言不逊的潜在客户（演员2）通话。第三位成员扮演一位坐在自己的座位上目睹事情发生经过的同事（演员3）。

通过重新演绎这个场景，所有成员能够通过戏剧疗法所提供的一个抽离和安全的空间，去审视和评估这个情况。当即兴表演结束后，所有团队成员会被邀请对活动进行反思。演员们可以分享他们各自在扮演不同角色时的想法和情感。观察者可以反馈自己的感受，以及他们观察到的每个角色表现出来的行为模式。更具体地说，他们可以评价那个坐在旁边目睹事情发生经过的同事（演员3）的行为。她有什么反应？看着正在和客户通话的同事（演员1），她会有什么感受？这时可能会浮现出一些重要的主题，比如无意识过程如何影响个人绩效和团队绩效，团队成员之间如何互动，以及他们是否重视团队和组织中的其他人。

这种团队教练方法非常有效，因为它能使所有成员对一个场景不仅仅是有认知层面上的理解，还能在当下所处的情境中获得身体和情感层面的体验。戏剧疗法为在团队中发挥作用的无意识动力创造了一个强大的视觉意象，让人们对于需要改变什么有更为清晰的觉察。例如，在达森（Dassen）的案例研究中，团队成员即兴表演了他们在日常工作中的各种互动，让整个团队意识到，他们对彼此缺乏同理心。事实上，其中一名成员表示，只有当她运用戏剧技巧抽离出来时，她才意识到他们在团体中缺乏支持。

当团队成员明确地意识到他们的沟通方式不利于提升团队绩效时，他们就会开始采用新的、更具建设性的思维和行为模式。一个简单的戏剧技巧，可以使无效的事情暴露出来，并为富有成效的讨论打开空间，从而促进学习和积极的改变。

团队教练的角色

毫无疑问，从戏剧疗法角度开展工作的团队教练需要具备基本的教练技巧，如倾听以鼓励思考，提出有意义的问题。在戏剧疗法理论和实践方面，需要通过持续的专业发展，获得更多的知识，进行深入的培训，才能保持教练实践的道德水准。如前所述，为实现积极的改变，戏剧疗法的首要目的是创造一个成员互相信任的环境。因此，从戏剧疗法的角度开展工作的团队教练，首先必须在团队中建立一个成员互相信任的环境，方法是先认可个人和团体的边界。他们还需要密切关注团队动力，特别是活动如何开展，并确保每个人都感到安全及被接纳。

此外，团队教练需要具备团队和组织如何运作的专业知识。这些专业知识将帮助他们与合作的组织和团队建立并保持积极的关系。他们需要有足够的技巧，来发现影响团队互动和绩效的各种无意识机制，也要有能力管理紧张的局面，例如，当气氛变得激烈时，管理好自己以及团队的压力。他们还要帮助团队成员获得应对可能面对的任何障碍所需的技能、知识和能力。具体而言，他们应该有能力帮助团队成员发现自己的非建设性思维和行为模式，制定合适的策略以摆脱这些模式，并支持团队成员找到执行这些策略的动力，从而提升他们的绩效。在这个过程中，团队教练应该表现出非评判性的行为。

戏剧疗法使团队教练得以用一种自发的方式来实现以上这些目标。一般来说，建议教练们在教练活动中帮助团队成员暂时脱离日常现实，用各种活动来促进创新的、有趣的、充满创造力的互动模式、情感模式以及思维模式的生成。当他们能够让这种水平的自发性发展出来时，新的存在方式和思考方式就会逐渐显现，而这将有利于团队教练活动的顺利开展。

总体而言，当团队教练从戏剧疗法的角度开展教练活动时，他就扮演了一个向导的角色，帮助团队成员了解他们自己，了解他们自己的情绪、优势和不足，了解他们自己的道德观和自我认知方面的偏见。所有这些才能的培养都能促进个人绩效和团体绩效的提升。

结 论

将戏剧技巧整合到团队教练活动中，会让人们更好地了解团队是如何运作的，以及如何改进团队的运作。在团队教练过程中，团队成员对于这些方法的接受程度取决于团队的成熟度。团队戏剧疗法涉及团队合作。当团队成员相互协调地朝着一个共同的目标工作时（例如，即兴表演），他们最终会体验到作为一个团体完成任务的那种喜悦。这种共创自然发生，不费吹灰之力。戏剧疗法的身体性、创造性和趣味性，特别是它能够使团队成员更深刻地认识到影响团队绩效的无意识过程这种特性，能够对团队教练的过程起到促进作用。这些戏剧技巧以一种非评判的高效方式进一步促进学习，类似于儿童玩耍时的互动方式。这个过程引发的感受创造了信任和安全的氛围，从而进一步加强了团队的建设和凝聚力。这种新的行为模式会在团队内部，最终将在整个组织内部，促进期望的变革和成长。

第32章 团队教练：短暂潮流还是组织必需品

塔米·特纳

自20世纪70年代开始流行以来，教练活动呈指数级增长。高管教练已经成为许多组织的必需品，协作型领导力以及教练式领导/经理的培训课程也是如此。在不到25年的时间里，仅在美国，商业教练就已经成为一个价值110亿美元的产业，相关企业有近52 000家，共有88 000多名教练。2017年，面对全球化、复杂性和颠覆性，约32%的受访组织表示正致力提升其适应性并以团队为中心。

从表面上看，团队教练似乎是教练行业的一种自然发展，同时也是一种促进组织发展协作型领导力的有效方式。然而，作为教练，我们准备好了吗？组织是否清楚，为了持续有效地增强组织文化，团队教练需要具备什么能力？本章将开始破除从一对一教练到团队教练是一个线性发展过程的谬论，同时检视与团队进行合作的历史，以说明其中所涉及的复杂性和细微差别。本章的目的是促进团队教练的购买方和供应商之间展开更多对话，以建立在复杂的全球经济环境中交付团队和团体教练所必需的关系。

当前的形势

迄今为止，大多数教练培训、研究和出版物都是关于一对一教练的应用的，其中教练主导过程，客户主导内容。循证研究无法证实一对一教练是如何起效的，专业机构之间也没有统一的行业标准、衡量指标。同样，截至2017年10月，如果我们搜索教练协会（Association for Coaching，AC）、专业高管教练和督导协会（Association of Professional Executive Coaching & Supervision，APECS）、国际教练联合会（ICF）以及欧洲辅导和教练委员会（European Mentoring & Coaching

Council，EMCC）等的网站，希望弄清楚什么是团队教练，我们会发现它们没有公开的团队教练定义，也没有服务交付所需的标准。

专业机构是负责制定行业标准的，标准的缺失会带来不可预期的后果：

- 个人教练的核心能力并非是为团队教练而设定的。风险：团队教练可能使用了不恰当的技术。
- 认证的团队教练培训是根据一对一教练的标准获得许可的。风险：团队教练将这种方法应用到组织中，影响有好有坏。
- 对团队教练干预的困惑。风险：无法应对复杂性和/或确保一致的团队教练交付。

无论你是一个寻求培训的教练还是团队教练的购买方，这些缺失都令人担忧。了解了当前的形势，就可以展开建设性的对话，而不是心怀恐惧。首先，通过描绘期望的成果以引发必要的改变。随着行动的展开，对已知的进行公开讨论可以降低风险，并确保可持续的成果。本章后面会有一个更为完整的清单。

尽管目前还缺少团队教练标准，但与团队合作肯定不是一个新概念。了解团队教练的一些基本历史依据，将有助于我们在未来的组织环境中推动稳健的交付。

组织学习的历史

群体学习不是一个新概念。有记载的团队教练方法可以追溯到近100年前，其借鉴了管理咨询、成人学习、心理学、社会科学和一对一教练。熟悉这一背景可以促进共同的理解，这样，组织和教练就可以深化关于团队发展所需内容的对话。这也可能提高行业对团队教练的要求，以延长生命周期，并提升教练的能力。

工业化：组织对效率的需要

在无人驾驶汽车已然来临的时代，很难想象过去马车行驶在马路上，一次只能制造一个汽车零部件。然而，如果我们回到20世纪初，会看到为了满足大量制造汽车和其他产品的高效组织的需求，人们创造了一个倾听工人的意见和了解如何改进的机会，而组织学习就这样爆发了。

早在1921年，一群社会科学家便创立了阿贝特学院（现在的欧洲劳工学院）。该学院率先为产业工人提供具体课程，以培养他们的个体思维，并应用了"成人教育学"的概念，学习者的经验成为他们自我认同的来源，学习是围绕生活和工作情境来开展的。一个基本的教练概念"自主学习"就此诞生了。

从1927年至1932年，在伊利诺伊州西塞罗市的西部电力公司，出生于澳大利亚的社会学家埃尔顿·梅奥（Elton Mayo）和美国人莉莲·吉尔布雷斯（Lillian M. Gilbreth）以及威廉·戴尔（William Dyer）一起，对工厂工人的身体、环境和心理进行了研究。他们通过建立一种群体认同感，确定了建立有效的工作团队以及富有生产力的文化的条件。关键因素包括经理对每个人的成就感兴趣，定期进行绩效反馈，以及在做出改变前征求群体成员的意见。尽管当今的团队教练、顾问和人力资源专业人士认为这些概念是理所当然的，可是在当时，那可是史无前例的。

在这些概念的基础之上，约翰·杜威（John Dewey）引入了革命性的教学概念，比如真正的教育必须通过体验来实现，因此，教师的作用是为学习创造条件，避免引导产出。作为引导领域的领导者，杜威说学习是"一项合作而非发号施令的活动"。他建议教师利用学习者的环境和体验来萃取学习成果，选择有助于知识升级的活动，并且着眼于未来，确保这些活动有助于他们的持续成长。成人学习理论是教练成功的基础。

威廉·怀特（William Whyte）对美国跨国公司首席执行官及其团队决策的研究普及了"群体思维"（groupthink）一词，该词最初在乔治·奥威尔（George Orwell）的《1984年》一书中被称之为"理性整合"（rationalized conformity）。

群体思维认为领导者对群体有重大或直接的影响，个体没有独立的评估和决策权。当群体重视凝聚力与和谐，而不是理性时，群体思维也会产生，这会影响群体的决策能力。这项研究表明，要做出对业务最恰当的集体决策（不仅是团队和谐），我们必须深入了解团体动力。这也对团队教练产生了影响。本章稍后将对此进行探讨。

20世纪可能开始于这样一个时代——工人仅仅是装配线上的一个齿轮，福特汽车公司提出的通过工作流程提高效率的观念就是明证。但这些早期先驱者的贡献引发了对某种组织文化的思考，在这种文化中，个人的意见很重要，同时，大家也认识到通过集体合作能取得更好的成果。这种组织文化朝着以人为中心的方向发展，打破了群体思维和偏见的循环，也增进了开放式的沟通。

知识共享：组织对有效性的需求

到了20世纪50年代中期，教育得到普及，知识成为新的硬通货。组织从本土扩展到跨国，组织结构也扩展为国际等级体系，流行的西方文化开始渗透到其他非西方文化中。教育水平的提高意味着组织系统拥有一支能够解决问题并提高效率的劳动力队伍。为了引导员工的思维，现代管理者引导讨论，帮助同事解决问题，或者将任务完成得比以前更为出色。基于之前的学习理念，管理者现在已经成为一名教练，或者正在运用我们现在所说的教练技能。

深具批判性思维的彼得·德鲁克（Peter Drucker）认为"组织成长的主要障碍是管理者无法按照组织的要求迅速改变他们的态度和行为"。他主张协同管理而非应用指挥和控制模式，并坚信实行分权式管理的公司更为有效。德鲁克也许可以被视作早期的团队教练，他的独特方法是"表现得一无所知，提出一系列问题"。德鲁克可能是率先将他所运用的技巧称为教练的基本要素的人之一：建立关系、倾听和提问。

为了推广来自管理者的教练辅导以提高效率，1968年，马尔科姆·诺尔斯（Malcolm Knowles）提出了体验式学习的概念，强调改变本身就创造了学习的机会，学习者通过自我评估就可以从"依赖型人格转为自我导向型人格"。诺尔斯为其他未来的成人学习理论学家铺平了道路，如提出超个人观点的成人学习理论的玛丽亚·布库瓦拉斯（Maria Boucouvalas），进一步补充了成人终身学习理论的彼得·贾维斯（Peter Javis），基于成年人是相互学习、反思自己经历的丰富源泉这观点，奠定了现代教练的基础的还有自主学习的领路人斯蒂芬·布鲁克菲尔德（Stephen Brookfield）。1982年，被认为是行动学习之父的雷吉纳德·瑞文斯（Reginald Revans）提出了使用提问技巧的一种具体方法以及一个方程式：

L（学习）=P（结构化知识, programmed knowledge）+Q（洞察性提问, questioning insight）

从那时起，反思性实践就被加入到了行动学习理论中，支持组织解决问题和改进团队。这一转变意味着个人领导者必须具备教练技能以有效地开展工作。

1992年，约翰·惠特默（John Whitmore）爵士出版了他的开创性著作《高绩效教练》（Coaching for Performance）。许多人认为，是他开创了教练行业。惠特默的GROW（目标Goal、现状Reality、机会Opportunity和意愿Will）模型为个人教练提供了一个框架，使他们能够轻松地进行一对一教练；接着是共创式教练，概述了教练对象和教练共同创建教练联盟的条件，将教练活动定位为一个动态系统，而不是线性互动。

克里斯·阿吉里斯（Chris Argyris）和唐纳德·舍恩（Donald Schön）在1974年至1991年间对组织发展的研究表明，从狭隘的解决问题（称为"单环学习"）拓展到包括反思性实践（称为"双环学习"），为个人从错误中学习和改进创造了机会。在做出决策的那一刻仔细反思，然后立即看到其影响彻底改变了团队成员的合作方式。此外，双环学习在诺尔斯等人提出的教练式领导理念的基础之上，引入了团队目标和责任。为了更好地理解团队决策中的反思性实践并对其行动负责，阿吉里斯构建了"推论阶梯"，并将双环学习整合到行动学习中。在组织中引入反思性实践，以及自我和团队导向的目标，有助于组织认识到开展一对一教练和团队教练的必要性。

随着个人领导力变得越来越重要，学者和管理顾问们致力研究领导团队的必要条件，并分享了他们的观察结果。乔恩·卡岑巴赫和道格拉斯·史密斯在他们的文章《团队的修炼》中将工作小组与团队加以区分，并明确了与团队合作所需的基本技能。理查德·哈克曼（Richard Hackman）概述了"建立团队"的五个基本条件，其中包括"团队需要专家教练"这一个基本条件。大卫·克拉特巴克于《教练工作团队》一书中为管理者和教练提供了相关的方法。2010年，克里斯廷·桑顿在她的著作《团体和团队教练：团体的秘密生活》中强调了理解团体和团队教练的重要性。彼得·霍金斯出版了《高绩效团队教练》和《创建教练文化》后，高绩效团队教练和教练文化这两个术语成为组织中的通用词汇。这些出版物在头版时提出了当时算时新的观点，之后都不断再版，其中的观点也沿用至今。基于这些出版物中的综合信息以及这些出版物不断再版的事实，我们可以推断，提供教练的个人、组织以及被教练的人员都必须具备适当的知识和准备度。

适应性：组织需要学习

学习型组织是全球经济和文化生态系统的一部分。为了保持活力，学习型组织需要通过"颠覆性创新"来预测客户的隐性需求。颠覆，意思是中断事件、活动或过程的干扰或问题（《牛津在线词典》，第507页）。颠覆已然成为一个组织的行动号召："今天，如果你不自我颠覆，那么别人会；你要么是颠覆者，要么被颠覆，没有妥协的空间。"

柏林墙倒塌、气候变化、持续不断的宗教冲突和英国脱欧等世界性重大事件，可能是导致这种颠覆性生态系统发生以下变化的因素：

- 降低对等级和权威的尊重；
- 提升协作性和灵活性；
- 组织机构扁平化；
- 对文化规范的挑战性态度和假设：同性婚姻、语言的运用、政治趋势、安乐死、宗教和种族；

- 在环境和人际关系方面,更具可持续性,更有弹性;
- 接纳和不容忍的两极分化;
- 社交媒体、互联网和移动应用上触手可及的即时知识;
- TED、可汗(Khan)学院和大型开放式网络课程(MOOC)使在线学习常态化。

组织应对变化和威胁的能力催生了美国军事术语 VUCA 的引入。如前所述,VUCA 意味着易变性、不确定性、复杂性和模糊性,旨在描述组织内人员为管理和领导变革而创造弹性和准备度的方式。颠覆性、VUCA 和全球变化的速度可能导致了独裁领导在政治和组织上的衰落及其向协作型领导的转变。协作型领导让他人参与创造他们生活于其中的世界以及商业运作的方式。这种戏剧性的转变,使适应性学习成为组织内部的一种运作方式。

团队协同:组织需要一致协作

2016年,艾米·埃德蒙森(Amy C. Edmondson)指出,学习型组织需要积极地将团队的工作放在组织的中心位置,使其既有适应性,又有复原力。埃德蒙森提出的前沿性概念"团队协同"是积极的"相互依赖,其中来回往复的沟通和协调是完成工作的关键"。团队协同概念融合了来自成人学习环境的概念,例如双环学习,团队共同做出更好的决策的社会科学概念,以及教练的元素:心理安全、关系的存在、倾听和提问。团队协同概述了团队教练活动在创建学习型组织方面的功能要素。

2017年,贝尔辛等人指出,团队运用其集体的想法进行创新,而打造团队是为了适应环境、创新以及影响客户。设计和支持团队协同需要功能性和适应性强的基础架构。组织被视为一个敏捷的网络,通过团队领导者建立心理安全感和协调任务的完成来赋能,并由协作和知识共享来推动。团队以项目为基础,职责聚焦于产品、客户和服务,但团队中的头衔或角色具有灵活多变性。

回顾过去,我们了解到,教练的本质是教导人们如何学习,如何与自己以及他人建立联系。将这种强大的能力转化为团队教练并扩展这种工作方式，可能是创建学习型文化的必由之路。

下一步：创建可持续的学习型组织

那么，怎样才能让团队教练成为组织的必需品呢？

历史也告诉我们，与一对一教练不同，团队和组织内部的复杂性创造了一个学习生态系统，所有人都参与到创造过程中。参与团队教练活动的所有人（包括教练！）必须致力并开放地参与关于持续学习的对话。因此，为了使团队教练成为组织的必需品，我们必须首先从创建学习生态系统开始。

在学习生态系统中，组织和教练必须准备好密切合作，以拟定团队教练合约：

> 一个确定界限的过程，一个建立并维持关系的对话。订立合约在建立关系的开始就很重要，它规定了最初的约定条款，也就是说，它创造了"合约"（一种阐明相互期望和义务的协议）。此外，这是一套贯穿整个关系维持期间的关键技能，当事情变得不清楚或者有困难时，它使各方都能够表达意见并探讨问题。

创建合约技巧整合了一对一教练的关键概念，例如保持好奇心、积极倾听、强有力地发问和直接沟通。如果团队成员和团队教练不具备这些能力，那么这种干预就不是团队教练。

可持续学习文化的必要因素

- 营造信任、心理安全、实验和"允许失败"的氛围。
- 与整个系统内外、各个层级的利益相关者建立联系。

- 积极调整团队成员和工作重点，让所有成员参与战略制定，以增强主人翁责任感和执行力。
- 构建灵活而非职能性的基础架构。
- 当挑战和无意识偏见出现时积极倾听。
- 为共享成果而订立合约。
- 共同创造集体智慧和整个系统共享的意识。
- 具有团队教练技能和能力。

基础架构也是让学习和敏捷最大化的重要考虑因素。因此，学习型组织的结构是基于角色的专业知识、兴趣和任务的（而不是职能的）。灵活的小微项目团队围绕着以客户为中心的成果而努力。团队领导者和成员积极地相互教练，捕捉最明智的想法，将利益相关者和客户置于创新的中心，从而创建一个积极的、相互关联的以及多维度的组织。这些要素共同构成了21世纪学习型组织的蓝图。

通过对话确定团队教练是否合适

考虑到在现今这个疯狂的世界变革和采纳新思想的速度，我们很可能会认为，团队教练本身能增强组织的学习文化。然而，在我们深入探讨这种可能性之前，组织和供应商之间需要进行一些必要的对话。

问题1：你认同团队教练的定义吗？

这听起来可能很荒谬，但基于行业标准的不足，通过介绍什么是团队教练并就团队教练的定义达成共识来开启对话是最有效的。我的定义是：

> 团队教练活动是一个引导过程，它促使一个有组织的群体有机会体验如何通过坦诚的对话和持续的反思来共同学习，从而提高自身以及系统的能力。

由于对团队教练活动的理解达成了一致，合约从一开始就奠定了学习生态系统的基础。一旦合约建立，教练和团队成员就可以回顾并重新建立合约，确保大家仍然意见一致。

问题2：团队准备好接受教练了吗？

行动学习方程式可以作为应用的指标之一：

L（学习）≥ EC（环境变化）

学习的速度必须不慢于环境变化的速度。霍金斯认为这个等式可以衡量组织是否准备好了进行团队教练。如果变革快于组织内部的学习，则团队无法被教练，而是可能进行：

- 团队发展：为发展团队成员顺畅合作、共同完成任务的能力和才能，团队所采取的任何方法，无论是否有外部援助。
- 团队建设：在团队成立后的早期阶段帮助团队发展的任何方法。
- 团队引导：引导团队解决具体的冲突或困难；对团队运作以及建立关系的方式进行回顾反思；启动规划或战略流程。
- 团队过程咨询：团队引导的一种形式，团队顾问参加团队的会议或者规划活动，并就团队任务的进展进行反思和回顾。

以上所有干预措施都是有效的，可以让团队为未来的教练做好准备。进一步检验一个团队是否已经为教练做好了准备的证据包括：

- 团队领导者的情商高。
- 团队成员可以积极参与开放、有益的对话，最终推动他们在理解、决策和/或结果等方面取得进展。
- 团队成员善于倾听。
- 团队可以谨慎地管理冲突。

- 鼓励实验，允许失败，积极学习；通常是有弹性的文化。

这个清单看上去好像是团队已经经历了团队教练过程后所取得的成果。事实并非如此。其实，这恰恰是开启团队教练的最佳条件。以上五个条件必须至少满足三个，否则，团队可能需要先进行上述的某种干预。

问题 3：团队教练是否满足要求并熟练地掌握了满足这些要求的技能？

要使团队教练活动成为组织的必需品，团队教练需要：

- 具备高情商和自我实现能力；
- 擅长反思性实践，包括教练督导；
- 对当前的团队、系统和自身有多重视角；
- 有丰富多样的干预措施和工具箱，包括与团体合作的深厚的多学科背景；
- 有与其他团队教练和团队合作的能力（见下文）；
- 在解决问题以及团队的自我教练等事情上，有选择放手的经验与智慧。

问题 4：我们组织的团队教练最佳实践是什么？

一旦你确定团队已经准备好接受教练，并且教练有能力和才干与团队合作，那么，下一步就要规划什么是"最佳实践"。需要考虑的一些关键因素包括：

- 认同客户是整个团队，而不是单个团队成员，也不是客户方发起人、最资深的人和/或在团队中拥有最大权力的人。
- 团队的工作是团队当下发生的任何事情。
- 在过程中聘请两位教练：一位作为团队教练，另一位作为观察员。其中一位教练可以是内部成员，但最好同时有两位外部教练，以避免受群体思维和权力动态的影响。
- 经常就教练过程的共同目标、总体目标或者在出现冲突时与客户订立合约。
- 由具有团体或团队教练经验的合格教练进行定期的专业督导。这还包括两名团队教练的反思性实践，目的是仔细检视教练带来的影响。督导将作为系统的外部人员，指出他们在系统中看到的挑战，支持教练保持中立，成为学习生态系统的重要组成部分。即使作为一名外部教练，当你和团队在一起时，你也是系统的一部分。

- 调整教练和团队成员的步调。适当休息，大量饮水，并对所学进行反思。

如你所见，团队教练需要团队成员彻底转变思维。教练一个团体或团队和一对一教练是不同的。如果教练或团队没有为团队教练的任务做好准备，对于团队来说，更重要的是对于组织的成长，这会是一个重大的阻碍。而有效的团队教练则可以对成功创建学习型组织做出重大贡献。

结　论

把人们聚在一起学习对于组织的效能和复原力至关重要。借鉴过去100年来从反思性实践、团体过程和系统、成人学习、教练中收集的方法和技巧，以及双环学习、三环学习以及团队协同等概念，团队教练方法的框架得以创建。鉴于可以采用的方法论的不同广度和深度，不一致的规范和标准，以及团队教练的复杂性和涌现性，要更好地定义和衡量团队教练，需要针对我们正在学习的内容展开对话。也许"团队教练"只是一个短暂的潮流，而一起学习、共同创造共享的成果才是任何组织成功的根本。

团队教练活动可以为团队教练、领导者以及组织构建相互学习的框架。团队教练可以成为教练行业需要的颠覆者。因此，未来的组织可以创造一个新的社会边界，领导者们可以围坐在星空下的篝火旁，进行坦诚的交流，就未来的事情做出决定，把共同学习的人聚集在一起。我想知道未来我们会将这样的活动称为什么。时间会告诉我们答案。

第 33 章 自治发展型组织中的团队：
同侪教练的需求

格雷厄姆·博伊德

在应对 VUCA 挑战方面，当今组织中典型的、以个人为中心的管理责任层级结构显得越来越低效。相比之下，自组织、青色组织、锐意发展组织、必备组织等组织形式则显得更为有效，但这也带来了一个新的系统适应性挑战：不限于高层管理者，这些组织要求身处其中的"每个人"都要不断做出改变。

适应能力既要体现在每一个人身上，也要体现在每一个工作团队中。这必须成为人们日常工作结构和工作流程的一部分，而无需额外的时间或者专门的教练环节来进行干预。教练的主要作用是在团队中发展同侪之间在工作中相互教练的实践。这就要求教练必须在自我、任务和组织三个领域提供一系列的支持，包括：社会情感和认知发展；自治组织设计和流程；任务与个人必需的匹配；就股东结构对团队的影响进行教练。

所以，通常被称为圈子的自治发展型团队的教练活动，其要求远远超出了如今常规团队教练的工作要求。因此，我们认为，新兴的自治发展型组织对团队教练的工作有着颠覆性的影响。

自治发展型组织

颠覆性变革正在影响着所有类型的工作。即使是以前有着职业安全感的知识型员工也正在被人工智能所颠覆。例如，萨伯尔（Saberr）的人工智能教练机器人（CoachBot）目前正在英国卫生部进行团队教练的测试。幸运的是，对我们团队教练来说，自治发展型组织需要一种新型的团队教练。

自治发展型组织的出现，是因为团队的工作环境需要我们比任何在结构和文化僵化的传统管理责任层级结构中的团队变化得更快。对于新型的自组织公司而言，在传统组织环境下奏效的团队教练方法太慢，而且资源投入太高。最新的自组织方法，如合弄制（Holacracy）和全员参与制 3.0（Sociocracy 3.0），可以视为整合了敏捷（agile）、敏捷项目管理（scrum）等元素，因此，它们可以以任何规模开展工作，从一个小团队，到整个组织，再到组织联盟。

如图 33.1 的三个工作领域所示，任何组织的工作都是在每个人以及每个团队的心智模式中开展的。工作所需的适应能力，是在需要时尽快改变这些心智模式的能力。自组织需要比传统的管理层级结构更强大的适应能力。作为一个发展型组织，如果同侪间的相互教练能够成为日常工作的一部分，就可以让这一需求得到最好的满足。

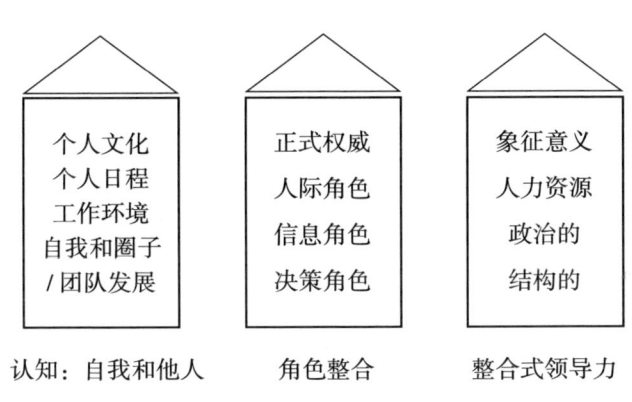

图 33.1　三个工作领域及其相关的现实心智模式

注：一个团队的工作成果取决于每个团队成员的心智模式，或者每个工作领域内部构建的现实。

例如，在传统管理层级结构中，角色的正式权威（任务领域）通常被转移到自我的身份认同（自我领域）上面，于是人类就拥有了权力。这就会导致很多问题，而要解决这些问题，就需要在敏捷团队中去除传统的层级结构。但是，一个完全扁平的结构也可能是个灾难，因为在一个特定的复杂情境或领域中，有许多自然产生的层级结构。例如，一个法律顾问的职责层级就应高于一个销售人员的职责层级。

诸如合弄制和全员参与制这样的自组织形式，保留了必要的自然等级制度，消除了有害的个人等级制度。在这些形式中，每个人都要对多个角色负责。不同的角色构成了层级结构，任何个体都可以同时拥有自然复杂性层级结构中自上而下的多种角色。所有个体都有平等的权利进行管理（直接改变组织中阻碍他们充分发挥其角色的作用的任何部分）。

发展型组织的概念最初衍生于传统的等级制度，但最近人们越来越清楚地认识到，二者是彼此成就的。自治发展型组织是 VUCA 世界中一种强大的组织形态；无论是在团队层面，还是在整个组织层面，也无论是传统的层级结构，还是敏捷组织、合弄制，在任何基于团队形式的任务组织方式中加入同侪发展过程，总是有帮助的。

不同发展方式的整合是必要的，因为在组织中，尤其是在自治组织中，其成员会面临自我的三大核心挑战：

1. 社会情感层面。他们如何回答这样的问题："我应该做什么？为谁而做？"许多人通过他们的工作、职位头衔以及来自同事的尊重来构建自己的身份和价值。在自治发展型组织中，这种身份以及身份的来源都会受到挑战。每个人构建的社会情感参照系，对于他们在任何组织中的绩效表现都是至关重要的，在自治发展型组织中就更是如此。因此，也有必要从建构主义的视角来看待自治发展型组织。
2. 认知层面。他们如何回答这样的问题："我能做什么？我有哪些选择？"自治发展型组织可能会要求其成员充分接纳各种具有变革复杂性的观念，且这种观念已超出其现有辩证思维结构能够理解的范畴。
3. 心理层面。他们如何回答这个问题："我做得怎么样？"在自治发展型组织里，没有地方可以隐藏。团队在工作中必须通过同侪发展过程，为所有团队成员提供心理安全感。

这三大核心共同构成了一个人的格局，决定了个体有多少潜能已得到最大限度的发挥。同样的能力，如果被不同格局的人施展，结果会大相径庭。社会情感层面（发展阶段）影响着个体的人际连接能力，而认知层面则决定了个体处理复杂性观念的能力。

为了认识到如何发展一个人的格局，我们将工作分为两类，第一类工作是个体受雇完成的任务，第二类工作是个体为了保护自己而需要做的工作。一旦第二类工作占用了一个人大量的资源，工作效率就会下降，问题就会出现（例如职业倦怠）。每个人完成第一类工作的能力取决于完成第二类工作获得了多大程度的支持。

特别是对于自治发展型组织来说，要想焕发活力，这两类工作必须在每个人的日常工作中同等重要并且得到组织的支持。任何一个自治发展型组织都应为其所有成员提供本体（ontic）发展，而不仅仅是更为常见的代理式（agentic）发展。本体发展指的是贯穿组织成员一生的社会情感和认知发展，而代理发展是指他们的行为以及展现出卓越行为所需的支持。

在自治发展型组织中，这类本体发展是通过作为工作组成部分的同侪发展过程，实时向所有个体和团队提供的。自治发展型组织为社会情感发展、认知发展和心理类型提供了支持框架。作为一名自治发展型组织的教练，其主要任务就是创建这种支持框架。

发展性挑战和支持框架

自治发展型组织教练的工作已经超越了当前对团队教练的通常意义上的期望，它涵盖了所有三个工作领域，以及第二类工作的所有三个要素（社会情感、认知和心理）。教练甚至可能需要了解公司的法人实体或公司的整体股权结构，因为这决定了自治发展型组织的安全性、弹性和可行性。

在格局的第一个组成部分中，团队中的个人因为工作中多重身份（有时是同事，有时是上司，有时又是下属）的矛盾而面临着来自不同层面的挑战。我们运用阶段模型来识别每个阶段挑战的性质，从而决定需要配备什么样的支持框架。

社会情感发展阶段

组织中可能存在的四个社会情感发展阶段是：

1. 阶段2或工具性思维。我的个人需求以及如何满足这些需求，决定了我的身份。超过10%的人成年后仍处于这一阶段。
2. 阶段3或社会化思维。我的身份来自立志成为我所属团体中出色的一员。超过55%的人成年后仍处于这一阶段。
3. 阶段4或自我建构思维。我的身份是根据我独特的个人价值观来自我建构的。大约25%的人群成年后进化到了这一阶段。这是具备充分发展能力的自治团队的第一阶段。
4. 阶段5或自我意识。我能意识到我所建构的自我，并有能力重建它，以应对新的适应性挑战。成年后进化到这一阶段的人不到8%。

阶段4和阶段5是具有不受他人期望影响的内部参照系的阶段，这两个阶段最有可能将传统组织转变为自治发展型组织，且自治发展型组织将得到蓬勃发展。但处于这两个阶段的人凤毛麟角，只有不到33%的成年人能发展到这两个阶段，而且通常也只会在他们的职业生涯快结束时才发展到这两个阶段。

组织必须意识到，他们无法控制个人的社会情感发展。这是无法习得的，一个人只有通过对挑战性经验的反思，才可以改变他的参照系。然而，个体的复杂性能力是可以通过训练思维结构和过程（而非内容）获得的。

认知发展阶段

如图 33.2 所示，认知发展阶段是从逻辑思维、系统思维进化到转变式思维或全面辩证思维的过程。缺乏认知能力的领导者无法应对全面辩证的复杂挑战，这已经限制了传统企业的发展，所以领导者的认知能力与自治发展型组织的关系就更为密切了。如果缺乏相应的认知能力，人们就会过早地把工作简单化，并且固执己见，因而做出不恰当的反应，这就会导致对业务的损害（第一类工作），或对自己和他人造成伤害（第二类工作），而且通常是二者兼而有之。

阶段 4： 完全有能力应对现实的矛盾统一性。从更大的整体、共同利益的视角来看待事物，视世间万物为生生不息、不断演变的
阶段 3： 开始看见、接纳并应对现实中的所有矛盾面，同时，所有针对组织和团队的闭环应对方法都不够充分（敏捷、六西格玛、合弄制、全员参与制等）
阶段 2： 逐渐接纳变化和复杂性。不再试图用逻辑来消除。看到了事物之间的相互联系，但还没有真正看到共同利益或内在关联
阶段 1： 开始意识到模糊性和矛盾。用形式逻辑控制，用形式逻辑消除

图 33.2　认知能力（或人的认知格局）从小（仅逻辑思维）到大的发展阶段

不同阶段之间不是绝对分割的，一个人可能有 80% 的阶段 1 和 20% 的阶段 2。

当第一类工作和第二类工作处于转变失衡状态时，只有极少数人能够真正流畅地运用阶段 4（见图 33.2）来恰当地应对这两类工作。个人认知格局的发展，可以，而且应该由一个具备比团队成员更为复杂的认知格局的自治发展型组织教练来训练。

个人格局与角色格局的匹配

人的格局，是圈子成员的认知发展和社会情感发展阶段，以及他们的心理类型的组合。人的格局，定义了他们施展自身能力和技能，以解决VUCA适应性挑战的才能。同样，我们可以根据角色所面临的最复杂的挑战的VUCA程度来定义角色的格局。

团队教练必须对自治圈子及其成员在个人以及整个圈子的角色格局与个人格局的匹配过程中给予支持，通过构建适当的支持框架，来支持他们在日常工作中格局的发展。

支持框架：维果茨基的最近发展区理论

自治发展型组织教练专注于构建圈子在第二类工作中日常使用的支持框架，从而提高其第一类工作的产出。

两种格局发展所需的支持是：

1. 社会情感：缓慢的、无法习得的，但可以通过对经验的反思和教训的内化而发展。
2. 认知：可习得的。

维果茨基指出，四个发展区可以用来理解，为了使个体在自治发展型组织中更有效，个体在不同的社会情感发展阶段都需要什么样的支持。

1. 在第1区，任务与个体的格局完美匹配，除了优秀组织常规的支持，无需额外的支持。也就是：

A．阶段 3：明确对他人及其反馈的期望。

B．阶段 4：个体依据其价值观行事。

C．阶段 5：自治发展型组织的全面发展。

2．在第 2 区，工作需要个体拓展至其当前的成长区，在这里，个体通常可以自我支持。

A．阶段 3：需要与圈子内的其他成员建立牢固的个人关系。

B．阶段 4：在所有同仁面前保持一致性、清晰性以及对全局的认同。

C．阶段 5：角色的成熟度需要不断提升。

3．在第 3 区，工作所需的格局超出了个体的自我支持能力，但如果自治发展型组织及其同事能够给予足够的支持，他们是可以采取行动的。

A．阶段 3：需要他们全然相信同侪教练实践，并且所有成员都能够有效运用。

B．阶段 4：能够对他们的身心完整和价值体系提供有用反馈的同侪团体。

C．阶段 5：具有深度的共同发展性质的同侪交流。

4．在第 4 区，所需的格局远超他们自身的能力范围。当然，他们会尽力而为，但除非他们运气好，否则，即使他们竭尽全力，也会显得力不从心。他们过分简化和曲解了企业对他们的要求，而这使企业处于危险的境地。此外，他们甚至没有能力意识到，他们的努力反而是在增加业务的风险。

由于这种支持必须是所有工作过程的一个组成部分，任何自治组织的设计要想真正发挥效用，显然都需要有一个同侪发展框架。无论是敏捷组织，还是采用传统管理责任层级结构的组织，都能从中受益；可是，如果无法对组织设计的各个层面做出改变，这种同侪发展框架就会收效甚微。

个体的认知格局也需要相应的发展支持框架，可以通过适当的训练，也可以与认知能力更强的人（如团队教练）一起切磋。

法律结构

最后一点是利益相关者之间现有的关系对第一类和第二类工作的影响。例如，在传统的有限责任公司中，最终的治理模式取决于选定的利益相关者——投资者。因此，自治发展型组织的嵌入结构和过程是脆弱的；如果投资者经常发生变化，那么，自治发展型组织就会被传统的管理结构取代。

为增强自治发展型组织的适用性，教练应在相应的约束范围内给予支持，并向所有成员提供有关类型改革的见解，比如我们称之为公平股份多方利益相关者的公司类型。虽然团队教练不太可能也是一名法律专家，但是需要对有限责任公司、合伙制公司或新兴替代方案的影响有足够的认知。

案　例

案例 1

就上述内容，我们的客户提供了很多真实的案例。举两个例子：A 公司为蓝筹客户提供顶尖的咨询、培训和研讨会服务。他们的目标是颠覆行业，促进变革，让世界变得更加美好，并成为受欢迎的雇主。每位创始人都有着独特的优势和突出的个性，其个性高度互补，且几乎没有重叠。就像童谣里说的一样，他们通力协作，就会相得益彰；一旦产生冲突，他们就会针锋相对。最初，客户希望我们能够通过团队教练和战略咨询来提升他们的工作效率、减少冲突。

随后，我们的项目扩展到了自治发展型组织的整体范畴。对于发展过程，我们是从整合变革免疫、非暴力沟通和拉斯克的认知发展框架开始的。在过去的 12 个月里，公司员工人数增长了 3 倍，营业额增长了 5 倍。其结果就是张力加剧，因为伴随着公司的变化，每位创始人都在努力应对自我身份转变的适应性挑战。

有些人把重心放在阶段 3（社会化思维）上，但以少许的阶段 2（我的直接需求才是最重要的）作为他们的参照系。具体表现在：

- 当角色情境需要时，特别是在压力状态下，难以在领导和追随同一圈子的成员之间切换；
- 难以识别角色需求（不同于自己的需求），并将角色需求作为工作决策和行动的驱动因素。

例如，乔治（重心在阶段 4）正在召开一个关于圈子治理的会议，而简（名字为虚构，处于阶段 3 和少许阶段 2）是其中的一员。简的心理类型也有完美主义者关注细节的元素，她的认知能力主要处于图 33.2 中的阶段 1。乔治按照引导者的角色职责，以自己的方式在主持会议。会议进行到一半时，简取而代之，以自己的方式主持了会议。这是由她的内在需求，以及她用于建构意义的参照系中的少许阶段 2 所驱动的。在这一刻，她在身份层面上感受到了威胁："除非我接手，并以正确的方式，也就是我的方式来主持这个会议，否则我就失去自我了。"

她现在正在向纯阶段 3 发展她的参照系，在那里，她将完全能够根据对成功的自治发展型组织成员的期望来建构意义。那么，即使她自己的需要有时得不到满足，这也不会成为身份层面的威胁。

他们在建立完整的自治发展型组织运作系统这方面取得了重大的进展，并用支持框架将其保持在第 3 区或低于第 3 区。现在，当感觉到任何张力时，作为工作流程的一部分，张力会立即被转化为发展的契机。正如一位团队成员（诺曼，也是处于阶段 3 和少许阶段 2）所说：

唯一曾经让我感受到这种强烈的支持和生成性冲突的情境，是在我最美好的恋爱关系中。不管这种张力是什么，我们都可以把它提出来，并将其转化为业务和我们自身的成长契机。

随着组织的发展，稳定的结构和流程的重要性也随之增加，他们正在对自治发展型组织的运作系统进行体系化。然而，这又给诺曼制造了张力。他完全接受自治发展型组织的理念，但不能接受这对他以自己的方式，按照自己的计划满足与个人工作相关的需求的能力造成的束缚。再一次，这是一个身份层面的问题；如果自身需求未能得到满足，他的意义建构会认为那是一种身份层面的威胁。这就导致了冲突频发。对于他们俩来说，工作偶尔会把他们推到第4区，在那里，没有可以支撑他们的框架。我们目前正在协商调整他们各自的角色分配和范围，以消除所有第4区的任务，以确保诺曼和简的个人身份层面的需求得到满足。

相比之下，山姆正朝着阶段4（自我建构）以及认知发展的阶段2发展。他认同自己是自治发展型组织的一员，对自己在领导和追随的角色之间的转换，变得越来越轻松。对于山姆来说，张力成为身份威胁的一个事例是，诺曼的行动被认为已危及公司的方向和稳定性，并对山姆的诚信和价值观提出了质疑。

由于自治发展型组织流程为他们提供了揭示张力的潜在原因所需要的支持框架，他们最初以搭档的方式开始应对这个问题。一旦他们意识到自己进入了第4区，需要具备更高情感发展和认知发展复杂性的人来支持他们的成长，将他们带回到第3区，他们就邀请我们为他们和其他团队成员进行教练。

案例2

现在来看看第二个客户，我们进一步全面实施了自治发展型组织流程，包括必备组织的设计元素。在我们开始向自治发展型组织迈进之前，他们个人和团队的表现都没能发挥出最大的潜能。所有成员大部分时间都在第3区和第4区运作，他们的文化是"除非得到老板的同意和批准，否则就什么都不做"。

在早期使用简化的合弄制作为自治运作系统时，许多成员都有与身份有关的问题。例如，特里开始从阶段3迈向阶段4，对在没有得到老板和同事批准的情况下做出决定，总是感到不安，尤其是在第3区备受压力的情况下。但即使是在第 1 区，她也会从"如果我这样做，对我继续成为这个团体的成员有什么风险？"这个角度来看待一切。

她的参照系仍然在根据团体归属感的旧规范，来为每一个行动构建意义。通过她逐渐显露的阶段 4 参照系，深入了解她的恐惧，如她所说，恐惧是"来自我正在摆脱的旧我"，她改变了立场，开始通过不一样的视角，即"我感觉到的这种张力，可以怎样帮助我成为真实的自我？"（帮助我建构一个阶段 4 参照系），来看待她所经受过的所有张力。正因如此，特里在公司向自治发展型组织过渡的过程中，承担了越来越多的领导角色。

相反，另一位成员塔尼娅，主要处于阶段 3，兼有少许阶段 2。在整个过程中，她无法完全转变为一个自治发展型组织的成员。尤其是，塔尼娅和特里一起工作时总是会出现困难。特里此前曾向塔尼娅汇报。因为"我是特里的领导"是塔尼娅自我认同的一部分，当特里担当塔尼娅过去所担当的领导角色的时候，她就很难转变为追随者。

请注意，在从"我正在领导你"到"一个角色正在领导另一个角色"的转变过程中，存在着巨大的适应性挑战，这与谁担当这个角色无关。这一点以及角色转换（"在这个角色中，我领导你，而在另外一个角色中，我追随你"；记住，每个人都有 5 到 10 种角色）是自治发展型组织中在身份层面上存在的最大挑战之一，也是许多问题产生的根源。可惜的是，这些问题往往被视为合弄制的缺陷，而事实并非如此。它们是任何缺乏第二类工作所需支持框架的组织中都会存在的问题。

美国大型电子商务公司捷步达康（Zappos，拥有超过 1 500 名员工，后被亚马逊收购）可能是通过采用合弄制，而转向自治发展型组织的最广为人知的例子。在实行自治发展型组织形式最初的几个月里，18% 的员工离职，但更重要的是，82% 的员工选择了留下。捷步达康仍然秉承自组织的理念，它已经超越了最初实施的合弄制，演变出了自己的自治发展型组织的版本。

结　论

许多被归因于自治发展型组织形式，例如合弄制的缺陷，实际上源自个人参照系带来的成人发展问题。由于我们只能根据自身格局内的参照系来采取行动，所以就需要有专门针对自治发展型组织的团队教练。所需的教练更偏重于本体教练，需要跨越自我、任务和组织三个工作领域。尤其是在向自我管理过渡的过程中，教练必须考虑圈子成员是如何构建意义的（社会情感发展阶段），以及他们是如何理解组织、任务、自己和同事（认知发展阶段）的。

自治发展型组织团队教练的新焦点是：

1. 初始的教练活动不是由团队教练来完成的，而是由圈子成员来完成的。教练的作用是构建发展性支持框架，使圈子成员能够发展彼此的社会情感和提升认知成熟度，并将其作为工作过程的组成部分；每个人都善于运用适时的同侪教练，通过团队工作来扩展自己的格局。
2. 能够将组织中每个成员的发展程度，与个人角色的发展程度及整个圈子角色的发展程度进行匹配，这样，每个人都得以处于维果茨基的第1区、第2区和第3区。这种匹配在管理层级结构中非常重要，在自治发展型组织中就更是如此。
3. 涵盖所有三个领域的一套整合式教练方法。团队教练必须同样擅长自治组织设计、成人发展教练以及锐意发展过程设计。
4. 在初始阶段，团队教练将更多地以培训师和组织发展顾问的身份开展工作，随后将重点转向发展性教练，帮助那些处于最复杂的社会情感发展阶段和认知发展阶段的人（那些缺少更成熟的同事可以让其学习的人）持续发展。
5. 团队教练能够将最具适应性挑战的张力的各个组成部分进行拆解：张力中的哪些部分需要作为个人的成人发展问题来解决，哪些部分是团队中的发展性问题，哪些部分又是组织结构和流程中的治理张力，等等。

6. 最后，法律治理框架（有限责任公司、合伙制公司等）会在上述几点上影响到是否可以安全稳妥地做什么以及不能做什么，因此，这也是现下自治发展型组织教练职责范围的一部分。

对于团队教练来说，这本身就是一个适应性挑战。团队教练正在将他们的关注点从团队教练转向创建和维护团队用于自身的支持框架和同侪教练过程；这一角色更接近于督导一组教练的督导师角色。教练的身份可能需要改变，当然也需要他们发展自己的格局，要比团队的所有角色的格局更大。

由于此类组织形式明显更适合 VUCA 环境，我们预计会有越来越多的组织成为自治发展型组织，对自治发展型组织教练的需求也会随之增加。

致　谢

作者感谢奥托·拉斯克博士与他进行了许多富有成效的交流，加深了他对成人发展的理解，也感谢他的同事和客户的支持。

第五部分
案例

第34章　教练技术如何支持团队工作

薇拉·伍德海德

医疗保健服务是由不同学科的专家们通过共同完成相互依存的任务来提供的，一如英国国民保健署（National Health Service，NHS）的许多政策和改革中所强调的，团队合作在NHS是一个约定俗成的要求。但是，这些拥有自己的身份标签、会员资格并且在各自的专业领域内独立、自主运作的专业人士，能否作为一个真正的团队一起协同工作呢？

在一项针对NHS的员工的调查中，超过90%的NHS员工表示他们是以团队形式开展工作的，但是只有40%的员工表示他们的团队拥有明确的共同目标，成员间紧密合作、相互依存，并定期检视团队的有效性。

在医院环境中，支持多学科团队（Multidisciplinary Team，MDT）工作的经验证据有限。据报道，这是一种碎片化、短暂的协作，成员并肩作战。MDT类似于卡岑巴赫和史密斯所说的"工作小组"，专业人员围绕特定的患者组成松散的、临时的小组。

教练多学科团队为探索教练如何在这种独特环境中支持团队工作提供了机会。一家大型NHS教学医院正在实施一项全国性的变革计划（团队简报）：团队深受"沟通与协作问题"困扰。这促使放射科的学科负责人同意接受教练并参与这项研究。该团队由以下人员组成：

- 玛莎是高级放射护士长，领导两个站点的27名下属；
- 托尼是首席放射治疗师，负责管理两个站点的血管造影、心脏和血管超声服务，有30名下属；
- 茜是血管放射科医生和血管放射学首席临床医师，其担负管理职责，但没有下属。

教练计划

为了获得对团队的洞见、建立关系、讨论教练过程以及开展这项研究，我们和他们每个人单独举行了会议。早期会议聚焦于创建安全的空间，提高认识，探索价值观、假设，澄清期望，确定成果和集体愿景。每月在远离工作场所的地方举行6场（每场时长2.5小时）会议。其最初的团队目标是：

- 实施团队简报；
- 在这3个学科之间建立共识；
- 在团队内部轻松自在地提出问题；
- 能够以建设性的方式提出难题；
- 欣赏他人的特质和观点——可以不认同，但能自信地表达意见；
- 欣赏不同的领导风格和管理方式。

后续的会议分别对提出的问题进行探讨，回顾进展，巩固成果，反思无效行为，让团队对其行为和绩效负责，支持成员运用教练方法扩展自己、提供反馈，鼓励反思和学习。

会后和项目结束后的书面反思，项目中期和结束后的评估，再结合访谈和观察结果，都为研究提供了数据。研究使用了解释性现象学分析和主题分析①。

---

① 解释性现象学分析（Interpretative Phenomenological Analysis，IPA）是近年来发展起来的一种心理学质性研究方法。自从学者乔纳森·史密斯于20世纪90年代中期首次提出IPA这一术语以来，这种质性方法就在心理学，特别是健康心理学领域迅速流行起来。IPA通过深入细致地探索个体的生活经验来研究人们是如何理解他们自己的内心世界和所处的社会环境的。主题分析（thematic analysis）是定性研究中最为常见的一种形式。它强调在数据中精确定位、检查和记录主题或模式。——译者注

教练如何支持团队工作

研究结果显示，某些互为关联的因素有助于团队更有效地工作。它们是：

- 了解职业面具背后的这个人；
- 身处安全的空间；
- 寻找共同的目的和目标；
- 了解和欣赏彼此的学科；
- 有展开对话的时间和平台；
- 持续对话。

了解职业面具背后的这个人

将团队凝聚在一起的最重要因素是能够看到专业人士人性的一面，正如以下引文所述：

> 我曾经说过……我发现从一线员工转型到负责管理这项服务很困难。
>
> （托尼）
>
> 我从来没有听过他如此公开地谈论过……关于他内在的不确定性或脆弱性……我以前总觉得他是一个完美的人。
>
> （玛莎）
>
> 特别让我感到吃惊的是，他坦率公开自己的管理经验，而且叙述得非常感人。我以前一直觉得他的性格很倔强，一根筋。我发现他的叙述非常令人耳目一新，因为这展示了他"人性化"的一面，而我以前从未见过他这一面。
>
> （茜）

尽管他们彼此认识了很多年，但只有摘下职业面具，将弱点和局限性展示出来，才能让他们看到彼此更真实的一面。当他们意识到并非只有自己一个人在挣扎或经历困难时，展示脆弱以及分享经验和挑战就会使他们连接得更加紧密。这让他们对彼此有了深入的理解和情感的连接。这也是他们建立信任的基础，能让他们解决内部冲突，指出并处理棘手的问题，解决意见分歧。

身处安全的空间

创建空间并营造场域，可以支持团队成员打开自己，展示自己的脆弱，表达自己的情感、感受和想法，而不必担心被评判。玛莎总结道："你在会议过程中所营造的一种没有威胁性的氛围以及你主持会议的方式，让我们可以无所顾忌地畅所欲言。"

团队成员的打开是循序渐进的，随着时间的推移，他们能够揭示出更为棘手的问题。在这个空间中，团队成员可以尝试人际冒险，坦然承认自己的错误，从而减少权力的不平衡，这样，他们就会更愿意畅所欲言。博丁顿（Boddington）和艾盛（Ascentia）等人的研究中就提到了恰当的干预所产生的高度信任和安全感。

寻找共同的目的和目标

每个团队都有独立完成部门任务的目的和目标。在探索共同的目的和目标时，他们惊讶地发现，他们对部门的期望和愿景都是相似的。会议聚焦于问题和议程，并确定了共同的目标。这使得设定目标、制订时间表和分配任务时更加聚焦和清晰。他们发现，通过协作，团队能够比预期更快地落实工作。他们最终制订了共同承担的新目标。

了解和欣赏彼此的学科

团队成员能够理解和欣赏彼此的角色，以及角色的限制和挑战。这样一来，团队成员就可以转换视角，对为什么采取某些行为和方法提出重要见解，最终增进对彼此学科的了解，并从整体上理解部门。这种系统视角会引发团队对实践的质疑，并且探索如何通过设定新增的目标来改善服务。

有展开对话的时间和平台

这些会议为团队聚在一起提供了时间、平台和机会。正如茜所强调的："事情可能曾经在各自的小组内部沟通过，但从来没有和其他小组沟通过。部分原因是没处可说，还有一部分原因是人们认为说了也没用。"

尽管团队成员的工作排班不同、工作地点不同，"不出诊"的时间也有限，但团队仍在努力找时间思考、反思和参与集体讨论。

持续对话

持续地进行这样的会议有助于团队在人际关系、相互理解和打造团队方面有所发展和成长。托尼总结道："就像培养夫妻关系一样，随着时间推移，你会更加了解对方。这并不是一蹴而就的。"

随着会议的进行，他们相处得更加放松和自在，笑声和身体接触越来越多。凯茨·德·弗里斯（Kets de Vries）、布拉特纳（Blattner）、巴奇加卢波（Bacigalupo）和博丁顿（Boddingt）等人的研究里也有类似的发现。

成　果

该项目的成果包括：

- 成功完成团队简报。
- 设定了新增目标：护士和放射治疗师共同制订时间表；达成18周转诊目标；通过流程比对活动，找出瓶颈、重复、变化和制约因素，并制订行动计划以解决这些问题；参观类似的工作区域，以确定最佳实践方法。

- 更高的信任度带来更快的决策速度。
- 改善人际关系，提升挑战能力，从而使问题更快地得到解决。
- 从对方的角度进行更深层次的交流。
- 将相同的信息和见解传递给他们自己的团队，保持学科之间的一致性，更好地促进融合。
- 拥有更强大的话语权和能力来影响改变。
- 重燃团队热情，承诺未来定期会面，以实现改善服务的共同目标。

实践思考

帮助团队成员在人性化的层面上建立连接，有助于为建立信任、促进对话和变革奠定基础。教练可以通过以下几种方式促进这一进程：

- 及时建立连接，从而密切人际关系。考虑用一些活动建立情感连接，帮助团队培养洞察自我和他人的能力，探索价值观、优势并分享经验。通过进入自身的临在状态，不评判，放下假设，放下小我和掌控欲，教练可以创建和营造一个安全的空间。教练带着慈悲和谦逊进行深度倾听，无条件地支持，这将有助于体验、情绪和情感浮出水面。留出时间思考并鼓励反思，将有助于产生新的见解和学习，以及转变思维和情感。
- 帮助他们识别并处理无用的行为模式及其根源，通过探索复杂的情绪，使他们可以发展出新的运作方式。
- 关注过程、关系和动力，帮助团队了解人性化过程是如何影响团队运作和完成任务的。可以考虑使用有助于提升自我意识、情商和具身临在的活动，以便团队成员可以有意识地觉察到并理解可能阻碍他们前进的那些表象背后正在发生的事情。这可以是个人层面的，也可以是人际层面或团队层面的。

- 促进团队成员理解彼此的角色、目的、背景，以及如何将其融入更广泛的系统。邀请他们分享"生命中的一天"，交流彼此的故事，或用一项活动来帮助他们明确角色和责任。团队是否认为自己是一个高效的团队？探索这些对他们意味着什么？邀请团队成员绘制团队地图，使用隐喻或图像来描述团队，确定他们对自己或团队中其他人的看法。与团队一起就共同的目的和目标、里程碑、相互问责、商定的方法和集体产出进行探索。

结　论

团队教练有许多方面需要考虑，例如任务、人际关系、团队动力和过程、绩效、对话、反思、学习和行为改变等，不一而足。帮助团队在真实的人性化层面上建立情感连接有助于建立深度信任。

第 35 章　为精英体育组织提供领导力团队教练：一个系统视角

凡妮莎·福吉

从澳大利亚体育产业获得的团队教练经验

澳大利亚有着一个涉及多层面的不同机构的、极其庞大而复杂的体育系统。联邦政府既涉足精英级国际体育竞赛，也支持国内体育组织，推动实施相关的国家管治方式和政策方案。州政府有着自己独立的支持方式，主要通过州立机构、体育院校、州立体育组织，以及重要的体育基础设施和政策方案，来关注高水平运动。在州政府之下，地方政府机构管理社区的体育基础设施。

以下是针对一家澳大利亚国营精英体育机构的案例回顾。该机构有两大部门：高水平体育运动（High Performance Sports，HPS）部门，为大约 15 个不同的体育项目提供精英体育教练项目；商业服务部门，为 HPS 部门提供业务支持服务，包括市场营销及沟通、信息技术与运营、财务和人力资源。

HPS 部门聘请了一家外部领导力教练公司来支持和培养他们的 HPS 领导者和教练，帮助他们更好地带领和训练不同的运动队和运动员，以充分发挥他们的潜力。为确保整个机构的积极参与和投入，该机构特意决定把 HPS 部门和商业服务部门两个部门的领导者都纳入本次领导力教练项目。

第一个活动是为期两天的工作坊，面向整个机构的所有领导者，主题为"高绩效领导者的教练技巧"。工作坊完满结束后，参与者商定了三项举措，以支持机构针对即将举行的里约奥运会设定的愿景和目标：

1. 高绩效领导力项目。
2. 战略规划及文化愿景工作坊。
3. 领导力团队教练项目。

高绩效领导力项目

领导力课程是共创式的，由六个为期一天的领导力模块组成，主题包括沟通技巧、计划和组织、获得高绩效、持续改进、获得承诺、教练和发展他人。在项目实施之前，HPS部门和商业服务部门的领导人举行了一次工作坊，以明确领导力项目的目标。最后大家达成共识——"将个人的卓越表现与绩效结合起来"，并以此为贯穿整个教练项目的指导性原则。最重要的一点是，它在各部门之间建立了一个共识，那就是无论被教练者是来自组织的HPS部门还是商业服务部门，他们都可以通过自身的卓越表现为组织的整体绩效做出贡献。

战略规划及文化愿景工作坊

该教练公司也为来自HPS部门和商业服务部门的约30位领导者安排了引导式的战略规划会议，以确定一些对机构而言非常重要的信息，比如机构的使命、愿景、价值观和关键战略支柱。通过挖掘领导者的关键驱动力，并重新连接机构创立的初衷和发展史，机构的使命逐渐变得清晰起来：在体育运动领域支持澳大利亚称雄于世界。此外，会议还确定了机构的愿景、价值观和主要战略支柱。

在领导力项目和团队教练过程中，这些战略信息不断被强化，以推动机构内发展出一种追求卓越和高绩效的共同语言。另外，团队还举行了为期一天的工作坊，以确定机构的关键文化驱动因素和文化愿景，从而支持机构收获战略规划过程中确定的预期成果。文化愿景和战略规划会议的成果，为后续的团队教练过程奠定了基础。为了实现已做出的战略选择，教练公司还启动了一个"可持续发展项目"，建立问责制，审查和监督整个机构的进展。

领导力团队教练项目

除了领导力项目之外，机构还为 HPS 部门和商业服务部门的联合领导团队提供月度团队教练。在 HPS 部门管理团队的三位核心领导者的要求下，我们为他们三位另外安排了单独的月度团队教练活动。基于同期并行的领导力项目提供的不同主题，联合领导团队的教练活动结合了开放式议程/非指导性教练，以及更为结构化的教练形式。对规模较小的 HPS 核心小组的团队教练活动，采取的是完全开放式议程的教练形式，教练所需的唯一准备就是准备倾听，并确定当天的关键主题。自然涌现的教练主题包括管理变革，提升高绩效领导者的素质，克服恐惧和阻力，以及持续改进。

尽管事实上这个领导力团队教练项目是面向整个机构的，包含来自 HPS 部门和商业服务部门两个部门的领导者，但毫无疑问，无论在参与人数的比例还是在团队教练议程中的主题和议题方面，HPS 部门都获得了更多的关注。日常的议题通常是体育运动——考虑到里约奥运会即将召开，而体育运动是该机构的核心业务，这也并不奇怪。但事后看来，这显示出 HPS 部门和商业服务部门之间可能存在失衡的问题。

教练框架

为了既支持机构的团队教练过程，也支持针对体育运动的团队教练过程，一个统一的教练流程（ARCA）贯穿于整个活动，并嵌入机构中。这个教练框架既适用于团队教练，也适用于个人教练，步骤概括如下：

1. 觉察（Awareness）：连接被教练者，确定他们的议程。
2. 反思（Reflection）：倾听意见，为洞见的涌现创造空间。

3. 选择（Choice）：以最少的干预支持决策，避免告知被教练者。
4. 行动（Action）：询问被教练者想做什么。

教练回顾

在项目实施后的第二年，教练在与 HPS 部门和商业服务部门联合领导团队一起召开的一次复盘会议中发现，领导者对教练活动成果的认可存在着显著差异：

- 相比商业服务部门的领导者，HPS 部门的领导者的参与度要高得多。
- 商业服务部门的领导者报告称，他们与 HPS 部门存在巨大的文化差异，他们认为 HPS 部门比机构的其他部门更受青睐，因此，他们有一种"我们和他们"以及"我们不那么重要"的感觉。

一个系统视角

这些观察促使我们思考，本可以采取什么不同的措施来避免这种体验上的感知失衡。当采用一个系统的视角并通过系统视角来回顾这个活动时，一系列的问题得以浮现，包括"为什么商业服务部门的领导者会觉得在这个项目中被排除在外或者不那么重要？"。考虑到商业服务部门从一开始就被有意识地包括在内并参与了项目的设计和创建，以及他们对"将个人卓越性与绩效结合起来"这一项目目标的认同，这一问题就显得格外有意义了。通过基于系统视角的审视，一些有价值的经验教训浮出水面。

扬·雅各布·斯塔姆的研究表明，所有的组织系统都遵循着四个关键的组织原则：秩序、使命、归属感和公平交换。接下来我们将逐一描述这些组织原则，并运用这个框架来提出一些问题。在准备团队教练活动时，这些问题可能会让潜在的系统问题暴露出来。

秩序

秩序意味着一个组织系统的方方面面都需要"在其正确的位置"。这可能与资历、任期、职能（以及每个职能部门中的关键角色）相关。有个显而易见的类比是，组织系统的排布就如我们想要组成一支高水平的运动队，所有团队成员都清楚自己的角色，大家目标一致、配合默契，且团队拥有充足的资源。

能够揭示与秩序相关的系统性问题的提问包括：

- 该部门（在本章中为HPS）或职能的定位在哪里？其与组织内其他部门或职能的关系是怎样的？
- 组织中这些部门这样的秩序是否得到了认可与理解？
- 在教练项目的设计里，我们如何最好地体现这一秩序？

使命

使命是一个关键的组织原则，描述了一个组织如何服务于整个世界。当系统的其他部分能够清晰地表达和理解组织的使命时，组织使命就在各种决策和管理过程中创造了一个有用的焦点。鉴于项目目标是连接个人绩效与组织的成功，可以提出如下系统性问题：

- 谁最清楚组织的使命？
- 该项目如何提升所有职能和角色对组织使命的认识？

归属感

归属感意味着组织的每一部分都感知到并知晓自己理所当然地属于这个组织系统。这不仅取决于个人，还取决于了解每个职能和角色为系统提供的价值，并在整个团队教练过程中强化这种价值。

教练团队的反思是，成就个人卓越的组织使命有可能使 HPS 部门的人员比商业服务部门的人员感觉更有归属感。识别与归属感相关的潜在系统性问题的提问包括：

- 在组织中关于归属感有哪些潜规则？它们是否因职能而有所不同？
- 组织的任何一部分都或多或少地感觉自己融入这次教练活动了吗？

公平交换

公平交换涉及整个组织内部付出与收获之间的平衡。组织系统力求在不同部门及其外部市场的贡献方面实现公平交换的健康平衡。在探索阶段，针对公平交换的系统性问题可以提出以下问题：

- 在组织的不同部门之间，谁为谁付出了什么？谁付出较多，谁付出较少？
- 在像这样的一个项目中，如何修复人们感知到的或实际发生的交换失衡？

许多组织都深受和经销部门或沟通部门关系的困扰。经销部门与外界接触并传递外部价值（在该机构中是体育成果），而沟通部门（例如，人力资源、财务和行政部门）在内部将组织维系在一起。经销部门比沟通部门更受器重的现象很常见，这样的偏爱就会在组织内部造成张力，因为很多组织必须依赖有效的沟通交流才能实现可持续发展。

探索和经销部门或沟通部门之间的关系，可以提出一个有力的问题：

- 在这里，最重要的是什么，是与组织外部的互动，还是对组织内部的支持？

团队教练的经验教训

在这一强调高水平运动的特定教练活动中，由于教练工作向 HPS 部门倾斜，商业服务部门的领导者可能认为，他们在组织系统中应有的地位被低估了。这个教训由来已久，对于我们这些教练而言，应该对在场的人和不在场的人给予同样多的关注。

那么，如何才能在团队教练活动中维持这种必要的秩序，并创造出一种更可持续的过程，以应对教练项目建议书中没有提及但可能呈现的隐形动力？对教练机构而言，在教练过程早期就提出以下问题，有助于为客户制订更周详的团队教练计划：

- 系统中的哪些人通常在达成高绩效方面感觉得到支持，哪些人可能感觉自己较少得到接纳和支持？
- 在加速发展高水平运动领导力方面，如果团队教练活动收效极佳，会给组织带来什么新的风险？
- 一个团队的加速发展是否会威胁到系统中另一个团队的归属感？

在探索的初期就运用更系统的视角，在沙盘上进行推演，揭示那些可能威胁秩序或归属感等的隐形动力，就可能勾勒出组织生态系统中的各种元素。

组织的系统动力博大精深，可帮助我们深入了解应该如何开展团队教练活动的前期工作。我们得到的主要教训是，退后一步，对更广泛的组织系统保持好奇，问问自己："这次团队教练活动的成功，对组织中的什么或者谁是至关重要的？"我们正在运用这一系统视角支持澳大利亚其他的体育组织，而且成效显著。

第36章 从优秀到卓越：南安普顿足球俱乐部

理查德·波士顿

在这一章中，我将分享一些感悟，这些感悟来自我和同事迪恩·泰勒（Dean Taylor）为南安普顿足球俱乐部（SFC）开展的一次团队教练活动。这支球队是英国超级联赛足球俱乐部的顶级球队。我们最初是应邀与SFC的高级管理团队（SMT）合作，这个团队是一个精心组织的无领导团队，成员是12名同级领导者。该团队的成员集体向董事会汇报，既承担SFC在足球方面的管理职能（如医疗支持、绩效管理和球探/球员招募），也承担SFC需要的各种支持性职能（如人力资源、市场营销、财务、IT、法律和运营）。SFC不是"亿万富翁的玩物"，而是以企业的形式运作。董事会为SFC设立的愿景是在球场内外继续其向上发展的轨迹，在扩大品牌全球影响力的同时，"为欧冠做好准备"。董事会认为，这对SFC的高管团队提出了更高的要求，因此，需要我们团队教练为高管团队赋能，采取更具战略性的、跨职能协作的方法来领导SFC，并帮助每个成员将自己的领导力提升到更高的水平。董事会还要求我们在尊重和鼓励不同管理风格的同时，帮助营造一种稳定而一致的领导风范，而且希望这次团队教练活动在领导力发展方面的体验及其成果，让SFC不仅在体育运动领域，而是在各领域当中都能够脱颖而出。

本案例研究将展示我们如何通过团队教练活动，特别是通过探讨以下三个核心主题，来满足SFC的需要：

1. 引入了五阶段框架来支持团队教练过程。作为教练，我们发现它既有助于指导我们自己的教练过程，也有助于向客户阐明那个过程。
2. 分享团队教练干预活动本身的核心要素、这些要素如何发生演变以及我们在这一过程中汲取到的经验教训。
3. 展示我们所承接的针对某个团队的干预活动如何发展成为随后针对下一级团队的干预项目，以及我们如何利用这第二个项目进一步发展最初那个团队。

五阶段框架

五阶段框架（见图 36.1）是我们团队教练干预方法的基础，这是一个简单易用的团队教练过程模型，洛、波士顿和泰勒（Taylor）2015 年的著作以及波士顿 2018 年的著作中对其有全面的介绍。它力求对教练、团队教练和个人/组织变革领域中的各种过程模型（例如惠特默的 GROW 模型，霍金斯以及科特的 CID–CLEAR 模型）进行最佳的整合。

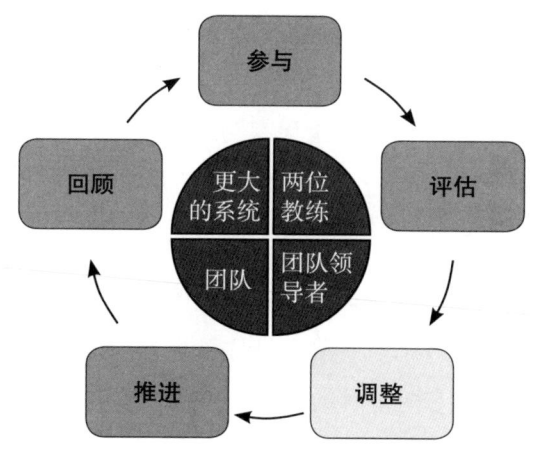

图 36.1 波士顿团队教练的五阶段框架

资料来源：改编自波士顿（2018），版权归属理查德·波士顿，经许可使用。

在五个阶段（参与、评估、调整、推进、回顾）中的每一个阶段，我们都要注意到四个中心象限代表的不同关键利益相关者：

- 团队——在这个案例中，是向董事会报告的高管团队（SMT）；
- 这个团队的"团队领导者"——在本案例中，需要讨论团队是否应该有一个领导者，以及首席执行官有时担任该角色的方式；
- 更大的系统——员工、董事会成员和外部利益相关者；
- 两位教练——我自己（理查德）和迪恩。

没有一个团队教练活动是完全线性发展的，所以，这当中还包含了许多五阶段的"小周期"。正如活动流程图（见图 36.2）所示，大部分工作发生在第一年，一年后又安排了一次脱岗团队教练活动（第六次）。黑框中显示的是我们教练直接参与的活动；灰框中显示的是高管团队与自己所带领的团队一起，与董事会的老板们一起自行开展的工作。在第一年，高管团队还参与了董事会发起的两个真实的跨部门项目，在整个项目进行过程中，鼓励团队的所有成员在一本结构化的"发展日志"中持续记录自己的反思和发展情况。

这个项目在第一年所产生的影响促使 SMT 和董事会要求我们为 SFC 的下一层级——SMT 的 15 名直接下属——实施类似的干预。我们认为，这个项目不仅仅是员工的发展之旅，同时也是 SMT 的发展之旅。为此，SMT 的成员参与了项目的设计，帮助实施启动会议，指导参与者，并作为参与者的上司参加了三方教练会谈（同样地，教练们也为 SMT 参与三方教练会谈提供辅导）。基于将 SMT 的成员也培养成教练这一初衷，我们还达成一致：迪恩和我将为下一层级的参加者设计和运行整体方案，包括前三次脱岗团队教练活动，但 SMT 将设计和实施第四次脱岗团队教练活动。在撰写本书时，SMT 的准备工作正如火如荼地进行着，离活动实施还有两个月的时间。

项目如何演变以及我们从中获得的领悟

在本节，我们将重点阐述工作任务中的四个关键成功因素和相关的学习收获——特别是让团队及其系统参与进来，评估团队当前状态和期望状态之间的差距，忽略部分团队系统的危险，以及团队教练团队做的必要性。

让团队及其系统参与进来

将学习转化为真正的、可持续的行为改变，有三个重要预测指标：参与者的学习动机，参与者相信自己可以改变自己的行为，以及他们身处的环境在多

第一年 → 第二年 → 第三年

第一年				第二年	第三年
SMT 启动会（半天，2015 年 5 月）	与董事会成员进行一对一的发展性对话	第四次脱岗团队教练活动（一天，2015 年 12 月）		脱岗团队教练活动的间歇，SMT 为各自的下属领导者担任导师	SMT 出席下一级员工的三方个人教练
SMT 完成高绩效团队问卷	同侪教练	同侪教练		SMT 协助其下一级领导者开展 360 度反馈	SMT 出席下一级员工第三次脱岗团队教练活动
第一次脱岗团队教练活动（2 天，2015 年 6 月）	第三次脱岗团队教练活动（半天，2015 年 9 月）	与董事会成员进行一对一的发展性对话		第六次脱岗团队教练活动（2 天，2017 年 2 月）	SMT 设计并负责下一级员工第四次脱岗团队教练活动
各 SMT 成员的下属团队完成高绩效团队问卷	个人教练	继续个人教练并与老板开展三方会谈		SMT 协助举行下一级领导者的启动会议（2017 年 3 月）	待定
心理测试：MBTI，Hogan，"阴暗面"	与董事会成员进行一对一的发展性对话	高绩效团队问卷调研第二轮		团队教练与 SMT 为其下一级领导者设计类似项目	**关键点**：与团队教练的面对面会谈
第二次脱岗团队教练活动（2 天，2015 年 7 月）	同侪教练	第五次脱岗团队教练活动（2 天，2016 年 3 月）		共创 SMT 的团队教练案例研究	参与者的自我管理

使用"发展日记"开展项目工作和反思实践 →

图 36.2　团队教练活动流程图

资料来源：2018 年理查德·波士顿版权所有。
注：作者可提供彩色复印件。

大程度上鼓励、支持和促使这些行为发生改变。因此，从项目一开始，我们就不遗余力地确保 SMT 成员、他们上面的董事会及其直接下属都"参与"到 SMT 的团队教练活动过程中来。

就结构而言，这是一个扁平化的团队，所以没有"团队领导者"。团队不止一次探索了设立一位领导者的可能性，但从教练过程和心理学角度来看，领导者这一角色在大部分活动中都是由 SFC 的首席执行官加雷斯·罗杰斯（Gareth Rogers）担任的。随着董事会自身的演变，这一角色的担任者范围逐渐扩大，也包括了董事会的其他成员。加雷斯从一开始就有明确的承诺。在尊重教练过程的保密性的同时，他时刻准备着并表现出积极的兴趣，开放地与我们通过各种渠道保持沟通。

人力资源总监米歇尔·巴特勒（Michelle Butler）是 SMT 的成员，在某些方面扮演着"团队领导者的角色"，特别是在早期项目启动以及项目"主干"的设计阶段。不过，和我们一样，她也希望 SMT 能和人力资源部一起为项目承担集体责任，而不是陷入一种"让人力资源部负责就好了"的简单模式。

让团队其他成员参与项目的第一步，就是一个正式的现场启动会议。我们的设计基于波士顿的三个核心原则：确立方向、确保承诺和建设能力。这个方向主要来自董事会为教练活动设定的目标：

- 通过提升每位 SMT 成员对其部门的团队领导力，增加他们为组织的战略需求做出的集体贡献，实现"从优秀到卓越"；
- 尽管众所皆知，情绪的大起大落在这一行业很常见，团队教练活动还是要帮助高管们保持一种稳定的高绩效心态；
- 在尊重和鼓励不同管理风格的同时，创造一种稳定而一致的领导风范。

通过分享我们对项目的框架性设计，我们提供了更多的方向性信息。我发现，无论是在为团队创造心理支持空间方面，还是在赢得团队对我们教练能力的信任方面（教练能力是波士顿九大信任杠杆之一），某些结构都是必要的。信任对确保承诺至关重要，我们也利用现场启动会议及随后的接触来关注其他信任杠杆。例如，为了表现出善意，我们（在董事会成员缺席的情况下）探讨了 SMT 成员们对工作的期望和顾虑；确保为每个人保密；在活动进展期间分享我们设计和改进不同模块的意图，顺应他们的紧急需要来共同创建计划的"肌肉"。通过提供经董事会批准的、与关键利益相关者和员工开展对话的指南，在某种程度上，我们帮助他们获得了来自更广泛系统的承诺。

评估差距

为了帮助团队"评估"波士顿系统轮盘中的各个维度（本书第 16 章特别谈及），我们将表 36.1 中罗列的多个数据点组合在一起，并从个人及团队两个视角对每个数据点进行整理。

重要的是，我们探索高绩效团队问卷（HPTQ）数据的方法是"引导性的"，而不是"权威性的"/ 专家主导的。我们把结论分成四个部分，并把团队分成四个小组，要求每个小组理解消化其中一部分的结论，将关键主题和建议反馈分享给其他团队成员。我们针对每个部分的数据定制了教练式提问，以支持他们进行数据的探索。这样一来，"诊断"本身就是一项团队活动，要求团队一起合作，并深入分析团队成员是如何完成这项团队任务的。

进展顺利，但忽略了部分系统

这个项目帮助改变了高管团队内部关系的性质，也改变了高管团队与董事会之间关系的性质。项目还提高了大家的自我意识，并培养了领导团队、建设团队所需的关键技能。当参与者最初的热情转化为因难以实现真正的、持续的行为改变而产生的挫败感时，我们综合运用了波士顿的"艾米"，彼得斯的"黑猩猩悖论"，以及凯根和拉希的"变革免疫"等方法，帮助大家消除卡点。这需要团队成员探索和分享那些使他们难以实现其渴望的个人与集体改变的心理障碍。

表 36.1 评估差距并提供反馈的方法

数据点	时间	个人层面	团队层面
用完整的高绩效团队问卷（HPTQ）收集定性及定量数据	第一次及第二次脱岗团队教练活动之前，然后在第五次脱岗团队教练活动前再次开展	完成每位 SMT 成员所领导的团队部分	完成 SMT 自身部分
MBTI 和霍根发展测评	分别在第一次和第二次脱岗团队教练活动期间进行汇报	在脱岗团队教练活动期间以及在与团队成员一对一会谈期间，提供反馈	讨论团队的总体情况及其在现场的表现，并将其与信任和冲突等对团队绩效有着关键影响的主题联系起来
反馈	在所有脱岗团队教练活动及教练会面期间	通常以一对一的形式，有时也以团体沟通的形式，由教练提供反馈，并得到来自同侪和老板的鼓励（我们不给董事会成员/SMT 成员的老板们提供针对 SMT 成员个人的反馈）	教练向 SMT 和董事会反馈观察到的团队模式和主题，它自身的系统以及当中的关系
系统图	第一次脱岗团队教练活动	在信任、承诺、能力方面，SMT 成员为自己领导的团队绘制了系统图谱	基于组织的历史和可能的未来，SMT 创建了一条时间线，以审视其现在的状态，还描绘了其与更大的系统（组织内与组织外）的当前关系

一名团队成员在产假期间带着小婴儿（完整地）参加了活动，这足以证明团队内的信任在不断加深，而且在团队教练过程中，团队已经创建了支持性的赋能环境。然而，事后看来，我们在第一年忽略了两件重要的事情：

1. 我们仅通过高绩效团队问卷收集了参与者的直接下属的反馈，并因此提高了他们对变革的期望，但在团队的"指导联盟"中，并没有充分发挥他们的作用。我们也许应该像邀请董事会成员那样，邀请这些直接下属也参与到 SMT 的团队教练过程中来。

2. 缺乏督导的同侪教练小组并没有产生我们预期的动力。因此，当我们为SMT成员的直接下属制定计划时，我们对同侪教练活动设定了具体的周期，从而为项目设定了更清晰的节奏。而且，我们也参加了每个小组的第一次同侪教练会谈活动，帮助他们顺利开展这项活动。

团队教练团队的行动

任何一位忠于自我的团队教练都会承认，他们会很自然地发现，某些客户、团队对与教练的关系的投入度更高。在整个活动过程中，感受到参与者不遗余力地参与，对一个教练团队来说是无比鼓舞的。我们和SMT成员一起参与比赛，历经足球队的胜败，从一开始就让人非常兴奋，但如果没有SMT成员、首席执行官，还有在我们开始合作的第一年加入的两位董事会新成员所做出的承诺，我们就无法继续前行。

我们都很认同这个SFC的理念，SFC的理念与我们个人的价值观能产生共鸣。在寻找和培养年轻的足球人才方面，SFC一直做得很好，让人印象深刻。在培养领导者和员工方面，SFC也希望建立同样的好口碑。SFC确实在以企业的方式经营，而不是"亿万富翁的玩物"，这让我们真正感受到，SFC的领导者们会认真对待绩效的提升。与我们一样，SFC也表现出要对更广阔的世界产生积极影响的愿望：支持当地和海外的一些慈善活动，包括为肯尼亚一所小学的所有1 300名儿童提供食物。最后，我们对每位SMT成员都有足够的了解，重要的是，我们喜欢他们。我们一起吃饭，还做了一个练习，每位SMT成员与其他团队成员分享自己的生命故事，我们彼此间有了更深层次的了解。

就我们教练团队的内部关系而言，迪恩和我从2002年就开始一起工作。从三个核心原则的角度来看我们的团队，我们当中的一个教练在项目的各个模块之间主导与客户和团队的沟通，并管理幕后的工作，在给客户和其他相关人等发电子邮件的时候，会抄送给另一个教练，但我们会合作完成项目的设计，这确保了我们的工作"方向"是清晰的。不过，当我们在现场与团队在一起时，我们两个人是平等的。作为一个团队，我们相互承诺，这个承诺的基础是信任，是通过我们过去很多共同的经历和坦诚的对话形成的。在能力方面，我们有不同但互补的风格、技能和专长领域。在项目进行过程中，我们贡献的工作时间各不相同。因此，我们保持了一个清晰、流畅的过程，确保从团队的角度而言，这个过程是无缝的。我们还借助外部资源，通过团队教练督导来提升和扩展我们的才能。

结论：共同回顾我们的工作及其产生的影响

我们在所有模块中以及不同模块间，都会开展反思性练习，捕捉关键主题，并利用这些关键主题来对项目进行优化。"正式"的回顾分别在第5个月、第10个月和第24个月进行，会上SMT成员结合高绩效团队问卷的前测后测结果以及自由分享的个人故事，呈现了个人和集体的最新进展。高绩效团队问卷是一个基于行为锚定的评分量表，是董事会和SMT共同商定的"成功标准"。我们也依照雷珀的建议，即过早设定目标可能会导致根据错误的目标来衡量进展情况，与客户串通以确认、改变和衡量那些并不重要的变革举措，或被"表面的问题"分散注意力，而不是致力处理隐藏在表象之下的真正问题。因此，一直等到我们拥有了足够的动力、数据和开放性，我们才着手设定绩效指标，而不是团队教练活动刚开始时就设定。

本章旨在为大家呈现一个学习工具，所以就不一一列举我们引以为傲的成就了。在此，我们只想说，我们共同创建了一个研究案例（欢迎登录网站www.leaderspace.com），分享了这个项目所产生的影响以及我们曾经面临的挑战。当然，还有一些影响和挑战，未能尽数在本章谈及。我们认为，让团队和发起项目的客户认识到团队教练可能会很棘手，需要每个相关人员都参与其中、分担重任，这一点非常重要。作为团队教练，我们从这项工作中学到的最重要的几点经验教训是：

1. 从一开始就让整个系统参与其中，并确保在此过程中保持这种参与度的重要性；
2. 当与团队合作时，教练需要注意自身工作的三个核心准则（方向、承诺、能力）；
3. 需要在制定教练计划，与随着团队及关系的发展而调整计划之间取得平衡；
4. 在团队教练过程的早期，而不是这个案例中我们选择的介入时机，就着手干预心理上的"变革免疫"，是非常有价值的。

在撰写本章时，我们与俱乐部的合作仍在继续。董事会、SMT 及其下一级领导者对这项团队教练工作表现出来的渴望，以及他们为实现"从优秀到卓越"而积极应对内部和周围的阻力所展现出来的勇气，让我们既感到骄傲，也由衷地敬佩。

第 37 章　清晰、张力、信任和教练能力的相互作用：领导力发展项目中的团队教练

崔娜·皮切尔、安德鲁·贝弗里奇和瑞克·莱希

自 2006 年以来，墨尔本商学院一直与澳大利亚联邦政府的一个主要部门合作，为该部门的高管们提供领导力发展项目。这一次，分布在澳大利亚全国各地的 1 428 名参与者完成了催化剂项目。随着时间的推移，为了满足参与者及其组织不断变化的需求，这些项目也在不断发展。但其中一点却从未改变，即参与者与一位认证高管教练进行一对一的教练会谈。在整个催化剂项目进行期间，三分之二的参与者评价这些教练会谈是最有用、最具挑战性和最有影响力的。

为了扩大教练活动对这些领导力项目产生的潜在影响力，2015 年，我们修改了该项目中团队活动的部分。在早期的不同版本中，五六名参与者组成的团队要合作完成并呈现一个与组织相关的案例研究。2015 年，我们用行动学习取代了案例研究。每一个项目的高管赞助人会给参与者设定一个真实的任务。我们希望这个任务不仅与学习目标相关，而且是复杂而模糊的，是无法通过实施一个简单的方案就能解决的。

现在，参与者组成的不同团队需要在 8 周内合作完成一项任务，期间要开 10 个小时的正式会议，并准备在项目的最后一个下午与项目的赞助人展开讨论，分享他们对任务的想法，以及他们在个人、团队和组织方面有什么重要的学习收获。

在举办会议的 10 个小时（共 3 次会议）当中，有 6 个小时是团队教练与团队一起工作，帮助他们反思自己的学习和手头的任务。到目前为止，共有 86 个团队，包括 420 名参与者，已经完成了这一期的项目，让我们从团队教练的角度了解了哪些是有效的、哪些是无效的。

在我们开展团队教练活动时，我们基于一个未经验证的假设：任何愿意开

展一对一教练活动并取得成功的认证高管教练，都可以成为一名有效的团队教练。

团队教练需要做什么

事后看来，这一未经验证的假设很快就迎来了项目参与者的检验。在团队教练的第一年，参与者分享的不同体验帮助我们认识到，一对一教练"无所不包"，可以谈及任何话题，但这种做法似乎偶尔在团队教练环境中会出现问题。

一对一领导力教练活动提供了一个私密的环境，参与者有机会与一位兼具挑战性与支持能力的教练一起，以高度个性化的方式，整合他们在项目中获得的数据、概念、工具和反馈。然而，根据我们的经验，这种数据整合和个性化学习方法，在团队环境中似乎不太奏效。

高度个性化的方法使教练能够满足每个参与者的独特发展需求。它的主要优势在于让参与者可以突破项目的边界，把项目中获得的学习和洞见带回到实际工作中。

很明显，要开展团队教练，团队需要一些不同的东西，以便获得更深入的洞见。我们的主要经验是，提供框架和方法论能有效地支持团队。相比私人订制，团队需要遵循某种集体结构，而那个框架也能同时满足个体团队成员应用其个人所学的需要。

明确目的和过程

为了实现本项目团队教练过程的标准化，我们一开始就运用了霍金斯的框架。在向被教练团队做了自我介绍之后，我们引导大家围绕这个框架进行了讨论。对许多团队而言，这个框架就成为他们的初始"路径图"，指导他们要如何合作以取得成果，并在彼此合作的过程中学有所得。它还为团队教练提供了机会，在团队过程开始时进行自我介绍／融入团队，以此来建立信任。

建立信任以保持张力，从而达成学习目标

如前所述，4 至 6 名参与者组成的团队，致力应对组织所面临的一个现实挑战。在教练的帮助和鼓励下，学员会尝试一些他们认为是该项目发展需要的新事物，从而在安全的学习环境中，获得一个新行为的实践经验。他们也会尝试从任务中抽身出来，审视一下团体正在经历的各种过程，以及他们每个人为团队绩效做出的贡献（他们的附加价值）。教练观察团队完成任务的情况，在关键点会要求暂停，然后引导大家讨论：什么是有效的？什么是无效的？为什么有效／无效？如果他们表现出最好的状态，作为要向前迈进的个人贡献者，他们需要开始做些什么？

有效的教练关系的特别重要的表现特征之一，就是在支持和挑战之间取得良好平衡的同时，能够与团队建立强有力的连接。因此，为了使团队教练活动有效，教练与团队需要建立基本的信任。此外，为了让团队承担学习、发展和改变的必要风险，团队教练还需要创造一个安全的空间并建立信任。只有相互信任，作为一个整体的团队以及团队的个体成员，才能有足够的安全感去展示脆弱，暴露错误和不足，尝试新事物，最终获得成长。

据哈扎基斯（Hatzakis）所言，信任有两个基础——认知基础和情感基础。信任的认知基础是基于证据而建立的，而情感信任则与人类情感有关。团队教练需要认识到这些动力的相互作用。

为了赢得团队的信任，团队教练需要满足一些共性要求，研究文献中反复提及这一点。根据英国特许人事和发展协会（英国人力资源和人才发展领域的一家专业机构），为了获得信任，团队教练需要满足以下要求：

- 能力——在团队教练过程中表现出胜任力；
- 仁爱——给予他人超越期望的关心，怀有善良的动机；
- 正直——遵守一套他人可接受的原则，包括公平和诚实；
- 可预测性——随着时间推移展现出规律性的行为。

在我们过往的经验当中，有时候团队对教练会表现出强烈的敌意和怨恨。这种情况常见于团队完成行动学习任务的早期，团队会经常对教练说出这样的话："你能让我们继续工作吗？你在拖慢我们的速度。我们以后会反思……"但随着时间的推移，信任建立起来了，这些敌意几乎都会减退。

在整个完成任务的过程中，我们经常会体验到团队内部出现的一些自然的张力。团队中的个体都会经历到一个困境，那就是既要完成任务，又要管理好他们的团队过程。除此之外，他们还要承受被同事和团队教练观察的压力。他们面临的挑战之一是确保团队教练的有效性。敏锐的团队教练需要监控团体和个人的张力。团队教练的作用之一就是对这种张力保持警觉，允许这种张力的产生，并留出空间，让张力自然地化解，或者是通过教练进行的某些干预而化解。化解张力的方法包括承认张力的存在，并就此展开讨论（既可与个人讨论，也可以与团队一起讨论）。需要指出的是，某些人可能会比其他人更多或更少地体会到这种张力的存在。团队教练也要抓住时机提醒成员们，追求结果的想法是很自然的，而且，对于某些团队成员来说，摆脱这个困境可能会让他们感到不舒服。当团队教练叫了暂停，引导团队展开讨论，以帮助团队分析现场正在发生的事情，并让每个成员对过程进行反思时，某些人就会感到张力变大了。

与团队的讨论早期大多集中在明确（个人的）角色和任务，但对于许多想要"立马着手完成任务"的人来说，这就会带来张力。随着任务持续进展，团队成员日渐成熟，总体而言，他们会接受在任务与过程之间保持平衡的好处。因此，团队教练的角色在整个任务过程中会不断变化。团队教练需要不断地确定他们发挥什么作用，即他们是否应该以及何时进行干预，而不会对整体任务／

过程的挑战造成负面影响。克拉特巴克认为，干预的目的决定了教练将精力花在什么地方——是过程、人际关系还是任务。

个人教练和团队教练两者都能让学员通过运用项目中涉及的关键概念，对学员自己的做法有更多的了解。对于许多参与者来说，这是他们的第一次教练活动经历，因此，教练可以在有效教练的精简性和影响力方面树立榜样，包括有效倾听、提出发人深省的问题。此外，在项目结束后，学员可以运用他们体验过的教练方法和技巧，来提升他们的长期绩效。

团队教练的关键特征

在催化剂项目中引入团队教练，让我们收获良多，使我们得以提出对团队教练至关重要的一系列特征，包括：

- 持续深入探究的能力；
- 关注团队过程；
- 明确教练合约；
- 明确角色；
- 保持和展现倾听技能；
- 平衡挑战与支持；
- 平衡引导与教练。

持续深入探究的能力

根据我们的经验，尽管在能力方面有很多重叠，但不能假设一个称职的个人教练也是有效的团队教练。

一方面，主要与个人一起工作的教练，可能会把个人教练的工作方式带到团队环境里，有时这样做的效果非常好。不过，需要提醒的是，团队教练可能会带入更广阔的系统视角以及应对团队过程的能力,为团队提供不同维度的学习体验。

出色的团队教练不一定是个人教练的"自然"延伸,尽管许多客户可能以为真是如此。有效的团队教练应该能够从过程和方法论的角度阐明他们自己的团队教练模式。关键的是,劳伦斯指出,为了使团队教练活动有效并管理好团队和团体过程,团队教练需要有效地进行自我管理。教练自身的不安全感会体现在他们带领团队教练活动的方式中,比如陷入团队或任务中,或者对团队或任务置之不理。

关注团队过程

团队教练的作用更多的是管理过程,而不是管理内容。团队教练需要掌握团队动力学、社会心理学和人种学等领域的知识。

例如,团队教练可以询问团队成员他们是如何合作的,他们对团队动力的理解是什么,什么是有效的,什么是无效的。团队教练需要观察和处理团体中产生的许多复杂动力。管理团队过程极具挑战性。在一个复杂而不可预测的环境中工作是很棘手的,在这样的环境里,每个人都"无处可藏",团队教练需要迅速地适应现场正在发生的事情。

明确教练合约

团队教练的另一个关键作用,是向团队阐明并明确自己的角色,以及在完成任务的过程中,自己将如何为团队履行该角色的职责。

这样的澄清有助于区分教练和团队成员的角色。围绕活动规则订立教练合约,对于团队教练的成功整合至关重要。当团队和教练双方事先确定了想要达成什么成果,并且针对成果的范围和获得成果的过程也愉快地达成了共识时,教练合约就明确了。最好是一开始就和团队中的每个人明确教练合约。

明确角色

不仅团队要明确团队教练的角色，团队教练也要明确自己的角色。团队教练可以自行定义自己在团队教练过程中的角色以及他们将如何合作，例如团队教练在何时以及如何退后一步并观察团队，或者他们在何时需要向前一步去促进讨论。在完成行动学习任务的早期阶段，我们的讨论大多围绕角色和任务的明确性，但对于许多想要立马着手执行任务的参与者来说，这会带来某种张力。

保持和展现倾听技能

与个人教练类似，团队教练需要能够运用他们的倾听技巧，既要听到现场参与者实际说了什么，也要尽可能地寻找非语言信息。团队教练还需要自行调整自己对团队中正在发生的事情的反应。

平衡挑战与支持

团队教练成功的关键，在于他们具有一定的决断力，这决定了他们是需要出手挑战、支持还是后退旁观。这一能力部分地表现为不假设，而是努力澄清，还可能表现为让团队知道教练在观察什么：进展顺利或不顺利的事情，以及团队成员在团队中如何发挥作用。一旦团队教练对团队过程进行干预，他们可能会深入研究对话的内容，加以验证并提出质疑，以使团队成员能够更好地理解团队过程。

平衡引导与教练

克拉特巴克认为，团队教练不同于团队引导，因为引导者是通过"指导性"对话来带领团队的。相比之下，团队教练更多的是在开展"生成性"对话。团队教练不知道每个团队将如何处理自己的行动学习任务，或期望从任务中获得什么，但根据我们的经验，团队教练需要有足够的灵活性，来处理团队对话的多种可能性。

桑顿认为，团队教练的结构性和计划性（克拉特巴克用的术语是"导向性"）如何，取决于团队成员或团体成员感到安全的程度。根据我们的经验，如果团队成员感觉不安全，那么团队教练应该精心设计整个团队教练工作坊（或工作坊中的部分活动），让团队成员清楚地了解将要发生什么。只有团队成员变得更有信心，团队教练才可以引导一个更具生成性的过程。

结　论

总而言之，通过在这一特定的高管领导力项目中加入团队教练的元素并搭配高管教练的元素，我们获得了一系列切实可行的经验。根据我们的经验，让一个习惯于一对一工作环境的高管教练，转换到团队教练环境中，并不是一件简单的事情。既能够保留一对一教练的个性化优势，又能发挥团队教练的集体优势，这样的期待鼓励我们去探索团队教练还需要具备哪些关键的技能或特征。我们不断从这一经历中总结经验教训，并认为清晰、张力、信任和能力的相互作用是有效的团队教练的关键。而乐于做以下工作的团队教练们，又会强化这种复杂的相互作用：

- 持续深入探究的能力；
- 关注团队过程；
- 明确教练合约；
- 明确角色；
- 保持和展现倾听技能；
- 平衡挑战与支持；
- 平衡引导与教练。

第 38 章　改变警务思维：协作与团队教练活动在循证警务实践中的作用

道格拉斯·爱德华·阿布拉罕森

本章有两个主要目标，分别支持世界各地的警务领导者和团队教练，他们正试图通过各种跨界协作的举措，例如循证警务（evidence-based policing, EBP），来提高警务组织的责任心和组织效能。EBP 代表着警务模式的重大转变，因为它要求警务人员通过参与、促进，以及把（警务）研究和评估应用于现代警务政策和实践中，积极地与来自不同领域的科研人员、学术机构和学者建立联系。它还要求警察在组织内部、不同组织之间，以及与主要利益相关者积极合作，并分享信息和知识。

第一个目标是帮助领导者认识到，虽然许多警察角色、警务模式和公共政策都要求警察在单位和组织内部，以及在单位和组织之间开展协作，但在个人、团队或组织层面，协作的努力所得到的重视、应用或支持却不尽相同。最近的一项研究就说明了这一点。这项研究指出了在信息和知识共享过程中会遇到的七个常见障碍：组织流程和技术（有问题）；个人意愿欠缺；组织意愿欠缺；工作量超负荷；地点/结构（有问题）；领导能力（缺乏）；风险管理。第二个目标是，展示完整的团队教练活动如何帮助警务领导者和组织更好地处理当前警务组织中存在的积极和消极的动力、结构和系统，因为团队教练活动能够使"团队实现既关注个人绩效也关注团队协作与绩效的共同目标"。在本案例中，共同的目标是 EBP，个人、团队的表现和协作是组织内和跨组织行动成功的关键因素。我们建议用团队教练活动作为积极的 EBP 干预策略，而用来支撑团队教练活动的是霍金斯提出的团队教练框架，它同时涉及团队教练活动关注的五个领域：委任；明确；共创；连接；核心学习。本章也提供了一些建议，以支持进一步的研究。

本章的两个目标得到了教练的核心干预技术的理论和实践支撑：通过完整的团队教练活动协作。

警务部门和 EBP

随着警务机构试图既要兼顾新的全球犯罪和公共安全现状，以及看似棘手的公共政策问题，还要确保和维持公众支持和守法，警察在我们社区中的作用也在不断地发生变化。犯罪案件和刑事侦查的复杂性，以及警察需要随时有效地做出反应，这些是现今警务领导者面临的首要问题。很明显，警务部门无法单方面解决社会问题，需要跨界协作以制定更全面的对策，来应对犯罪问题。我们建议使用团队教练的框架，促进从"由内而外"的传统组织工作重心转变到"由外而内"的工作重心，在这种情况下，与利益相关者的合作是首要关注点，人们共享知识，并开展核心团队和组织的学习。学者、司法改革倡导者以及利益相关者提出的最新警务模式和实践之一就是 EBP。EBP 可以定义为：

> 一种以制定高品质的警务和社区安全计划为目标的方法，通过创建和运用高质量的研究，在治安和社区安全问题方面回答了"什么是有效的？"。同样重要的是，这种方法也告诉我们哪些措施是不起作用的，而哪些措施大有可为，需要进一步研究。
>
> （加拿大循证警务协会，2017）

许多组织，包括警务组织与其他公共安全和安保机构，低估了批判性反思方法的力量，忘记了这样一点，即就有效的政策和做法而言，我们过往的认知在未来可能无法应用，甚至是不适用的。因此，警务部门必须持续地检验其信念和实践的正当性与合理性，因为这些信念和实践与当前组织内外部的警务问题、应对措施以及预期警务成果的实现有关。团队教练活动既为一个框架，也为一个过程，通过支持各警务组织在"与更大生态系统的动态关系中通力协作"，协助警务组织填平与各利益相关者以及不同领域之间的鸿沟。世界各地越来越多的警务组织采用 EBP 作为一种工作方法，利用最有力的证据来改进决策，并针对我们今天面临的许多更常见或更棘手的社会问题，制定循证对策。令人遗憾的是，许多警务部门的领导者无法识别、理解或处理一些在实践中和哲学层面上导致 EBP 不能有效应用的障碍。本章将简要概述这些问题，并阐释团队教练活动如何助力这些问题的解决。

范式的转换

在全球范围内，警务组织面临着要适应不断变化的社会、政治、技术和经济图景的巨大压力。第一，警务部门所处的信息和知识共享的环境变得越来越复杂、动荡多变，而且具有互赖性。第二，警务组织的知识密集性越来越强，造成警务组织多依靠一个动态的信息和知识库来支持其行政管理、业务运营和诸多战略举措。第三，所有主流的警务模式都依赖信息和知识共享，来满足和支持其预防犯罪和警察执法的模式。更为复杂的是，所有现代警务模式都有独特的信息和知识共享视角、行为和价值观，都需要特定的政治、技术和文化的支持。不幸的是，许多信息和知识共享的必要因素，往往受到个人、组织和/或结构性流程的破坏。

最近的一个研究项目审查了加拿大的三个警务机构，发现了七个内外部信息和知识共享的障碍，这七个障碍各不相同，但在这三个机构中又有着明显的共性：组织流程和技术（有问题）；个人意愿欠缺；组织意愿欠缺；工作量超负荷；地点/结构（有问题）；领导能力（缺乏）；风险管理。有趣的是，这三个警务机构都以非常相似的方式对信息和知识共享的这七个障碍进行了排序，显示出了警务组织之间的一致性，也反映出了独特和显著的组织差异（见图 38.1）。

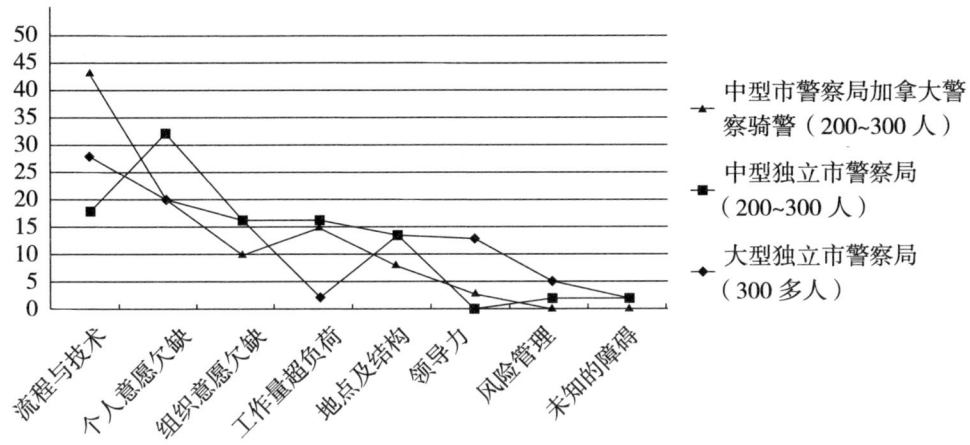

图38.1 警务机构内存在的信息和知识共享的障碍

资料来源：阿布拉罕森，古德曼·德拉胡蒂（2014）。

研究发现的这些信息和知识共享的障碍，无论是就单个还是就整体而言，一般都不支持知识密集型的警务模式，对于落实EBP的政策和做法，更是一个巨大的障碍。

将理论付诸实践

警务部门的领导者必须明白，在EBP的实施过程中，组织的目标和任务将需要做出根本性的转变，而这需要整个组织和团队的投入。多年来，在组织、团队成员和团队绩效方面，都有一些重要的学术研究，这些研究也涉及团队教练以及团队教练活动。团队教练活动专注于"完整的团队"的目标和任务；萨拉斯（Salas）等人将"完整的团队"定义为"组织内运作的一个特定群体，其成员因致力完成一项共同的任务而拥有一段共享的经历"。长期以来，人们已经认识到，如果拥有适当的"目标、结构并连接更大的组织，然后在组织内部创建和维持一种既能促进人们有效完成任务，又能提供适当的冒险和学习所需的安全感的文化"，那么组织内部的团队就可以成为变革的推动者。

正如霍金斯所述，团队教练活动不仅看重内部（组织）和外部（利益相关者）之间不断变化的关系，以及更大的社会生态系统内的任务绩效/过程，而且将团队学习置于五个团队驱动力和重点领域的中心，见图38.2。

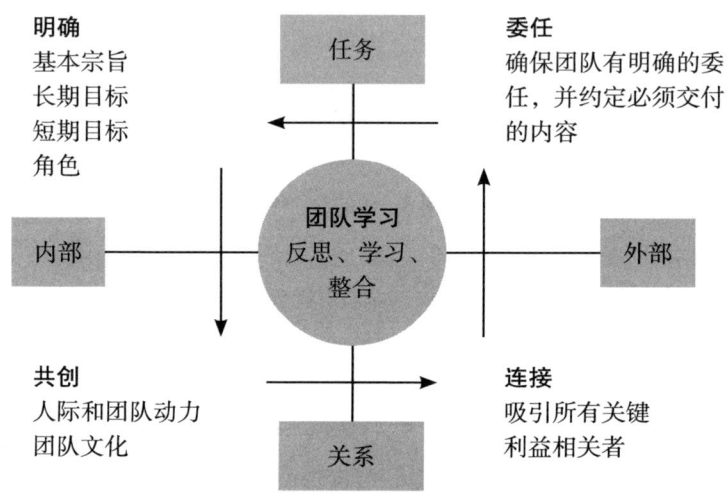

图 38.2　五个重点领域

资料来源：霍金斯（2017）。

当我们审视循证警务的基本哲学和实际的任务要求时，我们便是在要求警察从采用传统的警务方法转变为更具协作性，分享学术和研究成果，以确定哪些方法有效。这样的重新构建，需要警务部门的领导者、实践者、利益相关者都付出大量的时间和努力，反思并整合新的循证警务的任务、流程、关系、政策和实践。在这里，团队教练活动能够提供支持并促进实施的过程。

我们建议使用霍金斯提出的团队教练模型，通过触及每个关键领域，并为每个领域提供支持，来应对EBP实施过程中可能出现的问题：

- 委任：目标、资源、反馈和过程协助；
- 明确：目的、核心价值观、愿景、角色和期望、绩效目标；
- 共创：有效的过程、一致认同的行为、对消极的行为模式予以限制；

- 连接：大使策略、侦察和调查策略、合作策略；
- 团队学习：个人和团队的反思、学习和评估；
- 在所有五个重点领域支持团队的有效性。

根据之前发现的信息/知识共享障碍，警务组织需要额外的帮助，以指导、支持、促进和鼓励他们的转变，从持无效的、个人的、自利的立场，转变为具有能更多地进行信息协作和知识共享的能力、价值观、行为、政策和实践模式，如此才能真正支持 EBP 的实现。通过触及上述五个团队教练领域，任何重大的组织变革举措都会引发诸多来自结构、过程和战略方面的挑战，而在支持和指导团队成员和组织应对这些挑战方面，团队教练起到了关键作用。

团队的成功以及组织内团队绩效提升的实现，在很大程度上依赖于创建适当的团队环境、条件和过程。然而，大多数组织都缺乏具备必要的知识和技能的（团队）领导者，无法在团队干预的整个过程中开展团队教练活动。高绩效团队教练模型从内部复杂性低的过程问题开始，运用一系列干预措施，再处理外部复杂性高的问题，这些问题涉及团队任务、团队关系、利益相关者、组织乃至整个系统。

在考虑 EBP 的政策、实践和行为的应用时，警务部门需要在文化层面上发生思维和行为的转变。这时，团队教练就有了用武之地，其通过解释、探索和支持警务团队和组织目标，以及个人在实现这些目标中所扮演的角色来促进文化变革。此外，也可以根据需要，通过团队教练活动对组织的支持性要素（技术等）和相关的流程问题进行探索、挑战。这一变革过程的关键是反思性实践。反思性实践包括对当前的形势/事件，或对过去的行动和事件的反思及批判性评估。因此，警务组织的领导者和实践者可以挑战他们对于信息和知识共享的基本假设、价值观、行为和经验，并在新的 EBP 环境下重新对这些进行诠释。在这样的个人和组织的反思过程中，个人和组织才能评估，在协作、创新，以及信息和知识共享、开放接纳新思想或新实践方面，他们是否言行一致。

最后，当谈到将理论付诸实践时，在帮助我们理解警务工作中，特别是团队教练活动中哪些是有效的这方面，学术研究已经并将继续发挥其重要作用。除了提出在 EBP 实施过程中应用团队教练活动，我们也建议未来的调查研究可以涵盖团队教练活动在实施过程中的有效性评估。近年来，尽管我们在进一步了解组织内部，以及跨组织的某些团队职能的结构、作用与有效性方面已经取得了重大进展，但在认识全球公共安全和安保环境中的团队过程方面，仍然任重而道远。

结　论

今天，在全球范围内，警务组织面临着以往的领导者从未想象过的挑战。许多重大的公共政策问题，比如枪支暴力、违禁药物滥用、恐怖主义或人口贩运，如果不采用协作和跨学科团队的方法，带来全新视角、多样化的知识与技能，以及运用 EBP 政策和实践来证明哪些是有效的，这些问题就无法得到有效的解决。

正如全球范围内的利益相关者所需要的，有人认为，团队教练和团队教练活动可以在理论和实践上帮助警务领导者和警务组织更好地制定和实施循证警务政策。虽然许多组织和领导者都认识到随时召集团队的必要性，并且在这方面也很擅长，但很少有组织和领导者真正擅长创建或领导高绩效团队。研究和最佳实践告诉我们，只有具备适当的条件，包括适当的资源、支持和领导力，组织中的团队才能够取得成功。专业的团队教练正好可以满足这些需求。他们具备独特的资质，能够运用丰富的工具和技能，驾驭团队干预的完整过程（从内部复杂性低的团队过程引导，到外部复杂性高的系统性团队教练）。

通过全面了解即将实施 EBP 的更大的生态系统，团队教练将会了解到如何利用五个团队教练重点领域（委任、明确、连接、共创与团队学习）中的每一个领域来支持团队、警务组织、主要利益相关者、更大的公共安全和安保部门及其服务的社区。

由于信息和知识共享是循证警务和所有现代警务模式的关键，在尝试落实 EBP 的政策及做法之前，警务部门领导者必须确定并充分理解其警队内部，在个人或组织层面上，哪些信息和知识共享的价值观和行为会支持或阻碍组织之间的协作。如果存在信息和知识共享问题，则可以而且必须从组织结构、流程、文化以及领导力的角度，采取行动来解决这些问题。通过在 EBP 变革过程中为所有的警务团队提供团队教练，警务部门的领导者们正在采取同样以可靠的理论和实践为基础的行动，强化循证政策和实践在警务领域的应用。

第 39 章　心理测评在团队教练中的应用

莎拉·拉斯穆森

大量研究已经清楚地表明，探索个性和价值观对于理解团队动力和团队效能至关重要。本章重点讨论在团队教练活动中如何使用心理测评，通过明晰成员的优势、潜在发展需求、价值观和集体盲点，达到深入理解团队动力和团队效能的目的。本章将首先探讨在团队教练环境中使用心理测评的价值与陷阱，然后分享一家金融机构的案例研究，该案例探讨了个性、价值观和脱轨因素对团队动力的影响。

心理测评在团队教练中的价值与陷阱

本节将介绍在团队教练中使用心理测评的诸多好处，比如加速了团队教练过程、提供了一种通用语言来促进讨论。我们还将讨论一些潜在的陷阱，并提供一些避免落入这些陷阱的策略。

研究表明，在以发展为目的的教练活动中，使用有效的心理测评工具可以对发展需求进行系统的测量，从而加速教练过程。这些工具有助于提高团队会议的效率，因为它们可以更快地针对关键问题进行讨论；它们可以帮助人们认识到优势和劣势，并鼓励个人和团队层面的行为改变。心理测评的一个关键优势是，它为团队发展提供了一种共同的语言，让大家能够运用这些测评的框架来讨论其在个性、风格和偏好方面的差异。公开讨论心理测评报告中探索的主题，还有助于促进团队沟通，进而提高团队的工作效率。心理测评如果运用得当，可以让团队教练活动收获良多。在团队教练过程的前期使用心理测评诊断工具还有额外的好处，那就是有助于更快地确定关键主题，并且为促进客观的讨论提供一套统一的、不带评判的框架和语言。

使用个性测评工具也可以帮助教练优化团队教练环境。教练们可以运用个人报告中的信息来设计教练活动并预测相应的反应。例如，如果某个测评工具的测评结果表明，有一个团体可能特别多疑，教练也许就会特别强调教练活动的目的，确立保密的界限，以使团队成员放下疑虑，安心投入到活动当中；或者，如果团队报告显示这个团队特别喜欢逗趣，教练可能会在活动中设计更多轻松的互动环节。选择一个信效度比较高的心理测评工具来促进教练过程，将有助于确保心理测评结果显示的领域是需要关注的适当领域。此外，与主要利益相关者的前期讨论，将有助于验证这些主题并把握正确的重点。

在团队教练活动中使用心理测评工具时，还必须注意潜在的陷阱。虽然工具是用来促进讨论和增进理解的，但重要的是，要确保每个人都能从容自在地把自己的测评结果和其他团队伙伴分享。此外，事先还必须制定一份明确的契约，以便教练和利益相关者就会议的目的、预期的成果和保密的界限达成共识。此外，活动的引导师应明确基本规则，确保心理测评不会成为人们相互指责或引发破坏性冲突的导火索。规则可能包含鼓励建设性的专业评论，而不是执着于过去发生的事情。国际测验委员会为心理测评的最佳实践及使用的道德伦理提供了有效的指导，强调了保密的重要性。在教练干预过程中使用心理测评工具可能遇到的另一个陷阱是缺少跟进。为了快速解决一个团队的所有问题，客户可能会要求为团队开展为期一天的心理测评活动，期待在当天活动结束时，团队遇到的所有问题都能解决。显然，这是不切实际的期待。管理客户的期待很重要，因为团队动力中的任何重大变化都需要持续的时间和努力。虽然心理测评工具非常有用，极大地支持了团队教练过程，但为了看到长期的结果，还需要跟踪回顾团队的行动，并开展后续的教练会谈活动。

案例研究：利用心理测评的洞察开展团队教练活动

下面的案例研究展示了某大型金融机构在对其内部教练团队开展团队教练

活动的过程中使用心理测评所产生的影响。该项目的目的是确定团队的发展目标，从而提高团队效能。项目使用的模型提供了一个清晰的框架，帮助人们了解团队动力，并确定哪些行为的改变会有助于团队的发展和改善。团队模型中使用的三种心理测评工具是：霍根个性量表（Hogan Personality Inventory，HPI）；霍根发展调查（Hogan Development Survey，HDS）；动机价值偏好量表（Motives Values Preferences Inventory，MVPI）。以下各节将介绍该模型，并结合案例说明该模型在团队环境中的用处。

在团队教练活动开始前，每个团队成员需要先完成个人的诊断，然后与专业的心理测评师和教练一对一会面，听取反馈。重要的是，这确保了所有人都坦然接纳测评结果，并乐于把自己的测评结果与其他团队成员分享。此外，这种初步的个人探索能让大家更为熟练地运用测评语言，有助于大家在团队教练活动中一起讨论测评结果和团队成果。为了探索心理测评中的一些概念，团队又做了一些互动练习，如同伴反馈和小组讨论。

通过个性来评估团队角色

要客观地评估团队中的个性组合，基于大五人格（Five Factor Model of Personality）的综合性格测试是非常有用的。这个测评以一种统一、简便而非评判的方式帮助人们深入了解某些方面，比如不同团队成员在社交性、关注细节和创新性方面表现如何。研究表明，团队的成功往往更多地取决于团队成员的心理角色，而非职能角色，因此，在团队教练活动中，对这些心理角色进行可靠的测评是极具价值的。"完美团队"由担当所有关键心理角色的个体组成；缺少任何一个角色，团队都可能面临绩效挑战。本章分享的案例使用了HPI，评估五个关键的心理角色。

这些角色包括：

- 结果：有明确行动导向的团队成员。
- 实用主义：务实的人。
- 创新：专注于提出创造性解决方案的人。
- 过程：结构及条理清晰的人。
- 关系：关注协作和团队凝聚力的人。

在同质化的团队中，角色缺失是很常见的现象。虽然这可能会带来和谐的关系，但可能会缺失团队动力中的关键角色，还可能缺少对团队有效性至关重要的建设性冲突。这一点在本案例研究中尤其明显，在整个诊断过程中，所有团队成员的测评结果的相似度极高。

基于人格测评结果展开讨论

在这个金融机构的案例中，测评结果显示，团队中超过 80% 的人都属于关系角色，而只有一个人属于过程和实用主义角色。没有团队成员是创新的团队角色。要知道，案例中的这个团队可是一个教练团队，他们能自我觉察，经常反思如何与他人沟通，反思如何作为一个团队进行互动。然而，他们非常惊讶地发现，大家的个性特点是如此相似。测评的总体分数也凸显了这一点，这就给他们提供了一个很好的机会展开讨论。通过进一步探索这些测评结果，该团队一致认为，虽然成员们有明确的使命和目标，但他们可能并没有充分关注结果。接下来的发展性讨论便聚焦于他们在实现目标方面的有效性，也谈到有时候是否应该少讨论、多行动。

评估团队发挥过当的优势

为了评估无效的团队行为，有必要评估有哪些优势可能因为发挥过当而适得其反。在这个案例研究中，我们利用 HDS 来识别阻碍团队提升绩效的障碍，这通常发生在压力增加或者因为成功而变得自满的时候。当我们无法一如既往地有效管理自己在他人眼中的印象时，这些个性特点往往就会出现，俗称为个性的"黑暗面"或是脱轨区域。例如：如果发挥过当，一个非常有创造力的人可能会因为其匪夷所思的想法，使其他人感到迷惑不解；或者一个极端自信的人可能会显得傲慢，让人望而生畏。

如果整个团队都有这些脱轨表现，这些脱轨区域就可能成为团队的盲点。当团队面临压力的时候，这些行为就会被放大，一个团队成员的消极行为会引发其他团队成员的破坏性行为。考虑一个组织的文化也很重要，因为在某些环境中，某些消极行为可能被视为对压力的"正常"反应。例如，如果有几个人表现出类似的脱轨特征，比如不友善和冷漠，那么切断联系，不与他人沟通，可能被认为是一种可以接受的应对压力的方式。或者在另一个组织中，大家都表现出共同的行为倾向，可能导致典型的压力反应，如大喊大叫或恐吓他人。将心理测评作为一种早期诊断工具来促进团队教练，可以使团队成员认识到这些共同的倾向和潜在的绩效提升障碍，从而使他们能够努力纠正自己的行为。

使用可靠的心理测评工具来识别潜在的发挥过当的优势，也让我们对团队的教练需求有了特别深入的了解。最初，团队可能倾向于"绕着黑暗面走"；他们可能会发现某位同事的行为令人讨厌或具有破坏性，就会回避他，或误解他的意图。这会导致沟通不良以及在工作中做无用功。通过在团队中使用心理测评工具，团队成员开始理解"黑暗面"；他们会认识到，有时候某位团队伙伴的破坏性行为，很可能是优势发挥过当的表现，而不是蓄意惹恼他人。随着工作的进一步开展，团队成员可以采取措施应对"黑暗面"，例如，为人们创造一个公开讨论其"黑暗面"的机会。过往在这种情况下，由于没有心理测评工具的帮助，就可能发生误解和消极反应，而现在使用心理测评工具所提供的共同语言和框架，团队就可以以不评判的建设性方式增进团队成员对彼此的理解。

优势发挥过当的影响

在这个案例中，心理测评的结果显示，一位团队成员的想象力极强，能够提出令人惊叹的想法，但有时候他提出的抽象想法让他人迷惑不解，而这会导致会议偏离目标。团队过往对此的反应是绕着"黑暗面"走，不让那位团队成员参加会议，这导致他无法再和大家分享好的想法。探索心理测评的结果帮助大家理解"黑暗面"，看到这些与众不同的想法并非是要蓄意破坏，而是个人优势发挥过当的表现。为了应对"黑暗面"，团队同意围绕会议的头脑风暴环节设置清晰的边界，当同事的想法偏离正轨时，就要指出来。因此，个性问卷提供的洞见，有助于团队更好地了解他们的同事，让他们同意在一个共同框架里，安全地讨论棘手的问题。

测评结果显示，该团队有一些共同的脱轨倾向。基于上述团队角色中呈现的关系主题，团队共同的优势表现为外向、积极主动和乐于协作。这种和善的团队特质如果发挥过当，团队就可能显得过于放松、愉悦和不够果断。对优势领域有了清晰的了解之后，团队就结合心理测评模型，利用教练对话开始探索如果过当发挥这些共同的优势可能会产生什么影响。团队领导者在此之前曾试图促使团队讨论这个问题，但没有得到积极的回应，因为团队成员感觉受到了人身攻击，并且很难看到这种积极特征的负面影响。可是，运用心理测评提供的框架，可以让问题真实地呈现在面前，并且针对他们之前的未知领域，提供专业心理测评语境和不同的视角。于是，团队开始探索过当发挥优势对组织里其他人产生的影响：当他们处于最佳状态时，他们在企业中很受欢迎，并且有良好的工作关系；但是当这些优势发挥过当时，他们就显得过于被动，缺乏挑战性，未能充分推进他们的议程。

以前，这些消极行为可能会被忽视，或者人们试图补救，结果却收效甚微，而心理测评报告提供了一个平台，让人们可以公开讨论性格的这些领域，以提升绩效。事先了解团队的脱轨因素，就可以在安全高效的环境中讨论这些更棘手的行为。

评估团队价值观

从团队的角度来看，动机调查问卷使我们可以审视整个团队的共同价值观；团队拥有各种不同的价值观，对于确保团队的多样性很重要，但是，团队的价值观有一些一致性，也有助于团队锚定并创造凝聚力，通过塑造独特的团队文化来提升团队绩效。此外，如果团队的价值观与整个组织的文化协调一致，那么，团队可能会更高效。相反，如果一个团队没有共同的价值观，可能会影响其发挥应有的效能。价值观的影响通常是潜意识层面的，因此，团队成员可能没有意识到价值观如何影响他们的决策。在团队教练活动开始时就使用心理测评工具，有助于人们关注到价值观并创建一个可以讨论价值观的空间。本案例中，评估团队价值观使用了动机价值偏好量表（MVPI），这个工具用 1~10 分的刻度尺来评估激励和驱动个人的要素是什么。

有关价值观的探索

价值观问卷的测评结果显示，团队成员有很多共享的价值观，体现出非常强的团队凝聚力。这是一个非常有亲和力、活泼有趣的团队，团队成员得到认可就会干劲十足。测评报告还显示，他们比较反感受到传统工作方式或僵化程序的限制，偏好变化和多样化，面临糟糕的情境也表现得游刃有余。虽然这些高度一致的测评结果意味着团队成员合作良好，但进一步探索更广泛的组织文化时，就会发现团队的这些价值观与组织的价值观有着很大的差异。对组织的其他成员来说，激励因素不是变革和不确定性，而是结构化、理性和程序化方法。

最初问及他们团队的共享价值观是什么时，团队成员只是参照了组织现有的官方版"公司价值观"。他们无法真正跳出这一套价值观，而这套价值观是该团队所在的组织作为一个金融机构的价值观（例如，重视高标准和安全，而不是这个团队所珍视的追求快乐和以人为本的价值观）。价值观问卷的引入为团队提供了一个洞察真相的契机，因为他们可以发现，为什么有时候，他们很难与其他部门的同事融合或者在方法上达成共识。

因此，问卷能够帮助团队将发展目标聚焦于某些特定领域，特别是他们和团队以外的同事开展工作时的互动风格。团队达成共识的发展目标包括，在他们与其他团队和部门沟通时，要注意重点明确、结构清晰，用研究和数据支持他们的提议，而且在与他人互动时，确保自己给他人留下务实和专业的印象。

团队工作坊的成果

在团队工作坊快结束时，团队以小组讨论的方式确定了未来提升绩效的具体行动。作为这次教练会谈的一部分，团队就信任这个话题展开了讨论，因为测评结果显示，有些团队成员可能会怀疑其他部门同事的意图。之前，作为一个团队，他们收到的反馈是，他们需要更加透明，并与其他部门分享更多信息。然而，他们无法中立地对这些反馈进行反思并采取行动，因为他们的集体怀疑特质导致了一定程度的群体思维，他们一致同意对这些反馈不予理会。只有当心理测评工具把这个问题展现在他们眼前时，团队成员才有了一个安全的环境，可以充分地探索，并且更客观地评估他们自己的行为及其对其他相关人员的影响。

心理测评的解决方案也帮助团队发现了团队集体性格中一个明显的模式，显示出团队的主旋律是建立关系，而不太强调雄心壮志或取得成果。因为团队成员与组织中其他部门的人员有很密切的人际关系，所以接下来的团队教练活动专注于团队成员的行为改变，以提升团队成员在目标导向方面的表现，进而让他们最终获得更大的成功。团队达成共识要落实的行动包括：

- 利用团队优势：利用他们在建立关系方面的优势技能，与其他业务部门进行更多的合作。

- 认识到差距：在向组织传递信息的时候，团队没有自然地表现出数据驱动或业务导向。他们一致认为，需要调整自己展示教练提案的方式，强调商业成果，以吸引更多的受众。
- 强化结果导向：制定明确而具体的团队目标，确保目标达成；提高会议的结构性；预先设置会议议程，并任命一名会议主持人，以确保讨论少一些，而多做一些行动规划。

在团队教练活动结束后，参与者感觉对自己的同事有了更深入的了解，这些彼此间的了解在将来会很有用。然而，案例研究也强调了很重要的一点，即在团队会议之前，要确保所有参与者都能轻松自在地分享自己的心理测评结果。尽管事先每个团队成员都获得了充分的个人反馈，但还是有一名团队成员起初似乎对和大家分享自己的测评结果显得犹豫不决，并询问他的结果是比同事们的结果更好还是更差。在使用心理测评工具的时候，必须提醒所有团队成员，没有正确或错误的答案，测评结果也没有好坏之分。相反，应该将重点放在探索团队动力并发现与不同个性特征相关的优势和潜在发展领域上。

结　论

如案例研究所示，在教练过程开始时纳入心理测评，有助于提供清晰的焦点并提高效率，快速确认和处理团队发展的关键领域。在节奏越来越快的工作环境中，客户经常会寻找能够在更短时间内交付的教练干预方式。而纳入心理测评有助于加速团队教练进程。这些工具提供了一种公平和客观的方式，来对比个人的方法和风格，从而使教练对话保持有的放矢、目标明确。通过使用心理测评获得早期洞察，也有助于教练了解如何更好地融入团队，如何与团队互动得更好，有助于教练与团队建立融洽的关系，也帮助教练找到恰当的方法开展团队教练活动。

还需要注意的是，作为从业者，必须进行广泛的研究，为他们所教练的团队选择最合适的工具。除了确保选择的工具是有效而可靠的，还必须检视该工具是否适合团队教练干预的特定目标。英国心理学会的心理测试中心（https://ptc.bps.org.uk/）为很多不同的心理测评工具提供了专门的评语。然而，如果引导者不清楚要输出什么成果，即使是最可靠的工具，也可能在团队环境中被误用。相应的认证培训是至关重要的，投入足够长的时间深入了解所选择的工具也是必需的。对心理测评干预的解释不当或干预时间不足，不仅不支持团队的发展过程，还可能导致团队内部出现裂痕。

这个案例研究说明，一个可靠的心理测评工具，配合充分的准备，会如何促进团队教练的干预活动。可以用心理测评的结果来挑战团队成员的期望，增进理解，并检验团队如何融入其所在的组织。虽然我们无法改变自己的自然倾向，但在团队教练环境中使用心理测评工具，可以让我们发现需要积极管理的特定行为领域，最终提升个人和团队的效能。

第 40 章　全球虚拟团队的 GROUP 教练：案例研究

查尔斯·P. R. 斯科特，艾莉森·佩根，由美子·茂志，特雷弗·弗莱贝丝·吉特林，杰西卡·L. 维尔德曼，理查德·格里菲斯

随着全球经济的崛起，组织正逐步采用全球虚拟团队（GVT）的形式，以便在更大范围内广纳贤才。全球虚拟团队是由来自不同地域、不同文化背景、不同时区的成员组成的团队，成员们在很大程度上使用各种先进的通信工具来共享信息。目前，这种新的工作形式在微软、IBM、惠普和英特尔这类跨国公司里正变得司空见惯。然而，包含多元文化的虚拟环境充满了挑战。一些研究报告称，全球虚拟团队的成员们通常会感到孤立无援，常在建立信任、分享知识以及在工作中与他人协作方面陷入困境。针对全球虚拟团队的教育或培训的匮乏会加剧这些问题；跨文化培训公司 RW^3 的一项调查显示，跨国公司里的有些员工是通过虚拟团队形式来完成部分工作的，而他们当中仅仅有 16% 的员工表示，他们确实曾接受过相关培训，帮助其为即将开展的虚拟团队工作做好准备。

为了克服挑战，商界和心理学领域的专业人士已经研究了全球虚拟团队的有效性，以及对全球虚拟团队而言行之有效的教育方法。在已经提出的各种教育方法中，我们认为，教练技术是解决全球虚拟团队面临的问题并使团队成功的最有前景的方法之一；根据全球虚拟团队遇到的各种问题以及全球虚拟团队成员不同的文化背景，教练们可以准备最佳的学习方法或手段。但是，全球虚拟团队教练仍处于早期发展阶段，其教练方法尚未实现体系化，教练所需的技能和知识也还没有明文规定。

出于这些原因，本章试图通过介绍 GROUP 教练模型及其应用，来应对全球虚拟团队教练过程中经常出现的混乱状况。在本章中，我们将简要介绍 GROUP 教练模型并提供一个案例研究，说明众多全球虚拟团队面临的各种挑战，以及如何使用 GROUP 教练模型对全球虚拟团队开展有效的教练。

团队教练与 GROUP 教练模型

在团队教练活动中，教练会向个人和整个团队提供反馈并创造空间，支持团队开展协作、针对问题达成共识，而教练也就此成为团队里积极的一员。团队教练必须在团队动力不断变化的过程中开展工作，同时为团队赋能，让其自行管理团队内部的对话，并帮助团队持续关注目标的达成。团队教练活动有助于在个人与其工作所处的更大系统之间建立一座桥梁，从而实现目标导向的变革。GROUP 教练模型的发展，将非常流行的 GROW 教练模型扩展到团队层面。传统意义上的 GROW 教练模型包括教练和被教练者在一次教练会谈中经历的四个阶段：目标（Goal）、现状（Reality）、解决方案（Options）和总结（Wrap-up）。这些教练模型提供了框架，可以帮助大家通过专注于自身目标的实现来进行教练会谈和干预。GROUP 教练模型是从 GROW 模型演化而来的，包括五个阶段，分别是目标（Goal）、现状（Reality）、解决方案（Options）、理解他人（Understand Others）、执行（Perform），见表 40.1。

表 40.1　GROUP 教练模型

阶段	在全球虚拟团队中的实例
目标	在每一次团队教练活动的开始环节，全球虚拟团队成员表达自己的期待和意向。作为团队教练过程中讨论的起点，教练帮助全球虚拟团队成员澄清团队的总体目标，也可以讨论有互补性的或者相互冲突的个人目标
现状	教练要帮助全球虚拟团队成员检视内部和外部环境当中可能存在哪些限制，例如，教练可以协助全球虚拟团队成员评估在团队内采用不同的虚拟沟通平台各有怎样的优缺点，以及使用这些工具可能怎样影响团队达成目标的进程
解决方案	教练帮助全球虚拟团队成员发现、评估所有可能的解决方案，并考虑在现阶段谈到的各种元素。在引导团队讨论时，教练鼓励全球虚拟团队成员专注于思考解决方案
理解他人	教练引导一个协作的学习过程，从各种可能的行动方案中找到那些可行的方案。通过小组对话，密切关注文化方面的动态，教练帮助全球虚拟团队成员理解将信息传递给整个团队的重要性。在这个阶段，教练要鼓励各种不同想法的交锋与融合，并鼓励每位成员不带评判地聆听彼此。教练要确保个人意识和团体意识在活动过程中发生转变，不是被动地，而是创造性地达成共识

续表

阶段	在全球虚拟团队中的实例
执行	教练协助全球虚拟团队生成各种解决方案、制定行动计划、落实行动计划。在这个过程中，教练激发团队的积极性以及为结果负责的精神

资料来源：摘选自布朗与格兰特（2010）。

GROUP 教练模型的第一阶段，要求团队确定希望通过这次团队教练活动达成什么目标。接下来，教练和团队要了解团队的现状，以及现状如何影响实现这次团队教练活动的目标。确定了现状之后，教练将帮助团队集思广益，发掘和评估潜在的各种可能的解决方案。在解决方案的阶段，教练会让团队聚焦于思考解决方案，而不是相互指责，也不要关注其他与目标无关的想法或谈话。在理解他人阶段，教练帮助团队进行深刻的自我反思，观察他们对目标、现状和解决方案的想法与感受，并从自己的内在反应以及小组其他成员分享的内容当中发掘意义。GROUP 教练模型的最后一个阶段是执行。在这一阶段，教练会把团队的注意力从生成各种解决方案和对话转移到行动计划的实施与原型设计上。布朗（Brown）和格兰特（Grant）在 2010 年提出，为了在该阶段获得成功，需要将双环学习和三环学习作为关键要素融入该阶段。这些学习方法将学习视为一个过程（在双环学习过程中），鼓励学习者检视和挑战其基本假设（例如，创意思维），最终目标是改变思维方式和自我认知（例如三环学习）。

一旦某个全球虚拟团队启动了团队教练活动，团队就可以通过反复运用 GROUP 教练模型，回顾与评估其取得的进步与成功，从而在现有基础上继续获得学习与成长。在每次团队教练活动开始时，教练应引导他们简单汇报上次团队教练活动确定的目标和策略，团队如何达成这些目标，以及达成目标过程中的成败得失。事后的复盘和正式的汇报是两个很强大的工具，用起来也简单，有助于提升团队和个人的绩效。关于成功和失败的结构化讨论，有助于团队全面了解什么工作是有效的、什么是无效的以及将来应该做什么。

GROUP 教练模型采用了一种强大而简单的教练技术，并将其应用于教练必须关注的一个微妙的平衡，即平衡地关注个人和团队整体，以引发真正的、颠覆性的、系统性的转变。不幸的是，运用 GROUP 教练模型或任何其他教练模型的教练，在教练不同的全球虚拟团队时，都会面临独特的挑战。由于无法与所有团队成员聚在同一地点进行教练活动，因此，了解如何采用不同的技术适应这些复杂团队的独特环境，对全球虚拟团队教练至关重要。在本章中，我们将提供一个案例研究，说明全球虚拟团队面临的各种挑战，以及使用 GROUP 教练模型对一个全球虚拟团队进行有效的教练可能是什么样子的。

案例研究

案例背景

亚历克斯（Alex）是一个跨国虚拟团队的新任领导，该团队的成员来自北美、南美、欧洲和亚洲各地。亚历克斯发现他的新团队正面临严峻的挑战：在最初的几次会议上，美国总部的成员对其他国家的同事表示不满，认为他们故意不充分履行其本应担当的职责。与此形成鲜明对比的是，其他地区的成员则抱怨，美国总部的同事在主导这一进程，他们只考虑美国成员的方便，忽略了其他地方成员的想法、贡献和工作日程表，因而剥夺了其他地方本来就很微弱的力量和声音。团队教练帕特（Pat）擅长支持全球虚拟团队。亚历克斯请帕特来协助这个团队，处理这些问题。在最初几次与团队成员的对话过程中，帕特发现了一些证据，表明美国的团队成员与其他国家的同事之间的文化断层在不断扩大。帕特认为这是整个团队的问题，帮助亚历克斯团队的最佳方法，是反复运用团队教练的 GROUP 教练模型，对团队进行干预。

帕特曾与不同公司的团队合作，帮助其应对各种挑战，经验相当丰富。但与全球虚拟团队的需求更相关的是，帕特有 10 年的跨国工作经验，在欧洲和东南亚地区都工作过，其中有 5 年在中国的上海和香港工作。帕特是一位有效的专业教练，拥有多种技能，包括高超的沟通能力、高情商、很强的灵活性、较强的识别团队动力的能力，以及使用多种远程通信工具的能力。此外，帕特拥有与不同文化背景的人一起工作的经验，所以，当人们面对来自其他文化背景的团队成员时，帕特可以觉察到他们可能会产生不适和焦虑，也能够理解全球虚拟团队面临的一些独特挑战。

实施阶段

在第一次团队教练活动之前，帕特要求全球每个地区的虚拟团队成员确定开会的最佳时间。他选择轮换团队教练时间，以最大限度地满足不同地区的时间需求。他还与亚历克斯合作，确保所有团队成员都知道他们积极参与的必要性。确定下来的计划是，第一次团队教练活动（最长的一次）需要半天时间，随后的团队教练活动将每两周进行一次。然后，团队教练活动将减少为每两个月一次或按需安排。此外，帕特还为所有团队成员提供了一个网址，让他们下载一个特定的视频会议工具，了解如何使用该软件的相关信息。很大程度上，视频会议工具提供了比文本和语音媒体更丰富的沟通平台。随后，他和每个团队成员进行了电话沟通，向他们介绍了自己以及GROUP教练模型，解释了他们参与教练活动的重要性，并让他们理解，他们的洞见会如何有助于找到一个大家都能接受的解决方案。

在第一次团队教练活动过程中，帕特使用视频会议工具与整个团队连接，并使用GROUP教练模型的五个阶段作为团队开展讨论的基础。首先，帕特要求团队澄清他们希望从这次团队教练活动（GROUP教练模型的目标阶段）和教练过程中获得什么。团队讨论一开始，就让每个成员表达自己的期望和想法，这样，在团队就解决方案展开讨论之前，帕特就让每个人都有机会表达对教练过程的想法、期待和担忧。团队希望通过这次团队教练活动达成的主要目标是，为改善团队成员之间的沟通找到一条可行的路径。

接下来，帕特利用这个团队以往开展团队合作的经验，鼓励虚拟团队成员审视过去的成功，看看自己可以从中学到什么；第一次团队教练活动开始之前，帕特从亚历克斯和其他团队成员那里也收集了一些信息，他把这些信息也加入到这次教练活动当中。帕特引导大家展开交流，讨论有哪些因素会降低团队沟通的有效性，并提出了一些问题，比如"目前是什么妨碍你改善沟通过程？"和"你如何处理遇到的问题？"。这样，帕特就可以确保在谈话中，人们会发现现状与团队目标之间的差距在哪里（这是 GROUP 教练模型的现状阶段）。

通过这次讨论，团队发现，有些成员使用的沟通策略，在其他文化背景的成员看来，不是合适的沟通策略。例如，来自欧洲的成员认为总部的成员做出决策的速度太快，没有花足够的时间考虑替代方案或征求其他团队成员的建议。同时，来自亚洲办公室的成员认为，谈话的节奏、开会的时机以及谈话的非结构性让他们无所适从。他们也觉得与其他虚拟团队成员有不同的意见是很丢脸的事情。这些沟通不畅和文化差异造成了冲突，阻碍了信息的顺利共享，也严重削弱了团队里的信任。

完成了团队沟通的目标和现状阶段，帕特建议，团队开展头脑风暴，发现并评估各种可能解决问题的方案（这是 GROUP 教练模型的解决方案阶段）。帕特对团队讨论进行有效引导的方式，是提出一些有针对性的问题，例如：

- 在各位看来，你们在与其他成员交流时遇到的最大障碍是什么？团队如何克服这些挑战？
- 在你看来，主要是什么阻碍了你与其他成员的有效交流？
- 要改善整体的沟通过程，你本人和/或其他成员可以采取哪些与以往不同的做法？
- 团队的沟通方式还存在哪些问题？
- 关于你所代表的文化，还有哪些规范/行为准则是你希望其他成员可以了解的？
- 有什么高效的方法可以让全球虚拟团队的成员更好地了解不同团队成员的独特之处（文化方面、个体差异，例如工作风格/个人偏好）？

通过这次讨论，团队找到了几种方案，例如定期举行面对面会议，安排文化专家的讲座获取文化知识，开会讨论他们在文化方面的差异和相似之处，制定沟通规则。他们一起考虑了哪个方案最适合自己的团队。但是在做出最终决定时，帕特又引导他们再次考虑每个人的想法和观点，然后再做出决定。

帕特与团队成员合作，深入思考他们对目标和那些获选方案的想法和感受，鼓励他们抛弃成见，开放地了解其他成员的想法（"理解他人"阶段），并全面审视迄今为止的过程、各种不同的方案以及团队伙伴的需求和想法。在这个阶段，团队会巧妙地讨论文化差异以及更显而易见的个性差异（例如外向性格、自信表达等）。帕特引导了讨论过程，让不同的团队成员分享自己的经验，表达对未来的希望。

在讨论和分享之后，团队决定，他们需要发展出更好的沟通过程，明晰每个团队成员的角色。例如，一些团队成员说，他们发出了包含新信息的电子邮件，有些没有收到回应，这让他们感到困惑和沮丧。为了解决这个问题，帕特建议团队成员之间创建一份正式的协议，承诺在24小时内回复电子邮件。此外，整个虚拟团队的成员都感觉到，团队成员为了避免尴尬而忽略了文化差异，而这一点对团队合作的影响很不好。所以，他们确定的第二个目标是，更多地分享自己的文化，并了解其他成员的文化和背景，尤其是在沟通的需求和工作习惯方面。

最后，团队开始讨论具体的方法和时间表，以提升他们的跨文化意识，并在团队中建立连接，构建良好的关系。帕特引导了这部分的讨论，并帮助他们设计行动计划（执行阶段），也偶尔帮助他们调整一下方向。全球虚拟团队的负责人亚历克斯后来反馈，通过这次教练活动，团队成员的情绪发生了明显的改变，而且，团队成员认为，他们可以用建设性的方式解决自己的问题了。亚历克斯相信，通过后续几次团队教练活动，虚拟团队能够解决自己的问题并取得更大的成功。因此，帕特结束了第一次教练活动，并开始为两周后的团队教练活动制定计划，这就需要另外和亚历克斯约一个时间，谈谈在第一次团队教练活动结束以后团队的绩效表现如何。此外，帕特还做了备注，在以后每次团队教练活动开始时，他要帮助这个虚拟团队回顾和评估（反复运用GROUP教练模型）他们的每个目标的实现情况，或者，随着时间的推移也会出现其他问题，团队是否需要相应地添加新的目标。

结　论

　　选择采用全球虚拟团队这种组织结构，公司可能因此获得竞争优势，但确实也会遇到许多独特的挑战，只有顺利地应对这些挑战才能成功。由于团队教练是一种相对较新的教练方法，因此，在发起和落实全球虚拟团队教练活动的最佳实践方面，仍有许多需要学习的地方。GROUP 教练模型为团队教练提供了一个坚实的框架，而且这个框架可以进行再造和调整，以适应不同团队和组织的具体需求。本章分享了应用 GROUP 教练模型开展教练活动的一个实践案例，旨在为组织应对全球虚拟团队所面临的各种困难提供一个切入点。

＃ 附录

各章译者及译者介绍

姓　名	译文分工	个人介绍
黄学焦	翻译组织策划者 翻译：前言、简介、第3、8章	加瓦教练中心创始人、加瓦教练模式提出者；国际教练联合会（ICF）北京分会前会长；20本国际教练译著的引进者、组织者和翻译者；著有《唤醒》《卖故事》等
陈 绰	翻译组组长 翻译：第10、13、16、17章	高绩效团队教练、高管教练；《高绩效团队教练》等多部教练专著译者；联合教练创始人
王利娟	翻译：第1、2、4章	医学本科、经济学硕士；认知科学和翻译爱好者；《高级隐喻》译者
陈 萍	翻译：第5章	行动学习教练、高管教练、团队教练；乐高"认真玩"（LSP）引导师；人力资源管理独立顾问
于 芳	翻译：第6、7章	团队教练、高管教练；组织发展和人才发展专家；国家一级人力资源管理师
毕聪敏	翻译：第11、18、19章	组织教练；教练+U型理论+青色进化整合实践者；《重塑组织》《自由企业》《转型》联合译者
隋 宁	翻译：第12、14、15、20章	团队教练、WIAL行动学习教练；组织和领导力发展专家
徐颖丽	翻译组组长 翻译：第21、32、33章	高管教练，团队教练，组织教练；二级心理咨询师；北斗数字化转型联合创始人
许伟华	翻译：第9、24-26，31、35-39章	商业流程及绩效教练；资深人才管理专家；"肯希团队功能"理论及测评作者
刘 斯	翻译：第22、23、29、34章	上海外国语大学MBA；国家一级人力资源管理师、团队教练；组织发展咨询顾问、高校职业发展导师
王 宾	翻译：第27、28、30、40章	VUCA时代领导力发展教练，丰盈生命教练；组织发展咨询顾问；《未来领导力》译者

编著者介绍

道格拉斯·爱德华·亚伯拉罕森（Douglas Edward Abrahamson）

结合学术严谨性与35年警务经验，填补了实践者和学术界的鸿沟。基于自己在警务、商业管理和公共政策方面接受的高等教育、培训以及相关经历，对当前的警务和安保实践进行了批判性反思，并针对重大政策及实践的改进提出了合理建议。

安德鲁·阿玛塔斯（Andrew Armatas）

高管教练和心理学家，拥有简短咨询（brief counselling）、员工援助项目（employee assistance programmes）以及企业健康（corporate wellness）方面的背景经验。ISCP①创始成员，擅长通过心理训练、策略法、基于催眠的策略来创造成果。

安德鲁·贝弗里奇（Andrew Beveridge）

心理学家，专注于领导力及员工敬业度应用科学领域。拥有20多年企业咨询经验，曾在合益集团（Hay Group）和怡安翰威特（Aon Hewitt）咨询公司担任高管，现任贝弗里奇咨询公司（Beveridge Consulting）董事。拥有行为科学（荣誉）学士学位和组织心理学硕士学位。

吉图·巴瓦尼（Geetu Bharwaney）

Ei世界②董事总经理。Ei世界是一家全球性公司，因其前沿性地应用以情绪为中心的方法显著提高领导者、团队及组织的绩效和复原力而备受推崇。曾为来自42个国家的首席执行官和高管团队提供教练和咨询服务。

---

① ISCP，全称International Society for Coaching Psychology，国际教练心理学学会。——译者注

② Ei World，公司名称，Ei是Emotional intelligence的缩写。该公司网站：www.eiworld.org。——译者注

理查德·波士顿（Richard Boston）

心理学家、教练和作家，专注于领导力和团队发展领域，帮助组织提升绩效、文化和贡献。常住英国，跨越六大洲与各个行业的客户合作。

理查德·E. 博亚齐兹（Richard E. Boyatzis）

美国俄亥俄州克利夫兰凯斯西储大学组织行为学、心理学和认知科学系杰出教授，ESADE① 兼职教授。撰写了 200 多篇文章和 8 本书。其慕课（MOOCS）学员已超过 75 万人。

格雷厄姆·博伊德（Graham Boyd）

伊沃路泰斯克斯（Evolutesix）公司创始人。伊沃路泰斯克斯公司提供商业整合战略、领导力发展过程和组织设计咨询服务，并向个人提供一对一发展教练服务。他参与创建新企业，曾在宝洁公司从事研发管理工作。其最大爱好是理论物理学，这是他职业生涯前十年的工作领域。

詹妮弗·布里顿（Jennifer Britton）

《高绩效团体教练》②（*Effective Group Coaching*）和《从一到多：团队和团体的最佳实践》（*From One to Many: Best Practices for Teams and Groups*）两本专著的作者。最新著作《高效虚拟对话》（*Effective Virtual Conversations*）对虚拟生态系统进行了探讨。她是 PCC③、BCC④、CTI 认证的 CPCC⑤。

---

① ESADE，英文原版书中未给出全称，应该是西班牙三大商学院之一的西班牙 ESADE 商学院，是欧洲最顶尖的商学院之一。——译者注

② 此书已于 2021 年由华夏出版社出版。——译者注

③ PCC，全称 Professional Certified Coach，专业级认证教练，由国际教练联合会认证。——译者注

④ BCC，全称 Board Certified Coach，董事会认证教练，由 CCE（Center for Credentialing and Education，认证和教育中心）认证。——译者注

⑤ CPCC，全称 Certified Professional Coactive Coach，认证专业共创式教练。由 CTI（Coaches Training Institute，教练培训学院）认证。——译者注

凯瑟琳·卡尔（Catherine Carr）

MCEC，PCC，RCC，融合创新型教练和咨询心理学专家，还是 Ted 演讲教练，志在促进个人、组织及世界发生积极的转变。参与了《给优秀团队的 50 条建议》(50 Tips for Terrific Teams) 以及《高绩效团队教练》(High Performance Team Coaching) 两部专著的写作，主导了"加拿大工作复原力"项目（Resilience @ Work in Canada）。

大卫·克拉特巴克

亨利商学院、牛津布鲁克斯大学、谢菲尔德哈勒姆大学及约克圣约翰大学客座教授。大约 70 本专著的独立创作者或合著者，其中包括《教练工作团队》(Coaching the Team at Work) 一书。教练和导师领域先驱，EMCC[①] 联合创始人。领导着一个由研究者和培训师组成的全球性群体 CMI[②]。

瓦妮莎·乌尔奇·德鲁斯卡特（Vanessa Urch Druskat）

美国新罕布什尔大学保罗商业与经济学院副教授，国际公认的团队绩效及情商专家，在全球各地教练高管团队，帮助它们加强协作、创新并提升绩效。

苏·丰塔纳兹（Sue Fontannaz）

专业研究人员，致力对研究、理论和实践进行整合，以应对团队型组织设计这一全球性挑战。专注于协同个人发展与团队绩效，运用领导力教练和团队教练促进组织形成教练文化。

塞西莉亚·福雷斯特尔（Cecilia Forrestal）

在 CAN（Community Action Network，社区行动网络）工作。CAN 位于爱

---

① EMCC，全称 European Mentoring and Coaching Council，欧洲导师和教练委员会。——译者注

② CMI，全称 Coaching and Mentoring International，国际教练和导师咨询，一家精品培训咨询公司，专门从事教练计划设计、实施和培训，以及教练文化咨询和团队教练培训。（资料来源：LinkedIn。）——译者注

尔兰都柏林，是一个社会公正方面的非政府组织，致力帮助人们维护自己的权利——声音被听到、选择得到尊重。尤为关注运用人权方法解决健康和住房方面的不平等问题。

特雷弗·弗莱（Trevor Fry）

理学硕士，美国佛罗里达理工学院工业—组织心理学博士。自2015年以来，一直是RIOT（Relationship Interaction and Optimization in Teams，团队关系互动与优化）实验室成员。研究重点是团队动力过程和工作场所中的信任。

瓦妮莎·福吉（Vanessa Fudge）

教练与导师公司领得好（Leading Well）创始人，现领导一支由20多名教练和导师组成的团队。担任领导力教练已超过18年，专注于系统性领导力教练。注册心理学家，专注于组织系统动力，客户包括知名公共部门和私营组织。

朱迪·加农

英国牛津布鲁克斯大学ICCaMs[①]高级讲师，教授教练、导师和人力资源管理领域硕博课程。多家知名学术期刊审稿人，EMCC和CIPD[②]成员，并任职于多个编辑委员会。

贝丝·吉特林（Beth Gitlin）

理学硕士，BJG全球咨询公司创始人兼负责人。BJG为领导者及其组织在商业导师、领导力发展、高管教练及团队合作方面提供循证干预和解决方案。美

[①] ICCaMs，全称International Centre for Coaching and Mentoring Studies，国际教练与导师研究中心。——译者注

[②] CIPD，全称The Chartered Institute of Personnel and Development，英国特许人事与发展协会。——译者注

国佛罗里达理工学院工业—组织心理学博士,商学院讲师。

戴维·E. 格雷(David E. Gray)

理学学士(经济),文学硕士(教育),理学硕士,认证教师,博士,英国皇家艺术协会会员(Fellow of the Royal Society of Arts, FRSA),英国格林尼治大学领导力和组织行为学教授。研究方向包括研究方法、教练和导师、中小型企业的职业认同和管理培训。著作包括《在现实世界中进行研究》(Doing Research in the Real World)和《教练与辅导的批判性介绍》(A Critical Introduction to Coaching and Mentoring)[与鲍勃·加维(Bob Garvey)和戴维·莱恩(David Lane)合著]。

理查德·格里菲斯(Richard Griffith)

博士,美国佛罗里达理工学院跨文化管理研究所执行主任。提供跨文化能力、全球领导力和高管演讲(专注于海外演讲)方面的教练服务。作品曾登上《时代》杂志和《华尔街日报》。

玛丽·哈托格(Mary Hartog)

米德尔塞克斯大学商学院领导力和组织实践项目主任。以行动学习和团队教练为主要发展方向,通过定制基于实践的资格认证,帮助组织培养人才、提升领导力、促进业务增长。

彼得·霍金斯(Peter Hawkins)

系统性团队教练及教练督导领域全球思想领袖,《高绩效团队教练》及《高绩效团队教练(实战篇)》(Leadership Team Coaching in Practice)作者。从事团队教练工作40多年,现在50多个国家开展培训并为系统性团队教练提供督导。亨利商学院领导力教授,多家国际咨询公司主席。

桑德拉·海斯

组织顾问和教练，精通成人学习与发展、协作谈判及领导力发展。为提高个人及团队绩效，她为数千名专业人员设计并提供了课程。她还在美国纽约哥伦比亚大学师范学院教授博士生。

莎拉·希尔（Sarah Hill）

对话咨询公司（Dialogix）管理合伙人。对话和结构动力学干预者，服务于个人、团队和整个系统。在国内和国际会议上发表演讲，著有《你在哪儿学到那样的行为？》（*Where Did You Learn to Behave Like That*？）。

艾莉森·霍奇（Alison Hodge）

EMCC 认证大师级高管教练（accredited Executive Coach at Master Practitioner level），APECS[①] 认证高管教练督导（accredited Executive Coaching Supervisor）。2014 年在米德尔塞克斯大学完成教练督导专业研究博士的学习（DProf），在全球范围内为高管及团体提供教练督导服务。

伊斯拉·希斯洛普（Isla Hyslop）

组织发展专业人士，在英国公共部门工作 20 多年，主要在 NHS[②] 工作。她支持组织进行大大小小的变革，与高管团队合作，推动文化变革，提高人员管理水平。

克里斯蒂安娜·伊奥丹努（Christiana Iordanou）

注册心理学家和戏剧治疗师，最近取得英国兰开斯特大学法医发展心理学的博士学位。在私营机构及公共部门领域拥有丰富的与成人、儿童、青少年和

[①] APECS，全称 The Association for Professional Executive Coaching and Supervision，英国专业高管教练和督导协会。——译者注

[②] NHS，全称 National Health Service，英国国家医疗服务体系。——译者注

年轻运动员合作的经验。《教练价值观与道德》（Values and Ethics in Coaching）一书的合著者。

伊安娜·伊奥丹努

英国牛津布鲁克斯大学人力资源管理专业（教练和导师）高级讲师。《教练：国际理论、研究和实践杂志》（Coaching: An International Journal of Theory, Research and Practice）及《循证教练和导师国际杂志》（International Journal of Evidence Based Coaching and Mentoring）助理编辑，《教练价值观与道德》合著者。

克里希·艾耶（Krish Iyer）

新加坡夸阿利特合伙公司（Qua Aliter Associates）首席催化师，经哥伦比亚大学师范学院培训的引导师及教练。拥有30多年高管经验，包括在3M及SAP等公司的管理经验。擅长团队教练，专注于推动组织变革与创新、发展变革型领导力。

比尔·杰克斯（Bill Jacox）

美国阿拉米达县（Alameda County）培训与教育中心主任。为公共机构提供专业组织发展支持。主要专业领域是制定并提供高质量、全面的学习策略和计划，帮助组织实现绩效目标。

保罗·劳伦斯（Paul Lawrence）

在英国石油公司工作了很长时间，分管英国、西班牙、葡萄牙、澳大利亚和日本团队及业务。自2007年起，他一直在澳大利亚悉尼担任教练和顾问，并在卧龙岗大学悉尼商学院教授教练技术。

瑞克·莱希（Ric Leahy）

前海军军官，有21年军旅生涯，拥有丰富的指挥和作战经验。服务于众多客户，设计并提供领导力、战略和文化方面的课程。拥有英语荣誉学位、MBA

学位以及神经科学与领导力高管硕士学位。

克里斯特尔·洛

硕士,博士,CPCC,组织心理学家,高管教练及团队教练。团队教练社区 www.TeamCoachingZone.com 创始人,团队教练播客主持人(Team Coaching Zone Podcast)。团队教练播客是一个访谈节目,探讨组织中团队教练的艺术和科学,受众遍布135个国家。他与团队诊断公司(Team Diagnostics, LLC)合作,是"团队诊断调查和团队有效性的6个条件"(Team Diagnostic Survey and 6 Conditions of Team Effectiveness Framework)课程的认证讲师。

道格·麦凯

商业心理学家,高管教练,CSA咨询公司总监。在顶级跨国公司高管、领导力和团队能力评估与发展方面拥有超过25年的经验。精通积极领导力发展,擅长运用基于优势的方法来培养变革型领导者和高管团队。

莫妮卡·曼宁(Monica Manning)

在CAN(位于爱尔兰都柏林,是一家致力追求社会公正的非政府组织,致力帮助人们维护自己的权利——声音被听到、选择得到尊重)工作。经验丰富的对话引导者,坚定地致力促进整个系统的改变。

卡拉·米勒(Cara Miller)

领导力培养、组织变革以及成人发展和学习心理学领域的作家、教授、教练和顾问。拥有普林斯顿神学院神学硕士学位及圣地亚哥大学博士学位。

由美子·茂志(Yumiko Mochinushi)

理学硕士,人力资源和劳资关系硕士(Master of Human Resources and Industrial Relations, MHRIR),美国佛罗里达理工学院工业—组织心理学专业博士。研究方向包括跨文化管理、海外员工适应和跨文化评估。

科尔姆·墨菲（Colm Murphy）

高管教练、团队教练，都柏林动态领导力发展组织创始人，爱尔兰国立都柏林大学斯莫菲特商学院高管发展项目教练课程负责人，目前正在英国朴次茅斯大学商学院攻读团队教练博士学位。

艾莉森·佩根（Allyson Pagan）

理学硕士，美国佛罗里达理工学院工业—组织心理学专业博士。完成学业期间，围绕领导力、军事和国防组织交通、多样性和包容性、工作场所信任以及团队动力等进行研究。

杰奎琳·彼得斯（Jacqueline Peters）

20多年来，教练众多组织的领导者及团队，帮助其最大限度地发挥影响力并提升工作成果。曾独立撰写及与人合写过很多文章和书籍，包括：《给优秀团队的50条建议》《高绩效团队教练》及《高绩效关系》（ High Performance Relationships ）。

崔娜·皮切尔（Trina Pitcher）

注册心理学家，高管教练，引导师及顾问，拥有组织心理学硕士学位及商业背景，为各行业及各层级的人士提供领导力发展课程和教练服务。热衷于帮助个人及团队提升绩效、改善生活方式，为其保持健康幸福提供可持续发展策略。

南希·波普（Nancy Popp）

成人学习与发展领域发展心理学家，拥有哈佛大学硕士及博士学位，在哈佛大学求学期间曾与罗伯特·凯根（Robert Kegan）共事。发展教练、顾问、研究员、教育工作者和作家，《完整的冲突：冲突新科学》（ Integral Conflict: The New Science of Conflict ）一书的作者之一。

安德里斯·普里斯特兰（Andreas Priestland）

行为科学家，学习项目公司（Learning Project，一家专注于领导力教育、组织学习和变革的利基型咨询公司）所有者及董事。曾在一家大型跨国公司工作20年，现在全球开展咨询工作。

莎拉·拉斯穆森（Sarah Rasmussen）

PCL管理顾问。运用霍根测评（Hogan Assessments）、情商测试（EQ-i®）和风险类型罗盘（Risk Type Compass）等工具，在人才选拔和培养过程中实施心理测量解决方案。专注领域是优势过度发挥给领导风格和团队动力带来的影响。拥有心理学学士学位、职业心理学硕士学位，是英国心理学会注册的特许心理学家（British Psychological Society-registered Chartered Psychologist）。

蒂什·罗宾逊（Tish Robinson）

日本东京一桥大学商学院MBA团队教练项目及EMBA领导圈项目负责人。获得麻省理工学院斯隆管理学院MBA及博士学位后，曾任教于哈佛大学、麻省理工学院、斯坦福大学和纽约大学斯特恩学院。侧重于采用系统方法来化解群体冲突、促进平等发言权的实现以及提升自主权和安全感。获得过一次AOM里奇曼奖、一次AIB农民奖和三次富布赖特奖学金。

弗洛里斯·罗默茨（Floris Rommerts）

拥有专业古典歌手、教育工作者、管理者背景，过去30年担任国际培训师、引导师和教练。专注于对话式沟通、创新过程和学习型组织的演变。目前正在撰写有关创新民主的专著。

钱丹娜·桑亚尔（Chandana Sanyal）

英国米德尔塞克斯大学商学院人力资源管理与开发专业高级讲师，CIPD及高等教育学院（Higher Education Academy）成员。专业教学及研究领域涵盖个人、团队及组织的学习，领导力发展，教练，导师和行动学习。

梅丽莎·赛耶（Melissa Sayer）

绩效中心（The Performance HUB）团队教练兼管理合伙人。爱尔兰都柏林圣三一学院三一商学院兼职助理教授，负责 MBA 项目领导力发展课程，是数个高管教育教练课程项目主任。正在攻读博士学位，研究课题为"团队教练如何促进组织学习？"。

查尔斯·P. R. 斯科特（Charles P. R. Scott）

理学硕士，美国佛罗里达理工学院博士研究生，精通团队动力提升、团队领导力发展和团队教练等，尤其专注于跨文化团队的运作、团队共享领导力的培养以及理解多样性对协作的影响等。

玛丽·史黛西（Mary Stacey）

情境咨询（Context Consulting）公司创始人，高管团队教练，复杂全球环境下领导力发展设计师。在加拿大多伦多大学教授战略领导力高级课程，拥有心理语言学学士学位（加拿大约克大学）以及领导力研究硕士学位（加拿大皇家大学）。

克里斯廷·桑顿（Christine Thornton）

团体分析师、督导和顾问，畅销书《团体和团队教练》（*Group and Team Coaching*）作者，目前正在编辑《合作的艺术与科学》（*The Art and Science of Working Together*）一书。IGA 反思性组织实践课程主任。30 多年来，工作涵盖团队教练、督导/PD 团体、大型团体、高管团队等领域，因对教练的贡献而赢得了荣誉。

比尔·托伯特（Bill Torbert）

波士顿学院荣休领导力教授，全球领导力合伙公司（Global Leadership Associates Ltd.）负责人，行动探询研究员。在波士顿学院任教之前，曾在耶鲁大学、南卫理公会大学、达拉斯大学以及哈佛大学任教，曾获得研究和教学奖，是很多公司的顾问和董事会成员。

塔米·特纳（Tammy Turner）

MCC[①]，2001年以来，一直服务于全球领导者、HR专业人员、内部及外部教练，帮助他们提升"与团队合作并为团队服务"以及考虑更广泛系统的能力。撰写了很多有关教练及协作型领导力的影响力的文章和书籍。原籍美国科罗拉多州，现居澳大利亚悉尼。

帕姆·范·戴克（Pam Van Dyke）

PCC，运用循证教练的方法，通过面对面或虚拟的方式，教练具有不同的能力和背景的个人、团队和团体。终身学习者，拥有6个学位。

露丝·瓦格曼（Ruth Wageman）

团队诊断公司董事，反思健康项目（ReThink Health）高级学者，哈佛大学副教授。她是对团队进行研究并与之合作领域的最重要的学者之一。尤为关注解决复杂问题、引领系统变革的团队。曾在哥伦比亚大学、达特茅斯大学和哈佛大学担任教授，领导了很多有关团队的原创研究项目。

南希·沃利斯（Nancy Wallis）

领导力学者，为领导者及团队提供培训、咨询和教练服务，帮助其进行领导力转型，以缩小战略意图和组织文化之间的差距。拥有组织领导学博士学位以及组织发展、工商管理和公共卫生硕士学位。

杰西卡·L.维尔德曼（Jessica L. Wildman）

博士，美国佛罗里达理工学院副教授，跨文化管理研究所研究主任。与人合写了30本书以及60篇研讨会论文，主题涉及团队流程、团队绩效评估、全

[①] MCC，全称Master Certified Coach，国际教练联合会认证的大师级认证教练。——译者注

球虚拟团队、人际信任和文化能力。

史蒂文·B. 沃尔夫（Steven B. Wolff）

团队情商世界级专家，致力将个人情商理论扩展到群体层面。GEI 咨询公司（GEI Partners）负责人，该公司帮助企业创建杰出团队、提高盈利水平。

薇拉·伍德海德（Vera Woodhead）

高管教练，专注于团队和领导力领域，20 多年来，服务于各行业领导者，合作客户包括富时 100 指数公司及 NHS。有超过 12 年的专业教练经验，拥有教练及导师实践硕士学位。

多莉·柳树（Dori Yanagi）

日本东京一桥大学商学院博士生，CRR 日本 ORSC[①] 课程培训师。与蒂什·罗宾逊都是一桥大学商学院教练研究小组成员。拥有的认证有：ACC[②]、ORSCC[③]、CPCC[④]。

凯伦·C. 叶因门（Karen C. Yeyinmen）

领导力研究者、教练、顾问、行动探询研究员，《哈佛教育评论》（*Harvard Educational Review*）前联合主席和编辑。拥有布朗大学文科学士学位、波士顿学院 MBA 学位以及哈佛教育研究生院教育学博士学位。

---

① ORSC，全称 Organization & Relationship Systems Coaching，组织及关系系统教练。——译者注

② ACC，全称 Associate Certified Coach，国际教练联合会认证的助理级认证教练。——译者注

③ ORSCC，全称 Organization & Relationship Systems Certified Coach，组织及关系系统认证教练。——译者注

④ CPCC，全称 Certified Professional Co-active Coach，认证专业共创式教练。——译者注